쉽게 하는 사주공부

쉽게 하는 사주공부

서민욱 지음
한의사·명리학 연구가

동학사

■ 머리글

一切唯心 萬法皆空

　모든 것은 내가 전생에 만들어놓은 것의 재현인 뿐인 것을……. 나라고 할 수 있는 것도 없고 너라고 할 수 있는 것도 없음이니, 나도 내가 아니고 너도 네가 아닙니다. 무엇이 꿈이고 무엇이 현실입니까. 한 마음이 일면 모든 것이 바뀌는 것이니 얽매임이 있을 이유가 없습니다. 버릴 것도 없고 얻을 것도 없습니다.

　아무것도 없는 하늘을 날아가는 기러기가 어디로 날아가는지 알 수 있는 학문이 명리라고 생각합니다. 명리학은 자신의 주제를 파악하는 면에서 타의 추종을 불허하는 학문이라고 할 수 있겠습니다. 그러나 일심(一心)에 이르지는 못합니다. 만사는 자신이 마음먹기에 달렸습니다.

바다인지 하늘인지……
민욱이 합장하다

일러두기

1 이 책을 쓰면서 많은 명리서적을 참고하였지만 그 중에서도 특히 낭월 박주현 스님의 『왕초보 사주학』 입문편과 연구편, 그리고 심리편인 『마음을 읽는 사주학』에서 많은 도움을 받았습니다. 또한 윤태현 선생님의 『팔자』 『팔자2』, 그리고 중국 포여명(鮑黎明) 선생의 『앞서가는 중국명운학』 『완전풀이 십간론』 『완전풀이 적천수』에서 많은 도움을 받았음을 밝혀둡니다.

2 이 책은 첫째 누구나 알 수 있을 정도로 쉽고, 둘째 가급적 널리 알려져 인정받은 내용에 초점을 맞추어 씌어졌습니다.

3 '回부언' 부분은 초보자의 경우는 그냥 지나쳐도 무방한 내용입니다. 책을 읽고 어느 정도 견해가 생긴 후에 참고하시기 바랍니다.

4 가명을 사용해도 누구인지 알 수 있는 인물에 대해서는 주로 드러난 사실을 위주로 하여 간략히 풀이했습니다.

머리글 5

제1부 기초편

음양, 상대적인 세계 13
오행, 다섯 가지 큰 기운 16
1. 오행의 종류 22
2. 오행의 상생과 상극 45
십간, 열 개의 하늘 50
1. 십간의 종류 51
2. 간합 81
3. 간충 84
십이지, 열두 개의 땅 86
1. 십이지의 종류 88
2. 지합 113
3. 삼합 114
4. 방합 116
5. 지충 117
6. 암합 122

왕상휴수사 126
지장간과 통근법 129

제2부 응용편

사주의 명식 뽑는 법 137
1. 연주 138
2. 월주 139
3. 일주 142
4. 시주 142

대운 146
1. 대운·대운수 붙이는 법 146
2. 대운의 뜻 149

십이운성 151
1. 십이운성 붙이는 법 151
2. 십이운성의 뜻 153

육신 160
1. 육신 붙이는 법 160
2. 육신의 뜻 161

용신 200
1. 억부법 202
2. 조후법 214
3. 병약법 222
4. 통관법 224
5. 원류법 227
6. 전왕법 228

격국 232
1. 내격 234
2. 외격 253

희용기구한 274
1. 용신과 희신 274
2. 기신과 구신 278
3. 한신 279

사주에 따른 질병과 체질 282
1. 네 가지 체질 286

사주와 직업 308
1. 오행에 따른 직업 311
2. 십성에 따른 직업 312

사주와 궁합 321
1. 남자의 사주 325
2. 여자의 사주 327

명식에 영향을 미치는 요소들 333
1. 같은 연·월·일·시에 태어난 다른 사람의 사주 335
2. 한 갑자 후 똑같은 연·월·일·시에 태어난 사람의 사주 337
3. 같은 연·월·일·시에 태어난 쌍둥이의 사주 341

신살 346
1. 흉신 347
2. 길신 375

제3부 실제편

사주 해석의 실제 389

참고서적 421

제1부
기초편

만고불변의 진리인 상수(象數)는 이미 5천여 년 전에 복희씨에 의해 발견되었다고 합니다. 이것이 문왕·주공·공자 등을 거치면서 역학(易學)의 줄기를 이루었고, 다른 한쪽으로는 복희·기자·노자·공계용자·추연 등을 거치면서 음양오행의 줄기를 이루었습니다. 이 책은 그 음양오행을 기본으로 이루어졌습니다.

음양, 상대적인 세계

　이 세상은 참으로 공평하게 이루어져 있습니다. 미인이 있는가 하면 추녀가 있고, 밤이 있는가 하면 낮이 있고, 걸어다니는 사람이 있는가 하면 차를 타고 다니는 사람이 있고, 똑똑한 사람이 있는가 하면 어리석은 사람이 있고, 많이 배운 사람이 있는가 하면 배우지 못한 사람이 있고, 부자가 있는가 하면 가난한 사람이 있고, 햇볕을 받는 곳이 있는가 하면 그늘이 있고, 하늘이 있는가 하면 땅이 있고, 여름이 있는가 하면 겨울이 있고, 활동하는 시간이 있는가 하면 잠자는 시간이 있습니다.
　성급한 사람은 그게 뭐가 공평하냐고 할지도 모릅니다. 하지만 이 모든 것은 하나도 이루어진 상황 그대로 고정되어 있지 않습니다. 예를 들어볼까요. 얼굴이 예쁘면 꼴값을 한다는 옛사람의 말이 어느 정도 맞다고 가정한다면, 얼굴이 예쁜 사람은 마음자리가 추하다는 이야기가 됩니다. 반대로 추한 사람은 마음자리가 아름답다는 이야기가 되겠지요.

여름이 있어 좋은 점이 있고, 겨울이 있어 좋은 점이 있습니다. 또 사람이 이 세상에 태어난 목적이 무엇인가를 배워 저 세상으로 가는 것이라면, 과연 돈으로 그 목적을 달성할 수 있을까요? 한 가지 분명한 것은 죽을 때는 눈에 보이는 물질을 아무것도 가져갈 수 없다는 것입니다. 불가에서 주장하는 업이라는 개념을 생각해보면 더욱 그렇습니다.

공평함 속에는 이렇게 상대적인 두 가지 세력이 존재합니다. 사람들은 이것을 음·양이라고 이름붙여 부르기로 했습니다. 음·양이라고 부르기 싫다면 선·악이나 A·B나 다른 어떤 이름으로 불러도 괜찮습니다.

음양은 서로 뿌리를 두는 것이어서 갈라놓으면 곧 그 대립·통일의 의미를 잃게 됩니다. 따라서 어느 한쪽만으로는 존재할 수 없는 상대성의 개념이라고 할 수 있습니다. 음양은 서로서로 의지하고 도와주므로 이기고 지는 법이 없이 대립 속의 융화를 나타냅니다.

우리가 보고 있는 현실 세계는 상대적인 세계이므로, 크거나 작거나 간에 이 세상에 존재하는 모든 사물은 음양의 이치에 따라 만들어졌다고 할 수 있습니다. 그러므로 음양은 작기로 따진다면 한 티끌 속에 들어가고도 남음이 있고, 크기로 따진다면 온 허공을 감싸고도 남음이 있습니다. 음양은 불이법(不二法)입니다.

『황제내경(黃帝內經)』에서는 "음양은 자연계〔天地〕의 도리〔規律〕이고, 모든 사물의 강령이며, 변화의 기원〔父母〕이고, 생사 존망의 근본입니다. 자연계 만물의 운동 변화를 일으키는 동력과 외부로 나타나는 형상〔神明之府〕[1]은 음양으로 개괄되지 않는 것이 없습니다. 양기는 하늘에 쌓이고 음기는 땅에 쌓입니다. 음은 정적이고 양은 동적이며, 양은 만물의 발생을 주관하고 음은 만물의 성장과 결실을 주관하므로 '양생음장(陽生陰長)'이라 하고, 양이 항성(亢盛)하면 사물이 메마르고 음이 엉겨 막히게 되므로 '양살음장(陽殺陰藏)'이라 합니다. 양은 만물의 기화작용을 주관하고, 음은 만물의 형성을 주관합니다"라고 했습니다.

음양은 본래 기(氣)에서 비롯된 것이지만, 무형의 기가 유형의 질(質)로 되어 유형·무형과 유질·무질을 막론하고 단 한 가지도 음양의 분류에서 벗어날 수 없습니다.

---

1) '神'은 불가사의한 것 현묘하여 헤아릴 수 없는 것을 뜻하고, '明'은 외부로 현저하게 드러나는 형태 혹은 현상을 가리킨다. '府'는 장소 혹은 지방을 가리킨다. 즉 '神明之府'란 자연계 만물의 운동 변화를 일으키는 동력과 외부로 드러나는 형태 혹은 현상을 개괄한 말이다.

오행, 다섯 가지 큰 기운

옛 선인들은 자연과 인간에 대한 깊은 사색 끝에 세상을 이루는 가장 기본적인 단위를 생각해냈습니다. 그것이 목(木)·화(火)·토(土)·금(金)·수(水)의 오행(五行)입니다. 따로 설명할 필요도 없이 木은 나무요, 火는 불, 土는 땅, 金은 쇳덩어리, 水는 물입니다. 자연을 이루는 가장 기본적인 요소라고 생각되는 것들입니다. 우리의 주변을 둘러보아도 쉽게 눈에 띄는, 이 세상을 이루는 기초적인 물질들이라고 할 수 있습니다.

그러나 오행의 木은 그냥 나무가 아니고, 火는 그냥 불이 아닙니다. 우주를 이루고 있다고 생각되는 기본적인 성질을 우리 주변에서 쉽게 발견할 수 있는 것에 빗대어 설명한 것입니다. 따라서 오행은 하나의 상징체계라고 할 수 있겠습니다.

이를테면 세상에는 나무와 같이 뻗어 자라려는 성질이 있습니다. 이것을 木이라는 상징언어로써 뭉뚱그려 표현했습니다. 또한 불처럼 활기 차고 모든 것을 단숨에 없애는 성질을 火라고 했습니다. 모든 자연물을 어머니 품처럼 안고 있는 땅 같은 성질은 土, 그 대지를 가로지르듯 흐르는 강물과 같은 성질과 생명을 보전하게 하는 성질은 水라고 했습니다. 바위나 금강석처럼 단단한 성질을 지닌 것도 있으니 그것을 金이라고 했습니다.

살아가면서 좋을 때도 있고 좋지 않을 때도 있지만, 사람이 태어나서 청소년이 되고 중년 신사가 되고 노인이 되는 것에는 변함이 없습니다. 하루를 놓고 보더라도 아침에 일어나서 해가 머리 위에 있는 한낮에는 한참 활동을 하다가 저녁때가 되면 피곤해서 쉬고 싶어지고, 밤이 되면 잠을 자게 됩니다.

1년을 두고 보면 봄에는 겨울 동안 웅크리고 있던 기운이 솟아오르고, 여름에는 그 기운으로 땀 흘리고 일하며, 장마철은 토기(土氣)가 사계를 조정하고, 가을에는 결실을 거두어들일 준비를 하며, 겨울에는 그것을 저장합니다.

사업을 할 때도 준비하고 계획하는 때가 있고, 계획한 것을 실행해야 하는 때가 있으며, 계획대로 되는지 중간점검을 해야 하는 때가 있고, 그 결실을 거두는 때가 있는가 하면 물러나야 할 때가 있습니다.

살아가면서 보고 겪는 모든 사물과 현상을 살펴보면 이러한 다섯 가지 기운이 작용한다는 것을 느낄 수 있습니다. 이러한 기운을 옛 사람들은 오행이라고 했으니 이것이 木·火·土·金·水입니다. 조금 더 복잡하게 말하면 태극이라고 불리는 통일체가 태역(太易)·태초(太初)·태시(太始)·태소(太素)의 4단계를 거치면서 발전했고, 다시 음과 양이라는 두 가지 기운이 갈라지게 되었는데 그 음양이 또다시 각각 분화작용을 일으킴으로써 다섯 개의 새로운 성질이 발생하게 되었으니, 이것을 오행이라고 지칭하는 것입니다.

五는 우주의 법칙에는 다섯 가지가 있다는 것을 의미하고, 行은 기운이 합쳐지고 분산하면서 순환하는 것을 상징합니다. 즉 行은 '왕(往)＋래(來)＝행(行)'에서 온 것으로 우주의 일왕일래(一往一來)하는 모습이 오행의 운동규범이라는 것을 나타낸다고 할 수 있습니다.

오행법칙의 특징은 물질에만 한정하여 삼라만상의 움직임을 측정하려는 것이 아니라, 정신이나 생명을 가진 살아 있는 물질의 움직임을 측정할 수 있는 자연 그대로의 법칙이라는 데 있습니다. 오행의 기운은 응고하면 형체를 이루어서 만물이 되고, 분해하면 또 다시 순수한 오행기(五行氣)로 변화하게 됩니다.

이와 같이 반복하는 과정에서 생성하기도 하고 소멸하기도 하는 것이 물질인데, 그 물질은 정신을 포위하는 존재이기 때문에 물질 속에는 약동하는 정신과 생명이 들어 있게 됩니다. 따라서 만물은 반드시 자기의 정신을 타고나게 됩니다. 오행이란 이와 같이 무형과 유형의 양면성을 띤 것이므로 모든 사물에 적용될 수 있습니다.

木・火・土・金・水의 오행은 나무나 불 같은 물질 자체를 말하는 것은 아니지만, 그렇다고 이것을 아주 배제하지도 않습니다. 木・火・土・金・水의 실체에는 형(形)과 질(質), 두 가지가 공존하고 있기 때문입니다. 그러므로 오행의 법칙인 木・火・土・金・水는 단순히 물질만을 대표하는 것도, 상(象)만을 대표하는 것도 아닙니다. 다시 말하면 형이하(形而下)적인 것과 형이상(形而上)적인 것을 종합한 형(形)과 상(象) 모두를 대표하고 또한 이를 상징하는 부호라고 하겠습니다.

음양오행은 모든 역리(易理)의 근원이라고 할 수 있습니다. 木・火는 양의 마음을 많이 받았는데 그 중에서도 火는 양의 마음이 매우 강하고, 木은 약간 강하다고 할 수 있습니다. 金・水는 음의 마음을 많이 받았는데, 그 중에서도 水는 순음(純陰)이라 하겠고, 金은 양의 성분이 약간 포함된 음이라고 하겠습니다. 그리고 土는 중용의 성분이니 물처럼 지나치게 부드럽지도 않고 불처럼 지나치게 맹렬하지도 않은 것이 본성이라고 하겠습니다.

이러한 오행만 가지고도 사람의 건강·직업·성격을 알 수 있습니다. 이를테면 사주에 木이 많은 사람은 뼈가 약하고 척추가 좋지 않아 디스크 같은 병으로 고생할 수 있습니다. 인간의 몸에서 뼈가 나뭇가지 같아 보인다고 해서 그런 유추를 하는 것은 아니지만, 木과 뼈는 관계가 있습니다. 사주에 火가 많은 사람은 잔병치레가 잦습니다. 土는 소화기관과 연관이 있고, 金은 호흡기관과 관련이 있으며, 水는 신장(腎臟)기능과 연관이 있습니다.

직업과 성격을 오행과 연결 짓기도 합니다. 흔히 사주에 土가 적당히 있는 사람은 재물운이 있다고 하는데, 이것은 土를 가진 이들의 성격 때문이 아닐까 생각합니다. 土가 많은 이는 사람을 포용할 줄 알고 인내심이 있습니다. 돈이란 적당한 때를 잘 만나야 들어옵니다. 도와줄 사람과 기다릴 줄 아는 인내심, 이 둘을 갖춘다면 돈은 쉽게 벌리지 않겠습니까?

각각의 오행에도 음의 마음이 있고 양의 마음이 있습니다. 이러한 상황으로 전개된다면 결국 오행의 마음이란 십간(十干)의 마음이 될 것입니다. 그러나 오행의 마음과 십간의 마음은 다소 차이가 있습니다. 십간의 마음은 어떤 형태로 이미 고정되어 버린 상황인 반면, 오행의 마음은 아직 특별한 형태로 고정되기 이전의 마음이라고 할 수 있습니다. 그러므로 여기에서는 오행에 대해서만 간략하게 생각해보겠습니다.

오행은 참으로 간단해 보입니다. 그러나 사주팔자의 천변만화는 모두 이 오행의 음양에 의해 결정됩니다. 오행은 어떤 변화에도 항상 따라다니는 가장 기본이 되는 것으로 처음과 끝이라고 할 수 있습니다.

종류 \ 오행	木	火	土	金	水
기본형	나무	불	흙	쇠	물
오능(五能)	생(生) 생기(生氣)	장(長) 왕기(旺氣)	화(化) 둔기(遁氣)	수(收) 숙살기(肅殺氣)	장(藏) 사기(死氣)
천간(天干)	갑을(甲乙)	병정(丙丁)	무기(戊己)	경신(庚辛)	임계(壬癸)
지지(地支)	인묘(寅卯)	사오(巳午)	진술축미(辰戌丑未)	신유(申酉)	해자(亥子)
하루	새벽	오전	오후	저녁	밤
계절	봄〔春〕	여름〔夏〕	장마〔長夏〕	가을〔秋〕	겨울〔冬〕
인생	소년기	청년기	중년기	장년기	노년기
색깔	청색	적색	황색	백색	흑색
정신	혼(魂)	신(神)	의(意) 지(智)	백(魄)	정(精) 지(志)
오상(五常)	인(仁)	예(禮)	신(信)	의(義)	지(智)
마음	천진난만	분노 격정	안정 평화	살기 의리	음모 술수
직업	교직자	연예인	공무원	군인 경찰	도둑 사기
지역	강원도	경상도	충청도	전라도	함경도
오장(五臟)	간(肝)	심(心)	비(脾)	폐(肺)	신(腎)
오부(五腑)	담(膽)	소장(小腸)	위(胃)	대장(大腸)	방광(膀胱)
오규(五竅)	눈〔目〕	귀〔耳〕	입〔口〕	코〔鼻〕	요도, 항문
오방(五方)	동(東)	남(南)	중앙(中央)	서(西)	북(北)
오미(五味)	신맛〔酸〕	쓴맛〔苦〕	단맛〔甘〕	매운맛〔辛〕	짠맛〔鹹〕
오축(五畜)	닭〔鷄〕	양〔羊〕	소〔牛〕	말〔馬〕	돼지〔豚〕

종류 \ 오행	木	火	土	金	水
오곡(五穀)	보리〔麥〕	기장〔黍〕	기장〔稷〕	벼〔稻〕	콩〔豆〕
생수(生數)	3(三)	2(二)	5(五)	4(四)	1(一)
성수(成數)	8(八)	7(七)	10(十)	9(九)	6(六)
오성(五星)	신성(辰星)	형성(熒星)	세성(歲星)	태백성(太白星)	진성(鎭星)
오성(五性)	곡직(曲直)	염상(炎上)	가색(稼穡)	종혁(從革)	윤하(潤下)
오기(五氣)	풍(風)	열(熱)	습(濕)	조(燥)	한(寒)
오음(五音)	각(角) 어금닛소리	치(徵) 혓소리	궁(宮) 목구멍소리	상(商) 잇소리	우(羽) 입술소리
한글 자음	ㄱ, ㅋ	ㄴ, ㄷ, ㄹ, ㅌ	ㅇ, ㅎ	ㅅ, ㅈ, ㅊ	ㅁ, ㅂ, ㅍ
오형제	갑을	병정	무기	경신	임계
육기(六氣)	풍(風)	서(暑) 화(火)	습(濕)	조(燥)	한(寒)
정오행(正五行)	甲乙 寅卯	丙丁 巳午	戊己 辰戌丑未	庚辛 申酉	壬癸 亥子
간합(干合)	丁壬 인수지합 (仁壽之合)	戊癸 무정지합 (無情之合)	甲己 중정지합 (中正之合)	乙庚 인의지합 (仁義之合)	丙辛 위엄지합 (威嚴之合)
방합(方合)	寅卯辰	巳午未		申酉戌	亥子丑
삼합(三合)	亥卯未	寅午戌		巳酉丑	申子辰
지합(支合)	寅亥	卯戌 午未(無火)	子丑	辰酉	巳申
지충(支沖)	巳亥(風木)	子午(君火) 寅申(相火)	丑未(濕土)	卯酉(燥金)	辰戌(寒水)
종교	유교	기독교	토속적인 민속신앙	불교	선도(仙道)

1. 오행의 종류

1) 목

木은 솟구치고 뻗어나가는 성질이 있습니다. 이 세상에 있는 물질 가운데 이러한 기운을 가장 많이 포함한 것이 나무이므로 이러한 기운을 木이라고 이름붙였습니다. 그러므로 나무 자체를 木이라고 할 수는 없습니다.

사물이 변화를 일으킬 때의 음양은 항상 억압과 반발이라는 모순과 대립을 나타내면서 '모순 — 대립 — 조화'의 길을 반복합니다. 그러므로 목기(木氣)가 발생할 때는 내부에 축적되어 있던 양이 밖으로 뚫고 나가려 합니다.

이때 만약 바깥을 포위한 음[陰刑]의 세력이 너무 강하여 내부에 있는 일양(一陽)의 분출을 허락하지 않는다면, 이를 뚫기 위해 잠복한 일양의 힘이 더욱 강화될 것입니다.

이렇게 일양이 뚫고 나가려는 힘을 木이라 하고, 그 힘이 탈출할 때 생기는 반응을 木의 작용이라고 합니다. 목기는 억압하는 기운(껍질)을 뚫고 나가야 하므로 힘이 가장 강합니다.

역으로 힘이 강하다는 것은 목기를 많이 갖고 있다고 볼 수도 있겠습니다. 즉 목기는 생(生)이나 용출(湧出)·용력(勇力) 등의 주체로서, 힘이 집중되어 있는 木의 활동상태를 상징한다고 할 수 있습니다.

예를 들면 의자나 침대의 스프링은 밟으면 밟을수록 반발력이 강해지는데, 이러한 힘을 목기라고 할 수 있습니다. 영어로 봄을 'Spring'이라고 하는데 봄도 역시 木의 영역입니다. 'Spring'에는 木의 기능이 가장 잘 나타나 있기 때문입니다.

사람에게 욕심이 생기는 것은 바로 목기 발생의 원리 때문이라고 할 수 있습니다. 욕심이란 자신의 것을 배출하지 않고 포용하려는 마음에서 발생하는 것이기 때문입니다. 이러한 욕심은 천도(天道)에서는 공욕(公慾)으로 나타나고, 인도(人道)에서는 사욕(私慾)으로 나타납니다.

木은 시기로는 만물이 화생하는 봄에 해당하고, 방위로는 양이 발생하는 기본 방위인 동방(東方)에 해당하며, 인생 일대(一代)로 볼 때는 쑥쑥 자라는 소년기에 해당합니다.

木의 태과(太過)도 불급(不及)도 아닌 기운〔平氣〕을 지칭하여 부화(敷和)라고 합니다. 敷는 질서정연하게 일직선으로 쭉 뻗어나가는 상태를 의미합니다. 그래서 철도를 건설하는 것을 부설(敷設)이라고 하고, 말의 의미를 확장하는 것을 부연(敷衍)이라고 합니다. 和는 불강불유(不彊不柔)한 중적(中的) 작용을 의미합니다. 따라서 어떤 기운과 마주쳐도 모순이 일어나지 않고 도리어 조화가 됨을 뜻합니다.

목기가 불급한 것을 위화(委和)라고 합니다. 委는 어떤 세력에 위압(威壓)당하여 木이 생하려고 해도 생할 수 없는 위굴(委屈)의 상태를 의미합니다. 불급은 부족과는 개념이 다릅니다. 즉 불급은 힘은 있지만 아직 시기가 일러 역량을 발휘할 수 없거나 외적인 장애 때문에 힘을 발휘할 수 없는 상태를 통칭하는 것이고, 부족은 근본적으로 힘이 충족되어 있지 못한 상태를 말합니다. 木이 적으면 의지력이 약하고 결단성이 결여되어 인색하거나 흐린 마음이 됩니다.

목기가 태과한 것을 발생(發生)이라고 합니다. 發는 생(生)의 지나친 현상을 의미합니다. 예를 들면 총을 발사하거나 탄약이 폭발하는 것은 모두 發의 개념을 취한 것이라고 할 수 있습니다. 불급에서는 위화라고 했는데, 여기에서 和를 쓰지 않는 것은 發이라는 강력한 상(象) 때문에 화(和:土)의 작용이 없는 까닭입니다. 비단 목기에 있어서뿐만 아니라, 모든 과격한 행동은 土의 바탕이 결핍되어 있기 때문이라고 할 수 있습니다.

木이 많으면 고집이 세고 엉큼하며 항상 질투심에 사로잡혀 어진 마음과 자비심이 없습니다. 마음이 어리석어 흔들리기 쉬우니 좌절함이 많습니다.

• 木의 속성
① 木의 성질은 굽거나 펴진다〔曲直〕.
나무는 외부의 작용에 의해 구부러지기도 하고 곧게 자라기도 하는 특성이 있습니다. 그러므로 자연계의 모든 사물과 현상 중에서 구부러지고 곧은 것은 모두 오행 중 木의 범주에 속한다고 할 수 있습니다. 예를 들면 사람은 다리를 곧게 펼 수도 있고 구부릴 수도 있는데, 이러한 작용은 木의 특성 가운데 곡직(曲直)에 해당된다고 할 수 있습니다.

② 木의 성질은 변동되기 쉽다〔易動〕.
자연계의 작은 변화에도 가장 잘 흔들려 움직이는 것이 나무입니다. 바람은 변화가 무쌍합니다. 그러므로 자연계의 모든 사물과 현상 중에서 쉽게 잘 움직이는 특성이 있는 것은 모두 오행 중 木의 범주에 속한다고 할 수 있습니다. 예를 들면 사람의 사지가 떨리는 풍병(風病)을 목병(木病)이라고 하는데, 이것은 木의 특성 가운데 이동(易動)에 해당된다고 할 수 있습니다.

③ 木의 성질은 길게 펴진다〔伸長〕.
나무에 외력이 작용하여 신장이 되지 않으면 굽어지거나 위축되는데, 이것은 신장(伸長)하려는 木의 특성 때문입니다.

④ 木의 성질은 힘이 있습니다〔用力〕.

2) 화

火는 훨훨 타는 성질이 있습니다. 이 세상에 있는 물질 가운데 이러한 기운을 가장 많이 포함한 것이 불이기에 이러한 기운을 火라고 이름붙였습니다. 그러므로 불 자체가 火인 것은 아닙니다. 불의 기운은 양[丙]이고 불의 물질은 음[丁]입니다. 전깃불·촛불·용광로불·형광등불 등은 모두가 음의 불입니다. 반면에 열기라고 하는 태양열은 양의 불입니다.

외부의 형(形)과 이면(裏面)의 질(質)이 서로 투쟁할 때에, 외부의 형이 점점 밀리면서 확장·분열하게 되는 상태로 이면의 질에게 판정패를 당하는 형상입니다. 모든 변화의 시초는 木의 형태로 출발하지만 그 목기가 떨어져갈 때쯤 해서는 분산작용(分散作用)에 의해 꽃이 피고 가지를 치게 됩니다. 겉으로는 아름다움을 최고로 뽐내는 때이지만 내용은 이미 공허해지기 시작하는 때라고 할 수 있습니다. 이러한 기운의 전환을 가리켜 화기(火氣)의 계승(繼承)이라고 합니다.

모든 변화는 목기에서 비롯되지만 목기의 힘이 다해갈 때면 화기가 작용하여 싹을 만들고 꽃을 피우게 됩니다. 거꾸로 화기가 분열하면서 자라는 작용은 그 기반을 당연히 목기에 두고 있습니다. 그러므로 목기가 정상적인 발전을 했을 때는 화기도 정상적으로 발전하게 되지만, 목기가 비정상적일 때는 화기도 역시 불균형적일 수밖에 없습니다. 이것은 비단 화기가 발전하는 경우에만 적용되는 것이 아니고 오행 모두 마찬가지라고 할 수 있습니다.

불은 가장 강렬하게 자신을 태워 주위를 밝히는 성분, 즉 어둠을 없애는 밝음이라고 할 수 있습니다. 강렬하므로 성정이 급하여 무슨 일이든 그 자리에서 끝을 봐야지 나중에 어떻게 해보겠다는 생각은 아예 없습니다. 또한 밝음이기에 아무리 작은 것이라도 모든 것이 밝혀져야 비로소 편안함을 느끼게 됩니다. 활발함과 솔직함에 있어 거침이 없습니다. 불은 미래에 대해서는 그다지 관심이 없는 '현실적'이라는 구조를 갖고 있다고 할 수 있습니다.

火는 훨훨 타는 열기(熱氣)이므로 정열적이고 쟁취하는 배짱이 두둑한 젊음이라고 할 수 있습니다. 반면 훨훨 탄 후에는 빨리 식기 때문에 인내심이 약하여 진득이 기다리지 못합니다.

불은 밝고 분명하므로 아리송한 것이나 복잡한 것은 싫어하고, 좋으면 좋고 나쁘면 나쁘다는 식의 확실한 구분을 좋아합니다. 모호한 말을 들으면 머리가 복잡해지므로 있는 그대로 받아들이는 경향이 있습니다.

火의 태과(太過)도 불급(不及)도 아닌 기운〔平氣〕을 지칭하여 승명(升明)이라고 합니다. 升은 '십(十)+천(千)'에서 상(象)을 취했습니다. 十과 千은 모두 음수(陰數)가 분열하는 상을 취하고 있으며, 음수의 분열은 양을 보호하는 것을 목적으로 합니다.

升은 火가 明을 무화(無化)시켜갈 때에 양의 본체를 산실(散失)하지 않게 하려는 의도가 있습니다. 明은 양광(陽光)인 일(日)과 음광(陰光)인 월(月)이 합하여 밝음이 생긴다〔日月合明〕는 뜻에서 상(象)을 취했습니다. 만일 日만 있고 月이 없다면 이 세계는 암흑세계가 될 뿐만 아니라, 만물은 양광 때문에 다 타버려 생존하지 못할 것입니다. 그런데 감사하게도 일월이 합하여 밝음을 이루었기 때문에 이 세상도 존재하고 철학도 존재할 수 있는 것입니다. 火의 평기는 이와 같은 明을 발전시켜 상승하게 하는 데 알맞도록 하려는 목적이 있습니다.

화기가 불급한 것을 복명(伏明)이라고 합니다. 伏은 잠복해 있다는 뜻입니다. 따라서 복명은 기운이 없는 것이 아니라 단지 잠복해 있어서 明을 승명(升明)으로 만들지 못한다는 의미입니다. 즉 火의 분열을 어느 정도 억제·조절하면서 승양(升陽)하면 승명이 되지만, 火가 불급하면 내부의 양이 불급하여 明을 상승시키지 못합니다. 이와 같은 상을 복명이라고 하는 것입니다.

예를 들면 노인은 양기가 깊은 심부(深部)에 잠복함으로써 음성양쇠(陰盛陽衰)하고, 양기의 승발력(升發力)이 부족하여 눈동자에까지 미치지 못하므로 노안(老眼)이 됩니다. 천도(天道)의 운행에서 복명이 되면 농사는 흉년이 들고, 질병은 한랭성 질환이 유행하게 됩니다. 火가 적으면 꾀부리기를 좋아하고 나태하며 겉은 강하지만 속은 약합니다. 작은 일은 앞장서서 잘하지만 큰일은 결정을 머뭇거리는 경향이 있습니다.

화기가 태과한 것을 혁희(赫曦)라고 합니다. 赫은 화광이 충천하는 것을 의미하고, 曦는 일광(日光)이 폭사(暴射)하는 것을 의미합니다. 역(易)에서는 양기가 과항(過亢)함으로 인해 승발지기(升發之氣)가 지나치면, 승명작용을 해야 할 우주의 화기작용이 염열(炎熱)이 번작(燔灼)하는 상태를 이룬다 하여 항룡(亢龍)이라고 합니다. 따라서 항룡은 양(陽 : 龍)의 과항 때문에 일어나는 재앙을 뜻합니다. 혁희와 항룡은 서로 상통하지만 각각 양의 일면(一面)을 말하는 것으로, 혁희는 양기의 횡산(橫散)을 뜻하고 항룡은 양기의 종발(縱發)을 뜻한다고 할 수 있습니다.

예를 들어 식물이 혁희지기(赫曦之紀)를 만나면 말라죽게 되고, 사람이 혁희지기를 만나면 양성음허(陽盛陰虛)하여 뺏뺏하게 마르게 됩니다. 火가 많으면 모든 일에 조급하고 지나치게 간섭하는 습관이 있습니다. 화려한 것을 좋아하고 이론을 중히 여기며 말이 빠르고 성질이 나면 비호(飛虎)와 같습니다.

火 중에 木이 많으면 부친과 인연이 없고 돈(재물)을 경시하며 시비를 좋아하고 정신질환이 오기 쉽습니다. 火 중에 土가 많으면 재

물복이 있고 봉사하거나 사회를 위해 희사하는 경향이 있으며 물건을 싸게 파는 인심이 있습니다. 火 중에 金이 많으면 돈을 경시하는 경향이 있어 빨리 벌고 빨리 망하는 경우가 많고, 주색으로 패가망신하는 경향도 있습니다. 火 중에 水가 많으면 인심은 좋으나 질병으로 고통이 따르고, 관재구설(官災口舌)이 따릅니다.

• 火의 속성
① 火의 성질은 따뜻하다〔溫熱〕.
불은 따뜻하고 뜨거운 열기가 있습니다. 그러므로 자연계의 모든 사물과 현상 중에서 따뜻하고 뜨거운 특성이 있거나 작용을 하는 것은 모두 오행 중 火의 범주에 속한다고 할 수 있습니다.
② 火의 성질은 위로 올라간다〔炎上〕.
무엇이 탈 때는 불꽃이 위로 왕성하게 솟아오릅니다. 그러므로 자연계의 모든 사물과 현상 중에서 왕성하게 솟아오르는 특성이 있거나 작용을 하는 것은 모두 오행 중 火의 범주에 속한다고 할 수 있습니다.
③ 火의 성질은 붉고 밝게 빛난다〔赤明〕.
불은 붉고 빛이 나는 특성이 있습니다. 그러므로 자연계의 모든 사물과 현상 중에서 붉고 빛이 나는 특성이 있거나 작용을 하는 것은 모두 오행 중 火의 범주에 속한다고 할 수 있습니다.
④ 火의 성질은 물체를 녹인다〔化物·鎔化〕.
불은 어떤 물질이든지 태우거나 용해해서 변화시키는 특성이 있습니다. 그러므로 자연계의 모든 사물과 현상 중에서 물질을 용해하여 변화시키는 작용을 하는 것은 모두 火의 범주에 속한다고 할 수 있습니다.
⑤ 火의 성질은 분산한다〔分散〕.

불은 흐트리는 성질이 있습니다. 따라서 자연계의 모든 사물과 현상 중에서 분산시키는 작용을 하는 것은 모두 火의 범주에 속한다고 할 수 있습니다.

3) 토

土는 중재자입니다. 木·火의 생(生)·장(長)만이 존재한다면 이 세상은 무한히 발전만 할 것입니다. 거두어들이는 기운이 없으므로 사람은 키가 수백 미터나 될 것이고 혈압도 무한정으로 치솟아 마침내는 터져버릴 것입니다. 달리는 자동차에 핸들이 없는 것과 같습니다. 정신적으로도 제어가 되지 않으므로 서로 다투고 죽이기에 바쁠 것입니다. 이러한 상황을 방지하기 위해서 앞에서 말했던 다섯 가지의 기운이 모두 다 필요한 것입니다.

그런데 火와 金은 서로를 용납할 수 없는 특성이 있다는 문제가 있습니다. 金의 기운이 火를 수용하려 해도 훨훨 타는 불은 쇠를 녹여버리므로, 다른 어떤 기운이 중재해주지 않는다면 金은 火를 도저히 받아들일 수 없는 것입니다. 土와 같이 중화성이 있는 기운이 투입되어야 이러한 폐단을 방지할 수 있습니다. 그래서 土를 중재자라고 합니다.

주물을 만들 때나 철공소에서 용접기를 사용할 때 흙이 없다면 무척 불편할 것입니다. 쇠를 녹이기 위해 용광로를 사용할 때도 내화벽돌이 없다면 무척 불편할 것입니다.

나무를 살펴보면 마디와 구부러진 부분이 있습니다. 이것은 무한정 뻗어나가는 기운을 제어하는 것이라고 볼 수 있지만, 발전을 위한 작은 마디이지 통일을 위한 큰 마디는 아닙니다. 생(生)·장(長)을 정지시키고 성수(成遂)로 전환하기 위해서 필요한 큰 마디란, 金·火의 상쟁(相爭)[2]을 막기 위해 필요한 土의 과정(過程)을 말합니다.

  토기(土氣)는 성질이 화순(和順)하여 생·장인 발전이나 동적인 양(陽)작용도 아니고, 수(收)·장(藏)인 성수(成遂)나 정적인 음(陰)작용도 아닌, 공평무사하고 불편부당(不偏不黨)한 절대적인 중화지기(中和之氣)를 말합니다. 또한 만물을 번식(蕃殖)시키고 살찌게 하는 주체이기도 합니다.

  번식이나 비대(肥大)는 木·火·金·水와 같은 일방적인 특징적 작용에 의한 것이 아니라 마음의 평화에서 오는 것입니다. 대우주나 소우주(인간)를 불문하고 마음의 평화는 土의 자연적 조절인 중화성에 의해 이루어집니다. 이러한 조건의 사람은 욕심이 없습니다.

  木은 미래지향적이고 火는 현실적이라는 특성이 있다면, 土는 서두르지 않고 상황을 살펴본 후에 느긋하게 결정을 내리는 특징이 있습니다. 다툼을 말리고 중재하는 사람은 土의 기운이 많구나 하고 생각하면 거의 틀림없을 것입니다.

  土의 기운은 온화합니다. 土는 중재자의 역할을 하기 때문에 손가락을 보아도 중간에 위치합니다. 그래서 가운뎃손가락이 토기를 가장 많이 갖고 있다고 볼 수 있습니다.

  그러면 토기의 기반은 어디에 있을까요? 土는 화기가 무한분열할

---

2) 오행 가운데에서도 특별히 金과 火는 서로 용납할 수 없는 특징을 갖고 있습니다. 발전이 끝나게 되어 金이 火를 포장(包藏)하려 해도 火의 염열(炎熱)이 금기의 형성을 거부할 수 있는 것입니다. 金과 火의 성질은 마치 견원지간처럼 조화를 이루지 못한다고 할 수 있습니다. 따라서 어떠한 다른 기운이 중재해주지 않으면 金이 火를 포장할 수 없게 됩니다. 이와 같은 상태를 금화상쟁(金火相爭)이라고 합니다.

〈낙서(洛書)〉에 보면 金과 火가 자리를 바꾸어 나타나는데, 이것이 금화상쟁을 금화교역(金火交易)으로 풀기 위한 방편이 됩니다. 이는 마치 용접기의 노즐에서 불꽃이 나오듯 金이 먼저 가서 火를 조절하고자 함입니다.

때 생깁니다. 즉 土는 유형(有形)이 무화(無化)하게 될 때 그 무화를 발판으로 다시 유(有)의 기초를 창조하는 지점입니다. 따라서 이것을 중(中)이라고 합니다. 그러므로 土를 사계(四季)에 배속하면 장하(長夏)가 되는 것이니, 장하란 火의 실력이 아닌 허세(虛勢)로써 폭서(暴暑)의 번무(蕃茂)를 만드는 때입니다. 방위는 중앙에 배속되므로 이 방위가 사방의 주체가 되며 십(十) 자의 중심교차점이 됩니다.

흙의 상태에 따라 좋아하고 좋아하지 않는 차이는 다소 있지만 나무는 특별히 흙을 좋아합니다. 흙이 없으면 뿌리를 내리고 살 수 없으니까요. 기본적으로야 나무는 물만 있으면 사는 걸로 되어 있지만, 흙이 없으면 위로 올라가는 나무의 뿌리를 무엇이 지탱해줄 수 있겠습니까? 나무가 위로 자라는 만큼 뿌리는 땅속으로 깊이 파고들게 마련이므로 흙이 없다면 아무것도 되는 것이 없겠지요.

土가 굳건하지 못한 오행이란 뿌리 없는 초목과 다를 바 없습니다. 아무리 크고 굵게 자리잡았다 해도 가벼운 미풍 아래 쓰러지고 말 것입니다. 우리만 해도 땅을 밟고 있지 않습니까? 土는 이처럼 모든 것을 키우고 떠받치고 있는 것입니다.

土에는 진토(辰土)·술토(戌土)·축토(丑土)·미토(未土)의 네 가지가 있습니다. 양토(陽土)인 축토와 진토는 분열과정에서 일어나는 모순을 조화시키며 발전을 선도하는 土이고, 음토(陰土)인 미토와 술토는 통일과정에서 일어나는 모순을 조절하고 통일을 매개하는 土입니다. 전자를 미완성의 土라고 하고, 후자를 완성된 土라고 합니다.

축토는 동북 방위에 위치하여 일양(一陽)의 화생(化生)작용을 보호합니다. 즉 자수(子水) 속에서 나올 수 있도록 조화시키고, 양의 발전과정에서 일어나는 모순을 조절하는 작용을 합니다. 이것이 사계절 중 봄의 조화작용입니다.

진토는 동남 방위 즉 만물이 생·장하는 곳에 위치하고 있으므로 생과 장을 다같이 보호하는 土입니다. 그러므로 진토는 조화하고 보호만 하면 되는 축토에 비해 좀더 복잡합니다.

첫째, 진토의 본(本)인 묘목(卯木)은 대화적(對化的)으로 유(酉)의 제어를 받으면서 형(形)이 생하고, 또 자체적으로도 사금팔목(四金八木)의 투쟁을 일으키면서 자기를 생합니다. 따라서 진토는 이것을 융화하면서 발전시키는 중요한 역할을 해야 합니다.

둘째, 이때는 만물을 길러야 하는데, 종전의 형으로는 신축성이 적어 기르기에 부적당합니다. 그러므로 신축성이 강한 물질이 필요합니다.

따라서 자연은 진토에게 한편으로는 조화·보호하면서 살을 찌우는 土의 성질을 부여했고, 또 한편으로는 무성(茂盛)에 대비하여 형질(形質)의 보장(堡障)을 하게 되는 水의 성질을 부여했다고 볼 수 있습니다. 예를 들면 어린아이가 자랄 때 한동안은 길이가 자라고 또 한동안은 옆으로 자라는데, 이것이 진토의 두 가지 성질이라고 할 수 있습니다. 만일 길이만 자라고 살이 찌지 않는다면 이것은 辰의 작용이 木에 너무 쏠려 있어 토화성(土化性)의 결핍을 가져왔다고 볼 수 있겠습니다.

미토는 통일의 매개역할을 하는 土입니다. 축토는 미토의 대화(對化)작용에 의해서 자(子)를 발(發)하고 인(寅)을 조절하며, 진토는 술토의 대화작용에 의해서 묘(卯)를 발(發)하고 사(巳)를 조절했지만, 이것들은(축토·진토) 통일하는 능력이 없습니다. 따라서 절대 공평성을 지니고 있으며 그 작용이 사방에 동일하게 미치는 미토 '十'의 능력에 비하면, 축토와 진토는 그 반 정도밖에 미치지 못한다고 할 수 있습니다.

술토는 수축(收縮)의 종점인 서북 방위에 위치하고 있으므로 감중(坎中)의 핵(核)과 생명을 보호하는 작용을 합니다. 따라서 자연은 한편으로는 술토에게 水의 성질을 부여했고, 또 한편으로는 土의 성질을 부여했다고 볼 수 있습니다.

土의 태과(太過)도 불급(不及)도 아닌 기운[平氣]을 지칭하여 비화(備化)라고 합니다. 土는 진·술·축·미의 네 가지가 있지만, 진토는 장(長)하는 면에 치우쳐 있고 술토는 장(藏)할 수 있는 면에 치우쳐 있습니다. 축토 역시 완전한 土라고 할 수 없고, 오직 미토만이 완전히 화(化)할 수 있습니다. 이것을 미토의 비화라고 합니다.

토기가 불급한 것을 비감(卑監)이라고 합니다. 卑는 高의 반대로 토기가 불급함으로 인해 볼록하게 되지 못하고 도리어 수축된다는 뜻입니다. 監은 람(覽)과 통하는 글자로, 본다는 뜻과 임(臨)한다는 뜻이 있습니다. 따라서 비감이란 土가 비화되려면 적당한 정도의 팽창 상태가 되어야 함에도 불구하고, 동남방의 양작용이 불급하여 미토를 이룰 수 있는 조건이 성숙하지 못함으로 인해 비감지토(卑監之土)가 되고, 이로 인해 팽창해야 할 것이 도리어 위축되어버렸다는 의미입니다.

토기가 불급하면 음양의 승부(勝負)를 조절하지 못하므로 우주는 모순과 대립의 투쟁이 판치는 변란(變亂)에 빠지게 됩니다. 따라서 사물의 비화(肥和)작용은 적당한 시기[時宜]를 잃을 것이고, 모든 생물은 기가 하함(下陷)하게 됨으로써 생명인 양기가 발동할 수 없게 될 것입니다. 항상 하향하여 수(收)·장(藏)의 과정으로만 가려고 하기 때문에 실(實)을 잃고 허(虛)만 남게 됩니다.

土가 적으면 자기만이 옳다고 주장하여 모든 일을 이치에 맞지 않게 처리합니다. 속마음이 약하고 모든 면에 인색하며 사치를 모르는 성격입니다.

토기가 태과한 것을 돈부(敦阜)라고 합니다. 敦은 기화(氣化)작용으로 인해 두터워진 상(象) 즉 기의 태과를 의미하고, 阜는 형화(形化)작용으로 인해 두터워진 형의 태과를 의미합니다. 예를 들어 동물이 돈부가 되면 비후(肥厚)하게 되고, 초목이 돈부가 되면 뿌리나 줄기에 비하여 가지나 잎이 과도하게 성할 것입니다.

돈부는 혁희(赫曦)와 비슷하면서도 다른 점이 있습니다. 즉 혁희는 종산(縱散)하지만 돈부는 횡산(橫散)한다는 점입니다. 이것이 火와 土의 차이점이라고 할 수 있습니다. 土가 많으면 모든 일에 고집이 세고 인색하며 반성할 줄 모릅니다. 사물에 막힘이 없고 비밀스러우며, 사치를 모르는 성격이 많습니다.

土 중에 木이 많으면 노력은 하나 성공이 없으며 본래의 성격을 잃고 흔들리기 쉽습니다. 정에 약하고 분주하게 사는 경우가 많습니다. 土 중에 火가 많으면 의리를 베푸나 칭찬을 듣지 못합니다. 평생 정신이 혼탁하고 사치와 부끄러움을 모릅니다. 土 중에 金이 많으면 무엇을 하더라도 망동(妄動)하게 되고, 재물은 알뜰하게 아끼지만 처가 주권을 잡게 됩니다. 土 중에 水가 많으면 재물을 경시하고 바람기가 많습니다. 장사로 돈을 쉽게 버는 경향이 있는데, 이로 인하여 도리어 수전노가 되는 사람도 있습니다. 심할 때는 자기 가족에게도 베푸는 마음이 없을 수 있습니다.

• 土의 속성
① 土의 성질은 모든 것을 떠받친다〔載物〕.
자연계의 모든 물질은 땅에 실려 있기 때문에 흙은 물질을 받아들여 싣는 특성이 있습니다. 그러므로 자연계의 모든 사물과 현상 중에서 받아들여 싣는 특성이 있는 것은 모두 오행 중 土의 범주에 속한다고 볼 수 있습니다. 대지를 만물의 어머니라고 하는 이유도

바로 이러한 까닭입니다.

② 土의 성질은 모든 것을 키운다〔化生〕.

자연계의 각종 물질은 흙 속에서 성장하고 변화되어 나오기 때문에 土는 성장·변화시키는 특성이 있습니다. 따라서 자연계의 모든 사물과 현상 중에서 성장·변화시키는 특성이 있는 것은 모두 土의 범주에 속한다고 할 수 있습니다.

③ 土의 성질은 모든 것을 중화시킨다〔中和〕.

土는 정신적인 세계와 물질을 포함한 자연계의 중재자라고 할 수 있습니다. 따라서 자연계의 모든 사물과 현상 중에서 중재하고 중화하는 것은 모두 土의 범주에 속한다고 할 수 있습니다. 예를 들어 단맛을 내는 감초는 모든 약을 중화시킵니다.

④ 土의 성질은 모든 것을 조절합니다〔調節〕.

4) 금

金은 쇠입니다. 쇠의 속성은 칼을 통해 잘 알 수 있습니다. 칼은 날카로운 살기를 갖고 있습니다. 살기는 상대를 죽이고자 하는 예기(銳氣)입니다. 칼의 예기는 서늘합니다. 칼의 예기는 오래 참지 못합니다. 칼끼리 부딪치면 소리가 납니다. 칼은 무엇인가를 베어버리는 결단력입니다. 바라보고만 있어도 사납고 난폭하며 매우 단단한 고집불통입니다. 그 단단함은 바늘도 들어가지 않습니다.

金은 예리하고 날카로운 칼을 품고 다니는, 생사의 결투를 앞둔 무사의 심정입니다. 감정의 동요가 거의 없는 '냉정한 이성'이라고 할 수 있습니다. 자신의 삶이 이러하기에 스스로 의리를 중시하게 됩니다. '의리에 살고 의리에 죽자'가 金의 평소 주장입니다. 자신의 힘이 약할 때는 '두고 보자……. 한강 물이 마르지 않는 한 언젠가는 복수할 기회가 있을 것이다'라고 생각합니다. 金에게 잘못을 저지르거나 의리를 저버리면 언젠가는 복수를 당하게 됩니다.

　봄과 가을의 평균 기온은 비슷하지만 느낌이 다릅니다. 봄은 따스하고 가을은 서늘합니다. 이 차이를 느끼면 金을 바로 안다고 해도 될 것입니다. 金의 기운은 서늘합니다. 그리고 결실을 합니다. 서늘한 기운은 결실을 가져다줍니다. 늦가을에 잘 익은 감나무는 보기만 해도 푸짐합니다. 밤나무의 벌어진 밤송이는 저절로 흥취를 돋웁니다. 이 모두가 金의 작용입니다.

　金과 木은 그 성질이 전혀 반대입니다. 木은 내부의 양이 표면으로 분산하려는 발전의 최초 단계인데 반해, 金은 표양(表陽)이 다시 내부로 잠복하려는 수장(收藏)의 최초 단계입니다. 봄에는 그 힘이 표면으로 발산하려 하므로 만물의 외곽이 부드럽게 연화(軟化)될 수밖에 없고, 가을에는 내부로 잠복되어서 고요히 잠들려 하므로 양기를 포장(包藏)하기 위해 만물의 외곽이 점점 딱딱하게 변할 수밖에 없습니다.

　인간도 이와 똑같습니다. 봄이 되면 옷을 점점 얇게 입고, 가을이 되면 점차 두터운 옷을 입습니다. 청소년 때는 피부나 털이 부드럽고 아름답지만, 늙어갈수록 용모나 근골(筋骨)이 거칠게 됩니다.

　인간의 정신적인 면도 마찬가지입니다. 木·火의 욕심은 정욕이나 색욕으로 발전하기 쉽지만, 金에서는 탐욕으로 발전하기 쉽습니다. 木·火의 욕심[陰]은 탐욕으로 변할 만큼 고집을 부리지 못합니다. 그래서 木·火의 욕심은 탐욕이 되지 못하고 정욕이나 색욕과 같이 천박한 성질로 변하게 됩니다. 늙은이와 젊은이의 욕심도 마찬가지입니다. 그러므로 욕심의 본질을 따져보면 탐욕은 장년기의 대표적인 욕심이라고 할 수 있습니다.

　사람의 손가락으로 보면 네 번째인 무명지가 金에 해당합니다. 반지를 낄 때 본능적으로 맨 먼저 껴보는 손가락이 무명지입니다.

무명지는 약지(藥指)라고도 합니다. 달인 한약을 젓는 손가락입니다. 金은 목기를 제어하는 성질이 있으므로 만의 하나 남아 있는 독기를 제어하기 위해서라고 생각할 수 있습니다.

사람에게 금기(金氣)가 부족하면 결단력이 부족하여 우유부단해지므로, 물에 물 탄 듯한 사람이 되어 시작만 하고 끝을 맺지 못합니다. 무엇 하나 깨끗하게 마무리하는 것이 없으므로 다른 사람의 믿음을 얻을 수 없습니다. 낙지나 문어처럼 흐물흐물하게 됩니다. 반면 금기가 넘치면 난폭하고 아집이 강한 독불장군이 되므로 사람들과 어울리지 못합니다. 금기가 적당한 사람은 결단력이 있고 난폭하지 않으며 들어갈 때와 나갈 때를 아는 인격자가 됩니다.

金은 의리를 나타냅니다. 의리는 뒷골목에 모두 모여 있습니다. 내 목숨을 버려서 조직을 구합니다. 이것이 금기입니다. 金은 두려움이 없습니다. 어떻게 보면 불의 성질과 약간은 닮은 듯도 합니다. 굳이 차이를 말한다면 불은 뒤끝이 없고 쇠는 끝이 있다고 말할 수 있겠습니다.

金의 태과(太過)도 불급(不及)도 아닌 기운[平氣]을 지칭하여 심평(審平)이라고 합니다. 金은 만물을 생(生)·장(長)에서 수(收)·장(藏)으로 전환시키는 최초의 기운입니다. 그런데 金의 성질은 살벌(殺伐)하려는 경향이 많습니다. 만일 金이 공정성을 잃게 되면 收·藏의 단계에서 제일 중요한 목적인 金·水를 포위하는 포양(包陽)작용을 잃게 되어 정신과 생명이 멸하게 될 수도 있습니다. 오행 중에서 金처럼 평기(平氣)의 유지가 중요한 것도 없습니다. 따라서 심평은 평정(平定)하되 잘 살피면서 평정해야 양을 보호할 수 있다는 의미를 갖고 있습니다.

금기가 불급한 것을 종혁(從革)이라고 합니다. 革은 일반적으로 개혁이라는 개념으로 쓰이고 있지만, 좀더 자세히 살펴보면 약간 다른 해석이 가능해집니다. '가죽'이라는 의미의 글자로는 혁(革)자와 피(皮) 자가 있는데, 인공이 가해진 가죽을 革이라고 합니다. 이렇게 볼 때 革은 金·火의 교역과정에서 화기가 상다(尙多)함으로 인하여 金의 수렴작용에 차질이 생기는 상(象)을 뜻한다고 볼 수 있습니다.

예를 들면 가을에는 동물이 털을 갈고, 나뭇잎은 낙엽이 되어 지게 됩니다. 사람의 경우도 화기가 왕성하여 화왕작금(火旺灼金)한 사람은 모발이 빠지게 됩니다. 이것은 금기가 불급하고 화기가 과다한 현상에서 오는 종혁작용이라고 할 수 있습니다.

金은 자체의 사나운 기운 때문에 살벌하지 않도록 항상 조심해야 하지만, 또한 불급하지 않도록 경계해야 합니다. 金은 통일의 시초로 木·火 때에 生·長했던 양을 자기의 품안에 포장해야 할 의무와 본능이 있습니다. 그런데 金과 火는 서로 심하게 대립합니다. 따라서 土의 중재를 기다렸다가 자기의 임무를 수행하게 됩니다. 土가 적절한 중재를 하면 금이 평기인 심평지기(審平之氣)를 얻을 수 있을 것이나, 土가 조화력(調和力)을 잃게 되면 金은 火를 포장할 수 없을 것이고 비록 포장한다고 해도 심평지기를 만들어낼 수 없을 것입니다.

金이 적으면 생각이 지나쳐 결단력이 없습니다. 계획을 세우더라도 자고 나면 신용을 상실하면서까지 실행을 하지 못하므로 허사가 됩니다.

금기가 태과한 것을 견성(堅成)이라고 합니다. 堅과 固는 의미가 다릅니다. 표기(表氣)가 굳어지는 것을 堅이라 하고, 이기(裏氣)가 굳어지는 것을 固라고 합니다. 그래서 金의 성질은 堅이라 하고, 水의 성질은 固라고 합니다. 成은 사물의 완성을 의미합니다. 收와 成은 동일한 의미로 기의 작용에서 보면 收요, 사물의 형태로서 보면

成입니다. 바꾸어 말하면 금기의 태과는 토기가 결핍됨으로 인해 포위하고 있는 金이 지나치게 견성되는 상태를 말합니다.

金이 많으면 자신의 명예를 소중히 여기고 자존심이 강합니다. 사물에 능통하나 때로는 맹꽁이 짓을 하는 사람이 많으며 또한 권력을 남용하고 은인을 배반하는 경향이 있습니다.

金 중에 木이 많으면 금전에 대한 집착이 없어 허영과 지출이 많습니다. 金 중에 火가 많으면 마음이 초조하고 동(動)하기 쉬워 끈기가 없습니다. 사양심이 많으며 큰 것을 싫어하고 질병이 많습니다. 金 중에 土가 많으면 어리석고 의심이 많으며 언행이 일치하지 못하여 행동이 부실합니다. 金 중에 水가 많으면 총명하고 영리하나 계획의 균형을 잃는 경우가 많습니다. 베푸는 일을 좋아하나 은혜는 잘 모릅니다.

• 金의 속성

① 金의 성질은 서늘하다〔性凉〕.

금속은 만져보면 서늘할 뿐 따뜻한 느낌을 주지 않습니다. 그러므로 자연계의 모든 사물과 현상 중에서 서늘한 느낌을 주는 것은 모두 오행 중 金의 범주에 속한다고 할 수 있습니다.

② 金은 소리를 내는 성질이 있다〔音聲〕.

모든 금속은 두드리면 소리를 내는 특성이 있습니다. 그러므로 자연계의 모든 사물과 현상 중에서 소리를 내는 특성이 있는 것은 모두 오행 중 金의 범주에 속한다고 할 수 있습니다.

③ 金은 죽이는 성질이 있다〔肅殺〕.

금속은 딱딱하고 날카로운 끝으로 다른 물질을 상해할 수 있습니다. 따라서 자연계의 모든 사물과 현상 중에서 상해하는 특성이 있는 것은 모두 金의 범주에 속한다고 할 수 있습니다.

④ 金의 성질은 탐욕스럽다〔貪慾〕.
⑤ 金은 복수하는 성질이 있다〔復讐〕.

5) 수

물은 항상 낮은 데로 흘러갑니다. 빗방울을 보십시오. 대지의 초목을 적셔주는 비도 서로 뭉쳐서 힘이 되어야 내려옵니다. 때로 흩어져 허약해질 때도 있지만 웅덩이가 있으면 서로 모여서 힘을 얻습니다. 흐르고 흘러 강이 되고 바다가 됩니다. 물이 흘러가는 데는 예외가 없습니다. 그래서 만물의 척도를 물이 흘러가는 모양으로 기준 삼기로 했습니다. 즉 水가 가는 것이 법(法)입니다〔水+去=法〕. 정리하고 요약하는 水의 속성도 이에 따르기 때문이라고 할 수 있습니다.

물은 담백·깨끗하고 어떤 형태로든 자유자재로 변하는 유연함을 갖고 있습니다. 옛말에 "지혜로운 자는 물을 좋아한다"고 했는데, 구태여 이를 인용하지 않더라도 은근히 두려움마저 느끼게 하는 깊고 깊은 바다는 '지혜의 깊이'라고 생각됩니다. 물은 구태여 자신을 고집하지 않음에도 불구하고 모두가 필요로 하고, 또한 담백하게 자신이 원하는 대로 살아가는 인생의 지혜를 담고 있습니다. 어리석은 자는 자신의 모습을 강조하다가 일평생 그 모습에 갇혀 죽어가겠지만, 지혜로운 사람은 어느 곳이든 어떤 상황이든 늘 변화가 가능합니다.

만물의 수장(收藏)작용은 앞에서 말한 바와 같이 토기와 금기의 도움을 받아 水에 이르러서야 비로소 통일과업을 완수합니다. 표면을 수렴하는 일을 한 금기는 수기(水氣)의 작용을 거친 후에야 비로소 내부의 깊은 곳까지 응고(凝固)하게 됩니다. 이런 작용을 거쳐 양이 완전히 수장(收藏)되어야만 다시 만물의 생명을 창조할 수 있습니다. 이것을 인간에게 있어서는 정(精)이라 하고, 식물에게 있어서는 핵(核)이라 합니다.

그런데 수장은 정이나 핵의 외곽까지만 응고시키고 내부는 연성(軟性)대로 보존하고 있습니다. 그러므로 여기가 바로 핵과 정의 창고이며 생명과 형체의 본원이고 통일과 분열의 기반이라고 할 수 있습니다.

물은 음 중의 음[陰中之陰]으로 응고력이 매우 강합니다. 압축되고 응고된 물질이 물입니다. 이것이 더욱 심해지면 얼음이 됩니다. 그리고 씨앗이 됩니다. 씨앗은 오행에서 물과 같습니다. 한 알의 씨앗은 수기의 응고작용을 얻은 후에야 비로소 발생할 수 있습니다. 백합의 뿌리를 6~7월에 영상 4~5도의 냉실(冷室)에 넣어두었다가 온상에서 재배하면 크리스마스에 백합꽃을 볼 수 있습니다.

또한 수기를 강하게 받으면 받을수록 발생지기 역시 강해지는 것을 볼 수 있습니다. 예를 들면 무나 배추의 종자를 1년 더 묵혀 겨울을 한 번 나게 되면 그만큼 응고작용이 더해지고, 응고작용이 더해지면 나오는 힘[木氣]도 더 강해지므로 종자를 뿌려도 장다리가 나게 됩니다. 이것을 보면 생명력·원동력이라고 할 수 있는, 나오는 힘(木氣의 발산)이 강하다는 것은 결국 水의 응고작용에 기인한다는 사실을 알 수 있습니다.

그러므로 水의 활동은 변화작용을 일으키는 만물의 활동원이라고 할 수 있고, 만물의 활동이란 곧 水의 활동이라고 볼 수 있습니다. 그래서 『황제내경』에서는 "하늘은 먼저 水를 생하고, 땅은 두 번째로 火를 생하고[天一生水, 地二生火]"라고 한 듯합니다.

사람의 씨앗도 압축되어 씨앗 주머니에 저장되어 있습니다. 그리고 압축률을 더욱 좋게 하려고 몸 밖에 매달아두었습니다. 더워지면 불의 기운을 받아 물의 기운이 분산되어 약해지므로 압축 응고력이 떨어집니다. 온도가 높아지면 정자의 생산이 준다고 하는데, 그래서 일부러 몸 밖에 저장한 것입니다.

인생 일대를 보면 노년기에 해당하며, 인간의 욕심은 노욕(老慾)으로 변합니다. 노욕이란 하려고 하는 일을 꼭 하고야 마는 것을 의미합니다. 그러나 인간이 하려는 일에는 불가능한 것이 많습니다. 하늘은 인과율(因果律)을 따르기 때문입니다. 그런데 水는 우주운행의 기본이라고 할 수 있으므로 水가 욕심을 내면 오행 가운데서도 가장 욕심을 내어 하려고 합니다. 이것이 노욕입니다.

새끼손가락은 수기를 가장 많이 갖고 있습니다. 사람끼리 내기를 할 때 본능적으로 새끼손가락을 겁니다. 약속이란 지키기 위한 일종의 계약이고 법입니다. 법은 무엇입니까? 물입니다.

또한 애인을 나타낼 때도 새끼손가락을 사용합니다. 욕정은 火이지만 정(精)은 水입니다. 새끼손가락은 精이기 때문에 水에 속하지만, 욕망은 火이기 때문에 심경(心經)과 소장경(小腸經)이 모두 모여 있습니다.

水의 태과(太過)도 불급(不及)도 아닌 기운〔平氣〕을 지칭하여 정순(靜順)이라고 합니다. 그 상(象)이 정적(靜的)이고, 그 성질이 순(順)하다는 뜻입니다. 수기가 태과하여 응고력이 과도하거나, 불급하여 응고력이 모자람으로 인해 양을 수축하지 못하거나 잠장(潛藏)하지 못하는 폐단이 없는 상태를 말합니다.

일반적으로 정적(靜寂)이란 말을 많이 사용하는데, 靜은 움직이려면 움직일 수 있지만 아직 시기가 일러 움직이지 않는 상대적인 의미이고, 寂은 움직이려 해도 움직일 수 없는 절대적인 의미입니다. 寂은 미토(未土)의 적막(寂寞) 무짐(無朕)한 상(象)이 있고, 靜에는 수질(水質)의 잠장(潛藏)하고 있는 상(象)이 있습니다.

수기가 불급한 것을 학류(涸流)라고 합니다. 일반적으로 涸은 물이 마른다는 뜻이지만, 조금 더 깊이 따져보면 담다·막다〔閉塞〕·얼다는 의미의 '호(沍)'의 뜻이 있습니다. 그러므로 涸은 물이 말라서 없어진 것이 아니라, 수원이 폐색(閉塞)되었기 때문에 일반적인 관찰로는 물이 마른 것처럼 보이지만 사실은 水가 폐색된 것뿐이라는 의미가 있습니다.

流는 물이 자동성(自動性)에 의해 흐르는 것을 취한 것입니다. 流의 고자(古字)는 'ㅣ+不'입니다. 不은 木이 위쪽으로 관통하지 못한 상(象)에서 취한 것입니다. 流의 고자는 목기가 행하려고 하지만 일수(一水)를 관통하지 못하여 발(發)하지 못하는 상을 뜻합니다. 따라서 이 글자를 '水'의 변에 쓴 것은 수기가 발하려고 하지만 발하지 못하는 상(象)을 취하기 위해서라고 볼 수 있겠습니다.

水가 적으면 성격은 독실하나 반복됨이 많고 용기가 적으며 계획성이 없습니다. 배움은 많으나 상식이 없는 것처럼 행동하고, 아는 것도 없이 아는 척하는 경향이 있습니다.

수기가 태과한 것을 유연(流衍)이라고 합니다. 衍은 水가 행하려고 하나 행할 수 없는 상을 의미합니다. 그런데 이 글자의 의미를 자세히 고찰해보면 늘어진다는 의미와 상자(箱子)라는 의미가 함께 있음을 알 수 있습니다. 그러므로 그 바탕은 늘어날 수 있는 것이지만, 한편으로는 상자 속에 유폐(幽閉)된 것 같은 상이기 때문에 늘어날 수 없는 상태를 뜻합니다. 이것은 水의 응고상태를 말한다고 볼 수 있습니다. 따라서 유연은 움직일 수 있는 요인을 갖추고 있지만 아직 움직일 수 없는 상태, 즉 응고력의 태과 때문에 발생한 상태라고 할 수 있습니다.

水가 많으면 지혜가 있고 남의 비밀을 지키며 베푸는 일을 좋아하나 실패하기 쉽습니다. 고집이 세어 남의 말을 듣지 않고 앞으로 전진하다가 결국은 실패하는 경향이 있습니다.

水 중에 木이 많으면 성격이 인자하나 쓸데없는 일을 많이 하고, 남의 일에는 힘쓰고 자기 일은 무관심합니다. 水 중에 火가 많으면 재물복은 좋으나, 사람됨이 가볍고 믿지 못할 말을 많이 하며, 인내심이 부족합니다. 水 중에 土가 많으면 자비심을 말로만 하고 실천력이 없으며, 의심이 많고 모든 일에 자기 말만 옳다고 주장합니다. 水 중에 金이 많으면 의리가 없고, 마음이 너무 강직하여 신용을 잃게 되며, 실천력이 부족합니다.

• 水의 속성

① 水의 성질은 차다〔寒冷〕.

물은 자연상태에서 차갑고 싸늘한 특성이 있습니다. 그러므로 자연계의 모든 사물과 현상 중에서 차갑고 싸늘한 특성이 있는 것은 모두 오행 중 水의 범주에 속한다고 할 수 있습니다.

② 水의 성질은 아래로 흐른다〔就下〕.

물은 아래를 향해 흐르는 특성이 있습니다. 그러므로 자연계의 모든 사물과 현상 중에서 아래로 향하는 것은 모두 水의 범주에 속한다고 할 수 있습니다.

③ 水의 성질은 윤하게 한다〔滋潤〕.

축축하게 수분을 많이 가지고 있는 물질은 모두 자윤(滋潤)의 특성을 갖고 있습니다. 그러므로 자연계의 모든 사물과 현상 중에서 자윤의 작용을 하는 것은 모두 오행 중 水의 범주에 속한다고 할 수 있습니다.

④ 水의 성질은 저장한다〔閉藏〕.

자연계의 모든 사물과 현상 중에서 감추는 특성이 있는 것은 모두 水의 범주에 속한다고 할 수 있습니다.

⑤ 水는 모든 변화의 기반이다〔基底〕.

2. 오행의 상생과 상극

1) 오행의 상생

상생(相生)은 '목생화(木生火)·화생토(火生土)·토생금(土生金)·금생수(金生水)·수생목(水生木)'입니다. 상생은 서로 도와준다는 뜻인데, 사실은 서로라기보다는 일방적으로 도와준다고 할 수 있습니다. 상생은 자식에 대한 무조건적인 모성애라고 할 수 있습니다. 가령 나무는 불을 생(生)해주지만 불은 나무를 생하지 못합니다. 마치 어머니는 자식을 낳아서 길러주시지만, 그 자식은 어머니를 위해서 한 일이 없는 것과 같습니다.

어머니의 모성애는 대개 좋게 작용하지만 항상 그런 것만은 아닙니다. 사공이 많으면 배가 산으로 간다는 말이 있듯이 어머니의 힘이 너무 강하면 자식이 기를 펴지 못합니다. 심한 경우 우울증이나 정신분열증에 걸릴 수도 있고 가볍게는 마마보이가 될 가능성이 큽니다. 반대로 어머니의 힘이 약하면 자식은 제멋대로 자랄 것입니다. 사랑도 적당해야 한다는 것이지요. 제멋대로 자란 사람은 성인이 되어 부모를 무시하기 십상입니다. 이렇게 되면 어른들은 "저 자식을 어떻게 키웠는데! 저 녀석이 우리한테 이럴 수 있어?"라고 한탄합니다. 유식한 말로는 인과의 법칙이라고 합니다만 결국은 자신이 행한 대로 받게 된다는 것이 세상의 이치입니다.

반면에 자식이 많든지 병들었든지 나약하든지 하면 부모의 힘을 많이 빼앗아갑니다. "가지 많은 나무에 바람 잘 날 없다"고 했습니다. 자식이 많으면 그만큼 부모의 허리가 휩니다. 또 어린 자식이 큰 병에 걸렸다면 집을 팔아서라도 치료를 해야 합니다. 이것은 자식이 부모의 기운을 빼앗아 자란다는 의미로도 해석할 수 있습니다. 그래서 다른 말로 '설기(洩氣)한다'고 합니다.

또 자식의 힘이 너무 강하면 부모를 업신여깁니다. 드물지만 자식으로부터 구타당하는 경우도 있지 않습니까? 심지어 자식이 부모를 죽이는 경우도 있습니다. 모든 것은 적당한 것이 좋습니다.

① 수생목(水生木)

물의 성질은 반드시 아래로 흐르므로 땅속에 있게 됩니다. 동쪽 지평선 위로 태양이 나타나 온기를 세상에 전하면 땅속에 있던 물은 지상으로 솟아나와 만물을 윤기 있게 해주고 얼음을 녹입니다. 이러한 상태를 수생목 상태라고 할 수 있습니다.

물은 나무에게 너무나 소중한 존재입니다. 가뭄이 극심한 여름에는 더욱 그러하지요. 그러나 아무리 소중한 물이라 해도 너무 많으면 오히려 좋지 않습니다. 물 속에 잠긴 나무를 생각해보면 알 수 있습니다. 그 나무가 살 수 있을까요?

물이 지나치게 많으면 나무가 뿌리를 내리지 못하고 물에 뜹니다. 이것을 수다목표(水多木漂)라고 합니다. 반면 나무가 지나치게 많으면 물은 오그라들게 됩니다. 이것을 목다수축(木多水縮)이라고 합니다.

② 목생화(木生火)

인류가 빛과 열을 얻을 수 있는 전형적인 재료는 역시 목생화의 나무라고 할 수 있습니다.

나무가 지나치게 많으면 불이 꺼집니다. 이것을 목다화식(木多火熄)이라고 합니다. 반면 불이 지나치게 많으면 나무는 불에 타버립니다. 이것을 화다목분(火多木焚)이라고 합니다.

③ 화생토(火生土)

불은 그 성질상 재가 될 때까지 탑니다. 물질이 타면 재가 남는데 그 재가 쌓여 대지를 덮으면 그것이 흙이 됩니다.

불이 지나치게 많으면 흙이 갈라집니다. 이것을 화다토척(火多土斥)이라고 합니다. 반면 흙이 지나치게 많으면 불이 어두워집니다. 이것을 토다화회(土多火晦)라고 합니다.

④ 토생금(土生金)

대지가 굳어 딱딱해지면 땅속에서 쇠가 됩니다.

흙이 지나치게 많으면 쇠가 묻힙니다. 이것을 토다매금(土多埋金)이라고 합니다. 반면 쇠가 지나치게 많으면 흙은 매우 약해집니다. 이것을 금다토약(金多土弱)이라고 합니다.

⑤ 금생수(金生水)

金은 태양이 중천에서 서쪽으로 향해 차츰 저물어갈 때의 기를 잡은 오행으로 가을을 다스립니다. 태양이 정수리에 달했을 때는 이미 양기가 극에 달해 있기 때문에 그 이후에는 양이 음으로 바뀌어 차츰 음기를 더해갑니다. 가을은 이와 같이 양기가 쇠하고 음기가 왕성해져가는 기세를 나타냅니다.

음기가 왕성해지면 한기가 심해져 만물은 딱딱하게 응고되기 시작하는데, 이것은 다음에 올 음의 극점인 겨울에 대비하기 위해서입니다. 양기가 쇠하고 음기가 왕성해지는 상태가 더 진행되면 드디어 양기가 힘을 잃어 순수한 음기가 왕성해지는 때가 됩니다. 이것을 금생수라고 합니다. 이때 태양은 서쪽 지평선에서 대지 밑으로 가라앉게 되는데, 이는 곧 겨울이 찾아오는 것입니다.

쇠가 지나치게 많으면 물이 탁해집니다. 이것을 금다수탁(金多水濁)이라고 합니다. 반면 물이 지나치게 많으면 쇠는 잠겨버립니다. 이것을 수다금침(水多金沈)이라고 합니다.

2) 오행의 상극

상극(相剋)은 '목극토(木剋土) · 토극수(土剋水) · 수극화(水剋

火)·화극금(火剋金)·금극목(金剋木)'입니다. 옛날 중국에는 치수를 잘하는 사람이 왕이었던 때가 있었습니다. 해마다 홍수로 커다란 피해를 보았으니 당연한 선택이었다는 생각이 듭니다.

　물을 다스리려면 제방을 쌓아야 합니다. 그런데 그냥 흙으로 쌓아놓으면 세찬 물살에 흙이 깎여버립니다. 그래서 나무를 심어 흙을 꽉 잡고 있게 하든지 잔디를 깔아 흙의 표면을 보호해야 합니다. 요즈음도 산에 길을 낼 때는 산을 깎은 다음 그곳에 잔디를 키우지 않습니까? 나무나 잔디를 키우거나 옮기기 위해서는 쇠로 만들어진 도구가 필요합니다. 쇠를 만들기 위해서는 불이 필요합니다. 그리고 불을 끄기 위해서는 또다시 물이 필요합니다. 이것이 간단하게 살펴본 흙과 물, 불과 쇠, 초목들의 상극관계입니다.

　보통 상생은 좋게 여기고 상극은 나쁘게 생각합니다. 이 생각이 크게 틀린 것은 아니지만, 좀 좁은 생각입니다. 상극의 도리도 상생의 도리만큼이나 중요합니다. 만약 자식들이 아버지의 제어를 받지 않는다면 제멋대로 자랄 가능성이 커지고, 그러다가 죄를 지으면 법에 따라 교도소에 가둡니다. 교도소 안에서 자신의 죄를 반성하든 그렇지 않든 간에 최소한 그 동안이라도 죄를 짓지 않게 하려는 것입니다. 제어해야 할 때 제어하지 않는 것은 불행입니다. 또한 제어되어야 할 때 제어되지 않는 것도 불행입니다. 기계도 제어가 되지 않으면 쓸모가 없지 않습니까?

　극(剋)하는 힘이 너무 많거나 강하면 극을 받는 오행은 몹시 힘겹습니다. 눈 위에 서리가 내린 격으로 설상가상이라고 할 수 있습니다. 술에 취한 아버지가 어린 자식을 때리는 장면이 생각나는군요. 직장을 예로 들면 지나치게 많은 상관들이 못살게 닦달하는 형상입니다.

　반면에 내가 극하는 오행이 지나치게 많으면 극이 잘되지 않습니다. 군대에서 제일 작은 단위인 분대의 경우 분대장이 가장 효율적으로 통제할 수 있는 인원으로 그 수를 정했다고 합니다. 더 많아지면 통제가 어렵다는 말이지요.

① 목극토(木剋土)

나무가 지나치게 강하면 흙은 반드시 함몰합니다. 이것을 목다토함(木多土陷)이라 합니다. 반면 흙이 지나치게 강하면 나무는 꺾입니다. 이것을 토다목절(土多木折)이라 합니다.

② 토극수(土剋水)

흙이 지나치게 강하면 물은 반드시 스며듭니다. 이것을 토다수리(土多水漓)라고 합니다. 반면 물이 지나치게 강하면 흙이 떠내려갑니다. 이것을 수다토류(水多土流)라고 합니다.

③ 수극화(水剋火)

물이 지나치게 강하면 불은 반드시 꺼져버립니다. 이것을 수다화식(水多火熄)이라 합니다. 반면 불이 지나치게 강하면 물이 증발합니다. 이것을 화다수증(火多水蒸)이라 합니다.

④ 화극금(火剋金)

불이 지나치게 강하면 쇠는 반드시 녹아버립니다. 이것을 화다금용(火多金熔)이라 합니다. 반면 쇠가 지나치게 강하면 불이 꺼져버립니다. 이것을 금다화식(金多火熄)이라 합니다.

⑤ 금극목(金剋木)

쇠가 지나치게 강하면 나무는 반드시 잘리게 됩니다. 이것을 금다목절(金多木折)이라 합니다. 반면 나무가 지나치게 강하면 쇠가 문드러집니다. 이것을 목다금결(木多金缺)이라 합니다.

십간, 열 개의 하늘

십간(十干, 十幹, 天干)이란 음양을 열 단계로 나누어 변화 과정을 설명한 것입니다. 즉 천계의 움직임을 오행으로 풀이한 것이라고 할 수 있습니다.

양간 · 음간의 일반적인 성질

조건＼오행	양간(陽干)	음간(陰干)
강약의 결정	계절이 중요함	사주 가운데 있는 다른 오행에 좌우됨
강한 경우	관(官)과 살(殺)을 기뻐함	상관(傷官)을 기뻐함
약한 경우	비견(比肩, 특히 根)이 좋음	비견보다는 겁재(劫財)나 인(印)이 좋음

1. 십간의 종류

십간은 갑(甲)·을(乙)·병(丙)·정(丁)·무(戊)·기(己)·경(庚)·신(辛)·임(壬)·계(癸)의 열 가지가 있습니다. 양간(陽干)은 갑목(甲木)·병화(丙火)·무토(戊土)·경금(庚金)·임수(壬水)이고, 음간(陰干)은 을목(乙木)·정화(丁火)·기토(己土)·신금(辛金)·계수(癸水)입니다.

양간은 공격적·감정적·직선적·지배적·적극적이라고 할 수 있고, 음간은 방어적·이성적·곡선적·복종적·소극적이라고 할 수 있습니다.

양간은 항상 공격적이고 직선적이며 거취가 분명합니다. 물욕도 많고 자신의 의사를 명확하게 표현한다고 할 수 있습니다. 이러한 상황을 고려해보면 그 바탕에는 모든 것을 감시·감독하고 자기 기분대로, 마음대로 조정하고 처리하려는 감정적인 성분이 깔려 있으며 남의 지배를 받기 싫어하는 성질이 있음을 알 수 있습니다.

갑목의 적극성이나 병화의 맹렬함, 무토의 고집, 그리고 경금의 강인함과 임수의 활발함은 모두 적극적인 면이 강하다고 하겠습니다. 따라서 모든 양간은 자신이 마음대로 취급할 수 있는 재물〔財〕[3] 과 합(合)합니다.

양간이 생각하기 전에 움직이는 적극성이라고 한다면, 음간은 행동에 앞서 모든 것을 따져 생각해보고 움직이는 방어·수비 위주의 소극성이라고 할 수 있습니다. 음간은 기분에 따라 함부로 움직이지 않고, 싸움을 하더라도 따져보아 불리하다고 판단되면 뒤로 물러납니다. 이렇게 다소곳하거나 얌전한 특성을 좋게 말하면 이성적

---

3) 재(財)는 편재(偏財)·정재(正財)를 뜻합니다. 자세한 것은 제2부 응용편의 '육신'을 참고하십시오.

(理性的)이라고 할 수 있겠습니다. 따라서 모든 음간은 합리적·이성적이라고 생각되는 관(官)⁴⁾과 합합니다.

1) 갑목〔大林〕

외부의 적에 대해 내부를 보호하려는 목적, 즉 종자가 발아하여 아직 원피내(原皮內)에 있는 상태를 뜻합니다.

나무 중에서 양의 성질을 띠고 있는 것이 갑목(甲木)입니다. 甲은 천간의 첫 번째로 홀수이기 때문입니다. 甲은 크고 강한 나무로서 빽빽히 들어서서 높이 자란 대림목(大林木)에 비유됩니다. 하늘을 향해 쭉쭉 자라나는 나무의 이러한 기세를 참천지세(參天之勢)라고 합니다. 그러므로 나무 같은 나무는 모두 갑목이라고 할 수 있을 것입니다.

큰 나무들은 죽을 때까지 자랍니다. 자라다가 더 자라지 못하는 것은 이미 죽은 것입니다. 이렇게 오직 앞만 보고 열심히 노력을 기울이기 때문에 갑목은 사회에서 성공할 확률이 높습니다. 그러나 1등을 하지 못하면 실패라고 생각하기 때문에 항상 강박관념에 사로잡히게 됩니다.

갑목은 흙이 없으면 자랄 수 없습니다. 그래서 흙을 굉장히 소중하게 여깁니다. 갑목은 기토(己土)를 좋아하고 무토(戊土)는 싫어합니다. 기토는 식물이 자라기 좋게 촉촉이 젖은 흙이지만, 무토는 식물이 자라기 힘든 자갈투성이의 메마른 흙이기 때문입니다.

갑목은 뻗을 줄만 알았지 브레이크를 밟고 서행하면서 주위를 살피는 차분함이 없습니다(브레이크는 오행의 金). 오행의 속성상 금

---

4) 관(官)은 편관(偏官)·정관(正官)을 뜻합니다. 자세한 것은 제2부 응용편의 '육신'을 참고하십시오.

극목(金克木)이므로 갑목을 강하게 타고난 사람은 갑목을 제어할 수 있는 금기가 필요합니다. 그래서 갑목의 기운이 강한 사람은 동전이나 주머니칼을 가지고 다니는 것이 좋습니다.

갑목은 참천(參天)이라 하여 울창한 숲을 이룬 산림 속의 거목에 비유됩니다. 따라서 그 성질의 바탕에 군자지풍이 있어 인자한 면이 있는 반면 자존심이 강합니다.

담(膽)이 건강할 때는 의지가 곧고 자신감이 강하여 목 자세가 바르고 절도가 있으며, 추진력과 행동력이 있어 일을 잘 처리하므로 남보다 앞서가고 리더십도 있습니다. 일반적으로 말수가 적고, 머리 회전이 빠른 사람이 많습니다. 용감하고 당당하여 활기 차고 겁없이 덤벼들므로 기질이 강하다고 볼 수도 있습니다.

담이 건강을 잃으면 자신감이 사라지게 되므로 목이 뻣뻣해지고 절도가 없어집니다. 자신감을 상실하여 소극적이고 겁이 많아지며, 조급하고 불안정하게 되므로 만만한 상대에게만 폭력적이 되고, 폭언·욕설을 잘하며 심술궂게 변합니다. 쉽게 격노하며 남의 약을 잘 올립니다. 행동력이 약해지고 의욕이 떨어지므로 앞장서는 일은 꺼리게 되고, 힘이 없어 늘어지고 게을러집니다. 편두통이 있고 옆구리가 결리며 시력이 저하되고 목이 쉬며 가래가 잘 생깁니다.

▣ 부언 :『적천수』·『십간론』

① 갑목이 너무 강하거나 약한 경우, 오행의 상생·상극만 아는 사람은 너무 강한 갑목의 경우에는 '丙·丁·庚·辛'을 희신(喜神)으로 정하고, 너무 약한 갑목에는 '甲·乙·壬·癸'를 희신으로 정합니다. 그러나 명리에서 오행의 강약 처리는 단순히 오행의 상생·상극만으로 끝나는 것이 아닙니다. 그 강해지는 원인이나 약해지는 원인을 찾아내어 올바른 처리를 하지 않으면 안 됩니다.

② 갑목은 을목을 강하게 할 수 있으나 을목은 갑목을 강하게 할 수 없으므로, 갑목은 을목을 전혀 필요로 하지 않습니다. 즉 약한 갑목이 도움[比劫]을 구하는 경우에는 甲만이 도움이 됩니다. 갑목에 寅이 있으면 水가 많아도 두려워하지 않습니다. 봄의 갑목이 金으로 인해 제(制)를 받는 것은 좋지 않습니다.

③ 수기(水氣)가 너무 많은 경우(겨울), 갑목은 병화(丙火 : 태양)를 반드시 필요로 하지만, 정화(丁火 : 모닥불)는 좋아하지 않습니다. 갑목과 정화의 관계는 정화가 갑목에서 생해져 기뻐할 뿐, 정화는 갑목에 대해 아무런 이득도 주지 못합니다.

④ 갑목과 土(특히 己)와의 관계는, 土는 갑목에 봉사하지만 갑목은 土에게 아무런 이득을 주지 못합니다[다만 土에 수기가 많은 경우는 약간 설(洩)하는 역할을 하지만, 그 작용은 약합니다]. 갑목에 辰이 있으면 火가 강해도 두려워하지 않습니다. 갑목에 가장 좋은 근(根)이 되는 지지(地支)는 辰과 未입니다.

⑤ 가을 갑목이 土로 인해 힘을 나누는 것은 좋지 않습니다. 너무 강한 갑목을 억제하고자 하는 경우, 경금(庚金)으로 극하는 편이 좋지만 (정화로 설하는 것은 좋지 않습니다), 갑목은 가을에 수분(水分)이 없는 경우에만 경금을 기뻐합니다. 따라서 가장 두려운 것은 봄의 갑목에 庚이 있을 때입니다. 신금은 갑목에 대하여 아무런 작용도 미치지 못하며, 갑목도 역시 신금을 해(害)하지 못합니다.

⑥ 갑목이 조(燥)하여 인성(印星)이 필요한 경우, 계수(癸水 : 계곡물)는 매우 원하지만 임수(壬水 : 강물, 바닷물)는 원하지 않습니다(임수가 많으면 물 위에 나무가 뜨고, 계수가 많으면 나무가 썩게 됩니다). 또 단지 계수만 있는 것보다는 기토가 겸해 있으면 더욱 좋습니다.

⑦ 갑목은 천간의 병화와 함께 지지의 水를 적당히 갖는 것이 좋습니다.

2) 을목〔草木〕

초목의 어린 싹이 아직 자유롭게 신장(伸長)하지 못해서 굴곡되어 있는 상태(一陽이 아직 미약하게 발하는 상태)를 뜻합니다.

을목(乙木)은 하늘에서는 바람이고 땅에서는 초목입니다. 나무 중에서 음의 성질을 띠고 있는 것이 을목입니다. 을은 천간의 두 번째로 짝수이기 때문입니다. 나무 같지 않은 나무는 모두 을목입니다. 갑목은 큰 나무이기 때문에 비나 바람에 잘 상하지 않지만, 을목은 연하고 약해서 쉽게 휘어지거나 잘리고 물에 씻기며, 조금만 가물어도 견뎌내지를 못합니다. 벼·보리·수수·콩·국화·잔디·잡초·고구마 등의 곡식이나 약초·넝쿨식물 등이 모두 여기에 포함됩니다.

천간 중에서 乙·丁·己·辛·癸는 양 중의 음입니다. 땅의 성질을 어느 정도 갖고 있습니다. 따라서 사람과 관계가 깊습니다. 예를 들면 을목은 인간이 가꾸는 곡식입니다. 정화는 인간이 만든 불입니다. 기토는 사람이 먹을 것을 심는 논이나 밭입니다.

모든 풀들이 그렇듯이 을목은 환경 적응력 즉 생존력이 굉장히 강합니다. 갑목인 나무는 몇 번 옮겨심으면 쉽게 죽지만, 을목인 잡초는 어디를 가든 살아남습니다. 잡초는 뽑아도 뽑아도 끝이 없습니다. 을목은 이용할 수 있는 것은 모두 이용합니다. 넝쿨을 보십시오. 주변에 갑목이 있으면 갑목이 죽거나 말거나 그냥 사정없이 감고 올라갑니다.

을목은 이해타산이 빠릅니다. 타고난 장사치라고 생각해도 무방할 것입니다. 일단 계산을 해봐서 손해가 날 것 같으면 거절합니다. "이런들 어떠하리 저런들 어떠하리 / 만수산 드렁칡이 얽혀진들 어떠하리 / 우리도 이같이 얽혀져 백만년 누리리라"라는 시조가 생각납니다. 이러한 속성으로 인해 을목은 물질을 중시하게 됩니다. 우선 돈이 있어야 어디를 가도 대접을 받는다, 돈이면 다 된다고 생각합니다. 을목은 구두쇠나 수전노라는 소리를 듣지만, 좋은 의미에서 해석하자면 생활력이 강하다고 할 수도 있습니다.

　간장이 건강할 때 을목은 성격이 어질고 정직·온화하며, 부드럽고 다정합니다. 또한 학문적이고 시적이어서 자기 주장을 그다지 내세우지 않는 내성적인 면이 많습니다. 따라서 희열을 잘 느끼고 교육하고 양육하는 성향과 남을 도와주는 인자함이 있습니다.

　그러나 정신력과 의욕이 강하고 인내심과 끈기, 저력이 대단하며 자존심 또한 강하여 황소고집입니다. 계획이 많아서 항상 무언가를 설계하고 새로운 방향을 모색합니다. 무엇인가 문제가 일어나더라도 무리하게 해결하려 하기보다는 조용히 사태를 관망하면서 무리 없는 타개책을 발견해나가는 타입입니다.

　하지만 인화를 중시한 나머지 예스맨이 되거나 주변의 세에 따라서 흘러가기 쉬운 단점도 있습니다. 간은 근육·눈과 연관관계가 깊어, 근육이 팽팽하고 눈빛이 예리하며 술을 잘 마시는 주당이 많고, 잠이 적고 경쾌합니다.

　간이 건강을 잃게 되면 항상 피로하여 늘어지고 변화를 싫어하며 경계심이 많아집니다. 겁이 많고 신경질적이며 결벽증이 있어 자신만을 생각하게 되고, 의욕이 없습니다. 늘 긴장된 상태로 잠이 모자라 여기저기 아프고, 말을 비꼬아서 하며 까다롭습니다. 눈빛이 흐릿하고 눈물이 잘 나며, 근육 경련이 잘 일어나고 소화가 안 되며, 한숨을 잘 쉽니다. 얼굴빛은 푸른빛이 돌며, 피부는 닭살과 같고 먼지를 끼얹은 것 같습니다. 간장이 상하면 말이 많아집니다.

　　◨ 부언 :『적천수』·『십간론』
　　① 을목이 약할 때는 갑목이 돕지만, 을목은 갑목을 돕지 못합니다. 따

라서 을목이 약할 때는 水의 인(印)보다도 갑목의 겁재(劫財)를 기뻐합니다. 을목에 갑목의 용신이 있으면 매우 좋은 관계의 짝이 되어 일생 동안 어떠한 것도 두렵지 않게 됩니다.
② 을목이 강할 때는 金으로 극하는 것보다 병화(丙火) 쪽을 좋아합니다. 약간의 예외를 제외하면 음간 전체의 일반적인 법칙인데, 을목이 강한 경우에는 관살(官殺)보다 상관(傷官)을 좋아합니다. 예를 들어 정화(丁火)는 무토(戊土)를 좋아하고, 신금(辛金)은 임수(壬水)를 좋아합니다.
③ 을목이 식상(食傷)을 필요로 하는 경우는 병화가 있어야 합니다. 을목은 정화를 약간 생하지만, 정화로 을목을 설(洩)하면 흉격(凶格)이 되어버리므로 을목에게는 오히려 손해입니다.
④ 을목이 재[財 : 土]를 바라는 경우는 무토 · 기토가 함께 양호하지만, 을목이 목극토(木剋土)의 관계에서 극하고자 할 때는 기토는 극할 수 있지만 무토는 극할 수 없습니다.
⑤ 을목은 金(庚 · 辛)을 전혀 좋아하지 않으며 특히 신금을 꺼립니다.
⑥ 을목에 임수와 계수는 함께 양호한 작용을 하지만, 水가 많을 때는 오히려 해가 됩니다. 따라서 을목이 약하여 도움이 필요할 때에도 水보다는 갑목 쪽을 선호합니다.
⑦ 을목은 대운이 火(巳 · 午 · 未)로 가는 것을 꺼립니다. 을목이 金(申 · 酉 · 戌)으로 가면 土와 金을 꺼립니다.
⑧ 을목의 근(根)은 양지(陽支)를 좋아하고, 음지(陰支)는 좋아하지 않습니다. 을목의 근은 寅 · 未를 좋아하고, 卯 · 辰 · 亥를 좋아하지 않습니다.

3) 병화〔太陽〕

초목이 신장(伸長)하여 비로소 그 형체가 저명(著明)한 상태를 뜻합니다.

불 중에서도 양의 성질을 띠고 있는 것이 병화(丙火)입니다. 병은 천간의 세 번째로 홀수이기 때문입니다. 하늘에 있는 태양이라고 할 수 있습니다. 불 같은 불은 모두 병화라고 하겠습니다. 맹렬하다는 말은 병화를 위해서 만들어진 것 같습니다.

불은 원래 물을 두려워하는 법이지만, 병화는 두려움이 무엇인지 알지도 못하고 알려고 하지도 않습니다. 사실 병화의 사전에 두려움은 없습니다. 오직 맹렬함 그 자체입니다. 갑목도 지는 것을 싫어하지만, 맹렬함에 있어서는 병화에 밀립니다. 오죽하면 불이 타는 듯하다고 하겠습니까? 언제나 혁신·혁명·개혁을 부르짖습니다. 이것이 병화입니다. 병화의 사전에는 남을 따르는 모방이 없습니다. 개성, 오직 개성에 죽고 개성에 사는 인생입니다. 자칫 치열해지면 반대를 위한 반대도 서슴지 않습니다.

병화는 눈에 확 들어옵니다. 우리 주변에서도 한번 성질이 나면 물불을 안 가리는 불 같은 성질을 가진 소양인 체질의 사람들은 눈에 확 띕니다. 병화는 자신은 간섭받는 것을 아주 싫어하면서, 다른 사람을 간섭하고 건드리는 것은 굉장히 좋아합니다. 사실 병화는 누가 건드리지 않으면 스스로 건드릴 일을 찾아다닌다고 할 수 있습니다.

물불을 가리지 않고 천방지축으로 날뛰는 병화는 실수가 많습니다. 급한 성격에 일을 시작하기는 빠르지만 일의 마무리는 짓지 못합니다. 불을 보듯이 빤하기 때문에 손해를 많이 봅니다. 병화의 삶은 실수로 얼룩져 있다고 보면 틀림없을 것입니다. 그래서 돌아서서 후회하게 됩니다. 그러나 그것도 잠시뿐이고 또 일을 저지르고 다닙니다.

그렇지만 병화는 온누리의 대지를 따사롭게 해주는 태양과 같아

인정미가 넘쳐흐르고, 손위나 아랫사람을 가려 예절을 중히 여기는 도덕군자 같은 사람입니다.

소장(小腸)이 건강할 때는 권위와 명성을 구하여, 있는 한도 내에서 최대한의 정열을 쏟으면서 자신의 목적을 추구하는 성격입니다. 공명정대하여 어떤 일이든 숨기는 일 없이 있는 대로 떠들어대므로 자기 속마음을 그대로 노출시킵니다. 이런 의미에서는 화려하고 시끄러운 성격이라고 할 수도 있습니다.

그러나 역시 火의 성격 그대로 잠깐 타오르다가 슬며시 꺼지는 일과성도 가지고 있습니다. 또 자신에게 맞는 길이 따로 있다고 믿는 면이 강하여 게으름뱅이가 될 소지도 많습니다. 노력하기보다는 정열에 몸을 맡기기만 하면 된다고 생각하는 것입니다.

급하고 적극적이며 강한 행동력이 있어 새로운 일에 대한 도전의식이 강하고 또 열심히 일하며 잘 움직이고 잘 살핍니다. 망설임 없이 화끈하고 열정적이며, 결과를 빨리 보고 싶어하고 변화가 많습니다. 상체에 열이 많고 어깨가 바릅니다.

소장이 건강을 잃게 되면, 특별한 느낌 없이 관심이 떨어지고 어깨가 기웁니다. 실천력과 재치가 떨어지고 적당히 미룹니다. 성질이 급해져 계획을 자주 변화시키며, 버릇이 없어지고 자기 주관대로 판단하고 행동하려 합니다. 웅크리고 주변을 경계하며, 공격적이고 폭발하고 싶어합니다.

□ 부언 : 『적천수』・『십간론』

① 병화는 다른 干의 영향을 거의 받지 않는 반면, 다른 干에 대해서는 작용을 부여합니다. 병화가 강한 경우는 그 작용도 강합니다. 병화가 천간에 두 개 이상 있으면 어떤 경우라도 지나치게 강하다고 할 수 있습니다. 또한 단순히 병화의 根(寅・午・戌・巳・未)이 많아 지나

치게 강하게 된 경우에도 사주의 모든 것을 조명(燥命)으로 만드는 재(災)를 지니게 됩니다.

② 다섯 가지 양간은 모두 양의 성질을 갖고 있지만, 그 가운데 양의 특성이 가장 강한 것이 병화입니다. 다섯 가지 음간은 모두 음의 성질을 갖고 있지만, 그 가운데 음의 특성이 가장 강한 것은 계수입니다. 따라서 보통의 경우 병화는 계수를 특히 두려워하지만, 병화가 강할 때는 겨울의 계수도 두려워하지 않습니다.

③ 병화가 천간에 나와 있으면 부목(浮木 : 임수가 많기 때문에 일어나는 갑목과 을목의 害)을 도울 수 있습니다. 원래 부목은 구제하기 매우 어려운 것이나, 투간해 있는 병화에 의해서는 구제될 수 있습니다.

④ 병화가 천간에 나와 있지 않은 경우(지지에 있다 해도)는 습니(濕泥 : 계수가 많음으로써 일어나는 기토의 害)마저도 구해낼 수 없습니다. 원래 습한 진흙은 구제하기 아주 쉬운 것이지만, 병화가 투간해 있지 않으면 그마저도 구해낼 수 없습니다.

⑤ 병화는 다른 干의 상생·상극의 영향을 받지 않으며, 특히 상생의 작용을 받지 않습니다. 따라서 병화에 대해 갑목과 을목은 거의 작용을 하지 못합니다. 다만 병화가 매우 약한 경우, 갑목이 천간에 두 개 이상 있다면 영향을 받습니다. 병화가 약한 경우에는 갑목만으로도 해(害)가 되므로 도리어 병화를 약화시키는 작용을 하는 것입니다. 따라서 병화가 약한 경우는 갑목이 많은 것을 두려워합니다. 또한 갑목·을목 쪽에서 병화를 보면, 水를 가지고 있는 갑목과 을목은 병화를 기뻐하나, 水를 가지고 있지 않은 갑목과 을목은 병화를 꺼립니다.

⑥ 병화와 정화는 같은 火이지만 서로 관계가 없어 강하게 해주는 작용이 전혀 없습니다.

⑦ 병화는 무토와 기토를 해하는 작용이 있습니다. 다만 계수가 많은 경우의 기토를 구제할 수는 있습니다. 무토와 기토는 병화에 대해 그

작용이 거의 없습니다. 다만 병화가 약한 경우, 기토는 병화에 대해 약간의 해를 줍니다. 따라서 병화가 약한 경우에는 기토마저도 두려워합니다.

⑧ 병화는 경금에는 해를 주지만, 신금에는 해를 주지 않습니다.
⑨ 임수는 땅 위에 흐르는 사수(死水) 같은 것이므로 여간해서는 병화를 극할 수 없습니다. 게다가 병화가 강한 경우라면 임수로는 제하는 것이 불가능하게 됩니다.

4) 정화〔燈火〕
초목의 형체가 충실한 상태를 뜻합니다.
불 중에도 음의 성질을 띠고 있는 것이 정화(丁火)입니다. 정은 천간의 네 번째로 짝수이기 때문입니다. 하늘에서는 반짝이는 별빛이라고 할 수 있고, 땅에서는 등불에 비유된다고 할 수 있습니다. 정화는 태양 같은 찬란한 불이 아니라 용광로나 모닥불 같은 불입니다. 불 같지 않은 불은 모두 정화입니다. 정화와 병화는 같은 오행으로 음과 양의 차이를 지닐 뿐이지만 그 작용은 아주 다릅니다.
정화는 어두운 밤을 지키는 달이나 반짝이는 별이고, 자신의 몸을 태워 어두운 밤을 지키는 약한 촛불입니다. 정화는 거친 황무지에서 우리를 보호해주는 모닥불이고, 어두운 바다 위의 희망인 등대불입니다. 정화는 도시의 밤을 밝히는 가로등이고 집안을 밝히는 형광등 불이며 학생이 공부할 때 켜는 스탠드의 불입니다. 인간이 만든 불은 모두 정화라고 볼 수 있습니다. 전기 · 전파 · 학문 · 학자 · 이론 · 공식 · 문명 등등이 모두 정화입니다.
정화는 헌신이고 봉사이며 사랑입니다. 정화는 따뜻합니다. 그래서 심장도 정화입니다. 정화만큼 남의 심정을 잘 헤아려주는 사람도 드뭅니다. 정화는 가슴이 따뜻한 사람입니다. 그러나 얌전한 사람이 성내면 더 무섭다는 말이 있듯이, 평소에는 얌전한 정화이지만 건드리면 火의 속성〔丙火〕이 나타납니다. 모닥불을 건드리면 산불이 됩니다. 전기를 잘못 건드리면 집을 태웁니다.

정화에 해당하는 심장이 건강할 때에는, 속에 정열을 지니고 있어 감성이 풍부하고 매사에 관심이 많아 탐구심이 왕성하며 정이 많습니다. 머리 회전이 빠르고 정신력이 강하며 진취적인 기질도 풍부합니다. 예의바르고 사교성이 있으며 열성적이고 활달합니다. 실행력이 뛰어나고 적극적입니다.

또 교활할 정도로 약삭빠른 면도 있으며, 때로는 내면의 격렬함과 표면의 온화함의 차이를 조절하지 못할 때도 있습니다. 온화한 사람이라는 평판이 지나치게 굳어져 자기 자신이 마치 연기를 하는 것처럼 느껴져서 갑자기 자신을 드러내고 싶어지는 일도 있습니다. 환상을 꿈꾸며 상상력이 풍부합니다.

심장이 건강을 잃게 되면, 일에 대한 열성이 없어지고 예민해지며, 가슴이 두근거리고 감정의 변화가 많아 불안정하게 됩니다. 심장의 기가 손상되면 트림을 자주 하게 됩니다. 깜짝깜짝 잘 놀라고 부끄러움이 많아지며, 조그만 일에도 근심하고 경계 의식이 많아지며, 정신이 산만하며 마무리가 약하고 급합니다.

▣ 부언 : 『적천수』·『십간론』
① 정화는 다른 간〔他干〕과의 상생·상극에 크게 좌우되는 특성이 있습니다. 정화가 타간에 미치는 힘은 경금에 가장 강하게 작용하지만, 겨울의 정화는 갑목이나 무토가 없으면 힘을 쓸 수 없습니다.
② 정화가 시기를 얻으면 아무리 강한 경금이라도 제할 수 있습니다. 정화가 월령(月令)을 얻지 못하면 아무리 약한 경금(무토와 갑목이 없는)이라도 제할 수 없습니다.

③ 정화가 아주 약한 경우는 건조한 갑목(근이 寅·未·卯인 것)이 가장 도움이 됩니다. 건조한 갑목은 정화를 생해줄 수 있어, 어떠한 계절에도 약해지는 일이 없고, 갑목이 아무리 약해도 정화를 도울 수 있어 정화가 좋아합니다. 반면 습한 갑목이나 을목은 아무리 많아도 전혀 도움이 되지 않으므로 정화가 좋아하지 않습니다. 그러나 아주 약한 木에는 정화가 충분히 해를 줍니다.

④ 정화와 병화는 같은 火이지만 서로 강하게 해주는 작용이 전혀 없으므로 관계가 없습니다. 정화에 대한 정화의 관계는 너무 강하게 해주는 해(害)뿐이지만, 약한 정화의 경우에는 도움이 됩니다.

⑤ 정화에 대한 무토의 관계는 매우 양호하여, 정화가 약할 때는 무토가 강하게 해주고, 정화가 강할 때는 무토를 약하게 조절해줍니다. 즉 정화는 무토만 있으면 강하지도 않고 약하지도 않은 조화를 이룰 수 있습니다. 따라서 정화가 너무 강한 경우는 무토를 사용해야 합니다. 반면에 기토는 정화와 전혀 관계가 없습니다.

⑥ 정화와 경금의 관계는 마치 정화와 무토의 관계와 같아서, 정화는 약한 경금은 강하게 하고 강한 경금은 약하게 조절하는 작용을 합니다. 그러나 신금에 대해서는 약하게 하는 흉(凶)작용만 있을 뿐, 제하는 길(吉)작용은 없습니다. 반면에 경금이나 신금은 정화에 대한 작용이 없습니다.

⑦ 정화는 계수에 극을 당하는 흉작용만 있습니다. 그러나 계수에 대한 정화의 작용은 겨울의 조후적인 길작용이 있습니다. 이 경우 정화와 계수 사이에 庚이 개입하면 더욱 좋은 관계가 됩니다.

5) 무토〔城垣〕

초목이 번무(繁茂)하여 성대한 상태를 뜻합니다.
흙 중에도 양의 성질을 띠고 있는 것이 무토(戊土)입니다. 무(戊)

는 천간의 다섯 번째로 홀수이기 때문입니다. 하늘에서는 안개요, 땅에서는 단단하고 물기가 없는 흙으로, 성이나 담장을 쌓은 흙 또는 뭉쳐서 말린 흙벽돌과 같은 흙이라고 할 수 있습니다.

불룩 튀어나온 흙은 모두 무토입니다. 그래서 무토는 태산입니다. 세상이 돌아가는 대로 살아가면 된다고 생각하는 사람도 있지만, 세상이 아무리 변해도 자신의 마음이 편치 않으면 견디지 못하는 사람도 있습니다. 이런 사람들이 무토입니다.

이들은 밖에서 삶의 기준을 구하지 않습니다. 이들의 기준은 오로지 자신의 내면에 있습니다. 그러므로 무토는 믿음과 신용이 있는 사람이라고 말할 수 있습니다. 관점에 따라서는 이러한 무토를 교만하다고 하는 사람도 있습니다. 자신처럼 실수도 하지 않고 가볍지도 않으며 묵직하니, 바른말만 하는 무토를 보면 자신이 무토보다 못하다는 느낌을 받을 수 있기 때문입니다.

평소에는 그렇지만 무토도 무서울 때가 있습니다. 화산도 평소에는 고요한 산이지만 일단 폭발하면 굉장히 무섭습니다. 이 세상 무엇이 폭발하는 화산을 막을 수 있겠습니까? 이런 성질을 보면 평소 고지식한 사람들은 그 속에 일양(一陽)을 갖고 있다고 보여집니다. 한번 잘못 건드리면 다시는 안 볼 듯이 모아두고 모아둔 것이 한꺼번에 폭발합니다. 옛말에 "소가 성을 내면 호랑이도 당하지 못한다"고 하지 않았습니까? 무토는 산의 팔부능선 이상에서 볼 수 있는 돌멩이나 바위로 이루어진 흙입니다.

위장이 건강하면, 한편으로는 미련해보이기도 하고 고지식해보이기도 하지만, 뱃심이 대단하여 화를 내면 태산준령이라도 무너뜨려버릴 것만 같은데, 평상시의 생활을 보면 이해심이 지나쳐 어리석어보이는 면도 있습니다. 이 사람의 내면 깊숙한 곳에는 남다른 신의와 믿음이 있어 거짓과 사술을 싫어하고 오로지 신의만을 고집하는 경향이 많습니다. 즉 기본적으로 호인이며, 남의 의견이나 사상을 받아들이는 폭넓은 포용력이 있고, 신의를 지키고 절조(節操)를 중시하므로 사람이 잘 따르는, 이른바 대인의 품격을 가진 사람이라고 하겠습니다.

반면에 남의 눈에 띄는 양성의 土인 만큼, 외관에 치우쳐서 몸치장에 급급하여 내면은 조잡하고 사려가 얕을 수도 있습니다. 복부가 발달하여 배가 탄탄하고 소화력이 왕성하며, 무게가 있어 안정성이 있고 중후해 보입니다.

위장이 건강을 잃게 되면, 신용이 없어지고 믿음은 약해지며 질서가 사라지게 됩니다. 짜증을 잘 내고 귀찮아하며 움직이는 것을 싫어하므로 대인관계가 부자연스럽고 서툽니다. 언행이 불확실해지고 의심이 많으며 성격이 깐깐하고 신경질적이 되어 심하면 의처증이나 의부증으로 발전합니다. 소화기능이 약하여 잘 체하거나 위·십이지장 궤양으로 속이 쓰리게 되므로 얼굴을 찡그리게 됩니다. 복부비만이거나 살이 안 찌고 설사나 소화장애가 자주 발생합니다. 위장의 기가 손상되면 딸꾹질이 자주 나옵니다.

□ 부언 : 『적천수』·『십간론』
① 무토는 월령에 의해 강약이 크게 좌우됩니다(대체로 양간은 이와 같은 성질을 갖고 있습니다). 무토가 당령(堂令)하고 있으면 계수와 합해지더라도 강한 힘(財가 두 배가 되어도 두려워하지 않는다는 뜻)을 갖지만, 무토가 당령하고 있지 않으면 세가 약해집니다.
② 무토는 水나 火가 강함을 두려워하지 않으나, 水와 火가 너무 강하면 무토와 나란히 하고 있는 다른 간에 해를 줍니다.
③ 무토는 갑목에게 극을 당하나 무토에 대한 갑목의 힘은 그렇게 강하지 않습니다. 또한 무토도 갑목을 극하지만 그 힘은 매우 약합니다.

을목은 무토에 대해서 작용이 없지만, 무토는 을목을 생할 수 있습니다.
④ 무토는 병화에 의하여 극을 당하나 병화를 어떻게 할 수는 없습니다. 무토는 강한 정화를 약하게, 약한 정화를 강하게 조절하는 작용이 있습니다. 그러나 정화는 무토에 대하여 도움이 되지 않습니다.
⑤ 무토가 너무 약할 때는 비겁(무토)을 좋아하지만, 겁재(기토)는 좋아하지 않습니다. 기토에 대하여 무토는 정화와 마찬가지로 조절작용을 합니다. 무토는 여러 가지 근(辰·戌·丑·未) 중에서 辰과의 관계가 가장 깊습니다. 그것은 진토 중의 수분이 무토의 습도를 적당하게 조절하기 때문입니다. 무토는 보통 지지에 辰이 있고 충(沖)을 당하지 않는 것을 기뻐하지만, 강한 경우에는 辰이 충을 당하지 않으면 중화(中和)를 할 수 없습니다.
⑥ 무토는 金을 생하며, 또한 金에 설(洩)을 당하는 일도 있습니다. 무토는 보통의 양간과 달라서, 너무 강한 경우는 木으로부터 극을 당하는 것보다 경금이나 신금으로부터 설을 당하는 것을 좋아합니다. 무토가 약할 때는 설을 당하는 것을 두려워합니다.
⑦ 무토가 임수를 제(制)하는 경우는 근이 강한 것을 전제로 하므로, 무토에 근이 있어 강하면 임수를 억누를 수 있습니다. 그러나 그 임수가 옆에 계수를 갖고 있다면 전혀 제할 수 없습니다.

6) 기토〔田園〕
초목이 번무(繁茂)하고 성대하여 조리가 정연한 상태입니다.
흙 중에도 음의 성질을 띠고 있는 것이 기토(己土)입니다. 기(己)는 천간의 여섯 번째로 짝수이기 때문입니다. 물기가 촉촉이 스며 있어 생물이 싹트고 자랄 수 있는 전원(田園)의 흙입니다. 불룩 튀어나오지 않은 흙은 모두 기토입니다.

무토가 산이라면, 기토는 논이나 밭이라고 할 수 있습니다. 무토는 식물이 자라기 힘든 메마른 땅이고 기토는 식물이 자라기에 알맞은 흙을 가리킵니다. 뿌리를 깊이 뻗어야 하는 갑목은 기토를 좋아할 수밖에 없습니다. 갑목이 위로 올라갈수록 뿌리를 지탱해주는 기토가 있어야 쓰러지지 않기 때문입니다. 산의 단단한 흙보다 기름지고 영양가 많은 옥토를 좋아하는 것은 당연합니다. 을목도 기토를 좋아합니다. 그러나 계수는 기토를 싫어합니다. 계수는 맑고도 맑은 석간수(石間水)인데, 기토의 부드러운 흙이 섞이면 흙탕물이 되기 때문입니다.

기토는 항상 순수하고 포근히 감싸주는, 모든 이의 마음속 고향인 어머니를 닮았습니다. 어머니는 자식에게 알고도 속고 모르고도 속아줍니다. 기토는 자식을 대하는 어머니의 마음입니다. 기토는 남의 심정을 잘 헤아려줍니다. 그래서 카운슬러가 딱 맞는 적성입니다. 가만히 이야기를 들어주고 답을 찾아서 마음을 편하게 해주는 기술이 있습니다. 종교인도 적성에 맞습니다.

남을 먼저 생각하는 기토는 바로 그 속성 때문에 남에게 잘 속고 이용당하기 쉽습니다. 기토는 웬만한 엉터리가 아니라면 속여넘길 수 있습니다. 그러나 파보지 않고는 땅속을 알 수 없듯이, 기토의 속마음을 어찌 짐작할 수 있겠습니까? 파보지 않고는 알 수 없는 마음, 그것이 기토의 마음입니다.

무엇보다도 자기의 주장을 강력히 내세우지 않으니 자기 주장이 강한 사람일수록 기토를 좋아합니다. 사실 자기가 잘났다고 떠드는 사람일수록 잘났다고 떠드는 사람을 싫어합니다. 그런 사람일수록 얌전히 앉아서 자기 이야기에 귀를 기울여주는 사람을 좋아합니다. 말끝마다 토를 다는 사람보다야 그냥 고개를 끄덕거리며 듣는 척이라도 하는 사람이 좋게 마련입니다. 그러고 보면 기토는 자기 주장이 없는 것 같기도 합니다.

　비장이 건강하면, 생각이 바르고 너그러우며 사리분별이 분명하고 자기 중심이 확고하여 치우치지 않는 안정감이 있습니다. 또 신용이 좋습니다. 정확하고 철저하게 생각하며 여러 가지 상황을 결합하여 종합적으로 처리하는 지각력이 뛰어납니다. 명치 부위가 발달하여 비위가 강하므로 무게가 있고 부끄러움이 없습니다.

　비장이 건강을 잃게 되면, 공상이나 망상 등 잡념이 많아지고 변덕이 심하며 일을 처리할 때에 망설이게 됩니다. 언행이 가벼워 호언장담과 거짓말을 잘하고 얼렁뚱땅 넘어가려 합니다. 주관이 약하고 변덕이 심하며 게을러지고 변덕이 죽 끓듯 합니다. 말을 하다 되묻기를 잘하고 같은 말을 반복하기도 합니다. 편식하고 입맛이 예민합니다.

　▫ 부언 : 『적천수』·『십간론』
① 기토는 곧잘 타간의 하고(下固)작용을 다합니다.
② 水나 金이 왕하고 기토가 약한 경우에는 火(병화가 좋음)나 木을 보는 것이 가장 좋은 상태입니다.
③ 기토가 인(印)이나 비겁, 간합(干合) 등으로 너무 강한 경우에는 기토의 뿌리가 충을 받지 않으면 안 됩니다.
④ 기토와 木의 관계는 계수와의 관계에 기초하여 설명해야 합니다. 즉 기토에 수분이 적은 경우는 갑목이나 을목을 두려워합니다. 수분이 있는 경우는 갑목이나 을목을 생할 수 있으나 극할 수는 없습니다. 갑목은 때로는 기토에 이득을 주지만(계수로부터 작용), 을목은 전혀 이득을 주지 않습니다.
⑤ 기토는 병화가 약한 경우에 병화를 약간 해치지만, 병화에 이득을 주는 작용은 없습니다. 병화는 기토를 생할 수도 극할 수도 있습니다.

정화와 기토는 관계가 없습니다. 기토는 병화와 나란히 다른 삼행(三行, 木·金·水)과 함께 있는 것을 매우 기뻐합니다.

⑥ 십간의 간합은 반드시 약해지나 기토의 간합만은 강해지는 경우도 있습니다(경금은 약해지지도 강해지지도 않습니다). 기토는 무토를 좋아하지만 비견(기토)은 좋아하지 않습니다.

⑦ 기토는 무토와는 달리 월령을 얻지 않고서는 金에 대해 거의 작용하지 않습니다. 무토는 庚에 대해서 작용을 하지만, 기토는 아주 강한 경우에만 庚에 길작용〔生金〕이나 흉작용〔埋金〕을 할 수 있습니다. 金(특히 庚)은 기토를 설할 수도 있습니다. 기토는 金을 생하는 일이 있으나, 임수와 짝을 이루어 신금에게 해를 주는 일도 있습니다.

⑧ 기토는 전원의 흙과 같은 것으로서, 지지의 辰·戌·丑·未를 뿌리로 하면 만물의 기본이 되어 타간에 반드시 이(利)를 주지만, 십간 중의 임수에 대해서는 전혀 이로움을 주지 않습니다. 기토와 임수의 관계는 백해(百害)만 있고 한 가지 이익〔一利〕도 없는 전적으로 흉한 관계입니다. 기토는 강한 계수를 억누를 수도 있으며, 계수는 조토(燥土)의 己를 생합니다.

7) 경금〔剛鐵〕

초목이 성숙고결(成熟固結)된 결과 스스로 새로운 것으로 변화되는 상태를 뜻합니다.

바위 중에서도 양의 성질을 띠고 있는 것이 경금(庚金)입니다. 경(庚)은 천간의 일곱 번째로 홀수이기 때문입니다. 바위 같은 바위, 단단한 바위는 모두 경금입니다.

산 위에 우뚝 솟은 바위, 땅속 깊은 곳에 뿌리를 둔 암반, 대쪽 같은 성품, 물소 같은 고집이 경금입니다. 경금은 인간의 때가 묻지 않은, 그래서 세련되지 않은 천연의 암석을 닮았습니다. 열 개의 천간 중에서도 가장 단단합니다. 그래서 고집불통입니다. 한번 마음먹은 일은 끝장을 내야 시원합니다. 도중에 오류가 생겨도 수정 없이 그냥 밀고 나갑니다.

　나무는 뿌리를 내리다가 돌멩이가 있으면 방향을 바꿉니다. 그러나 경금은 구멍을 내고 그냥 통과하려 합니다. 그래서 항상 무모해 보입니다. 갑목은 경금을 가장 두려워합니다. 자신을 베어버리는 도끼나 낫, 톱을 좋아할 리가 없는 것입니다.

　경금은 병화도 두려워하지 않습니다. 보통은 병화를 두려워한다고 합니다만 사실은 두려워하지 않습니다. 병화의 폭발성도 경금에게는 먹혀들지 않기 때문입니다. 경금은 오직 꼬장꼬장한 강골일 뿐입니다. 그래서 믿음직하기도 합니다. 칼날 앞에서도 자기 주장을 굽히지 않습니다. 사간원의 선비 체질이며, 사헌부의 관리 체질입니다. 그들은 강골 중에도 왕강골이거든요. 왕도 두려워하지 않는 것을 보십시오.

　"난 목에 칼이 들어와도 할말은 해야 하는 사람이오."

　이것이 경금입니다. 경금의 소신은 스스로 옳다고 판단한 후에 내린 결정이므로 수정이 별로 없습니다. 경금은 얄팍한 몇 푼의 돈에 끌려서 자기의 주장을 굽히는 것을 치욕스럽게 생각합니다. 따라서 기회주의자들이 판치는 세상이 되면 경금은 무시당하기 쉽습니다. 뒷전으로 밀려나는 것은 세상물정에 어두운 경금이니까요.

　경금은 배반을 모르는 군인 체질로 동료의식이 강합니다. 그래서 목숨을 건 전쟁터에서도 서로의 안전을 보살핍니다. 경금은 의리를 가장 중히 여깁니다.

　경금은 어딘가 냉엄하고 차가운 면이 있으며, 독하게 맺고 끊는 특성이 있어 함부로 대하기가 어려운 사람입니다. 결단력이 매우 뛰어납니다. 조심성이 많고 실리적이며 완벽한 안정을 추구하는 안

전주의이므로, 냉정하게 판단하여 손해볼 일은 하지 않습니다. 신중하고 성실하며 강직하고 의리도 강하나, 매사에 맺고 끊음이 너무 확실하여 한번 돌아서면 마치 얼음칼같이 무섭게 변합니다. 승부욕이 강하며 예감이 발달해 있습니다.

사람 됨됨이로 보면 소인(小人) 같은 면이 있는데, 이상하게도 세상에서는 실력 이상으로 높게 평가하는 경향이 있습니다. 그러나 본인이 자신의 결점을 잘 알고 세상의 평판에 맞추려고 노력하는 까닭에, 실상과 허상의 차이가 분명하게 드러나는 일은 드뭅니다. 무의식 중에라도 담금질하듯 자기 몸을 단련하기 때문이라고 생각됩니다. 뼈가 발달되고 피부가 윤택하며 눈동자는 희고 잘 깜박이지 않습니다.

대장이 건강을 잃게 되면, 몸이 가볍고 피부가 거칠며 주변을 잘 살펴 눈치가 빠릅니다. 뼈가 허약하고 변비가 심하거나 설사를 잘 합니다. 처신이 트릿하여 일의 처리가 늦고 어정쩡하며, 적당히 타협하므로 결실이 분명치 않으며, 흐지부지하므로 후회가 많습니다. 비관적인 성향이 강하고 동정심이 지나치게 많습니다.

◲ 부언 : 『적천수』·『십간론』

① 경금은 매우 단단한 것으로서 그 성질은 매우 강직합니다. 정화에 제(制)를 당해 처음으로 공(功)을 내게 되며, 특히 계수를 두려워합니다.

② 경금은 갑목을 극하는 힘을 충분히 지니고 있으므로 쉽게 갑목을 극할 수 있습니다. 따라서 춘목(春木)에 경금은 좋지 않으며, 木이 왕(旺)해져 있으면 스스로 상처를 입습니다. 봄의 갑목, 水가 있는 갑목은 경금을 매우 꺼립니다. 특히 정화가 있으면 그 예리함이 더해집니다. 그러나 갑목은 경금을 어떻게 할 수 없습니다. 가을의 갑목으

로 水가 없는 경우와, 겨울의 갑목으로 정화가 있는 경우에는 모두 경금을 좋아합니다.
③ 경금은 정화에 대하여 아무런 작용도 하지 않으나, 정화는 경금에 대하여 좋은 작용을 하므로 경금은 정화를 좋아합니다. 따라서 여름의 경금은 정화에 극을 당하는 것을 좋아합니다. 병화는 경금에 대하여 가을〔秋〕·겨울〔冬〕의 조후 외에는 모두 해(害)하는 작용을 합니다. 그러나 경금은 병화에 대하여 전혀 작용을 하지 않습니다.
④ 경금은 土가 많으면 묻히는〔埋金〕 흉작용을 일으킵니다. 따라서 무토나 기토가 많으면 土가 충(沖)을 받는 것이 중요합니다. 경금은 무토를 약간 설하지만, 무토가 경금을 생하는 힘은 매우 크게 작용합니다. 기토는 경금을 약간 생하며 경금은 기토를 설합니다.
⑤ 庚과 庚, 庚과 辛의 金끼리의 관계는 강하게 하거나 약하게 하는 작용이 없습니다. 다만 명식에서 이들 오행이 서로 나란히 있는 것은 매우 꺼립니다. 경금 자체가 강한 경우는 임수의 설이나 정화의 극을 좋아합니다. 경금 자체가 약한 경우는 무토나 기토를 좋아하지만, 지지에 水가 있거나 천간에 계수가 있는 편이 양호합니다. 가을 출생의 경금은 도리어 土·金에게 도움을 받는 것을 좋아합니다.
⑥ 경금은 특히 土와 水가 많은 것을 두려워합니다. 水가 많은 경우는 침금(沈金)의 명이 되어 좋지 않은데, 경금은 특히 계수를 꺼립니다. 경금이 계수를 생하는 힘은 전혀 없으나, 계수는 경금을 해하는 작용이 강하여 설보다는 극하는 해작용이라고 할 수 있습니다. 경금은 임수를 생하나 그 힘은 적으며, 임수는 경금을 설하는데 그 작용은 매우 큽니다

8) 신금〔珠玉〕
초목이 고사되어 새롭게 되는 상태를 뜻합니다.

돌 중에도 음의 성질을 띠고 있는 것이 신금(辛金)입니다. 신(辛)는 천간의 여덟 번째로 짝수이기 때문입니다.

경금이 자연석이라고 한다면, 신금은 가공석이라고 할 수 있습니다. 신금은 보석이라고 생각하면 됩니다. 가공된 금속은 대개 신금에 가깝습니다.

신금은 멋쟁이입니다. 그래서 잡초 속에 섞여 있는 것을 가장 싫어합니다. 어디든지 높은 곳, 눈에 잘 띄는 곳에 있기를 원합니다. 그러나 이런 희망을 노골적으로 표현하지는 않습니다. 음금(陰金)이기 때문입니다. 경금과 다른 점이 바로 이것입니다.

내면적 욕구를 표현하는 것은 양이고 숨기는 것은 음이라고 한다면, 신금은 욕구를 두꺼운 기름종이로 포장해서 장롱 깊숙이 감추어둔다고 할 수 있습니다. 그래서 다른 사람들은 별로 눈치채지 못합니다. 어쩌면 자신도 미처 모르고 있을지도 모릅니다. 그러나 음성적인 성격이 더 무섭습니다. 아예 드러내놓고 이건 이렇다 저건 저렇다 하면 모두가 편한데, 가만히 쌓아두고 기회만 보고 있으니 질려버릴 일입니다.

金은 결실입니다. 단단한 결정체가 바로 신금입니다. 그래서 다이아몬드라고도 할 수 있습니다. 속에 쌓아두지 않으면 결정체가 될 수 없습니다. 훨훨 태워버리기를 일삼는 병화가 가장 두려워하는 것이 바로 신금입니다. 마치 코끼리가 생쥐를 무서워하는 것처럼 말입니다. 천하에 물도 두려워하지 않는 병화가 조그만 신금을 두려워한다는 사실이 참으로 재미있습니다.

영롱한 보석은 사람의 탐심(貪心)을 자극합니다. 그래서 신금은 사람의 관심을 모읍니다. 신금은 이 맛에 살아갑니다. 남이 몰라주고 무시하면 속상해서 잠을 이루지 못합니다. 그 자리에서는 그냥 참고 왔는데 자리에 누워서 가만히 생각해보니 생각할수록 분해서 혼자 눈물을 흘립니다. 그래서 벼릅니다. 신금은 툴툴 털어버리는 기술이 부족합니다. 어디 두고 보자, 이 결심이 큰 성취를 가져옵니다. 그래서 장관도 되고 총장도 되어서 복수를 합니다. 이것이 신금의 힘입니다.

신금은 약하지만 속에는 굳고 곧음을 간직하고 있습니다. 따끔한 야유를 잘하는데, 그런 의미에서 독설가라고도 할 수 있습니다. 또 음침하고 한쪽으로 치우치기 쉬운 면이 있는 반면, 단호하게 행동하는 면도 볼 수 있습니다. 그 행동력이 강하게 나타날 때는 다른 사람들이 두려워할 정도가 됩니다.

패기 있고 판단이 빠르며 냉철하고 과단성 있게 처신합니다. 실리에 밝고 매사가 명쾌합니다. 준법정신이 강하며 위엄이 있고, 다스리고 지배하는 능력과 승부욕이 강합니다. 적당한 긴장감과 의리를 중시하는 성향이 있습니다.

폐가 건강을 잃게 되면, 패기가 없어지고 판단력이 흐려지며 의기소침해집니다. 조심성이 지나치고 위엄이 없어 남 앞에 잘 나서지 않습니다. 쉽게 슬픔을 느끼고 눈물을 잘 흘리며 비관적이어서 자칫 염세주의자가 되기도 합니다. 망설임이 많아져 결실을 맺지 못하고 흐지부지하며, 징징 우는 소리를 잘하고 의리가 없습니다. 피부가 좋고 코가 발달되어 예민한 반면 고장도 잘 납니다. 기침이 많고 감기에 잘 걸립니다. 우울증이 있습니다.

◨ 부언 : 『적천수』·『십간론』
① 신금은 주옥과 같은 것으로서, 좋아하는 십간은 병화·임수·무토이고, 기토는 꺼립니다.
② 신금은 너무 강한 것을 억제하거나 약한 것을 도와주는 경우에 살(殺 : 丁火)과 인(印 : 己)을 사용할 수 없습니다.

③ 신금은 더울 때는 무토를 좋아하고 추울 때는 정화를 좋아합니다. 그러나 정화가 신금과 나란히 있지 않는 것을 조건으로 합니다.
④ 신금에 木·火가 강한 경우는 지지인 서·북(辛·酉·戌·亥·子·丑)을 좋아하고, 金·水가 강한 경우는 병화나 정화를 좋아합니다.
⑤ 신금에 의한 종왕격은 되기 어려운데, 이 경우에는 신유(辛酉)와 신왕(身旺)을 조건으로 합니다. 신유가 가을을 만나면 종격이 되기 때문에 土가 많아도 상관하지 않습니다.
⑥ 갑목은 신금을 극해(剋害)하지만, 신금은 갑목에 대하여 작용하지 않습니다. 이와 반대로 신금은 을목을 극해하나, 을목은 신금에 대하여 아무런 작용도 하지 못합니다.
⑦ 신금은 정화를 어떻게 할 수 없으나, 정화는 신금에 대하여 극해를 줍니다. 따라서 신금은 아무리 강하더라도 정화를 좋아하지 않습니다.
⑧ 무토는 신금을 생하며 신금은 무토를 설합니다. 그러므로 약한 신금은 무토의 인(印)을 좋아하고, 강한 무토는 신금의 상관(傷官)을 좋아합니다. 기토는 신금을 생하지만 그 작용은 흉한 관계이고, 신금도 기토를 설하는데 그 작용 역시 흉한 관계가 됩니다. 따라서 신금은 아무리 약하더라도 수분을 포함하고 있는 기토를 좋아하지 않습니다.
⑨ 신금과 경금은 거의 관계가 없지만, 일반적으로는 흉한 관계가 됩니다.
⑩ 신금과 임수는 좋은 관계를 갖고 있습니다. 임수는 신금에 대하여 강한 것은 약하게 하고, 약한 것은 강하게 조절하는 작용을 합니다. 신금과 계수는 전혀 관계가 없습니다.

9) 임수〔江海〕
초목의 종자가 내부에서 다시 움트는 상태를 뜻합니다.

물 중에도 양의 성질을 띠고 있는 것이 임수(壬水)입니다. 임(壬)은 천간의 아홉 번째로 홀수이기 때문입니다. 물이라도 크게 모여 있는 물은 모두 임수입니다.

임수는 넓습니다. 강이나 호수, 바다를 생각할 수 있습니다. 임수는 고요할 때는 거울의 면과 같지만, 움직이면 온 천하를 집어삼킬 듯합니다. 바다는 얼핏 보면 항상 같은 모양인 듯하지만 그렇지 않습니다. 바다라는 전체의 모습은 고요하지만, 그 속은 항상 쉬지 않고 움직입니다. 바다를 가만히 바라보고 있으면 너무나 깊어서 그 속을 들여다보기가 두렵기까지 합니다. 그렇습니다. 임수로 태어난 사람은 그 마음속을 여간해서는 알기 어렵습니다.

임수는 침착하고 경거망동하지 않으며 느긋합니다. 언제나 한가지의 얼굴입니다. 도량이 바다와 같습니다. 그래서 함부로 상대하기 어렵습니다. 항상 궁리를 하는 임수는 섣불리 덤벼들기 어렵습니다. 남이 보기에는 꿍꿍이속이 있다고 생각할 수도 있을 것입니다. 그래서 음흉하다는 오해를 받기도 합니다.

사람이 생각을 많이 하다 보면 정신 세계가 넓어지고 지혜가 많아집니다. 그래서 물의 상징이 지혜입니다. 임수는 연구하고 생각하는 학자의 심성입니다. 그래서 마음이 항상 유연합니다. 언제나 새로운 학설을 받아들이고 실험하고 증명하는 일이 즐겁습니다.

온갖 종류의 약초를 씹어보고 실험해본 후에 한의학이라는 의술을 남긴 신농씨는 아마도 임수의 일주를 가졌을 것입니다. 그렇게 진지하게 자신의 몸을 실험 대상으로 삼아 모험을 하는 것은 임수만이 가능합니다. 그리고 보면 학자마다 연구하는 스타일이 다 각각인 것 같습니다.

대인관계를 교묘하게 처리해 나가는 능력이라면 임수를 따를 수 없습니다. 임수가 영업이나 외교와 같은 사교장을 득의의 장소로 여기는 것은 어쩌면 당연한 일일 것입니다. 유들유들한 성격에 재치 있는 순발력을 갖고 있으므로, 누구든 이런 사람에게 걸리면 손쓸 사이도 없이 말려들게 마련입니다.

부드럽고 편안하게 분위기를 잘 이끌고, 뒤에서 보조하고 뒷처리를 잘합니다. 참고 견디기를 잘하고 비밀을 잘 지키며, 기다리고 인내하는 지구력이 강하고 생각을 깊이 합니다. 사리에 밝고 융통성이 있으며 부지런하고 활동성이 뛰어납니다. 저돌적인 면이 있으며 합리적입니다. 오줌을 잘 참습니다.

방광이 건강을 잃으면, 움직이기 싫어하고 소극적이며 오줌을 참지 못합니다. 조바심이 많고 공포를 느끼며 이것저것 따져서 부정적으로 생각하므로, 반대를 잘하고 뒤로 물러나서 지켜보려고 합니다. 변화를 싫어하고 지속력이 약합니다. 융통성이 부족하고 편견이 많아 상황의 흐름을 읽지 못합니다.

◻ 부언 : 『적천수』·『십간론』
① 임수는 강물이나 바다와 같은 것으로서 끝없이 흘러갑니다. 임수가 강하면 타간에 재앙을 줍니다. 간지에 많이 있으면 타간에 해독(害毒)을 주고, 기토에 있으면 자신이 해를 입습니다. 임수는 갑목이나 을목에 설을 당해도 약해지지 않습니다. 또한 병화나 무토 등의 상극(相剋)을 만나더라도 약해지는 일이 없습니다.
② 임수는 갑목과 그다지 좋은 관계가 아니므로 갑목을 극할 뿐 생하지는 않습니다. 갑목과 을목은 임수에 대하여 때로는 좋은 관계를 만들 때도 있습니다. 임수는 을목을 생하지만 극할 때도 있습니다.
③ 임수와 병화는 상생(相生)으로 아주 좋은 관계입니다. 임수가 강한 경우는 병화를 필요로 합니다.
④ 임수는 무토를 극할 뿐 이득이 없습니다. 반대로 무토는 임수를 어느

정도 억제할 수 있습니다. 임수는 기토를 매우 두려워합니다. 임수와 기토는 서로 극하며 전혀 이득이 없습니다.
⑤ 임수는 경금을 설하지만 경금은 임수를 생합니다. 그러나 임수 쪽이 더 크게 작용합니다. 따라서 임수가 강한 경우는 경금이나 신금을 설하게 됩니다. 임수는 신금을 조절하는 좋은 작용이 있으나, 신금은 임수에 대하여 작용하지 않습니다.
⑥ 임수와 임수는 서로 돕는 사이지만, 임수와 계수의 관계가 더 크게 상조하는 작용을 합니다. 그러나 너무 강한 경우에는 도리어 해가 되므로, 임수가 강한 경우에는 계수를 매우 두려워합니다.

10) 계수〔雨露〕
초목의 종자가 내부에서 움터서 형조(形造)되어 자라기 시작하는 상태를 뜻합니다.

물 중에도 음의 성질을 띠고 있는 것이 계수(癸水)입니다. 계(癸)는 천간의 열 번째로 짝수이기 때문입니다. 물이라도 작게 모여 있는 물은 모두 계수입니다. 졸졸 흐르는 시냇물이나 옹달샘, 빗물, 이슬, 안개 등이 계수입니다.

계수는 약하여 아무도 계수를 두려워하지 않지만, 가뭄에 시달린 산천초목은 단비를 맞고 생기를 되찾습니다. 이렇게 고마운 것이 계수입니다. 계수는 우리 인간에게 생명의 젖줄입니다. 목마른 이에게 한 바가지의 감로수는 세상의 무엇과도 바꿀 수 없을 만큼 소중합니다. 그것은 목말라본 사람만이 압니다. 계수가 생명과 얼마나 직결되어 있는지를 말입니다.

우리나라의 계수는 참으로 좋습니다. 어디서든 졸졸 흐르는 물을 두 손으로 떠서 먹을 수 있습니다. 목마를 때 달고 시원한 물을 한 모금 마시면 해탈이라도 한 듯합니다. 독소가 없습니다. 금수강산이기 때문입니다. 바위가 많은 나라이다 보니 물이 이렇게도 좋습니다. 금생수의 소식이겠지요.

이렇게 좋은 물을 먹고 자랐으니 우리 민족은 지혜가 세계 제일입니다. 물은 지혜를 나타내니까요. 이 물은 마법사입니다. 상황에 따라서 변환이 자유자재입니다. 그래서 소가 마시면 우유를 만들고 뱀이 마시면 독을 만듭니다. 그리고 사람이 마시면 지혜를 만듭니다.

따라서 계수로 태어난 사람은 변화가 많습니다. 때로는 예측불허일 경우도 있습니다. 항상 생기가 있습니다(옹달샘). 활발합니다(시냇물). 때로는 무엇인지도 모르게 흡사 있는 것도 같고 없는 것도 같습니다(안개). 때로는 촉촉하다가도(이슬비) 때로는 광풍노도처럼(집중호우) 변합니다.

물의 표면은 밝지만 물 속에는 빛이 잘 비치지 않으므로, 계수는 마음 깊은 곳에 신비한 성격을 품고 있다고 생각할 수 있습니다. 온순하고 순종하며 조용히 노력을 쌓아가는 사람이지만, 그 노력이 받아들여지지 않을 때에는 그만큼 분노도 크게 작용합니다.

융통성이 있고 눈치가 빨라 상대방의 기분을 잘 관찰하고 그에 맞춰서 조화시켜 나가려는 마음 씀씀이는 기대 이상이어서, 서비스 정신이 많은 것처럼 보일 수도 있습니다. 성격이 상당히 급해 보이지만, 어딘지 모르게 음울한 데가 있어서 여간해서는 자기의 심중을 상대에게 보이지 않기 때문에 비밀이 많은 사람처럼 보입니다.

침착하고 생각이 깊으며 기억력이 좋고 냉철하여 이성적으로 보입니다. 끈기가 강하고 눈동자가 검습니다. 지혜가 있고 분석적이며, 관찰력과 끈기가 있고 치밀하며 주도면밀하므로 수학적이고 과학적인 재능이 뛰어납니다.

신장이 건강을 잃게 되면, 건망증이 심해지고 불안하게 서성이며 정적(靜的)이 됩니다. 끈기가 없으며 눈동자가 밤색이나 회색입니다. 남자는 정액 부족인 경우가 많고, 여자는 분비물이 부족하게 됩니다. 밤늦게 음식을 먹으면 다음날 몸이 붓습니다. 산만하고 안정감이 없으며 집중력과 행동력이 떨어지므로 금세 지치고 관심이 바뀝니다. 부정적이고 비관적이며 무서움을 많이 탑니다. 내성적·소극적으로 생각을 깊이 하지 않고 감추기를 잘하며 뒤에서 지켜보는 성향이 있습니다.

▢ 부언 : 『적천수』· 『십간론』

① 계수는 양간(陽干)과 마찬가지로 강한 것을 좋아하고 약한 것을 싫어합니다. 계수의 강함을 결정하는 것은 양간과 마찬가지로 근(根)과 계절의 관계입니다. 계수는 뿌리가 강하면 임수와 같이 강해집니다. 사주 가운데 근이 없으면 약하게 되고, 재(財)와 관(官)이 너무 많은 것을 좋아하지 않습니다.

② 계수는 종왕(從旺)이 되는 것을 매우 좋아하며 종재(從財)가 되는 것은 매우 꺼립니다.

③ 계수는 갑목과 을목을 생합니다. 을목은 계수를 설하지만 갑목은 계수를 설하지 않습니다.

④ 계수는 병화를 극하며 정화도 조금 극합니다. 어느 것이나 나쁜 관계가 됩니다.

⑤ 계수는 기토를 생하며 기토는 계수를 제할 수 있습니다. 미월(未月)에 火·土가 많으면 행운(行運)에서 서·북을 좋아합니다.

⑥ 계수는 金으로부터 생을 받는 일이 없습니다. 그러므로 지나치게 약할 때에는 金을 용(用)할 수 없습니다. 계수는 경금을 극하지만, 경금은 계수에 대하여 작용이 없습니다.

⑦ 계수와 임수는 매우 상조하지만, 계수와 계수는 관계가 없습니다. 계수에게는 너무 강하다고 하는 것이 많지 않습니다. 壬과 함께하면 계

수가 강해지는 것이 아니라 壬이 강해집니다. 또한 癸가 매우 많은 경우에도 계수가 강하다고 볼 것이 아니라, 여름에는 습(濕)이 되고 겨울에는 한(寒)이 되는 것처럼, 타간과 같이 단순히 강한 것으로는 되지 않습니다.

2. 간합

명리에서 십간(十干)의 합화(合化)는 의도(醫道)와 원천이 같습니다. 한의학의 바이블이라고 할 수 있는 『황제내경(黃帝內經)』의 「소문(素問), 오운행대론(五運行大論)」과 「소문(素問), 천원기대론(天元紀大論)」에 보면 다음과 같은 내용이 나옵니다.

甲・己年은 土運이 주관하고, 乙・庚年은 金運이 주관하며, 丙・辛年은 水運이 주관하고, 丁・壬年은 木運이 주관하며, 戊・癸年은 火運이 주관합니다.

즉 60을 주기로 순환하는 간지력(干支曆)으로 볼 때, 1년은 12개월이므로 60개월 즉 5년을 주기로 일순환을 이룹니다. 甲해의 월간지(月干支)는 5년 후인 己와 중복되어[5] 그 기운이 유사함을 뜻한다고 할 수 있습니다.

갑기합화토(甲己合化土) : 중정지합(中正之合)
을경합화금(乙庚合化金) : 인의지합(仁義之合)
병신합화수(丙辛合化水) : 위엄지합(威嚴之合)

---

[5] 여기에서 말하는 중복이란 그 해의 기상이 근사치를 나타낸다는 의미이며, 완전한 중복은 2만 2천 년에 한 번 이루어집니다. 그러나 그것도 완전한 중복이라고 하기는 어렵습니다.

정임합화목(丁壬合化木) : 인수지합(仁壽之合)
무계합화화(戊癸合化火) : 무정지합(無情之合)

甲 · 乙 · 丙 · 丁 · 戊 · 己 · 庚 · 辛 · 壬 · 癸의 십간은 서로 만나 합(合)이 되는 것이 있고, 서로 만나 충(沖)하는 것이 있습니다. 합이란 음양이 서로 짝을 이루어 서로 좋아하고 화합하는 것을 말합니다. 십간을 순서대로 반으로 나누면 甲과 己가 첫 번째요, 乙과 庚이 그 다음이요, 丙과 辛이 그 다음이요, 丁과 壬이 그 다음이요, 戊과 癸가 마지막입니다. 반으로 나눈 순서대로 합을 이루는 것입니다.

오행법으로는 음양간이 합을 이룰 때는 반드시 상극관계에 있게 됩니다. 간합(干合)은 양간이 음간을 극하면서 합하는 것입니다. 양은 남성, 음은 여성입니다. 따라서 남성이 여성을 제압하면서 합하므로 이를 '부부의합(夫婦意合)'이라고 합니다.

또한 남녀가 짝을 이루는 것과 같이 열 자가 합하여 다섯 쌍이 된다고 하여 '오합(五合)'이라 하고, 부부와 같이 다정하다 하여 '덕합(德合)', 음과 양이 쌍을 이루어 합이 되었다 하여 '음양합(陰陽合)'이라고도 합니다.

합에는 여러 가지가 있습니다. 사업의 동업도 합이요, 잘해보자고 뭉치는 단합도 합입니다. 동업한다고 해서 결과가 항상 좋은 것도 아니고, 단합한다고 해서 항상 성공하는 것도 아닙니다. 더군다나 조직폭력단체처럼 처음부터 나쁜 합도 있습니다. 따라서 합은 좋다 나쁘다로 한마디로 말할 수 없습니다. 합은 좋을 수도 있고 나쁠 수도 있습니다.

화(化)하는 오행, 예를 들어 갑기합화토(甲己合化土)의 경우 土를 돕는 기운이 전체적으로 강하면 화하게 됩니다. 합은 합이더라도 화했느냐 그렇지 않느냐는 아주 중요합니다. 화를 했으면 바뀐 오행으로 보아야 하고, 화하지 않았으면 본래의 오행으로 보아야 하기 때문입니다. 합을 연애라고 한다면, 화는 결혼이라고 할 수 있습니다. 사랑하는 연인일지라도 결혼하지 않으면 화하지 못한 것이 됩니다. 사랑하면서도 헤어진다는 말은 합만 하고 화하지 못한 경우입니다.

갑기합화토를 예로 들어보겠습니다. 갑목의 입장에서 볼 때, 지지(地支)에 뿌리가 되는 水·木이 있거나 나머지 천간(天干)에 水·木이 있으면, 갑목 자체의 힘이 강해지므로 土로 화할 필요를 느끼지 않게 됩니다. 그러나 지지에 갑목의 뿌리가 되는 水·木이 없거나 나머지 천간에 水·木이 없어 갑목을 붙잡아둘 힘이 없으면, 土로 화해버리게 됩니다. 또 갑목의 뿌리에 해수(亥水)가 있는데 해수가 미토(未土)에 의해 깨어져 갑목이 힘을 쓸 수 없는 경우처럼, 각각이 뿌리를 갖고 있다 해도 그 뿌리가 힘을 쓸 수 없는 경우에도 土로 화하는 것이 가능합니다.

이번에는 기토의 입장에서 살펴보겠습니다. 지지에 기토의 뿌리가 되는 火·土가 있거나 나머지 천간에 火·土가 있으면, 기토의 힘이 강해지므로 갑목을 잡아당겨 화하게 만듭니다. 반대로 지지에 기토의 뿌리가 되는 火·土가 없거나 나머지 천간에 火·土가 없으면, 기토의 힘이 약해지므로 갑목을 화하게 할 정도로 당기지 못하게 됩니다. 이것은 나머지 간합도 모두 동일합니다.

또한 갑기(甲己)가 나란히 있지 않고 서로 떨어져 있는데, 그 사이에 다른 천간이 있어 걸리적거리는 것은 신혼부부 방에 시어머니가 함께 있는 격이 되므로 아예 합이 없는 것과 마찬가지입니다. 또 갑목과 기토가 각각 자신의 뿌리를 갖고 있다든지, 갑목이 물의 생조를 받는다든지 왕(旺)할 때에는 土로 화해야 할 필요를 느끼지 못합니다. 이 경우는 갑기합(甲己合)일지라도 土로 화하지 못합니다.

　동일한 간합이 많은 경우에는 대체로 간합의 다소에 따라 남녀관계의 복잡한 정도가 달라집니다. 예를 들어 甲 일간(日干)에 己가 하나 외에 또 하나 있으면 한 번, 두 개 있으면 두 번, 세 개 있으면 세 번 작첩(作妾)한다고 봅니다. 따라서 남녀관계로 패가망신하는 경우가 발생할 수 있습니다.

　일간이 합이 되어도 화하지 않는다면 전혀 상관이 없지만, 사주에서 일간은 자신이 되므로 일간이 합이 되면 상황이 복잡해집니다. 이런 경우는 매우 신중하게 풀이해야 할 것입니다.

3. 간충

　간충(干沖)은 '갑경충(甲庚沖)·을신충(乙辛沖)·병임충(丙壬沖)·정계충(丁癸沖)·무기충(戊己沖)'입니다.

　음간이 음간을 만나고 양간이 양간을 만나되, 오행생극법상 상극이 되면 이것이 곧 간충입니다. 즉 甲과 庚, 乙과 辛, 丙과 壬, 丁과 癸, 戊와 己가 만나면 충이 됩니다.

　간합이 타협과 화합의 상이라면 간충은 충돌과 싸움의 상이라고 할 수 있습니다. 운명적 길흉에는 영향력이 미약하나 모든 면에 적극적이고 과감하게 행동하므로 성패가 빨리 결정납니다. 모험적이고 투쟁적인 만큼 얻는 성과도 크고 잃는 피해도 크다고 하겠습니다. 영향력이 약하지만 일간과 충을 할 때는 강하게 작용하기도 합니다.

　갑경충(甲庚沖)은 양목과 양금이 만나 金·木이 상극관계로, 甲이 庚을 충하고 庚은 甲을 극합니다.

　을신충(乙辛沖)은 음목와 음금이 만나 역시 金·木이 상극관계로, 乙이 辛을 충하고 辛은 乙을 극합니다.

병임충(丙壬沖)은 양화와 양수가 만나 水·火가 상극관계로, 丙이 壬을 충하고 壬은 丙을 극합니다.

정계충(丁癸沖)은 음화와 음수가 만나 水·火가 상극관계로, 丁이 癸를 충하고 癸는 丁을 극합니다.

무기충(戊己沖)만이 양토와 음토가 만났는데 이는 음과 양이 만나도 오행배합이 되지 못하여 충합니다.

십이지, 열두 개의 땅

　십이지(十二支, 十二枝)는 음양의 변화성쇠 과정을 순차적으로 설명한 것입니다. 한(漢)나라 이전에는 인(寅)에서부터 시작했습니다. 후한대(後漢代)의 왕충(王充), 논형(論衡)의 십이지에서부터 각종 동물의 성질에 비유한 것을 볼 수 있습니다.
　천간(天干)이 천계의 움직임을 오행으로 풀이한 것이라면, 지지(地支)는 지상의 움직임을 오행으로 풀이한 것이라고 할 수 있습니다. 따라서 지지는 지상에서 활동하고 있는 모든 생명체의 존재양식을 상징하는 체계라고 정의할 수 있습니다.
　그 상징체계는 열두 동물로 간결하게 표현되는데, 이를 '십이지지'라고 합니다.

　이솝 우화에 재미있는 이야기가 있습니다. 신이 흙을 빚어서 인간과 동물을 만들었는데, 인간과 동물은 각기 다른 흙을 재료로 했다고 합니다. 그런데 어느 날 신이 잠깐 자리를 비운 사이에 밑에 있던 시종이 실수를 저질러 인간을 만들 흙과 동물을 만들 흙을 서로 섞어놓았고, 그 이후로 동물과 비슷하게 생긴 인간들이 생겨났다고 합니다.

인간의 동물적 본성을 감안해 볼 때 이 우화는 참으로 의미심장합니다. 짧지 않은 인간의 문명 역사 동안 인간은 '동물성'에서 얼마나 멀어졌을까요?

로렌츠라는 동물학자에 의하면, 멀어지기는커녕 오히려 공격성을 비롯한 동물적 본성이 위장된 채 더욱 정교해졌다고 합니다. 심지어는 현대 민주주의의 의회제도와 원숭이들의 정치적 행동의 유사성이 지적되기도 합니다.

따라서 열두 동물의 상징체계로 이루어진 십이지지는 바로 인간이 떨쳐버리지 못한, 영원히 우리의 그림자가 될 열두 가지 본성을 유형화한 것이라고 할 수 있습니다. 그래서인지 말띠는 왠지 말띠 같고, 호랑이띠는 또 왠지 호랑이띠 같습니다. 물론 우화와 같이 말띠의 용모가 말을, 호랑이띠의 용모가 호랑이를 닮았다는 뜻은 아닙니다. 말이나 호랑이를 연상하면 떠오르는 이미지가 비슷하다는 의미입니다.

천간이 주체성이라면 지지는 용도나 활동무대라고 할 수 있습니다. 다리의 힘이 손의 힘보다 세 배 정도 강하듯이, 지지는 천간에 비해 대략 세 배 정도 힘이 강하다고 봅니다.

지지를 이야기할 때 꼭 따라다니는 것이 월, 즉 계절입니다. 가령 자(子)라고 했을 때, 그 혼자만의 특성도 있지만 계절적인 특성도 함께 있습니다. 그래서 계절로 지지를 이해하면 편합니다. 이 두 가지 굴레가 함께 엉겨서 돌아가는 것입니다.

1. 십이지의 종류

1) 자(子 : 쥐)

새로운 생명이 종자 안에 싹트기 시작한 상태를 뜻합니다. 자(子)는 음수(陰水)[6] 입니다.

子는 한참 추울 때인 겨울로 음력 11월 동짓달입니다. 이때 사람이나 초목이나 짐승들은 모두 잔뜩 웅크리고 있습니다. 벌레는 따뜻한 땅속으로 피난하고 없습니다. 동물들도 땅속으로 도망갑니다. 양기를 포함한 모든 것이 잔뜩 압축되고 응고되어 있습니다.

해가 짧아질 대로 짧아져서 더 짧아질 것도 없는 것이 동짓날입니다. 동지는 가장 어둡습니다. 동지는 자월(子月)의 한복판입니다. 동지에는 하늘의 한기(寒氣)가 장가가기 위해 땅으로 내려옵니다. 음이 가장 강한 때는 동지이지만, 하늘의 한기는 동지를 지나서 작용하기 때문에 동지가 아닌 소한(小寒)·대한(大寒)이 가장 춥습니다. 그러므로 소한·대한을 지낸 인월(寅月 : 1월)에는 양기가 지표에서부터 나타나는 상태, 즉 지하의 양기가 벌써 지표로 올라와 싹이 나옵니다.

하루를 따져보아도 마찬가지입니다. 자시(子時)는 음기(陰氣)가 강하지만 일양(一陽)은 벌써 동한 상태라고 할 수 있습니다. 사람들이 깊이 잠들었다고 생각되는 밤 11시에서 새벽 1시에 쥐들이 천장에서 설치는 소리를 들은 기억이 있을 것입니다. 설치는 정도가 아니라 저희들끼리 싸우는 듯한 소리도 종종 들립니다. 어느 정도 나

---

6) 지지에서는 체용(體用)의 법칙이 있습니다. 즉 水·火는 체용이 바뀌어서 행동을 합니다. 즉 水는 음이되 그 작용은 양이 되고, 火는 양이되 그 작용은 음이 됩니다. 명리학은 쓰임새[用]를 공부하는 것이기 때문에 子를 양으로 쓸 일은 없습니다. 子는 음수(陰水)라고만 기억해도 아무런 문제가 없을 것입니다.

이를 먹은 사람이라면 어렸을 때 대부분 이런 일을 경험했을 것입니다. 낮에는 사람 눈치를 보고 피해다니던 쥐들이 가장 활발하게 활동하는 자시를 이 시간대에 배치하지 않았을까 하는 생각을 해보게 됩니다.

子의 지장간(地藏干)은 壬·癸입니다. 임(壬 : 10)는 여기(餘氣)이고, 계(癸 : 20)는 정기(正氣)입니다. 지장간은 땅속[地支]에 있는 하늘의 기운[天干]을 말합니다. 여기는 지난달의 잔여 기운입니다. 정기는 자월의 본래 기운입니다. 자수(子水)는 壬·癸의 혼합체라고 할 수 있습니다.

십이지는 각각의 특징에 따라 동물로 상징되어 있습니다. 쥐[鼠]는 子를 상징합니다. 쥐의 번식력은 인간이 따를 수 없습니다. 그만큼 종자가 가장 강한 동물이 쥐입니다. 그래서 쥐가 子에 배당되었나 봅니다.

번식력으로 따지면 인간은 쥐에 미치지 못하고, 날기로 따진다면 닭에도 미치지 못합니다. 용맹함으로 따진다면 호랑이에 미치지 못하고, 변덕스러움으로 따진다면 원숭이에 미치지 못합니다. 그럼에도 불구하고 인간이 이들보다 더 뛰어나다고 보는 것은, 인간은 열두 동물이 갖고 있는 열두 가지 요소를 두루 갖추고 있기 때문입니다. 인간에게는 열두 동물의 속성이 모두 있다는 뜻입니다. 그리고 이러한 속성이 존재한다면 당연히 이들 사이에 강약이나 다소의 차이 또한 존재할 것입니다.

눈치 빠르고 영리하며 근면·성실하고 사교적인 쥐의 성격은 스스로 인생을 헤쳐나가는 데 커다란 장점으로 작용합니다. 물론 사교적인 성격의 이면에는 본심과 다르게 아부성 발언이나 아첨을 잘 한다는 부정적인 측면도 있고, 또 검소하다 못해 인색하다는 비난을 들을 수도 있습니다.

쥐는 낭비를 하지 않고 검소하며 현실 타산적인 성격이 강하지만, 자신이 진심으로 아끼고 좋아하는 사람에게는 그렇지 않은 면도 있습니다. 예를 들면 자식이나 절친한 친구·동료들에게는 그런 엄격한 본심이 종종 무너져버려 손해를 보면서까지 도움을 주지만, 정작 자신이 곤경에 처했을 때는 그들로부터 외면당하게 되는 경향이 있습니다.

또한 쥐덫에 자주 걸리는 것을 보면 유혹에 약하다고도 할 수 있습니다. 의지와 그것을 실행에 옮기는 실천력이 비교적 약하다는 뜻입니다.

2) 축(丑 : 소)

새싹이 종자 안에 생겼지만 아직 충분히 피어나지 못한 상태를 뜻합니다.

음토(陰土)인 축(丑)은 음력 12월 섣달입니다. 축토(丑土)는 축축하게 습(濕)한 기운을 갖고 있는 언 땅이라고 생각하면 적당합니다. 습기와 냉기가 가득한 땅입니다. 이 땅에서는 농사를 지을 수 없습니다. 겨울의 논과 밭을 연상해보십시오. 물[癸]과 자갈[辛], 진흙[己]이 섞여서 열기라고는 전혀 없습니다.

丑의 지장간은 癸·辛·己입니다. 계(癸 : 9)는 여기(餘氣)이고, 신(辛 : 3)은 중기(中氣)이며, 기(己 : 18)는 정기(正氣)입니다. 중기는 그 자리에서 생조를 받고 있는 오행이라는 뜻입니다.

축토는 癸·辛·己의 혼합체라고 할 수 있습니다. 스스로 열기를 갖고 있지 않으니 겨울엔 얼어버립니다. 축토는 내년 봄이 되어야 농사를 짓기에 가능한 땅이 됩니다. 축토는 여름이 제격입니다. 습지에 심어진 곡식은 가뭄에 신경 쓰지 않고 자라기만 기다리면 됩니다.

만약 사주에 열기가 지나치게 많다면 축토가 하나 있는 것이 천금의 가치가 있는 보물입니다. 축토는 열기를 잘 흡수하기 때문입니다.

축토는 그럼 그저 쓸모없는 황무지일까요? 그렇지는 않습니다. 세상 만물은 모두 사용할 나름이기 때문입니다. 축토는 바로 종자를 숙성시키는 데 사용됩니다. 종자를 암컷 몸에 뿌리면 몸 속에서 종자가 숙성됩니다. 요즘 말로 저온처리 저장고입니다. 종자는 압축상태에서 숙성되고 있는 것입니다.

시간으로 따져볼 때, 하루 중에서 소(牛)가 가장 편안하게 느끼는 시간이 새벽 1~3시가 아닐까 합니다. 소가 되새김질하는 것을 살펴보면 일할 때나 잘 때나 시간에 그다지 구애받지 않는 것처럼 보입니다. 자는 모습도 다양해서 누워서 자는 소도 있고, 서서 자는 소도 있습니다. 낮에 먹은 음식을 방해받지 않고 가장 기분 좋은 상태로 되새김질하는 모습에서 축시의 의미를 느낄 수 있지 않을까 생각합니다.

소가 산에 조용히 앉아서 풀을 뜯고 되새김질을 하거나 천천히 움직이는 것을 보노라면 그 이면에 감추어진 고요한 힘을 느낄 수 있는데, 이는 마치 수천 년을 이어온 산과 맥을 함께하는 것처럼 보입니다. 여기에서 소의 성질을 어느 정도 짐작할 수 있습니다.

소는 행동이 듬직하고 체력이 좋으며 꾸준하고 활동적인데, 사람의 체질로 따진다면 태음인(太陰人)의 속성과 일치한다고 할 수 있습니다. 그래서 태음인의 성격을 말할 때 소 같은 성격의 소유자라고 하기도 합니다.

소의 울음소리를 들어보십시오. '엄마'와 발음이 흡사한 '음매'입니다. 음운오행(音韻五行)에서는 이것이 천(天)·인(人)·지(地) 삼재(三才)의 소리인 'ㅗ, ㅡ, ㅜ'의 혼합적인 발음이라고 보고 있습니다. 그래서 이를 우주의 소리로 신성시하여 소고기를 먹지 않기도 하고, TM 명상법의 '옴메반니움'도 여기에서 따온 것이라 보여집니다. 이러한 이야기는 소의 특성이 기(氣)에 있다는 것을 말해 줍니다.

丑에는 소가 비유됩니다. 소는 어떤 요행이나 음모·술수·잔꾀를 부리지 않고, 자신에게 주어진 본분과 의무에 충실하며 우직하고 완고한 성격을 갖고 있습니다. 심신의 수고를 마다하지 않고 오직 한 길로만 나아가는, 포기하지 않는 외곬적인 불굴의 끈기가 느껴집니다. 인내심이 강한 소는 좀처럼 화를 내지 않지만, 어느 순간 참았던 울분이 터지면 용맹하다는 호랑이도 당하지 못할 정도로 거칠어집니다.

이러한 소의 성격을 볼 때, 소의 속성을 강하게 타고난 사람은 주변 사람으로부터 신뢰를 받지만, 어떤 일을 계획하거나 추진함에 있어 아무도 모르게 은밀히 진행하는 의외의 면도 있습니다. 소의 속성이 강한 사람은 평생 동안 허영과 사치 없이 근면하고 검소해야 안팎으로 안정된 생활을 할 수 있습니다.

그러나 경우에 따라서는 주어진 외길만 쳐다보지 말고, 시야를 넓게 갖고 적극적이고 활동적으로 활동한다면 인생의 또 다른 면을 보게 될지도 모르겠습니다.

3) 인(寅 : 호랑이)

초목이 이른봄에 발생하는 상태를 뜻합니다.

양목(陽木)인 인(寅)은 봄이 시작하는 음력 1월 정월(正月)입니다. 매섭게 추웠던 소한·대한을 지낸 인월(寅月 : 1월)에는 양기가 지표에서부터 나타납니다. 즉 지하의 양기가 지표로 올라와 싹이 나옵니다.

자월(子月)에 이미 일양(一陽)이 생겼고 축월(丑月)에는 이양(二陽)이 생겼습니다. 인월에 이르러서는 삼양(三陽)이 생겼습니다. 세 개의 양이 활짝 열렸다는 뜻으로 인월을 삼양개태(三陽開太)라고도 합니다.

절기가 봄이라지만 아직 춥습니다. 실제적인 봄은 아직 먼 것 같은 느낌입니다. 그러나 살펴보십시오. 한겨울의 매섭게 찬바람과는 다를 것입니다. 땅에서 차갑게 올라오던 한겨울의 한기와는 분명히 다를 것입니다.

명리에서도 마찬가지입니다. 비록 좋은 대운이 들어온다고 해도 금방 자신의 신세가 풀리는 것은 아닙니다. 좋은 운이 풀릴 수 있도록 준비하는 기간이 필요합니다. 그리고 그때의 어려움은 한겨울의 추운 바람과 같지 않을 것입니다. 이 차이를 이해해야 합니다. 이것이 인목(寅木)입니다.

하루를 따져보아도 마찬가지입니다. 옛날 어른들은 부지런하기도 했겠지만 전기가 없었으므로 빨리 자야 했을 것이고, 또 그 많은 농사일을 일일이 사람의 손으로 해야 했으므로 일찍 일어나야 했을 것입니다. 그때쯤이면 야행성인 호랑이는 사냥을 마치고 포만감으로 어슬렁거리며 돌아가는 중일 것입니다. 아마도 사람이 호랑이를 보고도 살아날 확률이 가장 높은 시간이 아닐까 생각됩니다. 그래서 이른 새벽이 인시(寅時)가 된 것 같습니다.

인시는 하루 중 음기(陰氣)가 가장 강할 때입니다. 사람이 사는 집을 양택(陽宅)이라 하고 묘자리를 음택(陰宅)이라고 하는 것을 보면 알 수 있듯이, 삶은 양이고 죽음은 음이라고 봅니다. 따라서 음기가 가장 강한 인시는 사람이 가장 쉽게 죽을 수 있는 시간이라고 할 수 있습니다. 이것을 보면 인월이나 인시는 월과 시의 차이는 있을지언정 같은 기운을 갖고 있다고 보여집니다.

인목에는 호랑이[虎]가 비유됩니다. 호랑이는 사냥을 할 때 슬금슬금 다가가 몸을 잔뜩 웅크립니다. 그러고 나서는 그 웅크린 기운으로 순간적으로 뛰어나갑니다.

호랑이가 공격할 때 순간적으로 뛰는 폭발적인 기운이 바로 인목입니다. 동지섣달에 꾹 눌려서(엄처시하) 기를 못 펴고 있던 양이 이제 봄을 맞아 호랑이의 용맹스러움으로 음기를 몰아내는 의미가 있습니다.

그런데 옛사람들의 그림을 보면 호랑이가 담뱃대를 물고 땅 위에 비스듬히 누워 있습니다. 그 옆에는 꼭 나무가 그려져 있습니다. 왜 그렇게 그렸을까요? 인목 속에는 병화가 있습니다. 이것은 훨훨 타오르는 불은 되지 못합니다. 겨우 담뱃불 정도입니다. 불 같지 않은 불입니다. 천간인 갑목은 인목 속에 가장 많이 들어 있습니다. 인의 지장간은 戊 · 丙 · 甲입니다.

어슴푸레한 어둠 속에서 시커먼 나무 사이로 번쩍이는 호랑이의 눈이 생각납니다. 땅을 밟고 있으니 무토이고, 나무는 갑목이고, 번쩍이는 호랑이의 눈은 병화입니다.

밤에 적외선으로 촬영한 호랑이의 눈을 본 적이 있습니까? 호랑이의 눈은 불덩어리 그 자체입니다. 병화가 될 수밖에 없습니다. 무(戊 : 7)는 여기(餘氣)이고, 병(丙 : 7)은 중기(中氣)이고, 갑(甲 : 16)는 정기(正氣)입니다. 인목은 戊 · 丙 · 甲의 혼합체라고 할 수 있습니다.

호랑이는 동물 중에서 가장 영험하고 용맹하며 기운이 센 동물의 왕으로 불립니다. 왕이 갖추어야 할 지도자적인 기질과 향상심 · 추진력 · 용기 · 반항적 특징을 두루 갖추고 있습니다. 우리나라 민속신앙을 통해 보면, 호랑이는 본심이 인자하고 정의감이 뛰어난 지혜의 상징으로, 산을 지키거나 높은 도를 이룬 사람을 보호하는 수호신으로 등장합니다.

　호랑이의 이러한 성정을 살펴보면 '다른 십이지에 비해 극이나 해를 받는 경우가 적지 않을까?' 하는 생각이 듭니다. 자연상태에서 토끼를 집적거리는 것은 말 그대로 집적거리는 것이겠지만, 호랑이를 집적거리는 것은 목숨을 내던지는 무모함이지 않겠습니까? 그만큼 성정이 급하고 강하다는 이야기가 되겠지요.

　이러한 호랑이의 속성을 강하게 타고난 사람은 누구보다도 자존심과 의협심이 강하여 타인의 부정이나 부당한 행위, 잘난 척하는 모습을 가만히 좌시하지 못합니다. 굽히지 않는 성격은 시비와 구설수를 자주 겪는 단점으로 작용할 수 있습니다. 이로 인해 매사에 손해를 보거나 실패를 초래할 수도 있습니다. 성질이 급하고 괴팍하며 불같이 화를 내지만 금방 풀어져 뒤끝이 없는 편입니다. 내면적으로는 고독과 은둔을 즐기는 의외의 면도 있고, 대중을 위한 자상함도 갖추고 있습니다.

　남들보다 사회적으로 조숙하고 성공도 빨리 하는 경우가 많습니다. 그러나 무관(武官)의 사주로 태어나 다혈질적인 성격에 쉴새없이 발전과 영예를 추구하다 보면 환희와 절망, 행복과 불운, 부귀와 실패가 극단적으로 자주 교차하는 굴곡이 심한 운명을 맞이하기도 합니다.

　직업은 다른 사람들 위에서 감시·감독하는 우두머리 격의 직종이 어울입니다. 설령 개인 사업이나 장사를 하더라도 일이 고급하고 깨끗한 것이어야 성공할 가능성이 높습니다.

　사람들은 제각기 새봄을 설계하기에 여념이 없습니다. 모두가 木의 기운을 받아서 희망에 차 있습니다. 이렇게 정월에 부산을 떠는 이유는 간단합니다. 갑목은 희망이요 시작이기 때문입니다. 이때쯤이면 사주 보는 사람들도 대목입니다.

4) 묘(卯 : 토끼)

초목이 발생하여 지면을 박차고 나오는 상태를 뜻합니다.

음목(陰木)인 묘(卯)는 봄으로 음력 2월입니다. 묘월(卯月)이 되면 겨울의 흔적은 완전히 없어집니다. 오직 봄의 기운만이 산하에 가득합니다.

묘의 지장간은 甲·乙입니다. 갑(甲 : 10)은 여기(餘氣)이고, 을(乙 : 20)는 정기(正氣)입니다. 묘목(卯木)은 甲·乙의 혼합체라고 할 수 있습니다. 卯의 지장간은 전부 木이므로 木의 기운이 가장 강합니다. 만약 지지에 卯가 두 개만 있어도 이 사주는 木이 굉장히 강하다고 할 수 있을 정도입니다.

십이지 중 卯의 속성은 만물이 생생화육(生生化育)하는 생장·번성·번창·풍요를 상징하므로, 농경사회에서는 한 해 농사의 본격적인 시작이라는 의미가 있습니다. 묘월은 나무를 심는 달입니다. 식목일이 있는 달은 혹 진월(辰月)일 때도 있지만 대개는 묘월입니다. 묘월은 목기가 가장 강할 때이므로 이때 묘목을 심어야 나무가 잘 자랍니다.

묘월이 되었으니 먹을 것이 없어서 고생하던 토끼[兎]가 살판이 났습니다. 토끼는 卯를 상징합니다. 인월만 해도 봄의 기운이 아직 완전하지 않아서 먹을 만한 것이 별로 없었는데, 묘월이 되자 갑자기 온 산하에 먹을 것이 넘쳐납니다. 윤석중님이 작사하신 "깊은 산 속 옹달샘 누가 와서 먹나요? …… 새벽에 토끼가 눈 비비고 일어나 세수하러 왔다가 물만 먹고 가지요"라는 동요를 들으면서, 토끼는 새벽 5~7시 정도에 일어나나 보다 하는 생각을 했습니다.

토끼는 우리 민족의 정서 속에 친근하고 사랑스럽게 자리잡은 동물 중 하나라고 할 수 있습니다. 조그맣고 귀여운 생김새며 놀란 듯한 표정에서 약하고 선한 동물로, 재빠른 움직임에서 영특한 동물로 인식되고 있는 것 같습니다.

　토끼가 우리나라에서 언제부터 서식했는지는 알 수 없으나, 문헌에는 『삼국사기』 권 41 「열전(列傳)」 제 1 김유신 조에 토끼와 거북의 이야기가 등장합니다. 또 이보다 앞서 고구려 고분벽화의 달 그림에도 두꺼비와 함께 등장합니다. 이후 중국에서 십이지신상이 전래된 뒤 신라시대의 석탑과 능묘석, 명기 등의 조형물에서 십이지신상이 구체화되고 있음을 볼 수 있습니다. 또 「귀토설화」, 「수궁가」 등의 설화와 속담을 비롯한 민속문학에 등장하고 있으며, 세시풍속과 민간신앙에서는 장수의 상징이며 길상 동물로서 등장합니다.

　달을 토백(兎魄), 토월(兎月)이라고 칭하는 것에서 알 수 있듯이, 토끼는 달과 밀접한 관련을 갖고 있습니다. 인간이 달을 정복한 이래 달 속의 계수나무 아래에서 방아 찧는 토끼의 신화는 사라져버렸지만, 토끼는 여전히 달의 신으로서 차고 기욺을 끊임없이 반복하는 영원한 존재로 남아 있습니다. 달을 상징한다는 것은 토끼가 음적(陰的)인 동물이라는 뜻입니다.

　토끼는 남에게 해를 주지 않는 온순한 동물로, 항상 순종하면서 잘 따르는 습성이 있습니다. 토끼를 보고 있으면 내성적·약함·부드러움·휴식·평화스러움·평온함·영특함·규율·질서의 해이·타협 등의 감정과 함께, 다치거나 잡아먹히지나 않을까 하는 불안한 감정을 느끼게 됩니다.

　토끼가 사교적이기 위해서는 활동적이어야 하는데, 잡아먹히지 않을까 하는 불안감을 항상 느끼고 있으므로 활동적이지 못하다고 보아야 합니다. 다른 동물과 어울리는 것 자체만으로도 자신이 다칠 수 있기 때문입니다. 따라서 토끼는 비사교적이라고 할 수 있습니다. 그러나 비사교적임에도 불구하고 누구에게나 호감을 받고, 사업 협상에 뛰어나다는 특징이 있습니다. 토끼의 속성이 강한 사람은 본심이 독하지 못하고 상냥하며, 온화하고 훌륭한 말솜씨와 사려 깊은 태도, 재치 있는 행동력을 갖고 있기 때문입니다.

또한 골치 아픈 현실이나 이해관계를 떠나 생활의 여유를 누리면서 안락하고 평온한 삶을 살아가려는 소망이 있습니다. 두뇌와 논리력이 뛰어나 법률분야나 정치·행정·수리학·언어학·예술분야에서 성공할 가능성이 높고, 사업상 타협이 필요한 부분에서 또한 성공할 가능성이 높습니다.

주의해야 할 점은 생각이 갈팡질팡하는 편이어서 심리적으로 불안정할 수 있으므로 마음의 안정을 지키는 것이 중요하다는 점입니다. 매사가 용두사미로 끝나지 않도록 인내심을 가져야 합니다.

5) 진(辰 : 용)

양토(陽土)인 진(辰)은 봄으로 음력 3월입니다. 3월은 '춘삼월 호시절'이라고들 말합니다. 겨울은 추워서 싫고, 여름은 더워서 싫다는 사람은 춥지도, 덥지도 않은 3월을 가장 좋아합니다.

辰의 지장간은 乙·癸·戊입니다. 을(乙 : 9)은 여기(餘氣)이고, 계(癸 : 3)는 중기(中氣)이고, 무(戊 : 18)는 정기(正氣)입니다. 진토(辰土)는 乙·癸·戊의 혼합체라고 할 수 있습니다.

乙·癸·戊의 무토는 너무 질지도 않고 메마르지도 않은 흙입니다. 계수는 물입니다. 을목은 퇴비입니다. 그러니 이들이 합하여 이루어진 진토는 문전옥답이라고 할 수 있을 정도로 나무에 좋은 흙이 됩니다. 이런 흙에 심은 나무는 천년만년 곧게 자랍니다. 이른바 환경이 좋은 것입니다. 인묘(寅卯) 다음에 진토가 있는 것을 보면 진토는 나무를 위해서 있는 것인가 봅니다.

용(龍)은 동양과 서양의 전설 속에 시공을 뛰어넘어 같이 존재해 왔다는 점이 흥미롭습니다. 서양은 그렇지 않지만, 동양권의 민간

신앙이나 전설에서는 용을 매우 영험하고 상서로운 동물로 여겼습니다. 꿈에 용이 나타나면 좋은 일이 생길 징조라고 풀이합니다. 또한 태몽으로 용이 승천하는 꿈을 꾸었다면, 그 자식들은 대부분 큰 인물로 자라 명예를 떨친다고 합니다.

세간에 전해지는 이야기에 의하면, 용은 깊은 물 속에서 오랜 기간 몸과 마음을 청결히 하고, 깊은 도를 닦은 후에야 하늘로 승천할 수 있다고 합니다. 그런데 용이 승천하기 위해 물 밖으로 나오는 순간 사고를 당하는 경우가 많다고 합니다. 이것이 사실이라면 용은 물 밖의 세상을 꺼리고 금기시했을지도 모르겠습니다.

이러한 상황으로 볼 때, 용의 속성이 강한 사람은 때를 기다릴 줄 아는 뛰어난 인내심을 갖춘 '자기 충실형'이라고 할 수 있겠습니다. 그리고 용 특유의 선량한 본성 때문에 세상물정에 어둡습니다. 따라서 거짓이나 유혹에 쉽게 넘어가고 속는 일이 많습니다. 다른 말로 표현하자면 세상살이에 조금 아둔한 면이 있다고 할 수 있겠습니다. '그렇게 오랫동안 도만 닦으며 살았으니 조그만 이익을 위해 함부로 살생하는 속세의 형세를 모를 만도 하지 않을까?' 싶습니다.

6) 사(巳 : 뱀)

초목의 번성이 극한에 도달한 상태를 뜻합니다.

양화(陽火)인 사(巳)는 음력 4월입니다. 그 좋던 춘삼월도 다 지나가고 바야흐로 더위가 시작되는 4월입니다. 절기로 보면 여름이 시작하는 입하(立夏)가 됩니다.

巳의 지장간은 戊·庚·丙입니다. 땅 위에 있는 큰 바위 위에서 온몸으로 햇볕을 받고 있는 뱀[蛇]이 떠오릅니다. 땅은 무토이고, 큰 바위는 경금이며, 따스한 햇볕은 병화입니다. 변온동물인 뱀은 열이 필요했을 것입니다. 무(戊 : 7)은 여기(餘氣)이고, 경(庚 : 7)는 중기(中氣)이고, 병(丙 : 16)는 정기(正氣)입니다. 사화(巳火)는 戊 · 庚 · 丙의 혼합체라고 할 수 있습니다.

巳의 지장간을 보면 용광로가 떠오릅니다. 용광로의 겉은 쇠로 되어 있지만 안쪽은 내화벽돌을 사용합니다. 쇠만으로는 자신이 도리어 녹기 때문입니다. 이때 펄펄 끓는 쇳물은 병화이고, 내화벽돌은 무토이며, 둘러싸고 있는 쇠는 경금이라고 할 수 있습니다. 쇠 중에서도 양금(陽金)이어야 강력한 불을 감당할 수 있습니다. 경금은 병화를 두려워하지 않습니다. 불의 기운을 조절하기 위한 것이 금화교역(金火交易)이라는 것은 오행편에서 이미 설명했습니다.

"용이 되려다 실패한 것이 이무기다"라는 말이 있습니다. 뱀이 용의 뒤를 따라다니고 있는 것입니다. 조화를 부리기는 하는데 용처럼 분명한 것은 아니고 음성적이라는 것이지요. 용을 닮기는 했는데 똑같지는 않고 오행이 음이라 해서 용을 닮은 뱀이 그 자리에 있는 것입니다. 흉내를 내니까요.

뱀이라는 동물은 보기에 징그러워 사람들이 싫어하지만, 서식하는 환경을 보면 깨끗하고 예민한 동물이라고 할 수 있습니다. 섭생도 비교적 가려서 하는 까다로움이 있고 잠자리도 가리는 정갈함이 있습니다. 뱀에게 절대적으로 필요한 것은 열입니다. 뱀은 체온이 내려가면 움직일 수 없기 때문입니다. 또 움직일수록 몸의 활동력이 커집니다. 어찌 부지런하지 않을 수 있겠습니까?

뱀을 가만히 보고 있노라면 태생적으로 지략이 뛰어나고 권모술수에 능하며, 의심이 많고 성질이 안 좋을 것 같은 느낌을 받습니다. 또한 미끈미끈하고 변태적이며 이질적이고 찝찔함이 느껴집니다. 아무것도 모르는 어린아이들도 뱀을 보면 누가 가르쳐주지 않았어도 돌을 집어던집니다. 아마도 먼 옛날, 인간의 조상이라고 일

컬 수 있는 어떤 종류가 파충류에게 호되게 당하지 않았나 하는 생각을 해봅니다. 그 기억이 현재까지 이어져서 오늘날의 사람들이 파충류에게 반감을 갖고 있는 게 아닐까요?

뱀의 속성이 강한 사람은 단정한 자세와 깔끔한 몸가짐 그리고 단아한 외모를 갖고 있습니다. 대인관계가 넓지 못하여 다른 사람들과 쉽게 어울리지 못하는 것은, 무리지어 다니지 않고 혼자서 움직이도록 타고났기 때문일 것입니다. 혼자서 움직이므로 깊이 사색하는 침착한 성품을 지녔습니다. 매사를 명석한 두뇌로 깔끔하게 처리하고, 강한 책임감으로 일을 끝까지 마무리짓습니다. 숨은 재주가 많고 품위가 있으며 언변이 탁월하고 세밀하며 용의주도한 성격입니다. 타고난 두뇌와 공부를 게을리하지 않는 부지런함이 있으니, 학문을 닦고 인성을 함양하여 일찍부터 출세의 길을 걷는 것이 그리 어려운 일만은 아닐 것입니다.

그러나 한번 화가 나면 욱하는 급한 성질이어서 주위 사람들을 난처하게 만듭니다. 자존심과 고집 또한 대단합니다. 건드리기만 해도 불 같은 분노로 달려듭니다. 그 성질이 병화를 닮은 듯 사납습니다. 옛날에야 독사에게 물리면 무슨 약이 있었겠습니까? 그냥 눈 뜨고 죽어갈밖에요. 그래서 시간이 급하기가 불과 같다, 꾸물거릴 시간이 없다, 매우 화급하다고 해서 뱀이 양의 기운이 가득한 자리에 와서 버티고 있지 않나 하는 생각이 듭니다.

뱀은 또 천부적으로 타고난 미색으로 사람을 빨리 사귀는 반면, 다소 변태적이고 권태감을 쉽게 느껴 빨리 헤어지고 쉽게 방황합니다. 뱀은 태생적으로 의심이 많으므로 사귀는 사람이나 주변 사람들에 대한 의심과 불안이 극대화되면, 사람에 대한 신경과민이나 결벽증이 나타날 수도 있습니다. 따라서 뱀의 특성이 강한 사람에게는 대범한 가치관과 처세술이 요구된다고 하겠습니다.

7) 오(午 : 말)

초목의 무성함이 극한을 지나서 쇠미(衰微)한 경향으로 발전하는 상태를 뜻합니다.

음화(陰火)인 오(午)는 음력 5월입니다. 4월을 거쳐 5월로 왔는데 갈수록 더워집니다. 오화(午火)는 후끈후끈 달아오르는 열기입니다. 낮이 가장 긴 하지(夏至)는 5월에 있습니다. 그러나 속에서는 일음(一陰)이 생겨나는 때입니다.

오의 지장간은 丙·己·丁입니다. 태양[丙火]을 뒤로하고 넓은 평야[己土]를 달리는 말의 눈[丁火]이 떠오릅니다. 다섯 개 손가락 중에서 가장 긴 가운뎃손가락의 끝에 오화를 배속했습니다. 병(丙 : 10)은 여기(餘氣)이고, 기(己 : 9)는 중기(中氣)이고, 정(丁 : 11)은 정기(正氣)입니다. 오화는 丙·己·丁의 혼합체라고 할 수 있습니다. 丙·丁은 火입니다. 만약 丙·丁만 있다면 이 세상은 폭발해버릴 것입니다. 그래서 양쪽을 화해시키기 위해 그 사이에 기토(己土)가 들어 있습니다. 만약 기토에게 5 정도의 비율을 주었다면 강력한 丙·丁을 제어할 수 없었겠지만, 무려 9(약 30퍼센트)에 육박할 정도로 다량의 음토를 투입했기 때문에 서로 부딪치는 것을 피할 수 있게 조화되었습니다.

오화를 상징하는 것은 말[馬]입니다. 말은 굉장히 활동적인 동물로, 언제나 남보다 한걸음 앞서나가려는 경향이 있습니다. 갈기를 휘날리며 평야를 뛰어가는 말을 보면 약동하는 힘을 느낄 수 있습니다. 언제부터인가 오년(午年)에 태어난 사람은 말과 같다고 했습니다. 즉 말은 십이지지 중에서도 오화를 닮았다는 뜻입니다.

사람도 마찬가지입니다. 말띠 여자는 팔자가 세다는 말이 있습니다. 이것은 음적(陰的)이어야 할 여자가 양기를 많이 타고났다는 의미입니다. 다소곳하지 않고 활발한 적토마처럼 긴 머리를 휘날리면서 바쁘게 돌아다니는 여자라는 의미가 있습니다.

　그러나 사주는 연주(年柱)만으로 성립하는 것이 아닙니다. 만약 이 말이 맞다면 그 해에 태어난 여자는 모두 불행하다는 말이 됩니다. 구태여 일일이 따져보지 않더라도 말이 되지 않습니다. 요즈음 신세대들이라면 말띠임을 오히려 다행으로 생각할지도 모릅니다. 현대는 다소곳하고 얌전하기만 한 여성을 원하지 않기 때문입니다.

　말의 속성이 강한 사람은 정직함과 활발하게 움직이는 강한 활동력, 그리고 상대를 압도하는 씩씩한 기백을 갖고 있습니다. 또 한곳에 정착하지 못하고 많은 곳을 돌아다니므로 독립심이 강하고, 여러 사람과 교류·접촉하므로 폭넓은 대인관계를 유지합니다. 독립심이 강하므로 이른 나이에 집을 떠나 사회 경험을 쌓거나 직업을 갖는 경우가 많습니다. 조숙하고 언행이 단정하여 어려서부터 주변 사람들로부터 신임을 받습니다.

　쾌활한 성격과 폭넓은 대인관계로 인해 도처에 아는 사람이 퍼져 있으므로 어떤 일에 대한 사전 정보수집 능력이 탁월합니다. 따라서 일이 진행되는 상황을 넓게 보는 안목이 뛰어나 현실적인 이익에 충실한 사람이 됩니다. 이러한 말의 속성은 사업을 도모하거나 계약을 성사시키는 데 도움이 됩니다. 말의 속성이 강한 사람은 움직여야 입신양명할 수 있습니다.

　또한 물과 관련된 장사, 즉 유흥업소를 경영하면 누구보다 원만한 대인관계를 이용하여 큰 이득을 볼 수 있습니다. 그 밖의 상업적인 수완도 뛰어나다고 할 수 있습니다. 특이한 점은 자신의 외모에 대해 누구보다 관심이 많고 가꾸기를 좋아한다는 것입니다. 연애를 할 때는 감정이 금방 달아오르고 또 금방 식는 변덕스러운 기질을 나타냅니다. 특히 젊은 시절에는 바람기가 다분하여 몇 차례의 열렬한 연애나 사랑의 열병을 앓게 될 가능성이 높습니다.

8) 미(未 : 양)

　초목의 과실이 성숙하여 자미(滋味)를 생하는 상태를 뜻합니다.

　음토(陰土)인 미(未)는 음력 6월입니다. 5월을 거쳐 6월로 왔는데 갈수록 더 더워집니다. 여름의 마지막입니다.

　미토(未土)는 1년 중에서 가장 더운 삼복더위입니다. 뜨겁기로 치면 하지가 있는 5월[午月]이 더 더워야 하지만 사실은 6월[未月]이 더 덥습니다. 이미 5월에 땅이 하늘로 시집가 일음(一陰)이 시작되었습니다. 시집온 땅의 열기가 미월(未月)에 이르러 비로소 힘을 쓰기 시작합니다. 그래서 미월에 있는 소서(小暑) · 대서(大暑)는 하지보다 더 덥습니다.

　未의 지장간은 丁 · 乙 · 己입니다. 땅 위에 돋아난 풀을 뜯고 있는 양(羊)의 눈이 느껴집니다. 땅은 기토이고, 풀은 을목이며, 양의 눈은 정화입니다. 정(丁 : 9)은 여기(餘氣)이고, 을(乙 : 3)는 중기(中氣)이며, 기(己 : 18)은 정기(正氣)입니다. 미토는 丁 · 乙 · 己의 혼합체라고 할 수 있습니다.

　진토는 양토이면서도 습기를 갖고 있지만 미토는 그렇지 않습니다. 미토는 굉장히 메마릅니다. 습기가 전혀 없습니다. 을목은 정화를 생해주고, 정화는 기토를 생해줍니다. 木 · 火 · 土를 거쳐 쌓여진 열은 이 미토에 저장됩니다. 그러고 보면 土는 저장의 명수입니다. 저장을 할 수 있어야 다음 단계로 넘겨주는 중재자의 역할을 잘할 수 있는 법입니다.

　양은 동 · 서양을 막론하고 분위기를 중시하는, 부드럽고 순박하며 조용하고 차분한 동물로 여겨집니다. 상형문자인 羊은 맛있음, 아름다움[美], 상서로움[祥], 착함[善], 좋음 등의 뜻을 갖습니다. 즉 큰[大] 양(羊)이라는 두 글자가 붙어서 아름다움[美]이 되고, 나[我]의 좋은 점[羊]이 합쳐서 옳음[義]이 됩니다.

꿈속에서 양을 본 경우, '양을 죽여 신에게 바치면 어떤 진리를 깨닫게 되거나 일이 성사된다' '양을 끌어다 집안에 매어두면 어질고 착한 사람을 구하게 되거나 재물을 얻는다' '양젖을 짜는 것을 보면 사업에 성공하고, 양젖을 마시면 훌륭한 사람의 가르침을 받게 된다' '양고기를 먹으면 학문을 연구하게 되거나 중책을 맡게 된다' '양은 선량한 사람, 종교인, 재물로 풀이한다' 등 좋은 의미로 해석하는 경향이 많습니다.

대체로 양은 의롭고 아름답고 순하고 어질고 참을성이 있으며, 무릎을 꿇고 젖을 먹는 은혜를 아는 동물로 인식하고 있습니다. 그러나 겉보기와는 달리 고집이 강하여, 심한 경우 스스로의 분을 삭이지 못해 즉사하기도 합니다.

양의 속성이 강한 사람은 온화·온순하고 동정심이 많으며 친절하고, 자신이 아끼는 친구나 사람들에게는 헌신적이기까지 합니다. 그 본심이 온순하고 착하며 양순해 보여 사람들에게 사랑을 받지만, 자존심이 강하고 숨은 고집이 있어 도도한 면도 있습니다. 따라서 다른 사람과 주장이 대립될 경우 그것을 꺾는 경우는 드물다고 하겠습니다.

세상살이에 대한 내심의 두려움이 있으므로 본능적으로 강압적인 통제를 싫어하고, 타인과의 갈등을 싫어하므로 까다로운 경쟁에 끼여드는 일을 몹시 싫어합니다. 곤경에 처하면 자포자기하거나 비관론자가 되기 쉽습니다. 경제감각도 다소 둔합니다. 말하기 어색한 경우 종종 내심을 표명하지 않고 방치해둠으로써 상대방으로부터 비난이나 오해를 받는 경우도 있습니다.

9) 신(申 : 원숭이)
초목의 과실이 성숙하여 껍질이 딱딱하게 되는 상태를 뜻합니다.

양금(陽金)인 신(申)은 가을의 시작으로 음력 7월입니다. 입추(立秋) 절기인 신금(申金)에는 찬바람이 불기 시작합니다. 낮에는 아직도 덥지만, 아침저녁으로는 선선한 바람이 불어옵니다.

사람으로 치면 결실의 단계로 접어드는 50대 정도가 될 것입니다. 30~40대만 해도 무엇인가 하려는 목적이 확실하고 열기도 다소 있었지만, 50줄을 넘어서면 자신이 살아온 지난날을 회상하는 시간이 점차 많아집니다. 그리고 무엇을 두고 떠날 것인지도 생각해보게 됩니다. 즉 인생을 마무리할 준비를 하는 것입니다. 이것이 바로 1년의 7월이요, 인생의 50대인가 봅니다. 신금은 완전한 결실의 단계인 유금(酉金)에게 금기(金氣)가 돌아오니 준비하라고 알려줍니다.

자신의 내면 세계에 대해 생각하는 사람은 가을을 좋아합니다. 자신을 보려는 눈길이 갈무리하는 금기와 닮았기 때문이지요. 그래서 가을이 되면 맑은 하늘을 쳐다봅니다. 마치 자신의 마음이려니 하고 말입니다.

申의 지장간은 己·戊·壬·庚입니다. 기(己:7)와 무(戊:3)는 여기(餘氣)이고, 임(壬:3)는 중기(中氣)이고, 경(庚:17)은 정기(正氣)입니다. 신금은 己·戊·壬·庚의 혼합체라고 할 수 있습니다. 이것을 보면 신금은 무른 돌이라고 볼 수 있습니다. 흙도 약간 섞여 있고, 물도 조금 있는 돌 말입니다. 지장간이 네 개인 것은 신금밖에 없습니다.

원숭이[猿]는 신금을 상징합니다. 원숭이를 보고 있으면 산만함, 변덕스러움, 신경질적인 반응, 위계질서, 탁월한 재능과 임기응변적인 행동, 배우적 기질 등 모방성과 창조성을 동시에 느낄 수 있습니다. 원숭이는 참으로 산만하고 변덕스러워 화기(火氣)가 많을 것 같습니다. 그런가 하면 때로는 가만히 앉아서 깊은 생각을 하고 있는 것처럼 보이기도 합니다. 또한 원숭이의 한 무리 속에는 각자의 위계질서가 확실합니다. 이런 것을 보면 금기가 많은 것 같기도 합니다. 일교차가 심한 가을 날씨가 생각납니다. 그래서 신금에 원숭이를 넣지 않았나 싶습니다.

원숭이는 분명히 덜 떨어진 인간의 형상입니다. 지능이 어린아이 정도는 된다고 하는 걸 봐도 그렇습니다. 그러나 인간이라고 볼 수도 없고, 말이나 닭과 닮았다고 하기도 어렵습니다. 사람도 아니고 동물도 아닌 것이, 어중간하여 모호하고, 하늘인지 땅인지도 모르고 날뛰는 것이 원숭이입니다. 그래서 이쪽으로도 저쪽으로도 흉내를 잘 내나 봅니다.

그러므로 원숭이의 특성을 강하게 타고난 사람은, 머리가 영리하고 재주가 많으며 순발력과 분별력이 뛰어납니다. 사람들에게 흥미를 유발하고 동기를 불어넣는 다양한 성격과 다재다능하고 변화무쌍한 성격은 현실 적응력을 더욱 높여줍니다.

그러나 "원숭이도 나무에서 떨어질 때가 있다"는 말처럼, 자신의 재주와 머리만 믿고 지나치게 우쭐대다가 자기 꾀에 자신이 넘어가 실패하는 경우도 종종 있습니다. 또한 자신이 머릿속으로 그린 대로 되지 않는 현실 앞에서 자학하거나 자포자기하는 경우도 볼 수 있습니다. 현실에 대해 높은 기대치를 갖고 있으므로 꿈이 좌절되면 실망감도 크겠지만, 특유의 융통성과 새로운 환경이나 변화에 대한 빠른 적응력으로 비교적 잘 극복하는 편입니다.

또 남보다 앞서야 한다는 강한 우월감과 내면적인 승부욕으로 인해 자칫 주변 사람들을 무시하는 언행을 해서 빈축을 사기도 합니다. 남녀 모두 의처증이나 의부증으로 발전할 수 있는 신경질적인 히스테리가 많은 편이므로 감정관리에 주의를 기울일 필요가 있습니다.

10) 유(酉 : 닭)

초목의 과실이 성숙의 극에 달한 상태를 뜻합니다.

음금(陰金)인 유(酉)는 가을의 시작으로 음력 8월입니다. 유월(酉月)은 완연한 가을입니다. 낙엽 떨어지는 가을은 아직 아니지만 결실은 이미 다 이루어졌습니다. 벼도 다 익어 이제는 비가 오지 않아도 쌀밥을 먹을 수 있습니다.

酉의 지장간은 庚·辛입니다. 경(庚:10)은 여기(餘氣)이고, 신(辛:20)은 정기(正氣)입니다. 유금(酉金)은 庚·辛의 혼합체라고 할 수 있습니다. 신금이 무른 돌이었다면 유금은 시비할래야 시비할 것이 없는 단단한 돌덩어리입니다. 양금(陽金)은 혼탁하여 다른 성분이 많이 섞여 있는 편이지만, 음금(陰金)은 상대적으로 순수한 편입니다.

닭[鷄]은 유금을 상징합니다. 닭은 개와 함께 인간과 오랜 시간을 같이 지낸 동물임에도 불구하고 개처럼 인간의 친구가 되지는 못했습니다. 그것이 닭의 속성 중 하나가 아닌가 합니다. 그물 너머에 모이를 두면 돌아갈 생각을 못한다고 해서 닭은 머리가 나쁘다고 합니다. 그래서 머리가 나쁜 사람을 보고 '닭대가리'라고 우스갯소리를 하지만, 이것은 십이지의 닭과는 전혀 상관이 없는 이야기입니다. 머리가 나쁘다, 좋다는 것은 인간 위주의 판단이기 때문입니다.

동이 터오는 아침을 예고하는 울음소리로 사람들의 잠을 깨우고 하루를 준비하게 하는 닭은, 원숭이의 변덕스러움을 일성(一聲)에 깨우는 힘이 있어 원숭이의 다음 자리를 차지하지 않았나 하는 생각을 해봅니다.

닭의 속성이 강한 사람은 이기적·직선적·자기중심적이며, 고집이 세고 속박되는 것을 싫어하며 싸우기를 좋아합니다. 특유의

솔직함과 과단성 있는 성격 탓에 온당치 못한 처사나 불합리한 상황을 적당히 참고 넘기지 못하므로 시비와 불화를 여러 차례 겪을 수 있습니다. 따라서 직업이나 직장의 변동이 잦고 거처를 자주 옮기게 되므로, 성취가 어려우며 계획이 더디게 이루어집니다. 몸에 질환도 잦은 편이라고 할 수 있습니다.

타인의 눈총과 시기를 받을 정도로 머리가 좋고 총명하며, 어디에 있거나 큰소리를 내는 특성이 있으므로 다소 소란스러운 직업이 어울립니다. 특히 재치 있고 남의 이목을 끄는 기질이 있으므로 화려한 조명을 받는 연예인이나 인기 종목의 운동선수로 나서면 빨리 성공할 수 있겠습니다. 또한 앞날에 대한 영감이나 예시가 뛰어나고, 종교적인 성향이 강하므로 종교 지도자로도 적합합니다. 자기 자신에 대한 강한 확신이 있으므로 유명한 역술인이나 무당이 되기도 합니다.

남녀를 막론하고 성적인 매력이 넘치는데, 특히 남자들은 뛰어난 외모와 호감을 주는 인상으로 뭇여성의 인기를 독차지합니다.

십이지 중에서 유일하게 날개를 가진 동물이 닭이지만, 유감스럽게도 닭은 날지를 못합니다. 날고자 날갯짓을 하면 마당에 먼지만 날립니다. 이것이 유월(酉月)의 괘인 관괘(觀卦)와 닮았습니다. 땅 위에 이는 바람이니 꼭 그대로이지 않습니까? 닭고기를 오래 먹으면 풍이 동(動)한다고 했습니다. 다른 새들은 다 날아가는데 유독 닭만은 날지 못하고 바람만 일으킵니다. 그래도 사람보다는 잘 날지요. 사람이 닭을 먹었을 때도 마찬가지입니다. 닭을 오랜 기간에 걸쳐 먹으면 중풍에 걸릴 가능성이 높아집니다.

11) 술(戌 : 개)
초목이 고사(枯死)한 상태를 뜻합니다.

양토(陽土)인 술(戌)은 가을의 마지막 달인 음력 9월입니다. 온 산천이 붉은색, 노란색으로 치장을 하고 있는 늦가을의 풍경입니다. 지난 음력 8월에 결실을 맺었으니 나무는 이제 휴식에 빠져들기 위해 자리를 깔고 쉬고자 합니다. 인묘(寅卯)월의 활발함과 사오(巳午)월의 노력과 신유(申酉)월의 결실을 돌아보며 정리하는 시간입니다.

戌의 지장간은 辛·丁·戊입니다. 신(辛 : 9)은 여기(餘氣)이고, 정(丁 : 3)은 중기(中氣)이고, 무(戊 : 18)는 정기(正氣)입니다. 술토(戌土)는 辛·丁·戊의 혼합체라고 할 수 있습니다.

개〔狗〕는 술토를 상징합니다. 술시(戌時)는 하루의 해가 저무는 때, 즉 개가 일을 시작하는 시간입니다. 그래서 개가 술토를 담당하고 있습니다. 술토는 또한 지장간인 정화로 인해 열을 갖고 있습니다. 개의 성질도 따뜻합니다. 그래서 개고기는 몸이 찬 사람에게 알맞은 고기입니다.

개에게서는 주인을 향한 무조건적인 충성과 정직함, 일관된 성실성과 공정성, 그리고 애정을 느낄 수 있습니다. 개는 잔꾀나 간사함과는 거리가 먼 동물입니다.

개의 속성이 강한 사람은 조용한 성정을 갖고 있으며, 상대방의 어려움에 귀기울일 줄 아는 인정이 있습니다. 평생 동안 다른 사람들의 뒤치다꺼리를 하느라 실속을 챙기기 힘든 경우가 많습니다. 그렇다고 모든 사람에게 항상 희생을 하거나 호의를 보이는 것은 아닙니다. 나름대로 선악의 판단 기준과 경계선을 갖고 있습니다. 따라서 친구를 사귈 때는 더디고 까다로운 편이라고 할 수 있습니다. 반면에 자기편으로 받아들인 사람에게는 자신의 전부를 희생하는 한이 있더라도 심리적·물질적인 후원을 아끼지 않는 경향이 있습니다. 마치 개가 무조건적으로 주인을 따르듯이 말입니다.

충직한 반면 자기 고집도 세고, 보통의 경우는 돈에 욕심이 없지만 어떤 경우에는 인색함을 나타내기도 합니다. 원래 도둑을 지키는 성질이 있으므로 사회적인 정의나 평등, 나라일에 관심이 많습니다. 따라서 직업도 이러한 속성에 어울리는 것이 좋습니다.

12) 해(亥 : 돼지)

초목이 이미 조락(凋落)하여 생명력이 종자의 내부에 폐장된 상태를 뜻합니다.

양수(陽水)인 해(亥)는 겨울의 첫 달인 음력 10월입니다. 뱀과 개구리는 지난 9월 9일에 땅속으로 들어가버렸습니다. 차가운 바람에 미물들도 땅의 생기를 받으러 땅속으로 들어가 긴 겨울잠을 자는 것입니다.

나무는 이때 생의 기운을 축적합니다. 가을까지 시달린 몸을 쉬고 휴식을 취하면서 생기를 축적하여 다음해에 새롭게 성장할 것입니다. 그래서 해수(亥水)는 木의 생지라고 합니다.

해월(亥月)은 사람들이 묘지에 제사를 지내는 때입니다. 죽은 사람에게 제사를 지내는 때와 자연의 상태가 닮았다면 닮았습니다.

亥의 지장간은 戊·甲·壬입니다. 우리에 갇혀 있는 돼지[猪]가 생각납니다. 무(戊 : 7)는 여기(餘氣)이고, 갑(甲 : 7)은 중기(中氣)이고, 임(壬 : 16)은 정기(正氣)입니다. 해수는 戊·甲·壬의 혼합체라고 할 수 있습니다.

이 혼합체를 분석해 보면 물 속에 흙도 있고, 나무도 있다는 뜻입니다. 강물을 보면 흙의 성분이 있습니다. 옹달샘의 맑은 물과는 사뭇 다른 점이 있습니다. 갑목은 낙엽이 썩은 성분인 듯합니다. 흙과 낙엽 썩은 것이 섞여 있는 물은 나무를 배양하기에 참 좋은 물입니다. 사실 옹달샘의 맑고 차가운 물은 인간이 먹기에는 적합해도 식물이 자라는 데는 나쁩니다. 차가운 물은 성장을 억제하거든요.

돼지는 해수를 상징합니다. 사람들이 주는 먹이를 받아먹고 우리에 갇혀 살다가, 돈이 필요하거나 잔치가 벌어질 때 긴요하게 쓰이는 돼지는 행운과 재물을 상징합니다. 따라서 돼지가 나타나는 꿈은 길몽 중에서도 최고의 길몽으로 해석합니다.

돼지를 보고 있노라면 선량하고, 우호적이고, 아둔하고, 인정이 많고, 본능에 충실하고, 가리는 것이 별로 없어 까다롭지 않고, 하루하루를 살아갈 때에 절망하지 않는다는 느낌을 받습니다.

그러므로 돼지의 속성이 강한 사람은 근심·걱정이 많지만, 천성이 단순하고 인정이 많아 남에게 베풀기를 좋아합니다. 본능에 충실한 생활로 인생을 즐겁게 보내고자 하며, 마음속에는 비록 고통이 있을지라도 태연히 이겨내면서 왕성한 정력과 솟아나는 열정으로 내일의 성공을 위해 하루하루를 열심히 준비합니다.

자신의 소유물에 대해 물질적인 욕심이 없으므로 여러 사람과 나누어 쓰고 인정을 베푸는 대신, 남들도 자신의 생각과 같으리라는 지레짐작으로 내 것 네 것을 구분 없이 사용하다가 오해나 빈축을 사기도 합니다. 또한 본성이 선량하고 우호적이어서 약삭빠른 사람들에게 이용당하는 줄 뻔히 알면서도 의심하지 않아 나중에 가서야 그 심각성을 깨닫기도 합니다.

본능에 충실한 생활은 시각에 따라 다소 향락적이라고 볼 수도 있습니다. 그러나 이러한 점은 인생을 오히려 긍정적으로 보게 하므로, 고단한 현실을 헤쳐나갈 수 있는 매우 훌륭한 장점이 되기도 합니다.

그들의 왕성한 에너지는 주위 사람들을 한없이 고무시킵니다. 다양한 유형의 사람들과 인연을 맺고 식성 또한 까다롭지 않아 식복과 재물운이 따르므로, 무리를 이끄는 우두머리의 위치에 서기를 좋아합니다. 또 여러 사람이 모이는 잔치나 파티를 즐기는 경향이 있습니다.

돼지의 성질은 차갑습니다. 둥글둥글한 형상이나 아무것이나 마구 먹어대는 속성이 음적(陰的)입니다. 음식에 대한 돼지의 집착은 여자들이 보석에 집착하는 것과 같다고 할 수 있습니다. 복을 빌 때 사람들은 꼭 돼지머리를 사용합니다. 양은 밖으로 터져나가려 하고, 음은 안으로 끌어당깁니다. 이것은 돼지머리의 음적인 기운으로 모든 것(예를 들면 돈)을 끌어모으라는 뜻입니다.

그리고 돼지는 모든 것을 평등하게 바라봅니다. 자기에게 밥을 주는 사람이라고 해서 개처럼 아양을 떨지도 않고, 자기를 무시한다고 해서 고양이처럼 미워하지도 않습니다. 그저 만물이 평등할 뿐입니다. 이것이 돼지의 마음이고, 10월의 마음입니다. 죽은 다음에는 모두가 평등하다는 이야기가 생각나는군요. 살아서는 부귀자와 빈천자가 있지만, 죽고 나면 누구나 땅 한 평 짊어지고 누우니 모두가 평등하다는 것입니다. 그 평등한 모습이 돼지의 얼굴을 닮았다고 느꼈기 때문인지도 모르겠습니다.

2. 지합

인해합목(寅亥合木)
진유합금(辰酉合金)
자축합토(子丑合土)
묘술합화(卯戌合火)
사신합수(巳申合水)
오미합무화(午未合無火)

천간이 음과 양으로 천간합을 이루듯이 지지에서도 음과 양이 합을 이룹니다. 이것을 지합(支合), 또는 여섯 번 합한다 하여 육합(六合)이라고도 합니다.

육합은 변화가 비교적 간단합니다. 이치는 간합(干合)이나 삼합(三合)과 같습니다. 육합은 삼합의 변화보다 비중이 낮으므로 크게 적용하지 않습니다. 참고 정도로 생각하면 될 것입니다. 오미합(午未合)은 화하지는 않고 합만 하는, 성질이 약간 다른 합입니다. 오화(午火)는 해[日]이고, 미토는 달[月]로 일월(日月)이 합쳐서 하늘을 형성하는데 오행상 土는 있어도 하늘은 없습니다. 그래서 오미(午未)는 합만 하는 자연적인 현상일 뿐 다른 물질로 변하지는 않는다고 봅니다. 약간 다른 견해가 있기는 합니다만, 오미를 불의 합으로 보면 편합니다.

명리학을 공부할 때에 가장 중요한 것 가운데 하나가 '합을 했으면 화를 했느냐?'를 분별하는 것입니다. 합은 혼합물이라고 볼 수 있고, 화는 화합물이라고 볼 수 있습니다.

3. 삼합

申 : 水의 長生(生地)
子 : 水의 帝旺(旺地) ·신자진합화수국(申子辰合化水局)
辰 : 水의 墓(庫地)

亥 : 木의 長生(生地)
卯 : 木의 帝旺(旺地) ·해묘미합화목국(亥卯未合化木局)
未 : 木의 墓(庫地)

寅 : 火의 長生(生地) ─┐
午 : 火의 帝旺(旺地) ├ · 인오술합화화국(寅午戌合化火局)
戌 : 火의 墓(庫地) ─┘

巳 : 金의 長生(生地) ─┐
酉 : 金의 帝旺(旺地) ├ · 사유축합화금국(巳酉丑合化金局)
丑 : 金의 墓(庫地) ─┘

　삼합(三合)하여 변하는 오행은 삼합 중 가운데 지(支)의 오행과 같아집니다. 각 支 속에 干의 오행이 들어 있는 동류의 오행이 가운데 支의 오행에 합류되어 있기 때문입니다. 예를 들면 申·子·辰의 水는, 申 속에 임수(壬水)가 있고, 辰 속에 계수(癸水)가 있어 임계수(壬癸水)가 자수(子水)에 합류하는 것입니다. 寅·午·戌의 火는, 인목(寅木)의 지장간 가운데는 병화(丙火)가 있고, 오화(午火)는 불 중에서도 가장 강력한 불이며, 술토(戌土)의 지장간에는 정화(丁火)가 있습니다. 지삼합(支三合)으로 생긴 변오행은 그 힘이 다른 오행보다 강합니다.
　삼합은 간합의 경우와 원리가 같습니다. 즉 천간의 기운에 따라서 화하느냐 화하지 못하느냐가 결정됩니다.
　명식(命式)의 지지(地支)에 삼합이 있는데 그 사이에 다른 지지가 끼여 있다면, 그 지지의 오행이 삼합의 국(局)을 생하는 오행인지 극하는 오행인지를 가려야 합니다.
　즉 인오술화국(寅午戌火局)에 토의 성질을 지닌 辰·丑·未 중 하나가 끼여 있다면, 土가 火의 기운을 조금만 손상시키므로 합에 영향이 거의 없다고 보아도 좋습니다. 木의 성질을 지닌 묘목(卯木)은 화국(火局)의 기운을 도와주므로 삼합을 이루는 데 지장이 없고,

火의 성질을 지닌 사화(巳火)는 화국(火局)과 똑같은 성질이므로 더욱 왕성해집니다. 그러므로 이런 경우는 삼합을 이루는 데 지장이 없다고 보아야 합니다.

반대로 인오술화국에 자수(子水)가 있다면 수극화(水剋火)하여 화국을 방해하므로 삼합이 이루어지지 않습니다. 그러므로 삼합은 경우에 따라서 되기도 하고 안 되기도 합니다. 무턱대고 항상 이루어지는 것은 아닙니다.

申·子·辰이 합인데 꼭 申·子·辰 삼위가 만나야만 합을 이루는 것은 아닙니다. 申·子·辰은 서로 합관계에 있는 것으로 그냥 申·子, 子·辰만이 만나도 합을 이룹니다. 申·子·辰이 모두 만나는 것을 삼합이라 하고, 두 개만이 만나는 것을 반합(半合) 또는 육합(六合)·반회(半會)라고 합니다. 반합은 당연히 삼합보다 힘이 약합니다. 합의 힘이 반쯤 된다고 해서 반합이라고 합니다. 반합이 되는 기준은 삼합의 중간에 있는 글자(子·卯·午·酉)입니다. 삼합의 가운데 글자가 없으면 반합은 성립되지 않습니다.

투출(透出)일 때도 삼합으로 취급합니다. 즉 삼합 중 두 개의 지지만 있어도 그 없는 것의 본기(本氣)가 천간에 있다면 삼합이 되는 걸로 봅니다. 예를 들면 사주의 지지에 午·戌이 있고 인목이 없는데 천간에 인목의 본기인 갑목이 있다면 이것을 튀어나왔다 즉 투출되었다 하여, 寅·午·戌이 비록 완전하지는 않지만 화국이 있는 걸로 봅니다.

4. 방합

인묘진(寅卯辰) 동방목국(東方木局)
사오미(巳午未) 남방화국(南方火局)

신유술(申酉戌) 서방금국(西方金局)
해자축(亥子丑) 북방수국(北方水局)

방합(方合)은 삼합과 비슷하면서도 약간 다릅니다. 삼합은 다른 오행끼리 모여서 성립하는 것으로 부자손의 합〔父子孫合, 가정의 합〕이라고 합니다. 이에 반해 방합은 서로 비슷한 오행끼리 모여 있는 것으로 붕합(朋合, 친구의 합)이라고 합니다.

삼합은 혈연에 의한 모임이기 때문에 그 힘이 끈끈하고 진합니다. 반면 방합은 힘이 강하다고 말합니다. 친구들이 모여 있을 때는 강하지만 해가 지면 모두 흩어져서 집으로 돌아가는 것과 같습니다. 그러므로 일반적으로 삼합의 힘이 방합보다 강합니다.

한 명조(命造, 하나의 사주를 명조라 하기도 함)에 寅·卯·辰의 방합과 亥·卯·未의 삼합이 동시에 있다면, 힘의 강함에 있어서는 방합이 우선할 것입니다. 그러나 만약 어떤 어려움이 있어 서로의 단결을 필요로 하는 상황이 발생한다면, 삼합이 더 잘 처리할 것입니다. 삼합과 방합에는 이런 차이가 있습니다.

5. 지충

충(沖)은 서로 정면충돌하여 뿌리가 뽑혀버리는 것을 말합니다. 명리에서 십이지(十二支)의 충은 의도(醫道)와 원천이 같습니다. 『황제내경』의 「소문, 오운행대론」에 다음과 같은 내용이 나옵니다.

갑자가 오운의 첫머리에 배속되는 까닭에 관하여 귀유구(鬼臾區)와 토론한 적이 있는데, 귀유구가 이르길 '…… 자오년은 소음사천(司天)에 속하고, 축미년은 태음사천에 속하며, 인신년은 소양사천에 속하고, 묘유년은 양명사천에 속하며, 진술년은 태양사천에 속하고, 사해년은

궐음사천에 속합니다' 라고 했습니다.[7]

또「소문, 천원기대론」에는 다음과 같이 기록되어 있습니다.

子年과 午年은 少陰司天에 해당하고, 丑年과 未年은 太陰司天에 해당하며, 寅年과 申年은 少陽司天에 해당하고, 卯年과 酉年은 陽明司天에 해당하며, 辰年과 戌年은 太陽司天에 해당하고, 巳年과 亥年은 厥陰司天에 해당합니다.

충은 인체에서는 성격이나 질병의 형태로 나타나고, 사회적으로는 교통사고나 선거에 낙선하는 등의 형태로 나타납니다. 용신을 충하면 극흉을 당합니다.
　충이 있으면 심리적으로 불안합니다. 신경이 예민하고 매사에 싫증을 잘 내며 끈기가 부족합니다. 쓸데없는 고집을 부리고, 조그만 일에도 신경질을 내게 되며, 자꾸만 다른 일을 해보고 싶어하는 기질이 있습니다.
　충이 겹치는 정도가 많아짐에 따라 우울해하고 방황하고 안절부절못하며, 매사에 자신감을 잃고 죽고 싶다는 생각이 떠나지 않는 우울증 등 신경계통 질병에 걸립니다. 충이 많이 겹치면 결국 죽게 됩니다.
　충의 강약을 살펴보기 위해서는 다음의 상황을 보아야 합니다. 충이 세 개 이상이면 강하다고 할 수 있고, 충이 네댓 개 이상이면 목숨이 위태롭다고 할 수 있습니다. 충이 얼마나 겹치는가를 따져

---

7) 子午之上, 少陰主之, 丑未之上, 太陰主之, 寅申之上, 少陽主之, 卯酉之上, 陽明主之, 辰戌之上, 太陽主之, 巳亥之上, 厥陰主之.

보면 경우에 따라서는 그 사람의 사망시기를 정확히 알아낼 수도 있습니다.

• **충의 강약 판별법**
① 명식 자체에 충이 있는가? 있다면 몇 개인가?
② 대운과 명식의 지지 사이에 충이 있는가? 있다면 몇 개인가?
③ 해당 연도의 연지(年支)와 명식의 지지 사이에 충이 있는가? 있다면 몇 개인가?
④ 월지(月支)와 명식의 지지 사이에 충이 있는가? 있다면 몇 개인가?
⑤ 일지(日支)와 명식의 지지 사이에 충이 있는가? 있다면 몇 개인가?
⑥ 시지(時支)와 명식의 지지 사이에 충이 있는가? 있다면 몇 개인가?

자오소음군화(子午少陰君火)
축미태음습토(丑未太陰濕土)
인신소양상화(寅申少陽相火)
묘유양명조금(卯酉陽明燥金)
진술태양한수(辰戌太陽寒水)
사해궐음풍목(巳亥厥陰風木)

丑은 토본(土本)이고, 未는 토말(土末)입니다. 丑에서부터 寅·卯·辰·巳·午까지는 축토(丑土)가 水를 극하면서 발전하는 과정이지만, 일단 未에 이르면 水를 생하는 일을 시작합니다. 이것을 토극생수(土極生水)라고 합니다.

戌은 수본(水本)이고, 辰은 수극(水極)입니다. 水는 戌에서부터 辰 사이에서 火를 극하면서 발전하지만, 辰에 이르면 다시 火를 생하기 시작합니다.

子는 화본(火本)이고, 午는 화극(火極)입니다. 자화(子火)는 金을 극하면서 발전하지만, 午에 이르면 金을 생하기 시작합니다.

卯는 금본(金本)이고, 酉는 금극(金極)입니다. 묘금(卯金)은 木을 극하면서 발전하지만, 酉에 이르면 木을 생하기 시작합니다.

亥는 목본(木本)이고, 巳는 목극(木極)입니다. 해목(亥木)은 土를 극하면서 발전하지만, 巳에 이르면 土를 생하기 시작합니다.

오행은 이와 같이 상극(相剋)하면서 발전하는 것인데, 이것은 극을 위한 극이 아니라 극의 극점(極點)에 이르러 다시 생하는 운동을 하기 위한 극입니다. 그러므로 오행상극(五行相剋)의 목적은 극이 아니라 생에 있다고 할 수 있습니다.

충은 상충·충돌한다는 불상사를 의미이므로 흉한 이미지를 포함하고 있습니다. 그래서 팔자 속에 충이 있으면 한가하지 못하고 분주하다고 하기도 합니다. 꼭 충이 있어서 그런 것만은 아니지만, 그래도 충이 있으면 분주해지는 것은 사실입니다. 그래서 팔자에 충이 있는 것을 꺼리게 됩니다.

지충(支沖)은 육충(六沖) 또는 충살(沖殺)이라고도 합니다. 지충은 간충(干沖)과 같이 양과 양이 만나고 음과 음이 만나 오행상 상극관계에 있을 때 발생합니다. 또는 십이지를 십이방으로 놓고 볼 때 상대방에 위치하여 서로 충하는 관계가 됩니다. 육충이 있으면 누가 이기는지를 구분해야 하는데, 이 관계는 주변의 영향에 따라 승패가 달라집니다. 그러므로 오행으로 가볍게 따지지 말고 정밀분석을 해야 합니다. 보통은 극하는 자가 승리하지만 주변의 관계에 따라 달라지기도 합니다.

어떤 이는 "사주에 자오충(子午沖)이 있으면 잘 되어가던 일이 중간에 깨어져 고생이 많고, 축미충(丑未沖)이 있으면 일이 더디게 되고 오래 지속되지 못하며, 인신충(寅申沖)이 있으면 도리어 활기가 있고, 묘유충(卯酉沖)이 있으면 배은망덕한 일을 당하게 되고, 진술충(辰戌沖)이 있으면 풍상이 따르며 고독하고(여자의 경우는 가정운이 나쁘다), 사해충(巳亥沖)이 있으면 거처를 자주 옮기고 남한데 피해를 당하기 쉽다"고 말하기도 하지만, 이것은 단편적인 견해라고 할 수 있습니다.

충도 합과 마찬가지로 경우에 따른 상태 파악이 중요합니다. 즉 합에서와 같이 충이 되는 두 지지 사이에 다른 지지가 있다면 막고 있는 오행의 성질에 따라 충의 작용이 없어지기도 하고, 충이 성립하기도 합니다. 예를 들어 子·午 사이에 묘목(卯木)이 들어앉아 子·卯·午가 되었다면 묘목이 가로막고 있어 충의 작용이 없습니다. 반면 지충 子·午 사이에 유금(酉金)이 들어 앉아 子·酉·午가 되었다면 이것은 충의 작용이 있다고 봅니다.

인신·사해충은 생지(삼합의 경우 생에 해당)의 충이어서 충돌을 하면 어린아이들이 싸우는 것과 같다고 할 수 있습니다. 아이들이 뒹굴면서 싸우면 서로 코피를 흘리게 마련입니다. 이긴 놈도 진 놈도 모두 피투성이가 되어버립니다. 그래서 생지충(生地沖)은 서로 상한다고 기억하면 편합니다.

인신충의 경우를 보면, 인목(寅木)의 지장간은 戊·丙·甲이고 신금(申金)의 지장간은 己·戊·壬·庚입니다. 우선 경금이 갑목을 극합니다. 갑목은 경금을 이기는 법이 없으니까 자식(병화)에게 하소연합니다. 그러면 寅 중의 병화는 경금을 쫓아가서 메다꽂아버립니다. 당연히 경금은 울고불고 야단을 치며 임수에게 하소연합니다. 임수는 병화를 때리고……. 이런 분위기입니다. 인신충이라고 하는 간단한 말 속에는 이런 재미있고 복잡한 사연이 만화처럼 숨어 있습니다.

자오·묘유충은 가장 맹렬하게 불꽃이 튀는 싸움으로 어느 하나가 죽어야 끝이 납니다. 그래서 누가 이기고 누가 지는지 그 끝이 있습니다. 삼합에서는 모두가 장수 왕지(旺地)들입니다. 그래서 만만치가 않습니다.

진술·축미충은 같은 土끼리의 충입니다. 같은 土끼리의 충돌이므로 지진이 일어난 것과 같습니다. 진술충의 경우 진토의 지장간은 乙·癸·戊이고, 술토의 지장간은 辛·丁·戊입니다. 무토에는 신금이 있어서 충을 하면 튀어나와 을목을 죽여버립니다.

• 합·충이 섞여 있을 경우

합충이 섞여 있을 때는 선후로 나누어보는 것이 일반적입니다. 즉 연월이 합이 되고 월일이 충이 되었다면, 합이 먼저이고 충이 나중입니다. 또 월일이 충이 되고 일시가 합이 되면 충이 먼저이고 합이 나중입니다. 이렇게 먼저와 나중을 구분합니다. 그래서 합이 먼저이면 합무효이고 충이 먼저이면 충무효입니다.

그러나 해당 오행의 세력에 따라서는 선후에 관계없이 합과 충의 관계가 변하는 경우도 있습니다. 아리송할 때에는 갈등하지 말고, 먼저와 뒤의 상황을 살펴서 합이 무효이면 충의 작용을 생각하고 충이 무효이면 합의 작용을 생각하기 바랍니다.

6. 암합

글자 그대로 암합(暗合)이니 땅속에 숨어 있는 비밀스러운 합을 말합니다. 암합은 비밀스러운 영역이므로 다른 합들은 자연히 명합(明合)이라고 합니다.

암합이 좋은 의미일 때는 알려지지 않은 도움이나 생각지도 못했던 도움을 받게 되지만, 좋지 않은 의미일 때는 숨겨둔 정부·의처증·의부증 등으로 작용합니다. 예를 들어 월과 일이 암합되면 배우자에 대한 집착이 강해지는데 그 정도가 심해지면 의처증이나 의부증이 됩니다.

암합은 지지의 지장간이 서로 천간합하여 이루어지는 합을 말합니다. 그러므로 천간과 지지의 지장간 사이에 나타나는 간합과, 각 지지의 지장간 사이에 나타나는 간합의 경우를 말합니다. 지지의 강력한 암합에는 '인축(寅丑)·묘신(卯申)·해축(亥丑)·사축(巳丑)·진사(辰巳)·진신(辰申)·자술(子戌)·오해(午亥)·미신(未申)·미해(未亥)'가 있습니다. 인축은 합이 세 개이고 나머지는 두 개입니다. 예를 들면 묘신암합의 경우 卯의 지장간은 甲·乙이고, 申의 지장간은 己·戊·壬·庚이므로 갑기합화토(甲己合化土)와 을경합화금(乙庚合化金)의 합이 이루어져 암합이 됩니다.

암합은 은밀·비밀 등을 뜻하는 무서운 합입니다. 남편을 두고도 애인을 갖는 부인은 애인이 암합된 것이고, 부인이 있는데도 없는 척하는 사람은 부인이 암합이 된 것입니다. 또한 자식을 숨겨두고 공개하지 못하는 사람, 재산을 숨겨두고 사용하지 못하는 사람, 도둑이나 살인강도·스파이처럼 직업을 숨기고 내놓지 못하는 사람 등은 모두 암합이 된 것입니다.

사람들을 상대할 때에 왠지 분명하지 않고 무슨 꿍꿍이가 있는 것처럼 보이는 사람은 필시 암합이 있을 가능성이 높습니다. 별것도 아닌 것을 갖고 비밀스럽게 행동하는 사람도 암합의 영향일 가능성이 있습니다. 암합이 많으면 공개하기를 싫어합니다. 그래서 무섭습니다. 웃으면서 뒤통수를 때리는 사람은 정말 무섭습니다. 가끔 뉴스에서 보게 됩니다. 부인이 바람이 나서 애인과 돌아다니는 것도 억울한데, 심지어 정부와 짜고 남편을 살해하려고 합니다. 얼마나 무섭습니까? 이것도 암합의 영역입니다.

　암합이 가장 무섭게 작용하는 것이 남녀관계입니다. 배반당했다고 울고불고 펄펄 뛰고 난리법석을 떱니다만, 사실은 이미 그렇게 되도록 되어 있었습니다. 공개를 안 했을 뿐이지 모든 계획이 이미 암암리에 추진되고 있었으니까요. 이것이 암합의 무서운 점입니다.

　사주를 감정할 때에는 다른 암합은 그냥 두더라도 이성간의 암합이 있는지는 살펴보아야 합니다. 암합이 있다면 그 암합이 취하는 행동을 잘 관찰해보십시오. 결국 자신에게 이롭게 돌아오면 상관이 없거나 큰 이익이 되겠지만, 자신에게 해롭게 마무리되는 형상이라면 믿는 도끼에 발등 찍혔다는 타령을 반드시 하게 됩니다.

　암합에도 양면성이 있습니다. 무엇이든지 한 면만 갖고 있는 경우는 거의라고 해도 좋을 정도로 없습니다. 지금까지는 부정적인 암합을 살펴봤지만 좋은 면도 있습니다. 즉 그 암합이 내 일간이나 용신에 좋게 작용하면 좋은 면이 나타나겠지요. 가령 일간이 약한데, 암합으로 일간의 기운을 도와준다면 그 사람에게는 비밀의 원조자가 있는 격이 됩니다.

- 예) 女 29세

年柱	月柱	日柱	時柱
辛	庚	庚	丁
亥	寅	午	亥

　연지(年支)의 亥와 시지(時支) 亥의 지장간 戊·甲·壬은 시간(時干)의 丁과 丁壬合으로 간합을 이룹니다. 이렇게 합을 이루는 것

을 암합이라고 합니다. 또한 월지(月支) 寅의 지장간은 戊·丙·甲이고, 일지(日支) 午의 지장간은 丙·己·丁입니다. 따라서 연간(年干) 辛金과 丙辛合의 간합을 이룹니다.

지지 사이에서는 午亥와 寅亥가 암합을 이루고 있습니다. 이것은 암합의 대표격으로 종종 등장하는 것입니다. 어쩌면 암합이 아닐 수도 있겠지만 일단 육합도 삼합도 아니니 암합이라도 해둡니다.

이 사주는 암합이 유별나게 많은 사주입니다. 룸살롱에 근무하는 한 여성의 사주입니다.

왕상휴수사

　조견표에 따라 각각의 왕(旺)·상(相)·휴(休)·수(囚)·사(死)를 찾습니다.
　왕(旺)은 왕성함을 뜻합니다. 각각의 오행은 자기와 같은 오행, 또는 같은 계절을 만날 때 가장 힘이 강합니다. 旺은 王과 뜻이 같습니다. 가장 강한 힘을 갖고 있는 사람을 王이라고 하듯이 旺은 그 힘이 가장 왕성합니다.
　상(相)은 재상을 뜻합니다. 오행상생의 법칙상 자신을 생하는 오행을 뜻하므로, 자신이 뿌리를 내리고 있는 고향에 해당한다고 할 수 있습니다. 대략 따져보면, 旺처럼 100퍼센트까지는 되지 못하지만 70~80퍼센트 정도로 상당한 도움이 되고 있다고 볼 수 있습니다. 불로 설명해본다면, 불은 여름에 태어나는 것이 가장 왕성합니다. 그런데 여름에 태어나지 않았다고 해서 약하란 법은 없습니다. 불의 기운을 타고난 사람이 봄에 태어났다고 해도 봄은 불의 기운을 생하므로, 한여름과 같지는 못하더라도 상당한 힘을 얻게 됩니다. 봄 햇살이 드는 따뜻한 양지와 같습니다.

고향을 지키거나 그리워하는 사람은 일주의 세력이 약한 경우가 많습니다. 약한 일주는 자기를 생해주는 고향의 힘이 필요하기 때문에 고향을 떠나지 못합니다. 반면 일주의 세력이 강한 경우는 스스로 자립하기 위해 고향을 떠납니다. 떠나야 성공할 가능성이 높아집니다. 장남의 사주도 마찬가지로 일주는 약하고 월이나 연에 인성(印星)이 있어서 생조해주는 사주입니다. 일주가 약한 사주는 인성을 의지하고 있는 경우가 많습니다. 장남이 부모님을 모시고 사는 이유는 고향을 떠나지 않는 이유와 같습니다.

휴(休)는 일간인 木이 화월에 태어나거나 일간인 火가 토월에 내어나는 것으로 내가 생하는 오행을 말합니다. 休는 휴식을 뜻합니다. 아기를 낳은 산모와 같이, 병든 것은 아니지만 약한 것입니다.

수(囚)는 일간인 木이 토월에 태어나거나 일간인 火가 가을에 태어나는 것으로 내가 극하는 오행을 말합니다. 囚는 사람이 감옥에 갇혀 있는 형상입니다. 그러므로 거동이 아주 불편합니다. 화장실에 가려고 해도 일일이 허락을 받고 가야 하니 그 불편함이란 이루 다 말할 수 없습니다. 休에서는 그런대로 자유의지가 통했지만 囚에서는 자유의지가 통하지 않고, 환경이 매우 악화되어 불량하고 매사가 껄끄러운 상태입니다. 囚에 해당하는 일간은 매우 큰 고통을 느끼게 됩니다.

사(死)는 일간인 木이 금월에 태어나거나 일간인 火가 수월에 태어나는 것으로 나를 극하는 오행을 말합니다. 일간에 대해서는 월지가 강력한 힘을 발휘합니다. 死는 글자 그대로 죽음입니다. 죽음은 일주 자체가 사망한 것이니 더 이상 팔자를 논할 필요가 없습니다. 사주에 死가 많은 것은, 운이 없는 놈은 뒤로 넘어져도 코가 깨진다고, 고생을 하려니까 눈 내린 데 서리까지 내리는 격으로, 세상천지에 뜻대로 되는 것이 하나도 없는 경우입니다. 도살장에서 느끼는 피비린내, 끌려간 동물이 느끼는 공포심입니다.

왕상휴수사는 연간(年干)·월간(月干)·일간(日干)·시간(時干)을 기준으로 각각을 살펴보아야 합니다. 가령 辰·戌·丑·未 토월의 병화 일주라면, 자신은 休에 속하지만 金은 相에 해당합니다. 그런데 相에 속하는 金이 火보다 많다고 하면 자신은 金을 이길 수가 없습니다. 이른바 金이 많아서 火를 업신여기는 형상입니다. 이렇게 사주 가운데 어떤 기운이 강한가 아닌가를 판단하기 위해 필요한 것이 왕상휴수사입니다. 왕상휴수사의 역할은 계절의 힘을 얻었는가 얻지 못했는가를 살펴볼 때에 가장 중요하다고 할 수 있습니다.

왕상휴수사 조견표

간지오행 \ 왕쇠	木 甲乙 寅卯 (1·2월)	火 丙丁 巳午 (4·5월)	土 戊己 辰戌丑未 (3·6·9·12월)	金 庚辛 申酉 (7·8월)	水 壬癸 亥子 (10·11월)
旺(가장 강함, 나와 동일)	木 (1·2월)	火 (4·5월)	土 (3·6·9·12월)	金 (7·8월)	水 (10·11월)
相(강함, 나를 생함)	水 (10·11월)	木 (1·2월)	火 (4·5월)	土 (3·6·9·12월)	金 (7·8월)
休(약함, 내가 생함)	火 (4·5월)	土 (3·6·9·12월)	金 (7·8월)	水 (10·11월)	木 (1·2월)
囚(많이 약함, 내가 극함)	土 (3·6·9·12월)	金 (7·8월)	水 (10·11월)	木 (1·2월)	火 (4·5월)
死(가장 약함, 나를 극함)	金 (7·8월)	水 (10·11월)	木 (1·2월)	火 (4·5월)	土 (3·6·9·12월)

지장간과 통근법

천(天)·지(地)·인(人) 삼재(三才) 중 천간을 천원(天元), 지지를 지원(地元), 지지 속에 감추어진 천간을 인원(人元)이라고 하는데, 인원을 지장간(地藏干)이라고 합니다.

천간은 땅 위로 솟아 뻗어 있는 나무와 같고 지지는 그 나무의 뿌리와 같으므로, 자연히 뿌리에 땅 위의 나무나 싹, 열매, 꽃 등이 신비롭게 함장(含藏)되어 있다고 볼 수 있는 것입니다.

나무가 뿌리를 떠나 존립할 수 없듯이 천간도 지지에 근원을 두고 있지 않으면 그 자체로는 존재하지 못하고 대세의 흐름에 떠밀려 따라가지 않을 수 없게 됩니다. 따라서 지지 안에 함장되어 있는 천간에는 각 지지의 성질이 그대로 투영되어 있으며, 운명의 갖가지 양상들을 엿볼 수 있습니다.

지지는 원래 1년 열두 달을 의미하므로, 여기(餘氣)란 지난달의 기운이 아직 남아 있는 기라는 뜻이고, 중기(中氣)는 본 달의 기운이 들기 전의 중간 단계의 기이며, 정기(正氣)는 본 달 원래의 기운을 의미합니다. 따라서 한 달이 보통 30일(정확히는 31일)이므로 여기는 며칠, 중기는 며칠, 정기는 며칠 식으로 나누어져 있어, 사람이 태어날 때 무슨 달의 무슨 기운[餘氣·中氣·正氣]을 타고났느냐를 가려 명리를 판단, 해석하기도 합니다.

지장간은 용신(用神)을 잡을 때 결정적인 역할을 하며, 육신을 이해하는 데에도 긴요하게 쓰이므로 꼭 알아두어야 합니다.

예를 들어보겠습니다. 만약 사주가 신강한데 관살만 있고 식상이

지장간 조견표

	여기(餘氣)	중기(中氣)	정기(正氣)
子	壬(10일 3분 5)		癸(20일 6분 5)
丑	癸(9일 3분)	辛(3일 1분)	己(18일 6분)
寅	戊(7일 2분 3)	丙(7일 2분 3)	甲(16일 5분 4)
卯	甲(10일 3분 5)		乙(20일 6분 5)
辰	乙(9일 3분)	癸(3일 1분)	戊(18일 6분)
巳	戊(7일 1분 7)	庚(7일 3분)	丙(16일 5분 3)
午	丙(10일 3분 5)	己(9일 3분)	丁(11일 3분 5)
未	丁(9일 3분)	乙(3일 1분)	己(18일 6분)
申	己(7일 2분)	戊(3일 1분) 壬(3일 1분)	庚(17일 6분)
酉	庚(10일 3분 5)		辛(20일 6분 5)
戌	辛(9일 3분)	丁(3일 1분)	戊(18일 6분)
亥	戊(7일 2분 3)	甲(7일 1분 7)	壬(16일 6분)

※ 외우기 복잡하면, 戊로 시작하는 것은 7·7·16이고, 戊·己로 끝나는 것은 9·3·18로 계산해도 무리가 없습니다.
※ 子·亥·巳·午는 정기의 음양이 서로 바뀌었음을 알 수 있습니다. 전달의 정기는 다음달의 여기가 되는데, 寅은 그렇지 않습니다.

없다면 갈등할 필요가 전혀 없습니다. 관살인 정관이나 편관을 용신으로 정하면 되기 때문입니다. 반대로 관살이 없고 식상만 있다고 해도 전혀 갈등할 필요가 없습니다. 그 사주는 식상인 식신이나 상관이 용신이기 때문입니다.

문제가 되는 것은 관살도 있고 식신도 있어 둘 중 어느 것을 용신으로 삼을 것인가 하는 경우입니다.

이때는 둘 중 어느 것이 월지에 더 통근(通根)하고 있는가를 따져 더 강하게 통근하는 쪽을 용신으로 잡으면 됩니다. 월지는 세력의 본부라고 합니다. 그러니 당연히 본부를 장악한 놈이 강할 수밖에 없는 것입니다. 용신에 대해서는 제2부 응용편의 '5. 용신'을 참고하면 이해가 좀더 쉬울 것입니다.

통근법(通根法)은 각각의 지지에 하늘의 힘이 얼마만큼 강하게 뿌리를 내리고 있느냐를 살펴보는 방법입니다. 그러므로 지장간이 그 근간을 이룬다고 할 수 있습니다.

천간의 입장에서 지지에 암장(暗葬)되어 있는 간(干)이 자신과 동일한 오행이거나 자신을 생하는 오행일 때 '통근되었다'고 하게 됩니다.

예를 들어 일간이 인목(寅木)인 두 사람이 금월(金月)에 태어났다면, 왕상휴수사로 볼 때 두 사람의 상황은 사월(死月)로 똑같습니다. 그러나 같은 금월이라고 해도 신월과 유월은 어느 정도 차이가 있습니다. 이러한 차이를 알아내는 방법을 통근법이라고 하는 것입니다.

지지와 같은 오행이 천간에 있으면 투출(透出)이라 하고, 천간의 오행이 지지에 있는 것을 근(根)이라 합니다. 천간은 지지에 근해야만 뿌리가 땅에 자리하여 영양공급을 받으므로 힘이 강력해집니다.

근에는 녹근(祿根)·착근(着根)·통근(通根)이 있습니다. 녹근

통근 조견표

	1	2	3	4	5	6	7	8	9	10	11	12
木	卯 甲10 乙20	子 壬10 癸20	亥 戊7 甲7 壬16	寅 戊7 丙7 甲16	辰 乙9 癸3 戊18	丑 癸9 辛3 己18	未 丁9 乙3 己18	申 己7戊3 壬3 庚17	午 丙10 己9 丁11	巳 戊7 庚7 丙16	戌 辛9 丁3 戊18	酉 庚10 辛20
火	午 丙10 己9 丁11	卯 甲10 乙20	寅 戊7 丙7 甲16	巳 戊7 庚7 丙16	未 丁9 乙3 己18	辰 乙9 癸3 戊18	戌 辛9 丁3 戊18	亥 戊7 甲7 壬16	酉 庚10 辛20	丑 癸9 辛3 己18	申 己7戊3 壬3 庚17	子 壬10 癸20
土	午 丙10 己9 丁11	未 丁9 乙3 己18	巳 戊7 庚7 丙16	戌 辛9 丁3 戊18	辰 乙9 癸3 戊18	丑 癸9 辛3 己18	寅 戊7 丙7 甲16	申 己7戊3 壬3 庚17	亥 戊7 甲7 壬16	酉 庚10 辛20	子 壬10 癸20	卯 甲10 乙20
金	酉 庚10 辛20	申 己7戊3 壬3 庚17	丑 癸9 辛3 己18	戌 辛9 丁3 戊18	未 丁9 乙3 己18	辰 乙9 癸3 戊18	巳 戊7 庚7 丙16	寅 戊7 丙7 甲16	亥 戊7 甲7 壬16	午 丙10 己9 丁11	子 壬10 癸20	卯 甲10 乙20
水	子 壬10 癸20	酉 庚10 辛20	申 己7戊3 壬3 庚17	亥 戊7 甲7 壬16	丑 癸9 辛3 己18	巳 戊7 庚7 丙16	戌 辛9 丁3 戊18	辰 乙9 癸3 戊18	卯 甲10 乙20	寅 戊7 丙7 甲16	午 丙10 己9 丁11	未 丁9 乙3 己18

은 干이 자신 밑에 건록을 만난 것으로 갑인(甲寅)·을묘(乙卯)·경신(庚申)·신유(辛酉)의 네 가지가 있습니다. 착근은 간이 자신의 지지에 같은 오행을 만나는 것으로 병오(丙午)·정사(丁巳)·무진(戊辰)·무술(戊戌)·기축(己丑)·기미(己未)·임자(壬子)·계해(癸亥)의 경우입니다.

木·火·土·金·水 각각의 통근 원리는 모두 같으므로 여기서는 木의 경우만을 예를 들어 설명하겠습니다. 통근 조견표를 참고하면 됩니다.

묘목(卯木)은 지장간이 甲10·乙20입니다. 인목에 갑목과 을목은 왕(旺)으로 100퍼센트 완전한 나의 힘이라고 할 수 있습니다. 왕 중에서도 가장 강한 왕입니다. 그러므로 나무는 卯를 만나면 가장 튼튼합니다.

자수(子水)의 지장간은 壬10·癸20입니다. 인목에 임수와 계수는 상(相)으로 완전한 물입니다. 나무를 완전히 생해 줍니다.

해수(亥水)의 지장간은 戊7·甲7·壬16입니다. 木은 무토를 극하여 수(囚)에 해당하지만, 甲은 木 그 자체이고 임수도 또한 木을 생해줍니다. 7+16=23이고, 30분의 23은 약 75퍼센트 정도 되므로 亥는 75퍼센트 정도로 木을 돕는다고 할 수 있습니다.

인목(寅木)의 지장간은 戊7·丙7·甲16입니다. 인목에 무토는 수(囚)이고, 병화는 휴(休)에 해당하므로 木에게 도움이 되지 못합니다. 다만 갑목만이 왕(旺)으로 木을 돕니다. 그 힘은 30분의 16이므로 약 53퍼센트 정도가 木을 돕는다고 할 수 있습니다.

진토(辰土)의 지장간은 乙9·癸3·戊18입니다. 인목에 을목은 왕(旺)이고, 계수는 상(相)이며, 무토는 수(囚)입니다. 그러므로 9+3=11이 木을 돕는 힘이라고 할 수 있습니다. 30분의 11이므로 37퍼센트 정도의 힘이 인목을 돕는다고 하겠습니다.

축토(丑土)의 지장간은 癸9·辛3·己18입니다. 인목에 계수는 상(相)이고, 신금은 사(死)이며, 기토는 수(囚)입니다. 그러므로 30분의 9, 즉 30퍼센트의 힘이 인목을 돕는다고 할 수 있습니다.

미토(未土)의 지장간은 丁9·乙3·己18입니다. 인목에 정화는 휴(休)이고, 을목은 왕(旺)이며, 기토는 수(囚)입니다. 그러므로 30분의 3, 즉 10퍼센트의 힘이 인목을 돕는다고 하겠습니다.

신금(申金)의 지장간은 己7·戊3·壬3·庚17입니다. 인목을 돕는 힘은 상(相)인 임수뿐으로, 대략 10퍼센트 정도의 힘입니다. 그러나 미토는 왕(旺)으로 도왔지만 신금은 상(相)으로 돕게 되므로 그 힘이 약합니다. 또 방해하는 힘이 강하다고 할 수 있습니다. 오행상 木에 金은 나를 극하므로 사(死)에 해당하는 절지입니다만 그런 속에도 나를 생해주는 힘이 미약하나마 있습니다.

오화(午火)의 지장간은 丙10·己9·丁11입니다. 丙·丁火는 휴(休)이고, 기토는 수(囚)이므로 인목을 돕는 힘이 없습니다.

사화(巳火)의 지장간은 戊7·庚7·丙16입니다. 인목에 무토는 수(囚)이고, 경금은 사(死)이며, 병화는 휴(休)입니다. 돕는 힘이 없기는 오화와 같지만 방해하는 힘이 더욱 강해졌습니다. 휴를 제외하고 7+7=14입니다. 그러므로 30분의 14, 즉 47퍼센트 정도의 힘이 인목을 방해하고 있습니다.

술토(戌土)의 지장간은 辛9·丁3·戊18입니다. 인목에 신금은 사(死)이고, 정화는 휴(休)이며, 무토는 수(囚)입니다. 휴를 제외하고도 9+18=27의 힘이 인목을 방해하고 있습니다. 이것은 30분의 27, 즉 90퍼센트의 힘입니다.

유금(酉金)는 지장간이 庚10·辛20입니다. 완전한 金이므로 인목을 100퍼센트 극하는 사(死)입니다. 나무는 자신을 100퍼센트 극하는 유금을 가장 싫어합니다.

제2부 응용편

사주(四柱)는 생년·생월·생일·생시의 간지(干支)로 이루어진 네 기둥을 말합니다. 생년의 간지를 태세(太歲) 또는 연주(年柱)라고 하고, 생월의 간지를 월건(月建) 또는 월주(月柱)라고 하며, 생일의 간지를 일진(日辰) 또는 일주(日柱)라고 하고, 출생한 시각에 해당하는 간지를 시진(時辰) 또는 시주(時柱)라고 합니다.

사주의 명식 뽑는 법

　사주에서 명식(命式)은 아주 중요합니다. 아무리 명리에 도통한 사람이라고 해도 바탕이 되는 명식이 잘못되었다면 다른 사람의 사주를 감정하는 결과가 되기 때문입니다.
　처음부터 잘못된 사주를 가지고 아무리 정확하게 감정한들 무슨 소용이 있겠습니까? 그래서 명식을 작성할 때는 아주 세심한 주의를 기울여야 합니다.

　• 예) 1962년 음력 8월 18일 술시생

年柱	月柱	日柱	時柱
壬	己	丁	庚
寅	酉	巳	戌

〔남자의 경우〕

庚	辛	壬	癸	甲	乙	丙	丁
戌	亥	子	丑	寅	卯	辰	巳
8	18	28	38	48	58	68	78

〔여자의 경우〕

戊	丁	丙	乙	甲	癸	壬	辛
辛	未	午	巳	辰	卯	寅	丑
3	13	23	33	43	53	63	73

1. 연주

　만세력(萬歲曆)으로 그 해의 干·支를 찾습니다. 역에서 1년은 입춘(양력 2월 5~6일)에서 시작합니다. 예를 들어 1955년(乙未年) 음력 1월 10일은 비록 정월이라 해도 입춘 전이기 때문에 을미년이 되지 못하고, 전년인 갑오년이 됩니다. 또 1955년 음력 12월 27일은 비록 12월이지만 입춘(음력 12월 24일)이 이미 지났기 때문에 다음 해인 병신년(丙申年)이 됩니다. 만약 입춘에 태어난 사람이 있다면 다시 태어난 시간을 따져야 합니다. 만세력에 시간의 구분이 나와 있습니다.
　사주의 연주(年柱)는 첫머리 기둥이기 때문에 바탕·근본·뿌리를 말하며 진태세(眞太歲)라고 합니다. 가족관계〔六親〕로 볼 때는 할아버지·할머니 위쪽의 조상, 선산이나 묘지를 뜻합니다. 나이로는 1~15세까지의 소년시절에 해당하고, 학업과 질병, 어릴 때의 길·흉을 알 수 있습니다.
　가통(家統)으로는 생활의 근거지가 튼튼한가 약한가, 집터·터전·기지(基地)를 알아볼 수 있습니다. 사지(四地)로는 어디서 어떻게 태어났고 어떤 지역에서 발복할 것인지를 알 수 있습니다. 사세(四世)로는 세상 출생을 말할 때 전생에 해당하고 과거시절을 봅니다. 사상(四象)으로는 1년 12개월 중 봄에 해당하며 하루로는 아침에 해당합니다. 작명할 때 사용하는 사격(四格) 중에는 원격(元格)에 해당합니다.

	연주	월주	일주	시주
근묘화실	근(根)	묘(苗)	화(花)	실(實)
육친	조부 · 조모	부모 · 형제	자신 · 처제	자녀 · 손자
사주팔자	甲子	乙丑	丙寅	丁卯
나이	1~15세	15~30세	30~45세	45~60세
사기(四氣)	유년	청년	장년	노년
가통(家統)	사회(社會)	가정(家庭)	내실(內室)	대문(大門)
사지(四地)	기지(基地)	직장(職場)	가사(家事)	휴식(休息)
사세(四世)	전생(前生)	금세(今世)	현세(現世)	후세(後世)
사상(四象)	봄	여름	가을	겨울
사식(四食)	아침	점심	저녁	밤
사격(四格)	원격(元格)	형격(亨格)	이격(利格)	정격(貞格)

2. 월주

1) 월지 찾는 법

월주 기준표(月柱基準表)에 의해서 월의 支를 찾습니다. 12절기가 기준이 됩니다. 매월은 그 달의 절입에서부터 완전한 힘을 갖게 됩니다. 따라서 월주의 기준은 매월의 초하루가 아닌 그 달의 절입이 됩니다. 즉 정월이라도 입춘절이 지나지 않으면 정월의 기운은 없다고 봅니다. 입춘에서 경칩 사이라면 2월이라도 사주에서는 1월로 봅니다. 이것은 월간(月干)·월지(月支) 모두 마찬가지입니다.

절기를 기준하여 월주를 정하므로, 윤달은 원칙적으로 명식의 작성과 아무런 관계가 없습니다. 따라서 신경 쓸 필요가 없습니다.

월주 기준표

	節氣名	月支		節氣名	月支
1월	立春↔驚蟄	寅	7월	立秋↔白露	申
2월	驚蟄↔淸明	卯	8월	白露↔寒露	酉
3월	淸明↔立夏	辰	9월	寒露↔立冬	戌
4월	立夏↔芒種	巳	10월	立冬↔大雪	亥
5월	芒種↔小暑	午	11월	大雪↔小寒	子
6월	小暑↔立秋	未	12월	小寒↔立春	丑

2) 월간 찾는 법

월간(月干)은 월의 기준인 연간을 기본으로 월간 조견표(月干早見表)를 참고하여 찾습니다.

다음의 조견표에서 보듯이 정월은 언제나 인월(寅月)이고, 2월은 언제나 묘월(卯月)로 支의 순서대로 진행됩니다.

매년의 천간에 甲이나 己가 붙는 해는 그 해의 정월이 병인월(丙寅月)로 시작하여 2월 정묘(丁卯) 등으로 진행하고, 경년(庚年)이나 을년(乙年)의 정월은 무인월(戊寅月)부터 순서대로 진행됩니다. 이것은 앞서 설명드린 간합(干合)에 의해 결정됩니다. 즉 아래와 같이 간합을 생하는 오행부터 1월의 월간이 시작되는 것입니다. 이것을 둔월법(遁月法)이라고 합니다.

甲己合化土 → 토를 생하는 화(丙)부터 1월의 월간이 시작.
乙庚合化金 → 금을 생하는 토(戊)부터 1월의 월간이 시작.
丙辛合化水 → 수를 생하는 금(庚)부터 1월의 월간이 시작.
丁壬合化木 → 목을 생하는 수(壬)부터 1월의 월간이 시작.
戊癸合化火 → 화를 생하는 목(甲)부터 1월의 월간이 시작.

월간 조견표

절입 年	1월 입춘	2월 경칩	3월 청명	4월 입하	5월 망종	6월 소서	7월 입추	8월 백로	9월 한로	10월 입동	11월 대설	12월 소한
甲己年	丙寅	丁卯	戊辰	己巳	庚午	辛未	壬申	癸酉	甲戌	乙亥	丙子	丁丑
乙庚年	戊寅	己卯	庚辰	辛巳	壬午	癸未	甲申	乙酉	丙戌	丁亥	戊子	己丑
丙辛年	庚寅	辛卯	壬辰	癸巳	甲午	乙未	丙申	丁酉	戊戌	己亥	庚子	辛丑
丁壬年	壬寅	癸卯	甲辰	乙巳	丙午	丁未	戊申	己酉	庚戌	辛亥	壬子	癸丑
戊癸年	甲寅	乙卯	丙辰	丁巳	戊午	己未	庚申	辛酉	壬戌	癸亥	甲子	乙丑

사주의 월주는 둘째 기둥으로, 뿌리에서 싹이 트는 형상과 같기 때문에 묘간(苗幹) 또는 월건(月建)이라고도 합니다. 가족관계는 아버지·어머니·형제·자매 등의 집안 대소 어른이나 형제가 해당됩니다. 나이로 보면 15~30세의 청년시절에 해당하며, 직업 선택과 출세의 범주를 나타냅니다.

가통은 유산과 사춘기, 학업관계, 군복무이며 좋은 지역을 구별합니다. 사지는 바탕을 말할 때 가옥 가정이며 사업관계, 직장과 가문의 환경으로 봅니다. 사세는 현재 살고 있는 금세나 현세를 뜻합니다. 사상은 1년 12개월 중 여름에 해당하고, 하루 중에는 점심때에 해당합니다. 작명에 사용하는 사격 중에는 형격(亨格)에 해당합니다.

3. 일주

일주(日柱)의 干과 支를 만세력에서 찾습니다.

일주는 사주의 셋째 기둥으로, 줄기에서 활짝 핀 얼굴이라고 할 수 있습니다. 가족관계는 배우자·남편·정부·애인·심복·부하·참모에 해당하고, 여자의 경우는 남자친구를 뜻합니다. 나이는 30~45세의 장년시절에 해당하므로 대인관계와 살림살이의 길·흉을 알 수 있습니다. 가통은 남자는 처가, 여자는 시가를 뜻합니다.

사지로는 바탕이 되는 현실 생활과, 기와집인가 초가집인가를 구별하고 내실과 마루 그리고 가정을 알 수 있습니다. 사세는 현재 살고 있는 현세를 뜻합니다. 12개월 중 가을에 해당하며, 하루 중에서는 저녁에 해당합니다. 작명에 사용하는 사격 중에는 이격(利格)에 해당합니다.

4. 시주

그 사람이 태어난 시간이 시주(時柱)가 됩니다.

1) 시지

시지(時支)를 시간에 맞추어 찾습니다. 우리나라의 경우는 30분을 빼고 계산해야 합니다. 현재 사용하고 있는 시간은 일본의 동경 135도를 기준으로 한 시간이기 때문입니다. 서울 표준시는 동경보다 약 30분이 늦습니다.

그리고 서머타임에 태어난 사람이라면 태어난 시에서 다시 1시간을 빼고 계산해야 합니다. 따라서 총 1시간 30분을 빼고 계산해야 하는 셈입니다.

	시간		시간		시간
子時	23~01	辰時	7~9	申時	15~17
丑時	1~3	巳時	9~11	酉時	17~19
寅時	3~5	午時	11~13	戌時	19~21
卯時	5~7	未時	13~15	亥時	21~23

서머타임 실시 기간(양력)

연도	실시 기간
1948년	5월 31일 ~ 9월 22일
1949년	4월 3일 ~ 9월 30일
1950년	4월 1일 ~ 9월 10일
1951년	5월 6일 ~ 9월 9일
1955년	4월 6일 ~ 9월 21일
1956년	5월 20일 ~ 9월 29일
1957년	5월 5일 ~ 9월 21일
1958년	5월 4일 ~ 9월 21일
1959년	5월 4일 ~ 9월 19일
1960년	5월 1일 ~ 9월 18일
1987년	5월 10일 ~ 10월 10일
1988년	5월 8일 ~ 10월 9일

• 야자시와 조자시

자정(24시)을 지나지 않은 자시(子時)를 야자시(夜子時)라고 하고, 자정을 지난 자시를 조자시(朝子時)라고 합니다. 야자시나 조자시는 시의 간지는 같지만 날짜가 다릅니다. 야자시는 자정 전이기 때문에 전날[前日]이 되고, 조자시는 자정 후이기 때문에 다음날

〔後日〕이 되는 것입니다.

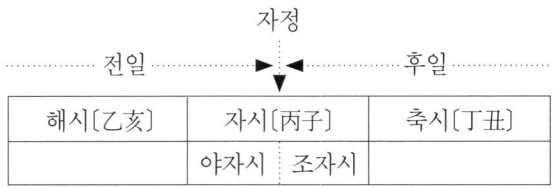

2) 시간

시간(時干)은 시의 근본인 일간(日干)을 기준으로 시간 조견표(時間早見表)에 의해 찾습니다. 시지(時支)는 子부터 시작되고 오후 11시〔子時〕이후 태생인 사람은 생일·생시 모두 다음날 간지를 채용합니다.

일주의 천간에 甲이나 己가 붙는 날은 그날의 시간이 갑자시(甲子時)로 시작하여 을축시(乙丑時) 등으로 진행하고, 경일(庚日)이나 을일(乙日)은 병자시(丙子時)부터 순서대로 진행됩니다. 이것은 앞서 설명드린 간합에 의해 결정됩니다.

즉 아래와 같이 일주의 간합을 극하는 오행부터 하루의 시간이 시작됩니다. 구태여 이름붙인다면 둔시법(遁時法)이라고 해도 되지 않을까 생각합니다.

甲己合化土 → 토를 극하는 목〔甲〕부터 하루의 시간이 시작.
乙庚合化金 → 금을 극하는 화〔丙〕부터 하루의 시간이 시작.
丙辛合化水 → 수를 극하는 토〔戊〕부터 하루의 시간이 시작.
丁壬合化木 → 목을 극하는 금〔庚〕부터 하루의 시간이 시작.
戊癸合化火 → 화를 극하는 수〔壬〕부터 하루의 시간이 시작.

시간 조견표

時支\日干	子時	丑時	寅時	卯時	辰時	巳時	午時	未時	申時	酉時	戌時	亥時
甲己日	甲子	乙丑	丙寅	丁卯	戊辰	己巳	庚午	辛未	壬申	癸酉	甲戌	乙亥
乙庚日	丙子	丁丑	戊寅	己卯	庚辰	辛巳	壬午	癸未	甲申	乙酉	丙戌	丁亥
丙辛日	戊子	己丑	庚寅	辛卯	壬辰	癸巳	甲午	乙未	丙申	丁酉	戊戌	己亥
丁壬日	庚子	辛丑	壬寅	癸卯	甲辰	乙巳	丙午	丁未	戊申	己酉	庚戌	辛亥
戊癸日	壬子	癸丑	甲寅	乙卯	丙辰	丁巳	戊午	己未	庚申	辛酉	壬戌	癸亥

• 예1) 女 1958년 음력 1월 25일 축시생

年柱	月柱	日柱	時柱
戊	乙	辛	己
戌	卯	卯	丑

• 예2) 男 1978년 음력 4월 18일 유시생

年柱	月柱	日柱	時柱
戊	丁	丙	丁
午	巳	戌	酉

대운

1. 대운 · 대운수 붙이는 법

　대운(大運)은 월주의 간지를 중심으로 하여 양년생(陽年生) 남자와 음년생(陰年生) 여자는 순행합니다.
　순행하는 대운은 월주 다음의 간지로부터 세어서 계속됩니다. 대운수는 생일부터 다음달 절입 날짜까지의 일수를 세어서 3으로 나눈 후 일사이입(一捨二入)하면 됩니다. 즉 3으로 나누어서 1이 남은 경우에는 그것을 떼어버리고 2가 남은 경우에는 입운의 대운수(大運數)에 1을 더하는 것입니다.
　음년생 남자와 양년생 여자는 역운수(逆宮數)이므로 월주의 간지를 거꾸로 세어 나가면 됩니다.

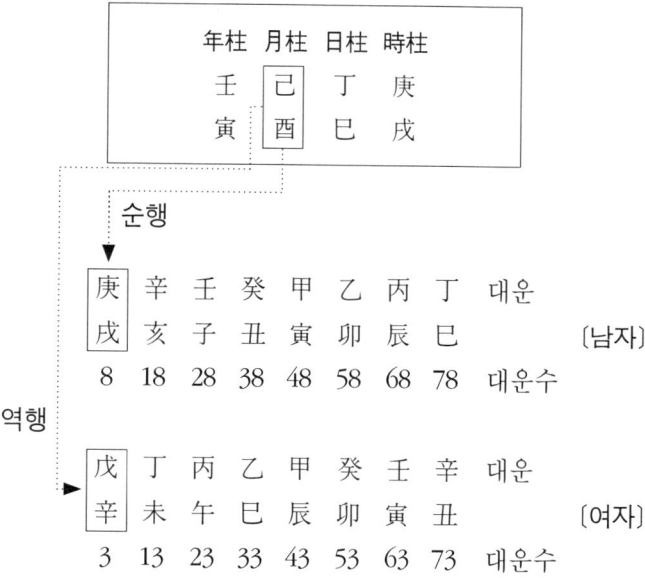

• 예) 1962년 음력 8월 18일 술시생

이때 절기는 24절기 중 달의 기본이 되는 12절기가 기준이 됩니다. 즉 월주 기준표에 나오는 절기에 따라 순행이면 앞으로 세어서 3으로 나누고 역행이면 뒤로 세어서 3으로 나누면 되는 것입니다.

대운수는 만세력에 나와 있는 것을 참고하면 쉽게 구할 수 있지만, 만세력이라고 해서 대운수가 모두 나와 있는 것은 아닙니다. 아예 없는 만세력도 있고 계산이 잘못된 만세력도 있으니 구입할 때 잘 살펴보고 구입해야 합니다. 사주를 감정하는 데 있어 만세력은 군인의 총과 같은 것이기 때문입니다.

• 예 1) 男 1962년 5월 7일 오전 10~12시 사이

	年柱	月柱	日柱	時柱
	壬	丙	丁	乙
	寅	午	丑	巳

丁 戊 己 庚 辛 壬 癸 甲
未 申 酉 戌 亥 子 丑 寅
10　20　30　40　50　60　70　80

• 예 2) 女 1965년 9월 2일 오후 3시 30분

	年柱	月柱	日柱	時柱
	乙	乙	癸	庚
	巳	酉	未	申

丙 丁 戊 己 庚 辛 壬 癸
戌 亥 子 丑 寅 卯 辰 巳
4　14　24　34　44　54　64　74

• 예 3) 男 1974년 음력 9월 15일 인시생

	年柱	月柱	日柱	時柱
	甲	甲	癸	甲
	寅	戌	卯	寅

乙 丙 丁 戊 己 庚 辛 壬
亥 子 丑 寅 卯 辰 巳 午
4　14　24　34　44　54　64　74

2. 대운의 뜻

팔자가 몸이라면 대운은 옷이라고 할 수 있고, 팔자가 자동차라면 대운은 도로라고 할 수 있으며, 사주팔자를 배라고 한다면 대운은 바다라고 할 수 있습니다.

파도가 없는 조용한 바다를 모든 것이 잘 구비되어 있는 최고급 요트로 항해한다면 얼마나 행복하겠습니까. 마치 온 세상을 얻은 듯한 기분일 것입니다.

반면에 물이 새는 낡고 작은 배로 태풍이 몰아치는 거친 바다를 가로질러가야 한다면 그 고생은 말할 나위도 없거니와, 살기보다는 죽기가 더 쉽지 않겠습니까.

이와 같이 인생도 사주나 대운이 나쁘면 풍랑이 심한 바다를 항해하는 것처럼 일생 동안 고생만 하게 됩니다.

보통 운이 좋다 나쁘다는 말을 하는데 좋아도 좋은 정도가 있고, 나빠도 나쁜 정도가 있게 마련입니다. 그 정도를 자세히 알아야 합니다.

그 운이 어떤 사람은 20대에 오고 또 어떤 사람은 60대에 오기도 합니다. 또 이 생에서는 아예 오지 않는 경우도 있습니다.

사실 사주팔자를 공부하는 목적은 바로 이 운을 알기 위해서라고 해도 과언이 아닐 것입니다. 그만큼 운에 거는 기대가 크기 때문이지요.

용신을 알아야 비로소 대운을 볼 수 있고, 대운을 보고 나서야 비로소 그 사람의 길·흉을 말할 수가 있는 법입니다.

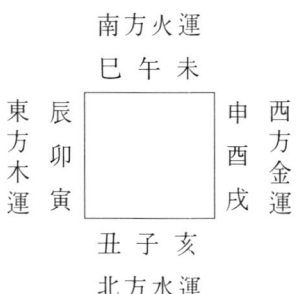

십이운성

　십이운성(十二運星)을 육신과 육친궁에 붙여 그 부분의 왕쇠(旺衰)를 보는 방법의 원리는 포태법으로서, 천리순환의 이치를 사람이 출생할 때부터 죽을 때까지의 과정에 비유한 것입니다. 즉 사람이 어머니 뱃속에 생겨나서 죽어 무덤에 들어갈 때까지 만물이 생장성쇠하는 천리의 이치를 순차적으로 말한 것입니다.
　십이운은 ①신강·신약의 판단 ②명식에 나타나 있는 각 통변성(通變星, 六神)의 강약과 행운(行運)의 왕쇠 판정 ③명식에 나타나 있지 않고 잠재되어 있는 통변성의 성쇠소장(盛衰消長)의 판정 등에 중요하게 쓰입니다.

1. 십이운성 붙이는 법

　십이운성 조견표를 참고하여 각각의 육신에 십이운을 붙입니다. 일간 자체에는 육신이 없으므로 총 일곱 개의 육신이 있고, 따라서 십이운성도 총 일곱 개가 됩니다.

십이운성을 붙일 때 각 기둥의 천간을 기준하여 각각의 지지(地支)를 찾아서 붙이는 것을 '거(居)하는 십이운'이라 하고, 일간을 중심으로 각각의 支에 의해 붙이는 것을 '만나는 십이운'이라고 합니다.

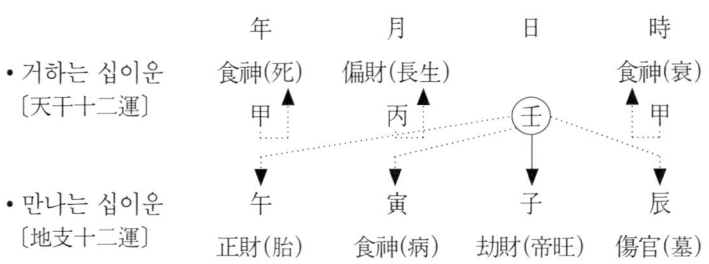

십이운성 조견표

日干	長生	沐浴	帶建	冠祿	帝旺	衰	病	死	墓	絶	胎	養
甲	亥	子	丑	寅	卯	辰	巳	午	未	申	酉	戌
乙	午	巳	辰	卯	寅	丑	子	亥	戌	酉	申	未
丙	寅	卯	辰	巳	午	未	申	酉	戌	亥	子	丑
丁	酉	申	未	午	巳	辰	卯	寅	丑	子	亥	戌
戊	寅	卯	辰	巳	午	未	申	酉	戌	亥	子	丑
己	酉	申	未	午	巳	辰	卯	寅	丑	子	亥	戌
庚	巳	午	未	申	酉	戌	亥	子	丑	寅	卯	辰
辛	子	亥	戌	酉	申	未	午	巳	辰	卯	寅	丑
壬	申	酉	戌	亥	子	丑	寅	卯	辰	巳	午	未
癸	卯	寅	丑	子	亥	戌	酉	申	未	午	巳	辰

2. 십이운성의 뜻

절(絶)이란 포(胞)이므로 어머니의 태아에 드는 순간이고, 태(胎)란 수태를 의미하며, 양(養)이란 어머니 뱃속의 10개월을 뜻합니다. 장생(長生)은 태어남을 말하고, 목욕(沐浴)은 태어나서 몸을 씻는 소아를 가리키며, 관대(冠帶, 帶建)는 10대의 공부(학문)하는 시기를 가르키고, 건록(建祿, 冠祿)은 20대의 대학시절을 뜻합니다. 제왕(帝旺)은 가장 왕성하게 활동하는 30대의 기간을 가리키고, 쇠(衰)는 40대의 노련한 노숙기를 뜻하며, 병(病)은 체력이 노화하고 병드는 50대의 기간을 뜻합니다. 사(死)는 병들어 죽는 단계를 뜻하고, 묘(墓)는 일생을 마치고 휴식하는 기간을 뜻합니다.

십이운성	吉한 六神과 同柱	凶한 六神과 同柱	盛, 平, 衰	비고
장생	유덕(有德)·사랑	무덕(無德)·유약	최성운(最盛運)	대체로 왕성한 기운
목욕	다정다감	색난·황음(荒淫)	최쇠운(最衰運)	
대건, 관대	견실·발랄	고집불통	성운(盛運)	
관록, 건록	자수성가·성공	파산·용두사미	성운(盛運)	
제왕	자신만만	노력은 많은데 결과가 좋지 않음	최성운(最盛運)	
쇠	권모술수	방랑·고독	평운(平運)	대체로 퇴영한 기운
병	믿음·미력함	병약함	평운(平運)	
사	기능·미력함	부실	쇠운(衰運)	
묘	저장·현상 유지	막힘·답답함	최쇠운(最衰運)	
절	사지에서 탈출	설상가상	최쇠운(最衰運)	보통 기운
태	성장·회복	연약·무력	평운(平運)	
양	집을 떠나다	부실·고독	평운(平運)	

1) 절

포(胞)라고도 하는 절(絶)은 부모의 음양교배 단계를 뜻합니다. 무슨 일이든 처음에는 열심히 하지만, 변덕스럽고 분위기에 따라 행동하며 곧 싫증을 내는 급한 성격이므로, 도중에 팽개치는 경우가 많습니다.

충동적이며 심모원려(深謀遠慮)가 결여되어 있으므로 남에게 쉽게 속습니다. 그런 까닭에 누대에 걸쳐 계승되어온 가업을 남에게 넘겨버리는 일도 있습니다.

보통 연주(年柱)에 절이 있으면 조상대가 약하고, 월주(月柱)에 절이 있으면 형제간에 어려움이 많으며, 일주(日柱)에 절이 있으면 배우자의 인연이 박합니다. 시주(時柱)에 절이 있으면 자식 덕이 없습니다.

2) 태

태(胎)는 부모의 음양교배로 인해 어머니 뱃속에 잉태됨을 뜻합니다. 호기심과 연구심이 왕성하고 유머가 있으며 인간미가 풍부하고 어리숙해 보이는 타입입니다. 영리한 사람보다는 오히려 어리숙해 보이는 사람에게 좋은 운이 많은 것을 보면 삶의 잣대라는 것은 인간이 정한 대로는 아닌 듯합니다. 특이한 점은 태운(胎運)인 여성은 딸을 많이 낳는 경향이 있고, 나이를 먹어감에 따라 건강해지는 경향이 있다는 것입니다.

연주에 태가 있는 것은 선대에 유업이 일어난 것이므로 본인으로 보면 어린시절의 고생운이라고 할 수 있습니다. 월주에 태가 있으면 부모 형제들이 미약하고, 일주에 태가 있으면 초년에 병약하다가 중년 이후라야 건강해지며, 시주에 태가 있으면 여아를 많이 보게 되며 아들이 무력합니다.

3) 양

양(養)은 어머니 뱃속에서 자라나는 과정을 뜻합니다. 허황된 큰 꿈을 품지 않고 현재에 만족하는 사람이 많습니다. 그러므로 양은 온후하고 교제하는 데에 명수입니다.

양은 장생의 입구이므로 희망을 가지고 노력하면 상당한 성취를 이룰 수 있습니다. 친부모와의 인연이 희박하고 양자 또는 데릴사위가 되는 운명을 가지고 있습니다.

연주에 양이 있으면 조상의 운이 양자의 가문이고, 월주에 양이 있으면 양자가 되든지 부모를 떠나 따로 일가를 세워 살며, 일주에 양이 있으면 배우자궁이 부실하고 색난이 있으며 입산하기 쉽습니다. 시주에 양이 있으면 자식을 봉양해야 하는 운이라고 할 수 있습니다.

4) 장생

장생(長生)은 어머니 뱃속에서 비로소 광명천지에 출생함을 뜻합니다. 온후·총명·원만하며 예술 또는 기술에 재능이 있고 무슨 일에나 숙달이 빠릅니다. 1등의 위치는 주위로부터 시기와 질시를 받게 마련입니다. 장생은 마치 이를 아는 듯 자기가 최고가 되려 하지 않습니다. 보좌역의 입장에서 한층 더 재능을 발휘하기 때문에 인망도 얻고 돋보이는 면도 있어, 가만히 있어도 자연히 지위가 향상됩니다.

연주에 장생이 있으면 조상 덕이 있고, 월주에 장생이 있으면 부모 형제 덕이 있고 인덕이 있습니다. 일주에 장생이 있으면 자신이 착하며 배우자도 좋은 인연이고, 시주에 장생이 있으면 자식 덕이 있습니다.

5) 목욕

목욕(沐浴)은 출생한 아기를 목욕시키는 과정을 말합니다. 이 목욕을 일명 욕살(浴殺) 또는 패살(敗殺)이라고 합니다. 목욕은 쉽게 싫증을 내는 성격으로 갈피를 잡지 못하는 경우가 많습니다. 주거나 직업도 잘 바꾸고 외고집적인 면이 있으며 부부연도 바꾸기를 잘합니다.

연주에 목욕이 있으면 조상에게 색난(色難)이 있고, 월주에 목욕이 있으면 부모가 풍류·바람둥이거나 형제에게 색난이 있습니다. 일주에 목욕이 있으면 자신 또는 배우자에게 풍류기가 있고, 시주에 목욕이 있으면 자식이 속을 썩입니다.

6) 대건

옛날에는 20세가 되면 띠를 두르고 관을 썼습니다. 그래서 관대(冠帶)라고도 합니다. 대건(帶建)은 20대의 혈기왕성할 때이므로 지기 싫어하며 견인불발(堅忍不拔)의 정신이 있고 명예욕이 왕성합니다. 그 때문에 책모를 꾸미면 오히려 운명을 저해합니다.

연주에 관대가 있으면 조상이 가문 덕이 있으나, 초년은 부모의 속을 썩이다가 나이 30이 넘어야 운이 열립니다. 월주에 관대가 있으면 부모가 봉건적이어서 사회적 덕망은 높으나 가정의 불화가 자주 있습니다. 일주에 관대가 있으면 중년 이후에 발전하는데 남녀 모두 고집이 세고 처세에 능합니다. 시주에 관대가 있으면 자식 덕이 있습니다.

7) 관록

관록(冠祿)은 20~30대의 청장년에 해당하며, 벼슬하는 과정이라 하여 건록(建祿)·관(官)·임관(臨官)이라고도 합니다. 관록은 통변성[六神]의 정관과 상통하는 의미가 있으므로 온후·총명·고결하다고 봅니다. 독립심이 강하므로 생가를 떠나거나 조상의 업을 계승하지 않고 스스로 다른 직업을 창업하는 경우가 많습니다. 중년까지 안일하게 산 사람은 중년이 지나면 약간의 고생이 있을 것이고, 중년까지 고생한 사람은 중년이 지나면 고생이 풀린다고 봅니다.

연주에 건록이 있으면 조상대에 자수성가하게 되고, 월주에 건록이 있으면 부모 형제가 자수성가합니다. 특히 형제자매는 고향을 떠나 제각기 자기 힘으로 성공합니다. 일주에 건록이 있으면 서로 각자의 힘으로 살려는 의지가 강하므로 부부의 인연이 박합니다. 시주에 건록이 있으면 자식들이 자수성가하여 자손 덕이 있습니다.

8) 제왕

제왕(帝旺)은 원기가 가장 왕성한 40대의 장년시기에 해당합니다. 십이운성 중에서 그 힘이 가장 강하므로 자신을 과신하는 경향이 있어 모든 일을 혼자서 하려 하고 낭비벽이 심하며 승부 걸기나 모험하기를 즐깁니다. 유아독존 격으로 타인의 간섭을 싫어합니다.

연주에 제왕이 있으면 선대가 부귀하고, 월주에 제왕이 있으면 본인은 심성이 고강하고 부모 형제가 크게 흥합니다. 일주에 제왕이 있으면 자존심이 강해 남을 능멸합니다. 시주에 제왕이 있으면 자손이 가문을 부흥시킵니다.

9) 쇠

쇠(衰)는 늙어서 기운이 쇠약해진 50~60대의 시기에 해당합니다. 온후하지만 적극성이 부족하여 일이 커지는 것을 좋아하지 않습니다. 극히 보수적이어서 남의 머리 위에 올라서기를 좋아하지 않고, 마음 편한 것이 제일이라는 생각을 합니다. 이러한 보수적인 면이 여성에게는 양처(良妻)가 되거나 시부모를 잘 섬기는 쪽으로 작용합니다.

　연주에 쇠가 있으면 조상의 덕이 쇠한 것이고, 월주에 쇠가 있으면 부모 형제 덕이 약하다고 봅니다. 일주에 쇠가 있으면 생가에서 살기 어렵고 여자는 남편 덕이 없습니다. 시주에 쇠가 있으면 자식 덕이 박하므로 노년에 고독하게 됩니다.

10) 병

　병(病)은 늙어서 병드는 과정을 뜻합니다. 육체적으로나 정신적으로 모두 약하므로 심신을 혹사하는 일은 적합하지 않습니다. 부모와의 인연이 희박한 사람이 많습니다. 동정심이 많으므로 인간관계가 좋습니다. 하늘은 공평하여 사람으로 하여금 죽음을 받아들일 시간을 갖게 하는 시기하고 볼 수 있습니다. 즉 자신의 육체나 정신에 대한 애착을 버리는 기간입니다. 일간이 양인 사람은 적극성이 있습니다.

　연주에 병이 있으면 조상대가 약하고, 월주에 병이 있으면 부모 형제 가운데 병약함이 있습니다. 일주에 병이 있으면 부부 사이가 병약하고, 시주에 병이 있으면 자식운이 박하며 말년이 건강하지 못합니다.

11) 사

　사(死)는 병들어 죽는 단계를 뜻합니다. 결단력이 결여되어 있고 걱정 근심이 많으며, 성질이 급합니다. 성질이 급한 것은 물론 좋지 않지만 같은 일에 대해 쓸데없는 걱정을 되풀이하지 않고 좋다고 생각되는 것을 빨리 결행하는 편이므로 사운(死運)인 사람에게는 오히려 좋은 결과가 될 수 있습니다. 남녀 공히 부부연이 한 번으로 끝나지 않는 사람이 많습니다.

연주에 사가 있으면 가문은 괜찮지만 부모의 혜택을 못 받거나 양자로 가는 경우가 있습니다. 월주에 사가 있으면 장남 출신이 많고, 머리가 좋은 편이나 형제 인연이 박합니다. 일주에 사가 있으면 가정이 고독하여 외아들이 많고 배우자 덕이 미약합니다. 시주에 사가 있으면 자녀가 부실합니다.

12) 묘

묘(墓)는 장(葬)이라고도 하며, 죽어 장사지내고 무덤에 들어가는 단계를 말합니다. 묘는 수렴하여 저장하는 운세이기에 겉치장을 하지 않고 물건 모으기를 좋아하거나 축재(蓄財)에 전념하는 사람이 많습니다. 성격은 내향적인 면이 있으며 부모 형제와의 인연은 희박한 편입니다.

전반생이 부유했던 사람은 후반생에 고난이 있고, 전반생이 궁핍했던 사람은 후반생이 부유합니다. 묘운(墓運)이라고 해서 모두가 나쁜 것은 아니므로 스스로의 노력이 필요합니다. 그러나 명식에 묘가 두 개 이상 있는 사람은 발전하기 어렵습니다.

연주에 묘가 있으면 선대가 근면하고, 월주에 묘가 있으면 봉묘(奉墓)하게 되며 35세 이후라야 문이 열립니다. 일주에 묘가 있으면 배우자의 인연이 박합니다. 시주에 묘가 있으면 말년에 고독과 근심이 있고 자식 인연이 없습니다.

육신

1. 육신 붙이는 법

육신(六神)은 육친(六親), 십성(十星), 십신(十神)이라고도 합니다. 일간을 중심으로 육신 조견표(六神早見表)에서 찾아 기입하면 됩니다.

• 예1) 1954년 음력 1월 22일 진시

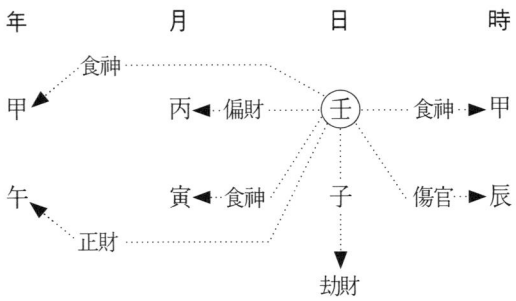

• 예 2) 1955년 음력 9월 8일 오시

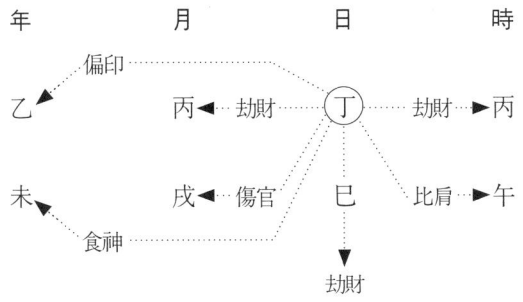

육신 조견표

日干 六神	甲	乙	丙	丁	戊	己	庚	辛	壬	癸
比肩	甲寅	乙卯	丙巳	丁午	戊辰戌	己丑未	庚申	辛酉	壬亥	癸子
劫財	乙卯	甲寅	丁午	丙巳	己丑未	戊辰戌	辛酉	庚申	癸子	壬亥
食神	丙巳	丁午	戊辰戌	己丑未	庚申	辛酉	壬亥	癸子	甲寅	乙卯
傷官	丁午	丙巳	己丑未	戊辰戌	辛酉	庚申	癸子	壬亥	乙卯	甲寅
偏財	戊辰戌	己丑未	庚申	辛酉	壬亥	癸子	甲寅	乙卯	丙巳	丁午
正財	己丑未	戊辰戌	辛酉	庚申	癸子	壬亥	乙卯	甲寅	丁午	丙巳
偏官	庚申	辛酉	壬亥	癸子	甲寅	乙卯	丙巳	丁午	戊辰戌	己丑未
正官	辛酉	庚申	癸子	壬亥	乙卯	甲寅	丁午	丙巳	己丑未	戊辰戌
偏印	壬亥	癸子	甲寅	乙卯	丙巳	丁午	戊辰戌	己丑未	庚申	辛酉
印受	癸子	壬亥	乙卯	甲寅	丁午	丙巳	己丑未	戊辰戌	辛酉	庚申

2. 육신의 뜻

자신과 동일한 오행을 비견(比肩, 같은 음양)·겁재(劫財, 다른 음양)라고 합니다〔比和者兄弟, 比劫〕.

자신을 생하는 오행을 편인(偏印, 같은 음양)·인수(印受, 다른 음양)라고 합니다〔生我者父母, 印受〕.

자신이 생하는 오행을 식신(食神, 같은 음양)·상관(傷官, 다른 음양)이라고 합니다〔我生者子孫, 食傷〕.

자신을 극하는 오행을 편관(偏官, 같은 음양)·정관(正官, 다른 음양)이라고 합니다〔克我者官鬼, 官殺〕.

자신이 극하는 오행을 편재(偏財, 같은 음양)·정재(正財, 다른 음양)라고 합니다〔我克者妻財, 財星〕.

남자일 때 자신을 극하는 것은 자식에 해당하고, 자신이 생하는 것은 장모나 조모에 해당하며, 자신이 극하는 것은 아버지와 처라고 할 수 있습니다.

여자일 때 자신을 극하는 것은 계부나 남편에 해당하고, 자신이 생하는 것은 자식에 해당하며, 자신이 극하는 것은 시부모나 편시모에 해당합니다.

官星	印星	比劫	食傷	財星
아들(계부) 偏官	계모 偏印	형제자매 比肩 (자신)	장모(딸) 食神	아버지(정시모) 偏財
딸(남편) 正官	생모 印受	이복 형제자매 劫財	조모(아들) 傷官	처(편시모) 正財

▲남자에게는
이곳(상관, 정관)이
자식입니다.

▲여자에게는
이곳(식신, 상관)이
자식입니다.

※ ( )는 여자에게 해당하는 내용이며, 편재는 남·녀 공히 아버지로 봅니다.

• 남명을 기준으로 본 간단한 육친성
① 편관 : 자식(아들), 매부(妹夫), 조카 등.
② 정관 : 자식(딸), 매부(妹夫), 조카 등.
③ 편인 : 편모(偏母), 조부, 이모 등.
④ 인수 : 생모, 장인, 이모, 외손녀 등.
⑤ 비견 : 형제자매, 딸의 시모, 누이의 시부 등.
⑥ 겁재 : 이복 형제자매, 자부(子婦), 누이의 시부 등.
⑦ 식신 : 장모, 사위, 조모, 손자, 조카 등.
⑧ 상관 : 조모, 손녀, 조카 등.
⑨ 편재 : 부(父), 숙부, 고모, 형, 제수, 누이의 시모 등.
⑩ 정재 : 처, 형, 제수, 부(父), 처남, 제, 누이의 시모, 고모 등.

• 여명을 기준으로 본 간단한 육친성
① 편관 : 편부(偏夫), 시동서 등.
② 정관 : 남편, 자부, 시누이, 동생 등.
③ 편인 : 편모, 손자, 조부, 사위, 시조모 등.
④ 인수 : 생모, 손녀, 사위의 누이, 사위 등.
⑤ 비견 : 형제자매, 시숙부, 고모, 시부 등.
⑥ 겁재 : 이복 형제자매, 시부, 시고모, 숙부, 남편의 첩 등.
⑦ 식신 : 딸(아들), 시누이의 부(夫) 등.
⑧ 상관 : 아들(딸), 시누이의 부(夫), 조모 등.
⑨ 편재 : 정시모, 부(父), 백부(伯父), 시외숙 등.
⑩ 정재 : 편시모, 부친, 시외숙, 시이모 등.

나를 낳아준 것은 정인(正印)이고, 나를 길러주는 것은 편재(偏財)입니다. 그래서 어머니는 정인이 되고 아버지는 편재가 됩니다.

아버지가 재물을 벌어와 나를 길러주었기 때문입니다.

아버지가 벌어온 재물은 내가 노력을 해서 번 재물이 아닙니다. 내가 노력해서 번 재물은 정재가 됩니다. 정재는 나의 지배를 받게 되므로 아내를 정재라고 합니다. 즉, 아내도 정재요 내가 벌어모은 재물도 정재입니다.

〈아침마당〉이라는 프로그램을 보면 어릴 때 헤어진 부모 형제를 찾아주는 코너가 있습니다. 거기에 나오는 사람들은 대부분 못살아서 자식을 남의 집에 맡기거나 주어버려서 헤어지게 되었다더군요. 자식을 제대로 키우자니 돈이 없고 돈을 달라는 자식은 울고 보채니 부득이 자신은 먹고 싶은 것, 쓰고 싶은 것을 절약해야 합니다. 그러므로 자식은 결국 자신을 속박하는 형태로 나타나게 됩니다.

남자는 결혼을 해야 철이 든다는 말을 하는데, 철이 든다는 말은 다른 각도에서 해석하면 속박을 당하게 된다는 의미에서 크게 벗어나지 않습니다. 그래서 남자에게 자녀는 관살(官殺)이 되어서 나를 극하는 성분이라고 보는 것입니다.

'남자에게'라고 한정한 것은, 여자는 자식을 직접 낳으므로 자신이 생한 것이고, 따라서 남자와는 달리 식상(食傷)이라고 보기 때문입니다. 여기에서 남·녀의 육친 적용에 차이점이 생깁니다.

1) 비겁

비견(比肩)은 형제자매, 동업자, 친구, 자존심 등을 뜻합니다. 겁재(劫財)는 형제자매, 라이벌, 친구, 열등심 등을 뜻합니다.

비견이나 겁재는 음양의 차이는 있지만, 모두 일주를 부축하고 도와준다는 의미에서 동일하다고 봅니다. 누군가가 자신의 일을 열심히 도와주면 '음으로 양으로 도움을 받았다'는 말을 합니다. 이 비겁(比劫)이 바로 그러한 성분이어서 음으로 양으로 도움을 주고 있으므로 구태여 음양을 구분하지 않아도 되겠다는 생각이 듭니다. 지나치지 않은 한도 내에서는 많이 있는 게 좋습니다.

비겁이 없으면 스스로 추진하는 힘이 부족하고, 그렇게 되면 무슨 일을 하든 마무리를 짓지 못하고 중도에서 그만두게 될 가능성이 커집니다. 이러한 일은 '식신이 중요하다' 또는 '관살이 중요하다'고 하기 이전에 기본적으로 해결되지 않고는 성공을 바라기 어렵습니다. 마치 집을 지을 때에 기초를 다지는 작업에 해당한다고 할 수 있습니다.

그러나 지나치게 많은 것도 좋지 않습니다. 주체성이 지나쳐서 독불장군으로 흐를 가능성이 높기 때문입니다. 남의 이야기에 너무 흔들려도 곤란하지만 그렇다고 지나치게 남의 의견을 무시하는 것도 사회생활에는 매우 불리합니다. 그래서 비겁은 필요불가결한 것이지만, 지나치지 않아야 합니다.

비겁이 지나치게 왕성하면 관살로도 극제가 어려운 지경에 처하게 됩니다. 오히려 관살을 무시하게 되지요. 개인적으로는 그렇게 마음을 먹거나 말거나 상관이 없지만, 사회라는 틀 속의 일원으로 살아갈 때에는 참으로 곤란한 일이 됩니다. 사회제도를 무시하고 스스로 모든 것을 처리하려고 한다면 그는 곧 관가의 재앙을 받게 될 것입니다.

물론 꼭 나쁜 일을 벌이는 것은 아니지만 사람이 스스로 두려워하고 조심하는 바가 없으면 관재(官災)를 당할 가능성이 큽니다. 일주가 지나치게 강한 사람은 남에게 머리를 숙이기 어려운 법입니다. 그래서 사주에는 모든 오행이 골고루 들어 있어야 하는 것입니다.

비겁이 지나치게 왕성한 사람은 스스로 독선과 오만에 빠지지 않도록 항상 수행에 힘을 기울여야 세상을 원만하게 살아갈 수 있을 것입니다.

• 비견

　비견(比肩)은 일간과 오행도 같고 음양도 같은 것을 말합니다. '나와 견줄 만한 것' 또는 '나와 어깨를 나란히 하는 입장'이라 하여 비견이라고 합니다. 그러므로 형제자매 또는 친구나 동료로 봅니다. 내가 괴로울 때는 동조자가 되고, 내가 약하지 않을 때는 경쟁자의 입장이 됩니다.

　비견은 일 처리 능력이 뛰어나고 급하게 서두르지 않습니다. 어떤 일을 만나든 두려워하지 않는 것도 비견의 특성이라고 하겠는데, 그렇다고 해서 흉폭하다는 뜻은 아닙니다. 스스로 생각하여 마음속의 부끄러움이 없다면 천하에 두려울 것이 없다고 생각하는 것이 비견입니다. 비견은 주체적인 성분이면서도 그 성향은 내성적이라는 것이 특색입니다.

　이렇게 강경하게 자신의 주장을 밀고 나가는 성분인 만큼 사주에 비견이 많으면 문제가 될 수 있습니다. 무엇이든지 지나치면 좋지 않기 때문입니다. 비견이 지나쳐서 나타날 수 있는 부작용이라면 옹고집이 될 가능성을 들 수 있습니다.

　무조건 나쁘기만 하거나 무조건 좋기만 한 십성은 없습니다. 고전에서는 사길신(四吉神)이니 사흉신(四凶神)이니 하면서 구별을 하고 있지만, 세상의 이치가 그렇듯이 결정적으로 선악(善惡)이 정해진 것은 아무것도 없습니다. 모든 선악은 상황에 따라서 달라진다는 것이 가장 자연스러운 진리가 아닐까 생각해봅니다.

　비견은 자신에게 부끄러움이 없으면 두려울 것이 없다고 생각하는 사람이므로 이것을 건드리면 감정적으로 변합니다. 그러므로 비견은 자신의 주체성에 대해 감정적인 형태를 유지한다고 할 수 있습니다. 주체성이 강하기 때문에 자신이 생각한 대로 움직이는데, 또 감정적이기 때문에 남들이 이래라저래라 하면 마음이 상하게 됩니다. 그래서 자존심을 어떻게라도 세워보려고 매달리게 됩니다.

감정이란 직선적이어서 타협과 우회의 방법으로 자신의 주체성을 표시하는 태도와는 거리가 멉니다. 감정은 내성적인 사람에게 더욱 많은 영향을 끼칩니다. 따라서 자신의 감정을 속이고 마음에 없는 소리를 하면서 사람들과 어울리는 수단은 부족합니다.

그래서 십성의 구조에서도 음대음(陰對陰)이거나 양대양(陽對陽)이면 모두 '편(偏)'으로 구분하고 있습니다. 偏이라는 말은 어딘가로 치우쳐 있다는 의미입니다. 편견(偏見)이라는 말도 한쪽으로 치우쳐 봄으로써 올바른 견해가 되지 못하는 것을 일러서 하는 말이니까요. 偏에 해당하는 십성인 편관·편인·비견·식신·편재 다섯 가지는 모두 자신이 느끼는 감정에 치우쳐 있기 때문에 타인과의 교제가 서툽니다.

비견도 예외가 아니어서 감정이 자극을 받지 않으면 내면적으로만 주체성을 갖고 있지만, 만약 자존심이 자극을 받게 되면 감정이 요동치게 됩니다. 그래서 사소한 일에 목숨을 걸고 대항하기도 합니다. 바로 이런 점 때문에 비견이 자신의 주체성을 표현하는 수단이 부족하다고 보는 것입니다.

긍정적인 면이 강하게 나타날 경우에는 희·용신이 되며, 적어도 기신(忌神)은 되지 말아야 합니다. 대개의 경우 비견이 기신이 되지 않는다면 신약하다고 보기 쉬운데, 반드시 신강(身强)·신약(身弱)만으로 구분하지 말고, 지나치게 강한 것만 아니라면 적당하다고 보는 것이 좋습니다.

부정적인 면이 강하게 나타나면 기신이나 구신(仇神)이 될 가능성이 높은데, 기신의 대열에 서게 된다면 대개의 경우 신강하거나 신왕한 상황이 됩니다. 그것도 지나치게 강해서 용신이 미약한 상황이라면 좋은 작용보다는 나쁜 작용으로 흐를 가능성이 높습니다.

• 겁재

겁재(劫財)는 일간과 오행이 같으나 음양이 다른 것으로, 비견에 비해 좀 이질적인 면이 있어 형제자매라도 이복 형제자매에 해당한다고 볼 수 있습니다.

그러므로 비견과 같이 내가 약할 때는 같이 힘을 합치는 동조자가 되기도 하지만, 나의 것을 탈취하려는 마음이 항상 도사리고 있습니다. 나를 배반하고 탈취하려는 마음이 비견보다 강렬해서 겁재라고 합니다.

겁재는 주체성이라는 구조를 강하게 갖고 있다는 점에서는 비견과 같으나 외향적이라는 점이 다릅니다. 이름에서는 정재를 죽인다는 이유로 '재물을 겁탈하는 도적'이라는 불명예스러운 대우를 받지만 항상 그런 것은 아닙니다.

예로부터 재성(財星)은 길신(吉神)이라는 선입견이 있었던 모양입니다. 그 이유는 아마도 관성을 생조해 준다는 점이 가장 두드러졌을 것이라고 생각됩니다. 요즘에도 재성은 중요한 위치를 차지합니다. 어쩌면 그 중요성이 더욱 커졌다고 해야 정확할 것입니다.

그렇다면 겁재라는 성분의 심리는 이 사회에서 구박을 받아 마땅한 성분일까요? 그렇지 않습니다. 비록 정재를 극한다는 혐의는 받고 있지만, 겁재도 훌륭한 자신의 일을 갖고 있습니다. 세상이 복잡해질수록 자신의 주관이 더욱더 중요해지기 때문입니다.

현대와 같이 복잡한 세상에서는 주체성이 강한 사람이 성공할 확률이 훨씬 높습니다. 다른 사람의 의견에 따라 좌지우지되면 결과도 다른 사람의 마음대로 흐르게 될 것이기 때문입니다. 그렇다면 이렇게 소중한 겁재를 과연 욕하고 비난해도 좋을지 심사숙고해봐야 할 일입니다.

겁재의 긍정적인 면은 적극적이고 진취적이다, 용감하고 과단성이 있다, 강건하다, 민첩하고 효율적이다, 자주적이며 독립적이다, 낙관적으로 생각하면서 싸움도 신나게 잘한다, 자동적으로 움직이고 부지런하다, 모험을 좋아해서 어려움도 많이 겪는다, 용감하게 일을 벌이고 또 감당한다, 교제가 비교적 넓고 활발하다, 열성적인 마음으로 성의를 표한다, 솔직하고 담백하다 등이라고 말할 수 있습니다.

대략적인 것은 비견과 중복되나 구체적으로 살펴보면 약간의 차이점이 있다는 것을 알 수 있습니다.

겁재의 부정적인 면은 맹목적으로 밀고 나간다, 냉정하게 다투기를 좋아한다, 가까운 것만 보기 때문에 견해가 얕다, 개인의 사사로운 이익에 집착한다, 용기 있는 것은 좋은데 그로 인해 종종 무모하기도 하다, 쉽게 자포자기한다, 좋아했다 화를 냈다 하는 기복이 좀 심하다, 말하는 것이 졸렬하다, 스스로 결정하고 혼자 실행하는 면이 있다, 어리석고 무지하다 등이라고 말할 수 있습니다.

이 정도로 정리할 수 있는 것이 겁재라고 하겠습니다. 비견과 비슷하면서도 약간은 다른 점에 대해서 잘 이해하면 충분하다고 생각됩니다.

2) 인성

인성(印星)은 나를 낳아준 신이라는 뜻으로 생아지신(生我之神)이라고 말합니다. 인간적으로는 어머니를 뜻하지만 그것이 전부는 아닙니다. 사람이 어머니의 힘만으로 살아가는 것은 아니기 때문입니다. 자연계를 비롯하여 나를 생존하게 해주는 공기·물·흙·햇빛 등도 모두 인성이라고 할 수 있습니다.

인성을 다른 말로는 부신지본(扶身之本)이라고 하는데, 역시 나 자신이 스스로 살아가도록 부축해주고 도와준다는 의미입니다. 편인(偏印, 倒食)은 어머니(계모)·이모·주택·고독 등을 뜻하고, 정인(正印, 印綬)은 어머니(생모)·이모·주택·인정 등을 뜻합니다.

모든 사물이 상대적인 개념으로 이루어져 있듯이 어머니에게도 두 얼굴이 있습니다. 자식을 보살펴야겠다는 마음과 귀찮게 생각하는 마음입니다. 그래서 목숨을 걸고 자식을 보살피는 것도 어머니요, 자식을 버리고 도망가는 것도 어머니입니다. 이 둘은 얼핏 생각하면 대단한 차이가 있어 보이지만, 원리를 관찰하면 비슷한 현상의 다른 결과일 뿐입니다.

사주에 어머니가 꼭 필요한 사람은 어머니가 한숨과 눈물로 세월을 보낼지언정 결코 도망가지 않습니다. 그러나 만약 사주에서 어머니에 해당하는 정인·편인이 다른 것과 합(合)이 되어서 화(化)했다면, 그 어머니는 어린 핏덩어리를 두고 남자를 따라가버릴 것입니다. 그냥 합만 되어 있다면, 자식을 키우면서 애인과 연애를 하기는 해도 도망은 가지 않습니다.

사주에서 어머니의 덕이 있느냐 없느냐는 용신(用神)에 가까우냐 기신(忌神)에 가까우냐로 판단합니다. 용신에 가까우면 어머니의 덕이 하늘 같고, 기신에 가까우면 어머니는 짐덩어리일 뿐입니다.

오행 구조상 인성은 뿌리의 역할을 합니다. 뿌리가 약하면 어머니의 역할이 더욱 필요합니다. 독립심이 부족해서 나이가 찼는데도 집에서 뒹굴고 비실대는 사람은 팔자가 신약해서 어머니〔印星〕가 필요한 사주입니다. 반면에 일주가 신강하여 어머니 격인 인성의 도움이 필요 없는 경우, 어머니는 자신에게 짐이 됩니다. 또 인성이 용신을 깨어먹는 팔자라면 그 사람은 어머니만 보면 잡아먹으려고 설칠 것입니다.

그러므로 인성이 필요한 사람은 효자에 가깝고, 인성이 필요 없는 사람은 불효자에 가깝다고 할 수 있습니다. 물론 효심도 정도는 제각각입니다. 부모 보기를 물건 보듯 하는 사람도 있고, 보기만 하면 못 잡아먹어서 으르렁거리는 자식도 있습니다. 그런가 하면 아예 내다버리거나 죽이는 자식도 있습니다.

명리학에서 용신을 잡을 때 "강하면 설하라〔强者宜洩〕"고 하는데, 인수(印受)는 나를 생해주는 성분이기 때문에 내가 설하는 것이 가능합니다. 내가 인수로부터 생을 받고 있는 입장에서 인수를 다스릴 힘이 없는 것은 지극히 당연합니다. 그것은 어린아이가 어머니를 거부할 수 없는 것과 같습니다.

이처럼 인수는 기운을 베풀기만 하는 성분이므로, 인수가 약하면 일주도 존재하기 어렵습니다. 일주가 다소 약하더라도 인수가 생조를 해준다면 거리낄 것이 없겠지만, 일주가 강하지도 않고 약하지도 않은 상황이라면 인수를 극해서는 곤란합니다. 이 상황에서 인수가 극을 받아버리면 약하게 변하는 까닭입니다. 이러한 경우에 인수는 비록 용신이 아니더라도 보존되어야 할 필요가 있다는 의미입니다.

또 인수가 용신이 된다면 절대로 깨져서는 안 됩니다. 그래서 인수가 용신이면 "인수를 깨뜨리는 재성(財星)은 보지 않아야 한다"고 하는 것입니다.

인성이 강한 사람은 강하게 타고난 힘의 사용이 문제가 되는 반면, 인성이 약한 사람은 스스로의 힘이 약하므로 혼자서는 세상을 살아가기 어렵습니다.

옛말에 "인성이 많은 사람은 재운(財運)으로 향해야 발(發)한다"는 말이 있는데, 이것은 인성의 남는 힘을 이용해서 재물로 바꾸라는 의미라고 볼 수 있습니다. 반대로 인성이 약한 사람은 천성적으로 약하게 타고났으니 남에게 의지해서 살아가는 것이 현명하다고 할 수 있습니다.

• 편인

편인(偏印)은 오행이 일간을 생하는 것으로 음양이 서로 같습니다. 다른 말로 도식(倒食) 또는 효신살(梟神殺)이라고 합니다. 나〔日干〕의 정재를 생해주는 식신〔壽星〕을 칠살(七殺)하여 나의 밥그릇〔食神〕을 엎어버리는 형상이 되므로 도식이라 하고, 생명의 근본이라고 할 수 있는 수성(壽星)을 해치는 것이 올빼미의 새끼가 다른 새의 둥지에 있는 새끼를 해치는 것과 비슷하다 하여 효신살이라고 하는 것입니다.

음과 양은 서로 당기는 성질이 있고, 음과 음, 양과 양은 서로 밀치는 성질이 있습니다. 역에 이르기를 동류(同類)는 싫어하고 이류(異類)는 좋아한다고 했습니다. 그러므로 편인은 복과 수명을 해치는 망나니라고 할 수 있겠습니다.

편인의 심리구조를 단적으로 말하면 수동적·부정적이라고 할 수 있습니다. 인성은 위에서 아래로 내려가는 성분이기 때문에 그 형태가 수동적으로 나타납니다. 재성이 능동적인 행동을 하는 구조라면 인성은 수동적인 면이 강한 성분인 것입니다. 어머니는 내가 원하든 원치 않든 나에게 생을 주기 때문입니다. 태양이나 수분이나 공기도 마찬가지로 가만히 있어도 들어오는 성분이므로 서로 비슷한 면이 있다고 하겠습니다.

사주에 편인이 많은 것은 생모가 아닌 어머니가 많은 형상이므로 조실부모하기 쉽고, 또 처성(妻星)인 재(財)를 극하는 겁재를 생해주므로 처자(妻子)와의 인연이 박하게 됩니다. 편인은 수(壽)와 의식(衣食)을 보급하는 길신인 식신을 극하는 칠살이 되어 밥그릇인 식신을 깨는 까닭에, 편인이 많으면 빈궁하여 어려움이 따르게 됩니다.

편인은 일간을 생하는 성(星)이므로 자신을 사랑하는 면이 강하여 이기적인 경향이 있습니다. 대개 편굴(偏屈)한 성격이어서 변덕이 많고 권태가 심하여, 무슨 일이나 시작은 그럴듯하지만 끝을 맺지 못하여 용두사미 격이 되기 쉽습니다. 고독·이별·색난 등 밥그릇을 깨는 성이라고 할 수 있습니다.

이런 의미는 신강 사주일 때 특히 강하게 암시됩니다. 반면 신약 사주일 때는 황량한 사막에서 길동무가 되는 격이라고 할 수 있습니다. 또 편인이 비록 흉신이라고는 하지만, 편인이 한 개뿐이고 재성과 관살이 있으면 부귀하게 됩니다.

편인과 인수는 모두 두뇌의 성이므로 이것이 과하면 고독벽이 있습니다. 인수는 학업의 성이므로 교직이 적합하고, 편인은 독창성과 아이디어의 성이므로 디자이너·기획·작전·설계 및 역자(易者) 등 색다른 직업이 적합합니다.

편인의 '편' 자가 말해주듯이 혼자서 하는 일이 좋습니다. 그러므로 학자·예술가·의사·배우·이발사·공예가 등의 직업이 적합합니다.

편인과 인수는 일간인 나를 생하므로 나에게는 어머니 격이 되지만, 편인은 나와 음양이 같으니 진실한 어머니라고는 할 수 없습니다. 그러므로 편인은 어머니뻘 되는 계모나 서모로 보고, 인수는 친어머니로 봅니다.

하지만 사주에 편인이 있을 때 "당신은 어머니와 정이 별로 없군요"라고 말하면 모를까 "당신은 계모가 있군요" 했다가는 망신당하기 쉽습니다. 단지 편인의 성질이 이러하므로 나를 생하기는 하되 마지못해 생하는 시늉만 내는 것이라고 보아야 합니다.

또 어머니인 인수를 극하는 남편이 편재이므로 편재는 나에게 아버지가 됩니다. 아버지를 낳은 것(편재를 생한 것)이 상관이므로 상관은 나에게 조모(祖母)가 되며, 조모인 상관을 극하는 남편이 편인이므로 편인은 나에게 조부(祖父)가 됩니다. 그래서 남자의 경우 편인은 서모 · 계모 · 부모 · 이모 · 유모 또는 조부로 봅니다.

여자의 경우 상관이 아들이므로 아들인 상관이 극하는 편관은 며느리가 되고, 며느리인 편관이 생하는 편인은 손자손녀가 됩니다. 나머지는 남자의 경우와 같습니다.

여자의 사주에 편인이 많으면 유산(流産) 등의 산액(産厄)을 겪게 됩니다. 한 주(柱)가 모두 편인으로 되어 있으면 남편과의 인연이 박하고, 여기에 상관이 더하면 남편 복 · 자식 복이 거의 없습니다. 여자의 사주에 편인이 태왕(太旺)한데 식신이 있으면 자식 되는 식신이 칠살을 받으므로 자식이 성공하지 못합니다.

사주에 편인 · 인수가 있으면 두 가지 직업을 갖는 경향이 있습니다. 편인이 비견과 같은 주(柱)에 있으면 남의 집에 양자로 들어가거나 계모를 섬기는 운입니다. 편인이 겁재와 같은 주(柱)에 있으면 혼인이 까다로워 늦어지거나 타인으로 인해 실패하게 됩니다.

편인이 건록(建祿)과 같이 있는 것은, 부귀한 가문에서 태어나지만 소년시절에 부친과 이별하고 가업도 망합니다. 편인이 쇠(衰) · 병(病) · 사(死) · 절(絶) · 묘(墓)에 들면 홀어머니와 이별하고 고생하게 됩니다. 편인이 제왕(帝旺)이 되면 계모인 편인이 제왕을 얻어 기세가 등등한 상이 되므로 계모에게 학대를 받게 됩니다.

연주에 편인이 있으면 부모 · 조상궁인 年이 도식되므로 조업(祖業)을 지키지 못하게 됩니다. 연주에 편인이 양(養)이 되면 계모나 양모(養母) 밑에서 자라게 됩니다. 월지에 편인이 있으면 의사 · 배우 · 이발사 · 공예사 등 혼자서 하는 직업에 종사하게 되지만, 월지의 편인이 쇠 · 병 · 사 · 절 등의 자리에 들면 인기가 없습니다. 편인성이 관록에 들면 양일생(陽日生)인 경우는 부친과 이별하게 되고, 음일생(陰日生)인 경우는 계모나 양모의 손에서 자라게 됩니다.

• 인수

인수(印受)는 오행이 일간을 생하면서 음양이 서로 다른 것입니다. 인수가 용신이거나 많으면 글을 쓰는 작가나 교육자가 되는 것이 적합합니다.

인수는 정인(正印)이라고도 합니다. 재능·학업의 주성(主星)으로 재산의 풍부함·지혜·총명·학문·학식·덕성·건강·수복(壽福)·자비·종교 등의 모든 길상을 의미합니다.

인수격을 놓거나 인수가 용신이 되는 사람은 언어구사력이 뛰어나 어학을 잘합니다. 성격이 원만하고 중후하며 단정하고, 인의(仁義)·도덕(道德)적인 관념이 강하며 학자적 기품이 있습니다. 그러므로 많은 사람들로부터 신망과 숭앙을 받아 소위 군자라는 칭호를 듣는 경우가 많습니다. 따라서 편인에 비해 행복을 암시하는 육신이라고 할 수 있습니다.

인수와 편인은 자성(自星, 비견·겁재)을 생하는 성(星)이므로 자신을 사랑하고 높이 평가합니다. 그러므로 인수 또는 편인을 주성으로 하는 사람은 이기적인 경향이 있습니다. 인성이 많은 사람은 고독벽이 있는 경우가 많습니다. 머리가 좋기 때문에 자연히 고독하게 되는 것인지도 모릅니다. 사주에 인수가 지나치게 많으면 길하다기보다는 흉하다고 봅니다. 어느 육신이든 많은 것은 흉하게 작용하기 때문입니다.

인수는 모성으로 나를 직접 생한 어머니가 됩니다. 인(印)은 귀인을 상징하여 귀성(貴星)이라고도 합니다. 나를 생해주며 늘 인자한 마음과 희생정신이 깃들여 있습니다. 편인이나 인수 모두 일간을 생하지만 어감은 아주 다릅니다. 편인·인수 모두 식신을 극하지만 음양의 배합이 다르기 때문입니다. 즉 음양이 같은 편인은 식신의 칠살이 되지만, 음양이 다른 인수는 진실한 어머니에 해당하므로 항상 인자하고 진실된 마음으로 나를 챙겨줍니다.

　인수는 관살의 억센 힘을 받아 축적함과 동시에 식신을 극하는 관살의 힘을 설기시켜 완화하므로, 간접적으로 나[日干]를 돕게 됩니다. 이것을 관인상생(官印相生)이라고 합니다.

　여자의 사주에 인수와 관살이 같이 있으면 남편이 훌륭하고 자식 덕이 있습니다. 인수만 있고 관살이 없는 경우는 배우·음악가·미술가·조각가 등 예술계통에서 높은 명성을 얻을 수 있습니다. 사주에 인수가 있고 정재가 많은 경우, 정재가 어머니인 인수를 극하므로 어머니와 일찍 이별합니다.

　남자의 경우 인수는 생모 또는 장인(丈人)으로 봅니다. 아내인 정재를 낳은 것이 장모인 식신이고, 장모인 식신을 극하는 것이 그 남편인 인수입니다. 장모의 남편은 나에게 장인이 됩니다. 여자의 경우는 생모·손자·손녀 또는 사촌으로 봅니다.

　인수는 어머니이므로 인수가 하나뿐인 것은 어머니가 한 분뿐이라는 뜻이지만, 인수가 많은 것은 친어머니 외에 다른 어머니 즉 서모·계모·유모가 있다는 뜻입니다. 인수가 많으면 남자는 처자궁이 불리하고 여자는 어머니와 이별하기 쉽습니다. 인수는 자식 되는 식상을 극하고 아내 되는 재성과 상충되기 때문이며, 어머니가 많으려면 대개 친어머니와 이별한 경우에 서모나 계모가 생기기 때문입니다.

　신강 사주에 인수가 많으면 자식이 적고 빈곤합니다. 일간은 왕(旺)함을 요하나, 왕한 일간에 많은 인수는 태왕이 되어 나쁘게 작용하기 때문입니다. 인수의 극을 받아 자성(子星)인 식상이 극멸되므로 자식이 귀하게 되고, 남자의 경우는 자성인 정관이 인수에 의해 설기되어 자성에 해가 미치기 때문입니다.

　인수가 십이운성 가운데 장생(長生)과 같이 있으면 어머니가 현명하고, 또 장수하는 운이기 때문에 자연히 윗사람으로부터 귀여움을 받습니다. 인수가 십이운성 가운데 목욕(沐浴)과 같이 있고 육합을 만나면 어머니가 도화(桃花)를 만나고 다른 남자와 합을 이루는 형상이 되므로 어머니가 다른 곳으로 재가하는 수가 있습니다.

연간에 인수가 있고 초년 대운이 길한 것은, 인수는 길성이고 年은 초년이며 부모궁이니 좋은 가문에 태어나 부모의 덕이 많다고 할 수 있습니다. 월간이나 월지에 인수가 있어 형(刑)·충(沖)·파(破)·해(害)되지 않으면 인품이 고상하고 총명하여 문장으로 이름을 떨치는데, 여기에 관살이 있으면 관인상생(官印相生)격을 이루므로 부귀하게 됩니다. 시주에 인수가 있으면, 인수는 길성이고 시는 말운이며 자식궁이니 재주가 뛰어나고 말년운이 길하여 자식 덕이 있습니다.

3) 식상

식신(食神)은 재능, 연구력, 남자의 능력, 여자의 자식 등을 뜻합니다. 상관(傷官)은 표현력, 승부욕, 남자의 능력, 여자의 자식 등을 의미합니다.

자식은 인생의 마무리라고 할 수 있습니다. 그래서 자식은 많은 의미를 갖고 있는 것 같습니다. 자식의 복은 무엇으로 판단할 수 있을까요? 우선 자식의 자리는 시지입니다. 그러니까 시를 잘 타고났다는 것은 말년 복·자식 복이 있다는 말과 같은 의미입니다. 즉 자식은 말년의 좋고 나쁜 관계와 밀접하게 연결되어 있습니다. 무엇보다도 용신이나 희신이 시에 있는 것이 중요하므로 무슨 오행이 자식에 해당하느냐가 중요합니다.

내가 생해주는 것이 자식인 것은 분명하지만, 남자인가 여자인가에 따라 자식의 의미는 조금씩 다릅니다. 여자의 경우는 내가 생해주는 식신과 상관을 자식으로 삼지만, 남자의 경우는 식신·상관은 능력으로 보고 나의 처〔正財·偏財〕가 낳은 것을 자식으로 삼습니다. 이 육신들이 희신이나 용신이 되면 자식 복이 있고, 기신이나 구신에 해당하면 자식으로 인한 고민이 많게 됩니다. 그리고 한신(閑神)에 해당하면 소 닭 보듯 서로 인연이 없습니다.

여자 사주에 식상(食傷)이 많으면 자식 복이 없고 호색하며 과부가 되거나 첩노릇을 합니다. 그리고 일간이 양이면 창녀가 됩니다.

• 식신

식신(食神)은 일간이 오행을 생하는 것으로 음양이 같은 것을 말합니다. 내가 생한다는 의미에서 볼 때 식신과 상관은 이기적이라는 면에서 기본적으로 같습니다. 다른 점이 있다면 상관은 합작적인 수단을 통해서 자신의 목적을 달성하는 반면, 식신은 경쟁적인 수단을 통해서 자신의 목적을 달성합니다. 즉 똑같이 총명하더라도 식신은 자신의 내면으로 달리는 총명함이고, 상관은 자신의 밖으로 향하는 총명함입니다. 따라서 식신은 자신의 감정과 경쟁하는 예술적인 면이 뛰어나지만, 상관은 사람과 부대끼는 사회활동 면이 뛰어납니다.

식신은 글과 시를 좋아하는 비세속적인 문인(文人)이나 은사(隱士), 또는 한 우물을 파는 학자 스타일입니다. 반면에 상관은 다재다능함과 더불어 사람과 어울리는 것을 좋아하므로 탤런트 스타일이라고 할 수 있습니다. 상관의 외향적인 총명함은 식신이 감당하기 어렵고, 또 반대로 식신의 내면적인 총명함은 상관이 감당하기 어렵습니다.

식신과 상관은 재물을 보는 안목에서도 차이가 납니다. 상관은 세상의 흐름에 따라 적절하게 수완을 부려서 재물을 취하지만, 내향적인 식신은 그렇게 활발하게 폭넓은 대인관계를 갖기가 어렵습니다. 게다가 식신은 마음이 분산되는 것을 꺼리는데 그 중에서도 재물로 인해 마음이 분산되는 것을 특히 두려워합니다.

명리서에 "상관이 인성을 보았으면 재성으로 향하는 것이 좋고, 식신은 겁재의 방향으로 가는 것이 좋다"고 했습니다. 이 말은 식신은 깊이 있게 파고드는 성분이므로 그 힘이 되는 비견·겁재가 재성을 잡아주어야 연구가 잘 진행된다는 뜻입니다.

상관과 식신은 나의 빼어난 기운을 설하는 것이므로 내가 설기(泄氣)를 당하니까 일단 일주가 강건해야 합니다. 일주가 강건하지 못하면 식상은 모두 재앙으로 다가올 가능성이 높습니다. 반대로 일주가 강건함에도 불구하고 식상이 없어서 빼어난 기운이 설기되지 않는다면 이것 또한 흉상이라고 하겠습니다.

식신은 나의 정관을 극하려는 마음이 적지만, 정재의 입장에서 보면 식신은 친어머니요, 정재는 식신의 친자식이니 나의 의식을 보급하는 재성을 생하려는 마음이 간절합니다. 따라서 식신은 제일의 복성(福星)·수성(壽星)이 됩니다. 즉 상관보다 식신이 나의 정재를 절실하게 생해주고 식신이 생한 재성은 나의 관(官, 벼슬)을 생하므로, 식신생재(食神生財)하고 재생관(財生官)합니다.

이처럼 나의 재관(財官)을 튼튼히 하고 칠살〔偏官〕을 제압하여 나의 생명을 보호해주는 까닭에 먹는 것을 보급하는 신이라 하여 '식신(食神)'이라 하고, 생명을 보호하는 성이라 하여 수성(壽星)이라 합니다.

그러므로 신체가 풍만하고, 성격이 명랑하고 낙천적이며, 인덕이 있고, 호색가라고 할 수 있습니다. 그렇기 때문에 오히려 게을러지고 의존적이 되기도 합니다.

그러나 식신이 편인을 만나면 극을 받아 그 특성이 약화되고, 사주에 식신이 많으면 일간의 기운이 많이 설기되어 약해지므로 신체가 허약하고 자식 복이 없습니다.

여자에게 식(食)은 자식에 해당하나, 식신이 많으면 남편에 해당하는 관(官)을 극하므로 과부가 되거나 남편이 있더라도 무능력한 경우가 많습니다. 그러면 성에 불만족하게 되어 음란해져서 화류계에 종사하거나 첩이 되기도 합니다. 그러므로 일간이 강할 때 식신이 있으면 도움이 되지만, 일간이 약한데 식신이 많으면 오히려 해가 된다고 하겠습니다.

• 상관

상관(傷官)은 일간이 오행을 생하는 것으로 음양이 서로 다릅니다. 여자의 경우 관성은 남편에 해당하므로 대운이 관성을 도우면 결혼하게 되고, 대운이 관성을 충(沖)하면 사별하거나 이혼하게 됩니다. 또 관(官)이 용신인데 상관운(傷官運)이 오면 사별하거나 이혼하게 됩니다. 글자 그대로 상관은 남편인 관성을 상(傷)하게 하기 때문입니다. 상관이 왕(旺)하면 성격이 괴팍하고 뛰어난 기술을 갖게 됩니다.

내가 생하는 것이라는 말은 자신이 천부적으로 타고난 능력을 의미하기도 합니다. 내가 타고난 성분을 극대화하는 것은 교육을 통해서 이루어지게 되는데, 자신이 타고난 것에만 지나치게 신경을 쓰면 정관과 대립하게 되는 경우가 많습니다.

상관이라는 말은 십중팔구 정관에서 나오지 않았나 싶습니다. 사주에서 관이라고 할 만한 것이 정관인데, 그 관을 상한다는 것이 상관이기 때문입니다. 어쨌든 정관은 상관을 꺼리는데, 기본적으로는 그렇지만 실제로는 사주에서의 정세가 어떠한가에 주의를 기울여야 할 것입니다.

기존의 명리서에서는 상관을 일러 '관부를 부수는 도적'과 같다고 표현했는데, 조금 지나치지 않나 싶습니다. 상관은 한 개인의 총명함을 말하는 것일 뿐이므로 도적이라는 표현과는 어울리지 않습니다. 그리고 음양이 다르게 배치되는 것으로 보면 합작적인 수단을 통해서 자신의 사생활을 경영한다고 할 수 있겠습니다.

겉으로는 충성스럽게 민중의 공복(公僕)이 되겠노라고 하면서 내면으로는 사람을 속이고 자신의 이익을 추구하며, 그 뜻이 커서 작은 일에는 행동을 구애받지 않으면서도 말은 번드르르하게 잘하고, 머리가 좋아 행동 또한 교묘하다는 점 때문에 상관이 도적이라고 인식되었던 것 같습니다.

상관은 합작수단을 통해서 이익을 도모한다는 점이 특징이라고 할 수 있습니다. 그 이기적인 성분 때문에 군중 속에서 활동을 하는 셈입니다. 그리고 정관처럼 해서는 성취가 어렵다고 생각하여 군중 속을 헤집고 다니면서 자신의 존재를 크게 알리는 사람이라고 할 수 있습니다. 오늘날과 같은 PR 시대에 스스로를 광고하는 마음이 바로 상관의 마음입니다. 그러므로 상관의 성격은 외향적이라고 할 수 있습니다.

그런 면에서 볼 때 오늘날은 십성 중에서도 상관이 가장 대우받는 시대라고 할 수 있습니다. 자신의 재능으로 활동해서 능력을 인정받기 때문입니다. 그래서 요즈음 가장 인기있는 사람이 탤런트입니다. 재능가라고나 할까요?

상관의 성분은 계교가 많습니다. 능수능란은 상관에게 적합한 말이라고 하겠습니다. 상관이 강한 사람은 자신의 노력이 그만큼 있어야 하는 것이니 일주도 강하게 타고나야 합니다. 거기에 재성이 있어서 상관을 보호해준다면 금상첨화라고 하겠습니다.

식신과 상관은 모두 재성을 생하고 관살을 극하는 성질을 갖고 있지만, 정재의 입장에서 볼 때 상관은 식신과는 음양이 다르므로 서모나 계모가 되어, 그 재를 참뜻으로 생하는 것이 아니라 마지못해 생해줄 뿐입니다. 식신 같은 인자한 마음은 적다고 하겠습니다. 뿐만 아니라 나의 정관과는 같은 양이므로 재를 생하려는 마음보다 미워하는 마음이 있어 틈만 있으면 정관을 극제(剋制)하려 합니다. 이렇게 정관을 손상시킨다 하여 상관이라고 하는 것입니다.

정관의 입장에서 볼때 칠살인 상관은 항상 두려워하는 대상이므로 정관(남 : 벼슬, 여 : 남편)이 크게 손상됩니다. 또 상관은 일간의 생을 받지만 나의 힘만 설기하고 관은 상하게 하므로, 식신에 비해 도둑과 같다 하여 도기(盜氣)라고도 합니다.

그러나 식신도 지나치게 많으면 나의 기운을 모조리 빼내는 한편 관을 극하게 되므로 기신(忌神)이 됩니다. 상관도 관살이 왕하거나 재가 약한 경우는 관살을 억제하여 나를 보호하고 약한 재를 생해주므로 길신(吉神)이 되기도 합니다.

사주에 상관이 왕성하더라도 인수가 있으면 상관의 흉조를 해소시킬 수 있습니다. 인수는 상관에게 칠살이 되어 상관을 꼼짝못하게 만들기 때문입니다. 그러나 상관이 비견이나 겁재를 만나면 생하게 되므로 더욱 흉폭해집니다.

남자에게 정관은 자식이고 여자에게 정관은 남편이므로, 상관이 왕하면 이들이 각각 극을 받게 됩니다. 정관은 벼슬·국가·법 등을 뜻하므로, 상관이 왕하면 경쟁·소송·반역·교만하게 되고 나의 직장을 없애버리니 실직·실권하게 됩니다.

상관이 많고 재성이 없으면 부부 인연이 박합니다. 남자의 경우 재는 아내인데, 상관만 많고 재가 없는 것은 처재(妻財)가 생을 받지 못한다는 뜻이기 때문입니다. 여자의 경우는 관살이 남편이므로 상관이 많더라도 재가 있으면 그 상관이 관살을 직접 극하지 않고 탐생망극(貪生忘極, 생을 탐하여 극하려는 마음을 잊음)하여 재를 생해주고, 그 재는 상관의 생을 받아 힘이 강해져서 곧 관살을 생하므로 도리어 좋아지지만, 상관과 관살 가운데 재가 없으면 상관이 직접 관살(남편)을 극하게 되므로 부부의 인연이 박하다고 볼 수 있습니다.

또 여자의 경우 상관이 편인과 같은 주(柱)에 있으면 남편과 자식 복이 없습니다. 상관은 남편 되는 정관을 극하고, 편인은 자식 되는 상관을 극하기 때문입니다.

정관은 상관만 보면 극을 받으므로 두려워합니다. 그러므로 여자에게 상관이 많으면 남편이 표면에 나타나지 못하는 상이 되어 결혼이 늦어지고, 결혼 후에도 상관이 남편 되는 정관을 극제하므로 남편이 죽거나 무능력하거나 병약하게 되어 남편 덕을 보지 못합니다.

사주에 남편 또는 남자가 없으면 남자에 대한 관심이 없습니다. 더욱이 상관이 칠살을 가지고 호시탐탐 노리고 있으니 남자의 존재가 희미해집니다. 따라서 여자의 사주에 상관만 있고 관성이 없으면 남자를 싫어하는 경향이 있고, 정조관념이 강하여 혹 남편이 사망하더라도 절개를 지킵니다.

여자의 사주에서 상관이 양인(羊刃)도 되고 정관이 같은 주에 있으면 남편이 횡사(橫死)한다고 하는데, 남편인 정관이 칠살이 되는 상관에다 칼날을 상징하는 양인을 같이 만났으니 마치 자기(남편)를 죽이려는 적이 칼을 들고 나타난 형상이 되기 때문입니다.

이처럼 상관이 왕(旺)하면 국법을 어겨서 죄를 짓는 경향이 있고, 여자는 일반적으로 남자를 깔보며 심한 경우는 남자 또는 남편을 깔아뭉개는 경향이 있습니다. 관은 국가요 법이요, 여자에게는 남자요 남편인데 그것을 꼼짝못하게 하는 상관이 왕하니 나라와 법과 남편을 무서워할 까닭이 없는 것입니다.

4) 재성

재성(財星)은 내가 극하는 오행입니다. 나를 생해주는 것도 생이지만, 내가 극하는 것도 생입니다.

관살은 나를 극하는 물질이지만 그 성질이 다릅니다. 식상도 마찬가지로 내가 생하는 물질이지만 그 성질은 정·편에 따라서 차이가 있습니다. 그러나 재성(財星)이나 인성(印星)은 정·편의 다름이 있지만 나 자신을 기른다는 의미에서 같다고 하겠습니다. 그래서 운명을 감정할 때에는 관살과 식상의 동태를 잘 살펴야 하는 것입니다.

재인(財印)에 대해서는 관살과 식상의 보조자 정도로 취급합니다. 그래서 "관(官)을 용신으로 삼으려면 재(財)를 보고, 살(殺)을 용신으로 삼으려면 인(印)을 보고, 식신(食神)을 용신으로 삼으려면 인(印)이 극하는가를 보고, 상관을 용신으로 삼으려면 재(財)로 생하는가를 보라"고 했습니다.

이 말은 먼저 관살과 식상을 살핀 후에 보조자로서 재인(財印)을 보고, 그 형상들이 중화(中和)가 되는지 아닌지를 확인함으로써 사주를 보는 일을 마무리하게 된다는 뜻이라고 볼 수 있겠습니다.

인성(印星)은 강약(强弱)으로 논하지만 재성(財星)은 다과(多寡)로 논합니다. 많다 적다는 물질에 대한 것이고, 강하다 약하다는 정신에 대한 것입니다. 재(財)는 중인의 공동소유가 될 수 있는 물질이므로 재가 많으면 지배하기가 곤란합니다. 사람들이 빼앗으려는 마음을 품게 되므로 재앙을 받기도 쉽습니다.

도둑이나 강도의 목적은 재물의 겁탈에 있습니다. 사주에서도 재물이 지나치게 많은 사람은 재물(즉 財星)에 집착한 나머지 자신의 생명(즉 印星)을 해하게 되는 결과를 가져올 확률이 높습니다. 그래서 재는 생명을 기를 정도만 되면 더 이상은 구하지 말라고 한 모양입니다.

재(財)가 용신이 되면 생명을 기를 정도가 부족하다는 의미입니다. 이때 겁재(劫財)를 만나는 것은 대흉(大凶)입니다. 내 생명을 기를 정도의 영양분마저 빼앗긴다면 어떻게 세상을 살아가겠습니까. 그래서 재성은 많은가 적은가를 살펴서 많으면 나눠주고 적으면 잘 지키도록 해야 합니다.

재성은 편재(偏財)와 정재(正財)입니다. 편재는 여자, 아내, 부친, 비공식적인 재물, 물질 개념 등의 의미가 있습니다. 정재는 아내, 여자, 월급, 유산, 육체 등의 의미가 있습니다. 편재는 아버지이고, 정재는 각시입니다. 특히 편재는 남녀 공히 아버지를 뜻합니다.

편재가 아버지를 뜻한다는 것은 오늘날 더욱 명확해진 것 같습니다. 오늘날의 아버지는 예전에 비하면 돈 버는 기계로 전락한 면이 강하기 때문입니다.

가족의 생계에 대한 책임감 때문에 밖에서는 회사에서 잘리지 않도록 노심초사해야 하고, 안에서는 아내가 여권신장의 목소리를 슬슬 높여가고, 아이들 얼굴을 볼 수 있는 시간조차 많지 않은 이 시대의 아버지들은 가족과도 겉도는 것 같습니다. 엄한 아버지라는 의미는 제쳐두고라도 가족 사이에 끼기 위해서도 노력해야 하고 가족을 위해 끝도 한도 없이 벌어야 하는 이 시대의 불쌍한 아버지들……. 그래서 편재는 아버지일 수밖에 없습니다.

사주에서 편재가 용신이면서 연주나 월주에 있으면 아버지 덕이 있습니다. 반면 편재가 용신이 아니면 아버지 덕이 없다고 하겠습니다. 다른 모든 것이 그러하듯이 아버지 덕이 있다고 항상 좋은 것은 물론 아닙니다. 즉 어려서 아버지의 덕이 많았던 사람은 나중에 거친 사회에서 성공할 확률이 떨어진다고 볼 수 있기 때문입니다. 역으로 이야기하면 명성이 있는 사람은 대개 아버지 덕이 없는 사람이라고 할 수 있습니다. 위인전기를 살펴보면 아버지를 일찍 여읜 사람이 생각보다 많다는 것을 알 수 있을 것입니다.

자신이 극하는 중에 음양이 다른 것이 아내로서 정재입니다. 사주 중에서 배우자가 사는 집은 일지입니다. 그러므로 사주를 볼 때 배우자에 해당하는 것은 일지를 보면 됩니다. 다만 여자의 경우는 원칙적으로 남편이 사는 집이 월지이므로 일지와 월지를 함께 참고해야 합니다.

남자의 경우 재성은 아내에 해당하므로, 대운이 재성을 도우면 결혼하게 되고, 대운이 재성을 충(沖)하면 사별하거나 이혼하게 됩니다. 재성은 아내만 아니라 재물도 뜻하므로 결혼하거나 재물을 획득한다고 볼 수 있습니다. 대운이 언제 용신운으로 흐르는지를 알면 부자가 되는 시기를 알 수 있습니다.

부귀는 재성을 보아야 합니다. 재성 용신이 강력하고 충파(沖破)가 없으며 대운이 좋으면 재벌이 됩니다.

• 편재

편재(偏財)는 일간이 오행을 극하는 것으로 음양이 서로 같은 것입니다. 유통하는 재물 또는 영업의 주성(主星)이라고 합니다. 편재는 상속이나 부동산 등에 의한 재물이 아닌 움직이는 재물, 즉 비공식적으로 얻은 재물이나 사업 등으로 인한 유통하는 재물을 의미합니다.

편재는 재산을 운용하는 재주가 있습니다. 그러므로 편재가 많은 사람은 타향에 나가 재물을 모으는 경우가 많습니다. 반면에 편재가 없거나 약한 사람은 외지에서 재물을 모으기가 어렵습니다. 편재는 유산 등에 의한 재물이 아닌 외재(外財)로 보기 때문입니다.

정재(正財)를 주성으로 하는 사람은 성실하고 정직하며 금전적인 면에서 구두쇠가 많은 데 비하여, 편재를 주성으로 하는 사람은 의협심이 풍부하고 재물을 경시하는 경향이 있습니다. 이것은 정재와 편재의 본질적인 차이에서 기인하는 것으로 생각됩니다.

스케일 면에서는 편재를 주성으로 하는 사람이 당연히 훨씬 크게 느껴집니다. 편재는 간간이 재물도 횡재하고 여자도 따르지만 속성속패(速成速敗)하는 경향이 있습니다. 재성은 돈과 여자를 나타내는 것이므로 재성이 길할 때는 돈 복과 여자 복이 있습니다. 그러나 재성이 흉할 때는 불의의 손재와 여자로 인한 곤액〔色難〕을 당하기 쉽다는 점을 잊어서는 안 될 것입니다.

신강 사주에 편재가 강할 때는 궁색함 없이 큰돈을 만지면서 다재다능한 능력을 발휘하여 인생을 즐겁게 보내게 되지만, 신약 사주에 편재가 많을 때는 인색하기 그지없으며 인정이 상하기 쉽습니다.

남자일 경우 편재는 아버지나 처(妻) 등으로 보고, 여자일 경우는 아버지 또는 시어머니로 봅니다. 즉 어머니인 인성을 극하는 것이 남편이고 정인(正印)과 합하는 것이 남편이기 때문에 편재는 남녀 공히 아버지가 됩니다. 남자의 경우 자신이 극하는 것이 처인데, 처라도 음양이 다른 정재는 조강지처를 뜻하지만, 음양이 같은 편재는 비공식적으로 맺어진 여자관계를 말합니다.

편재성(偏財星)은 담백강개(淡白慷慨)한 성격을 유도하므로, 편재가 왕(旺)하면 대개 풍류를 좋아하여 여자관계가 복잡하고 첩을 많이 거느리게 되며 돈을 헤프게 씁니다. 그렇기 때문에 "욕심이 많고 주색을 좋아한다"고 말합니다. 정재를 정신적인 재물이라고 한다면, 편재는 '여자는 재물'이라는 의미가 내포되어 있다고 할 수 있습니다.

편재의 偏에는 이렇게 정재의 正에 반대되는 의미가 있는데, 이것은 재물이나 여자 양쪽에 모두 적용됩니다.

부친에 해당하는 편재가 왕한 사주이면서 부친궁에 귀인성에 해당하는 천덕(天德)·월덕(月德)의 길신(吉神)이 있는 것은 그 부모가 훌륭함을 뜻합니다. 그러므로 명망 있는 부모를 모시게 되며 자신도 그 복록을 누리게 됩니다. 이것을 "재가 왕하니 재복(財福)을 누린다"라고 합니다.

편재성에 장생(長生)이 있는 것은 부자간에 화목하거나 부친이 장수함을 나타냅니다. 그러나 일반적으로는 편재가 많으면 아버지를 일찍 여의거나 배우자가 둘일 가능성이 높습니다. 편재는 남녀 모두 아버지에 해당하므로, 편재가 많다는 것은 아버지가 많은 상이니 생부가 일찍 죽거나 생이별하여 생부 이외의 아버지 즉 양부를 섬겨야 함을 뜻하기 때문입니다. 따라서 편재가 많으면 남의 양자로 가는 수가 있습니다.

또한 편재가 태왕(太旺)하거나 너무 많으면 모친성인 인수를 극하는 까닭에 모친을 일찍 여읠 수도 있습니다.

연주에 편재와 비견이 같이 있으면 비견은 편재를 칠살하므로, 부친성인 편재는 비견에게 극멸(剋滅)되는 상이어서 부친이 객사하는 경우가 될 수 있습니다. 또한 편재가 묘(墓)에 입하면 부친이 무덤〔墓〕에 든 형상이 되어 부친과 일찍 사별하게 됩니다.

여자의 경우 편재는 시어머니에 해당하므로, 편재가 왕한 여자는 시어머니 때문에 시집살이의 고생을 하게 됩니다. 여자에게 재성이 많으면 재성은 시어머니를 둘 이상 모신다는 뜻이므로 재가한다는 의미가 있습니다.

또한 여자 사주에 편재가 너무 많으면 오히려 재복이 없습니다. 또 사주에서 편재가 쇠궁에 들면, 재(財)가 힘이 있어야 관성인 남편을 생하는데 재가 쇠하면 관을 생하지 못하므로 남편과 생이별 또는 사별〔生離死別〕하게 됩니다.

• 정재

정재(正財)는 일간이 오행을 극하는 것으로 음양이 서로 다른 것입니다. 정재는 명예·번영·개인 재산·고정 재물(자산), 또는 상속받은 재물, 정당한 방법으로 얻은 재물(사기·횡령·습득 등으로 얻은 재물이 아닌 것)을 뜻합니다. 남자의 경우는 정당하게 혼인으로 맺은 아내·백숙부모(伯叔父母)·의부(義父)이고, 여자의 경우는 아버지·시어머니·백숙부모·의부를 뜻합니다.

남자에게 여자는 재(財)인데 바른 재이므로 아내가 됩니다. 백숙부모나 의부로 보는 것은, 편재는 인수의 정관 즉 어머니의 남편이고, 편재나 정재는 오행이 같으므로 아버지뻘이 되는 성입니다. 친아버지를 제외하고 아버지뻘이 되는 사람은 백숙부모 아니면 의부 혹은 이모부가 되기 때문입니다.

신강 사주의 경우 정재가 많은 것은 재물과 여자를 능력껏 관리하는 형국이므로 날로 번영·출세하게 됩니다. 그러나 신약 사주의 경우는 병자가 많은 여자를 거느리는 격이니 빈한(貧寒)을 면치 못합니다. 재다신약(財多身弱)이라 하는 것으로, 이 경우에는 처첩에 흉사가 있게 됩니다.

정재가 왕성하면 성격이 명랑하고 의협심이 있으며 공론(公論)을 존중하고 시비흑백(是非黑白)을 가리며 위인이 호탕하여 주색과 풍류를 즐기고 어진 아내를 얻는 처 덕이 있습니다. 그러나 정재가 너무 태왕하면 여색으로 인하여 재물을 낭비하게 됩니다. 정재는 처성으로 아내는 하나만 있으면 됩니다. 정재가 많은 것은 아내가 많은 것이니 아내 이외의 다른 여성과 인연을 맺는 상입니다. 자연히 여자관계가 복잡해지고 따라서 금전의 소모가 많습니다.

정재가 많은 사주에 인수가 있으면, 재성에만 마음이 끌려 인수에는 관심이 없는 상이 됩니다. 이것은 왕성한 재성이 인성을 칠살하기 때문으로, 뇌물을 받다가 화를 당하거나 아내로 인해 부모를 학대하는 경우가 생깁니다. 심지어 인성이 미약한데 정재·편재가 너무 많거나 태왕한 것은, 미약한 인수에 해당하는 어머니가 태왕한 재성에 극제되어 일찍 죽거나 병사합니다. 또 미약한 중에 재운을 만나면 역시 재를 탐하여 인성을 무시하므로 큰 재앙을 당할 수 있습니다. 이런 경우는 특히 부당한 재물이나 외간여자와의 교제를 탐하지 말아야 합니다.

사주에서 재가 왕하지만 신약하면 재를 취하지 못하므로 겉은 번드레하지만 속은 가난하여 실속이 없습니다. 신약한 사주에 재성이 태왕하거나 너무 많은 것은 극성을 부리는 재성을 약한 일간이 감당하지 못하는 격이기 때문에 공처가가 되기 쉽습니다.

사주에 정재도 있고 식신도 있으면 식신이 재를 생하므로 어진 아내를 얻어 가정이 화목하고 재물의 근원이 마르지 않습니다. 그러나 사주에 정재가 있는데 겁재가 왕성하면, 겁재가 아내요 재물인 정재를 칠살하여 재성을 극제하므로 재물에 실패수가 있고 처첩의 근심이 많습니다.

사주에서 정재가 월지에 있으면 명문가에서 아내를 맞이하거나, 아버지나 할아버지로부터 많은 유산을 상속받습니다. 사주에서 정재는 아내요 재물이니 이것이 공망(空亡)[1] 이 되면 그 효력이 상실되어 있으나마나 하기 때문에 처 덕과 재운이 없습니다.

또 사주에서 정재와 인수가 서로 충(沖)·파(破)하여 부딪히면 고부간에 불화하게 되고, 정재가 절(絶)·묘(墓)·쇠(衰) 등에 임

---

1) 60갑자 중에서 순(旬)에 포함되지 않은 두 개의 글자가 있는데 이를 공망이라 하며, 생일의 간지를 기준으로 합니다. 예를 들면 갑자 일주인 사람은 술해가 공망입니다. 명식에 공망이 하나인 사람은 거의 상관이 없지만, 두 개 이상인 경우에는 공망이 힘을 씁니다. 모진 고생을 하는 경우가 많습니다.

하면 아내가 어리석거나 병약하거나 다른 남자에게 재가하는데, 이는 아내인 정재가 인연이 없는 까닭입니다. 여자의 사주에 정재가 많으면 오히려 빈천하게 되고, 정재가 많은데 인수도 많으면 음란하고 화류계나 식모 같은 직업을 갖게 됩니다.

5) 관성

편관(偏官)은 직업, 구박하는 상사, 남자의 자식, 인내심 등의 의미를 갖고 있습니다. 정관(正官)은 직업, 정 많은 상사, 남자의 자식, 합리성 등의 뜻이 있습니다.

귀천(貴賤)은 관성으로 봅니다. 관용신(官用神)이 강력하고 충파(沖破)가 없으며 대운이 좋으면 귀하게 됩니다. 특히 여자 사주는 남편에 해당하는 관성의 충파 여부를 세밀히 관찰해야 합니다. 여자 팔자 뒤웅박 팔자라는 말이 있듯이 남편이 잘되면 부인은 따라서 잘되기 때문입니다.

관성(官星, 官殺)은 대체로 남편으로 보는데 편관과 정관의 두 종류로 분류합니다. 정관은 보통 올바른 남편이라고 하고 편관은 치우친 남편이라고 설명하지만, 주변 사정에 따라 달라지므로 꼭 그렇다고 단정할 수는 없습니다. 사주의 정관·편관을 잘 관찰하면 어떤 형태의 남편을 섬기고 살 팔자인지 대강 알 수 있습니다.

관살은 나를 극하는 것이므로 많아서는 곤란합니다. 자신을 극하는데 좋아할 사람은 아무도 없을 테니까요. 어느 정도 꼭 필요한 만큼의 보호를 원할지는 몰라도 지나친 간섭을 하면 누구나 반발하게 됩니다. 편관은 강제적인 억압이고 정관은 합리적인 억압이라는 차이가 있지만, 자신을 억압한다는 차원에서는 대동소이합니다. 아무리 옳고 좋은 말이라도 마음속에는 앙금이 남게 마련입니다.

이것이 사람의 마음자리입니다. 사주에 관살이 많으면 허구한 날 자신을 억압하고 자포자기하며 살고, 관살이 적으면 날마다 절제 없는 생활을 하며 삽니다.

정관이 강한 사주는 감시가 심한 남편일 경우가 많습니다. 그러므로 의처증이 있을 가능성도 높습니다.

• 편관

편관(偏官)은 일간을 오행이 극하는 것으로 음양이 서로 같은 것입니다. 일명 칠살(七殺)이라고 합니다. 편관이란 치우친 관이라는 뜻이고, 칠살은 천간의 배열에서 일곱 번째에 해당하는 무서운 놈이라는 뜻입니다.

편관은 정관과 함께 나를 극하는 성분이지만, 정관과는 달리 무정하게 극합니다. 즉 많은 사람이 인생을 유익하게 살도록 배려하는 것이 관성이라고 할 때, 정관은 합작적인 수단을 통해서 베풀지만 편관은 경쟁적인 수단을 통해서 베풀게 된다는 것이 다릅니다. 기본적으로는 같은 이타심을 표현하는 관성이지만 실제로 나타나는 현상은 매우 큰 차이가 있습니다.

사회적으로 봉사하는 성분 중에서도 합작적인 수단과 경쟁적인 수단은 서로 다른 개념이라고 하겠는데, 정관과 편관이 음양에서 서로 다른 만큼의 차이가 이렇게 나타난다고 볼 수 있겠습니다. 합작적인 수단을 사용하는 정관은 바탕이 이지적입니다. 이지적이란 요모조모 따져보고 궁리해보는 냉정한 두뇌가 있다는 뜻입니다.

반면에 경쟁적이라는 말은 감정적이라는 뜻입니다. 경쟁은 감정에 연결되지 않으려는 분위기를 풍깁니다. 보통 편관의 형태를 이해할 때에 군인과 경찰이라고 무조건 외우다시피 하는데, 실제로도 군인에게는 경쟁적인 성분이 있는 것으로 보입니다. 군인정신에는 일사불란한 명령체계만이 존재해야지 뭔가 합리적인 것이 개입되면 곤란합니다.

합리적인 사고방식을 갖고 있는 정관적인 사람에게 경쟁적인 일을 맡기면 잘 처리하지 못할 것이고, 반대로 경쟁적인 사고방식을 갖고 있는 편관적인 사람에게 라이벌이 없는 일을 맡기면 역시 잘 처리하지 못할 것입니다.

칠살은 오로지 경쟁적인 것에 많은 힘을 소모하므로 무조건 신강해야 합니다. 그래서 재성이 주변에서 어정거리는 것을 달가워하지 않습니다. 물론 칠살이 매우 약하다면 재성을 반가워하겠지만, 일주가 약한데 재성이 많은 경우라면 일주의 마음을 재물로 가져갔다가 이타심으로 가져갔다가 하면서 갈등이 많습니다. 언제나 경쟁적인 행동으로 대처하려고 한다면 많은 힘이 소모될 것이 분명하니, 칠살이 있을 경우에는 인성의 동태를 살피라는 말이 참으로 의미심장합니다.

편관은 상관을 꺼리지 않는데, 비록 이기적인 것과 이타적인 것이 서로 어울리지는 못하지만, 진실로 이기적인 것은 타협에서 오는 것이고 이타적인 것은 용감하고 강직함에서 오는 것이니, 둘은 서로 같지 않더라도 대립은 하지 않기 때문입니다. 만약 편관이 식신을 만났다면 둘은 서로 동일한 수단을 갖게 되므로 상반된 입장에서 목적에 도달하려는 방법을 취하게 됩니다. 이렇게 되면 보나마나 경쟁적인 마음으로 대립하다가 패하게 될 가능성이 큽니다.

편관은 가혹하게 본인〔日干〕을 극하는 대흉성이라고 할 수 있습니다. 편관과 정관은 모두 일간을 극하지만, 편관은 음양이 같으므로 정관보다 극하려는 성질이 더 강렬합니다. 칠살로 나를 억눌러 괴롭히려고 들기 때문에 상관칠살(傷官七殺)의 특성인 성급·흉포·집권·완강·살상·독재성 등을 의미하며, 칼을 든 무사나 깡패에 비유되는 살신(殺神)이 됩니다.

편관의 성격이 이러하므로 편관격을 이루거나 편관이 사주의 주도권을 잡으면 독재자·법관·군인·두목 등 강한 직업을 갖는 경우가 많습니다. 음양이 같아 조화를 이루지 못했으므로 비공식적인 벼슬이나 직업(여자에게는 비공식적인 남편)으로 정관과는 성질이 다른데, 오히려 이 때문에 어떤 면에서는 출세를 하게 되기도 합니다.

편관을 주성으로 하는 사람 중에 크게 성공한 사람이 많다는 것은 사실입니다. 자기 자신에 대한 혹독한 환경이 끊임없는 자극이 되어 매우 적극적인 행동파가 되기 때문입니다. 이러한 환경을 이겨낸 사람이 성공하는 것은 당연하지 않겠습니까.

남자의 경우, 정관이 친자이고 편관은 조카나 혼인 이외의 자식[義子·庶子] 또는 아내가 데리고 온 자식으로 보지만, 꼭 그런 것은 아닙니다. 정관이 없는 경우는 편관을 친자식으로 보아도 무방합니다. 여자의 경우 정관은 혼인한 남편이니 편관은 혼인하지 않은 남편 즉 재가한 남편이나 정부로 보아도 무방합니다. 정관도 많으면 재가해서 얻은 남편이나 정부가 있는 것으로 봅니다.

오로지 식신(食神)의 극함만이 편관의 강한 예기를 제압할 수 있습니다. 또한 인수(印受)의 설기(洩氣)가 있어야 편관의 맹렬함을 누그러뜨릴 수 있습니다. 그러므로 편관이 있어 칠살이 왕성하더라도 사주 가운데 식신이나 인수를 만나면 두렵지 않게 됩니다. 신강하면 무엇을 이루려는 힘이 있고 편관이 있으면 급하고 강포하나, 식신과 인수가 있으면 이것을 약화시켜 강유겸전(剛柔兼全)으로 잘 조화시키므로 부귀를 얻을 수 있는 것입니다. 즉 신강한 사주에 편관과 식신이 모두 있으면 크게 부귀하다고 봅니다.

그러나 법이요 국가요 상사를 뜻하는 편관이 있는 사주에 식상(食傷)이 너무 많으면 법과 국가와 상사를 무시하는 격이 됩니다. 이렇게 되면 국법을 범하여 국가에 대항하다가 화를 당하는 이치가 되므로 대흉하다고 봅니다.

편관이 양인(羊刃)이나 괴강(魁罡)과 같이 있으면 법조계나 경찰·군인으로 출세합니다. 편관·정관이 모두 두 개 이상 있으면 관살혼잡(官殺混雜)이라 하는데 사람됨이 간교하고 호색하며 음란하여 재앙과 근심이 많게 됩니다.

여자 사주에 편관이 네 개 이상 있으면 창녀의 운명이라고 할 수 있습니다. 여자의 경우 관살은 남편으로 보는데, 여자의 사주가 관살혼잡을 이루어 편관·정관이 모두 많으면 남편이 많은 형상이므로 정조관념이 없어 여러 남자에게 몸을 허락하게 됩니다. 여러 번 시집가거나 여러 남자와 정을 통하거나 화류계에 종사하게 됩니다.

여자의 사주에 편관이 장생(長生)과 같이 있으면 귀한 남편을 만나, 정관이나 편관이 묘(墓)에 드는 것은 남편이 무덤 속에 든 형상이므로 남편이 죽게 됩니다. 여자의 사주에 관살(官殺)이 목욕(沐浴)과 같이 있으면, 관살은 남편성이고 목욕은 도화살이므로 남편이 기생집에 들어 있는 형상이 됩니다. 즉 남편이 바람을 피운다는 의미입니다.

• 정관

정관(正官)은 일간을 오행이 극하는 것으로 음양이 서로 다른 것입니다. 정관은 벼슬이요, 권세요, 직장이요, 국가요, 법이요, 정도(正道)로 봅니다.

정관과 편관은 모두 나를 억제하나, 정관은 벼슬·일자리 또는 직장 상사요, 여자에게는 남편에 해당하므로 억제를 받는 것이 당연하다는 생각이 들어 그다지 기분 나쁘지 않습니다. 그러나 편관은 내가 싫어하든 좋아하든 막무가내로 나를 억눌러 지배하려는 성질이 있어 나에게는 달갑지 않은 존재로 느껴집니다. 그래서 사주

육친법상 정관은 귀성(貴星)으로 보고, 편관칠살(偏官七殺)은 귀물(鬼物)로 취급합니다.

그러나 이것은 어디까지나 이론일 뿐, 실제 오행의 성격으로 따진다면 일간에 미치는 영향력은 마찬가지라고 할 수 있습니다. 정관이 있다고 해서 반드시 좋고, 편관이 있다고 해서 반드시 나쁘다고 단정해서는 안 됩니다.

정관은 비록 일간을 극하지만 칠살과 달리 길신으로 보는데, 정관도 너무 많으면 오히려 재물을 파하고 빈곤하게 됩니다. 정관은 사주 가운데 하나만 있는 것이 가장 길합니다. 정관이 좋지 않은 방향으로 작용할 때, 즉 상관이 많다든지 할 때는 권세의 실정, 직장의 실직, 국가에 대한 반역, 법에 의한 소송, 정도(正道)에 대한 방해 교란으로 나타나게 됩니다.

남자의 경우, 아내인 정재가 낳은 것이 정관이니 나[日干]에게는 자식이 됩니다. 아들인 정관이 극하는 비견은 아들의 아내가 되니 나에게는 자부(子婦)가 되고, 자부인 비견이 낳은 식신은 나에게 손자가 됩니다. 식신이 극하는 것이 정관이므로 정관은 식신의 아내가 되고 나에게는 손부(孫婦)가 됩니다. 그러므로 남자의 경우 정관은 자식·손부가 되고, 정관이 많다는 것은 자식이 많거나 배다른 자식이 있다는 의미가 됩니다.

여자의 경우 나를 극하는 것이 남편입니다. 그러므로 여자는 사주에 관살이 많은 것을 크게 꺼립니다. 음양이 다르면 남편, 음양이 같으면 애인이나 정부 등으로 보는 것이 원칙입니다. 내가 생한 것이 상관이므로 상관은 아들이 되고, 그 상관이 극(상관에 대한 정재)하는 것이 정관이므로 정관은 또 며느리가 됩니다. 그래서 여자의 경우는 정관을 남편이며 며느리로 봅니다.

여자에게 정관은 정식 결혼한 남편에 해당하지만 이것은 정관이

하나일 경우이고, 정관이 많으면 여러 번 시집가는 형상이라고 할 수 있습니다. 편관은 혼인 이외의 남편으로 보지만 편관도 하나뿐일 때는 정식 남편으로 보아야 합니다. 여하튼 편관은 편부(偏夫)의 성질이 있으므로 비정상적으로 만나 부부가 된다고 생각하면 됩니다.

정관이란 나를 지배하는 정당한 지배자입니다. 따라서 사주가 정관격이 되거나 정관이 사주의 핵심이 되면, 덕으로 세상을 다스리는 정의의 왕자로서 품행이 단정하고 지혜와 재주가 있으며 자비심이 있고 신용·명예·덕성이 내포되어 있습니다. 그리고 원만정대(圓滿正大)하여 공사(公私)를 분명하게 가려 처세하므로 사회적인 신망이 높습니다.

그러나 사주에 정관이 있더라도 인수가 없으면 명리(名利)를 얻기 어렵습니다. 정관성(正官星)은 반드시 인수를 만나야 합니다. 인수가 없이 신약(身弱)하면 그 정관은 직접 일간을 극하여 더욱 신약해지지만, 인수가 있으면 정관의 생을 인수가 받아 다시 일간을 생하는 관인상생(官印相生)의 귀격이 되기 때문입니다. 이러한 정관도 수가 많으면 칠살과 같은 성질을 갖게 되고, 편관칠살도 인수가 있는 사주에 하나뿐이면 도리어 귀성이 되어 길합니다.

연주에 정관이 있으면 대개 장남의 신분입니다. 그러므로 차남으로 태어나더라도 결국 장남노릇을 하게 됩니다. 반면 월주에 정관이 있으면 대개 차남의 신분이며, 벼슬 및 직장운이 좋아 일생 동안 의·식·주의 걱정이 없고 노고가 적습니다. 월지에 정관이 있고 다른 곳에 인수가 있으며 정관이 형(刑)·충(沖)·파(破)·해(害)를 만나지 않으면 부귀를 누리게 됩니다. 이런 경우는 정관운을 만나는 해에 크게 발전합니다. 일지에 정관이 있으면 만년에 영달하고, 시주에 정관이 있으면 자식이 훌륭합니다. 정관은 길신이요, 시는 말년운 또는 자식궁으로 보기 때문입니다.

여자 사주의 정관이나 편관은 남편 또는 가까이한 남자이므로, 이것이 많으면 관계를 맺는 남자가 많은 상이 되어 화류계로 나가거나 과부가 되어 재가하게 됩니다. 여자 사주에서 정관이 도화(桃花)와 합을 이루면, 도화는 남편을 유혹하는 여자이므로 남편이 바람을 피우느라 집을 자주 비우게 됩니다.

여자 사주에 정관이 있고 인수가 많으면 남편이 관직 및 사업에 몰두하여 집안을 돌보지 않아서 남편을 두고도 공방살이를 하게 됩니다. 또 정관이 역마와 같이 있으면, 정관은 남편이고 역마는 차·비행기 등에 비유하므로 남편이 차나 비행기 위에 앉은 상이 되어 늘 외지로 돌아다니게 됩니다.

여자의 사주에 정관이 목욕과 같이 있으면 남편이 바람을 피우는데, 목욕은 도화요 함지살(咸池殺)이기 때문입니다. 여자 사주에 정관이 사(死)·절(絶)·묘(墓)에 들면 남편이 비록 죽지 않더라도 있으나마나 한 존재가 됩니다. 그러므로 정관이 장생·대건·제왕 등에 들면 남편이 출세하고 또 남편 덕이 있습니다.

관은 이타심의 표현이라고도 합니다. 관은 물론 사회적인 성분입니다. 따라서 개인적인 면보다는 사회적인 면이 강하다고 하겠습니다. 사회란 공동체의 생활을 구성하고 있으므로, 관이 의미하는 것도 공동의 생활에서 조화를 찾는 것이라고 하겠습니다.

이타심은 다른 사람을 먼저 생각한다는 뜻입니다. 사회생활을 할 때에 자신의 이익만을 생각한다면 누가 좋아하겠습니까. 그래서 관이라는 성분은 이타심의 형태로 존재하는 모양입니다. 특히 재물은 스스로 탐하는 성분이 되는데, 사주에 재물이 너무 많다면 유혹이 많아서 이타적이 되지 못하고 이기적이 될 가능성이 많으므로 꺼리게 됩니다. 이것은 격국의 형태로 본다면 관이 용신이 될 때에 재성이 과다하면 신약해지므로 재성을 꺼린다는 뜻으로 이해해도 될 듯합니다.

관성은 고지식할 정도로 정직하고 아첨을 하지 않습니다. 원리원칙대로 일을 처리하기 때문입니다. 일이 빨리 성사되기를 바라는 마음으로 돈봉투를 들이밀어보면 진정한 정관의 성분을 갖고 있는 관리인지, 아니면 정관의 탈을 쓴 식상(食傷)인지를 알 수 있습니다. 정관은 절대로 봉투를 받지 않습니다.

세상에는 사회를 위해서 자신의 일생을 바치는 숭고한 위인들이 있습니다. 그러한 분들이야말로 진정한 의미의 정관(正官)이라고 할 만합니다. 정관의 성분을 살리려면 주체성이 매우 중요합니다. 그래서 관을 쓰기 위해서는 일주가 신강해야 한다고 합니다.

용신

　용신(用神)이란 '내〔日主〕가 쓸〔用〕 수 있는 신(神)'이라는 뜻입니다. 오래된 것으로는『역경(易經)』의 이론이 있고, 가깝게는 명태조 주원장의 군사(軍師) 유백온이 저술한 사주추명술의 보전(寶典)이라고 할 수 있는『적천수』에 설명되고 있는 '체용(體用)'의 이론이 있습니다. 용신은 명리를 연구하는 사람이라면 반드시 알아야 하는 중요한 법칙으로서, 꿈에서도 잊어서는 안 될 대원칙이라고 할 수 있습니다.
　용신은 사주에서 가장 중요한 의미를 갖고 있는 글자로서, 사주 전체의 형상을 살펴서 중화(中和)에 이르도록 작용하는 글자를 부르는 대명사입니다. 핵심, 중화점(中和點)이라고 하는 것과 같은 의미입니다. 용신의 목적은 사주의 주인공인 일간을 존립시키는 데 있습니다. 주인공이 존립하지 못하면 아무 소용이 없으므로 주인공을 기준으로 하여 사주의 상황을 살피는 것이 용신을 알아내는 요

점이라고 하겠습니다.

　용신이 정해지면 용신이 유력한가 아닌가를 판단해야 합니다. 즉 희신이 용신을 잘 지키고 있는가 아닌가를 판단해야 합니다. 만약 희신이 용신을 잘 생부(生扶)하고 있다면, 협력자인 친구와의 인간관계나 경제기반이 굳건하다는 것을 의미합니다.

　반면 희신이 아니며 용신을 생부하고 있지 않다면, 협력자가 때로는 힘이 되어줄 수도 있지만 성의가 없어 무리하면서까지 도와주지는 않을 것입니다. 그리고 도와준다 해도 장래에 어떤 형태로든 힘이 되지 않을까 하는 타산이 작용하고 있으므로 의지할 만한 것은 못 된다고 하겠습니다.

　대운이 용신의 운으로 흐르면 발복(發福)합니다. 용신은 강하고 뿌리가 깊으며〔有根〕 다른 글자가 용신을 충파(沖破)하지 않아야 대길(大吉)합니다. 역사상 큰 인물치고 용신이 약한 사람은 한 명도 없었습니다. 대운이 언제 용신으로 흐르는지를 안다면 부자가 되는 시기도 알 수 있습니다.

　부귀(富貴)는 재성(財星)을 보아야 합니다. 재성 용신이 강력하고 충파가 없으며 대운이 좋으면 재벌이 됩니다. 귀천(貴賤)은 관성(官星)으로 보아야 합니다. 관용신이 강력하고 충파가 없으며 대운이 좋으면 귀하게 됩니다. 대운이 용신을 극파(剋破)하는 운으로 흐르면, 죽지 않으면 병고(病苦)에 시달리거나 빈천하게 삽니다. 용신이 충파되거나 빈약하고, 평생 대운도 오지 않으면 태어나면서부터 죽을 때까지 고생만 합니다.

　용신을 잡는 법에는 ①억부법(抑扶法), ②조후법(調候法), ③병약법(病藥法), ④통관법(通關法), ⑤원류법(源流法), ⑥전왕법(專旺法·旺從法)이 있습니다. 모든 팔자는 하나든 복합적이든 이 법 안에 포함되게 마련입니다.

1. 억부법

부억용신법(扶抑用神法)이라고 하는 억부법(抑扶法)은 신강(身強) · 신약(身弱)으로 용신을 잡는 법입니다. 따라서 일주의 강약을 확실히 파악해야 합니다.

먼저 신강 · 신약을 판단하여 신강이면 관살(官殺)로 억제하거나 설기(泄氣)시키고, 신약이면 그것을 생하는 인성(印星)이나 비겁(比劫)으로 돕는〔生扶〕법을 말합니다.[2]

억부법은 빈도가 가장 높은 법으로 어떤 사람은 억부법이면 모든 사주를 다 풀 수 있다고 할 정도입니다. 그 비율은 약 85퍼센트 정도 된다고 생각됩니다. 그러니까 열 명 중 여덟 명 이상은 억부법에 해당된다는 뜻입니다.

신강인 사람은 좋은 운이고 신약인 사람은 불운하다고 단정적으로 말할 수는 없으나, 신강인 사람과 신약인 사람의 운명에 상이점은 있습니다.

즉 신강한 사람은 번화한 곳에서 살고 신약한 사람은 대체로 뒷골목의 한적한 곳에서 살며, 신강한 사람은 대체로 급사하는 편이고 신약한 사람은 오랜 병 끝에 죽는 경우가 많습니다. 신강한 사람은 호운을 만나면 크게 발전하고 불운을 당하더라도 저항력이 있지만, 신약한 사람은 호운을 만나더라도 이상하게 발전하지 못하고 불운을 당하게 되면 그대로 주저앉는 경향이 많습니다.

신강이라도 과왕한 사람은 왕운의 행운을 만나는 것이 오히려 위험하며, 경우에 따라서는 죽음에 이를 수도 있습니다. 신약한 사람 중에서도 과약한 사람은 쇠운을 만나는 것이 위험하며, 경우에 따

---

2) 扶抑 : 扶抑日元爲用. 扶有二. 印以生之. 劫以助之是也. 抑亦有二. 官煞以剋之. 食傷以洩之也. ──『자평진전평주(子平眞詮評註)』

라서는 역시 죽음에 이를 수도 있습니다.

　강하다고 꼭 좋은 것만은 아니며, 약하다고 꼭 나쁜 것만도 아닙니다. 이는 음양의 개념처럼 존재 자체로서 의미가 있는 것입니다. 진짜 좋고 나쁜 것은 신강·신약의 주위 영향에 의해서 판단해야 합니다.

　용신을 잡기 위한 첫 번째 관문을 통과하려면, 우선 신강·신약을 판별할 수 있어야 합니다. 그것을 위해 '억부법의 세 가지 판정기준'을 마련했습니다. 거의 대부분인 약 85퍼센트 이상의 사주는 이 판정기준에 의해 결정됩니다. 하지만 100퍼센트 완벽한 절대적인 것은 아닙니다.

　그러므로 나머지 15퍼센트를 놓치지 않기 위해서는 사주를 판단할 때에 먼저 이 판정기준으로 사주를 살핀 다음, 명식에 숨어 있는 지장간이라든가 간합(干合)·삼합(三合)·방합(方合)·지충(支沖)·지합(支合) 등의 힘이 서로 어떻게 작용하고 있는지를 살펴보아야 합니다.

　월령(月令)은 33퍼센트의 힘이 있고, 일지(日支)는 24퍼센트의 힘이 있습니다. 일간(日干)·월지(月支)·일지(日支)를 제외한 나머지 다섯 개 간(干)·지(支)의 힘은 각각 약 9퍼센트 정도의 위력이 있다고 봅니다.

• 억부법의 세 가지 판정기준

① 월령
　일간이 월령을 얻었는가 그렇지 못한가로 판정합니다. 이 부분에 대해서는 이견이 없을 정도로 모두가 제일 중요시하는 부분입니다. 월령은 약 33퍼센트의 힘이 있습니다. 월지를 얻으면 월령을 얻었

다 하여 득령(得令)이 되었다고 합니다.

득령은 월지가 일간을 왕(旺)하게 하는 계절인가 아니면 쇠약하게 하는 계절인가를 살펴서 결정합니다. 즉 월지가 일간을 생하는 인성(印星)이거나 자신인 비겁(比劫)일 때 월령을 얻었다 하여 득령이 되었다고 합니다. 득령이 되면 일간이 힘을 얻었으므로 신강(身强)하게 됩니다.

그렇지 못하고 월지가 일간의 힘을 극하는 관성(官星)이거나, 일간이 극하느라 힘을 소모하는 재성(財星), 일간이 자식을 생하느라 설기(泄氣)하는 식상(食傷)인 경우는 월령을 잃었다고 합니다. 이 경우는 신약(身弱)하게 됩니다. 즉 왕(旺)·상(相)·휴(休)·수(囚)·사(死)의 법칙을 따릅니다.

사시 왕쇠표(四時旺衰表)

간지오행 왕쇠	木 甲乙 寅卯 (1·2월)	火 丙丁 巳午 (4·5월)	土 戊己 辰戌丑未 (3·6·9·12월)	金 庚辛 申酉 (7·8월)	水 壬癸 亥子 (10·11월)
旺(가장 강함, 나와 동일)	木 (1·2월)	火 (4·5월)	土 (3·6·9·12월)	金 (7·8월)	水 (10·11월)
相(강함, 나를 생함)	水 (10·11월)	木 (1·2월)	火 (4·5월)	土 (3·6·9·12월)	金 (7·8월)
休(약함, 내가 생함)	火 (4·5월)	土 (3·6·9·12월)	金 (7·8월)	水 (10·11월)	木 (1·2월)
囚(많이 약함, 내가 극함)	土 (3·6·9·12월)	金 (7·8월)	水 (10·11월)	木 (1·2월)	火 (4·5월)
死(가장 약함, 나를 극함)	金 (7·8월)	水 (10·11월)	木 (1·2월)	火 (4·5월)	土 (3·6·9·12월)

예를 들어보겠습니다. 가령 일간이 목성(甲 또는 乙)인 사람이 봄에 태어났다면 같은 오행이어서 旺이 되고, 겨울에 태어났다면 수생목(水生木)에 따라 相이 됩니다. 그러므로 甲 또는 乙 어느 한 쪽이 강해져서 신강하게 됩니다. 이것을 일괄해서 旺·相이라고 하는데 旺과 相은 따로 구별할 필요가 없습니다.

또 일간이 甲 또는 乙인 사람이 가을에 태어났다면 금극목(金剋木)이 되므로 死가 되고, 여름에 태어났다면 목생화(木生火)에 의해서 休가 되며, 사계의 토용(土用, 辰·戌·丑·未月 즉 3·6·9·12월)에 태어났다면 목극토(木剋土)하므로 囚이어서, 이 세 가지의 경우는 신약하게 됩니다. 이 경우에도 死·休·囚를 구별할 필요는 없고 일괄해서 休·囚라고 부르는 것이 보통입니다.

일간이 다른 오행인 사람도 마찬가지로 旺·相과 休·囚·死는 일목요연합니다. 일간이 木인 사람은 봄과 겨울이 旺·相이고, 다른 계절은 休·囚·死입니다. 일간이 火인 사람은 여름과 봄이 旺·相이고, 다른 계절은 休·囚·死입니다. 일간이 金인 사람은 가을과 사계의 토용이 旺·相이고, 다른 계절은 休·囚·死입니다. 일간이 水인 사람은 겨울과 가을이 旺·相이고, 다른 계절은 休·囚·死입니다.

일간이 土인 사람은 토용과 여름이 旺·相이고, 다른 계절은 休·囚·死입니다. 그러나 土의 경우는 약간 다릅니다. 즉 일간이 木인 사람이 진월에 태어났다면 목극토에 따라 일단 신약이라고 판단하지만, 진토(辰土)를 방합에서 볼 때는 木에 속한다는 문제가 발생합니다.

그래서 경우에 따라서는 일간이 木인 사람이 진월생이라면, 일단 신강하기는 하지만 조금 약한 신강 사주라고 판단하는 경우도 있으니 참고하시기 바랍니다.

② 득세

일간을 다른 오행이 생조(生助)해 주는가 유출시키느냐에 따라, 일간이 득세(得勢)를 했는가 그렇지 못한가를 판정합니다. 즉 일주(日柱)의 일간을 사주의 네 기둥 중에서 다른 오행이 많이 도와주거나, 일간이 지장간 속에서 오행의 동기를 만나 통근하면 강해집니다. 반면에 일간의 기운을 유출시키는 오행이 많으면 신약하게 됩니다.

이렇게 판단할 때 주의해야 할 것은 干과 支의 힘의 차이입니다. 가령 일간을 생조하는 오행이 있을 경우, 생조하는 힘이 干이냐 支이냐에 따라 힘의 차이가 있습니다. 대략 干은 支에 비해 3분의 1의 힘이 있고, 支는 干에 비해 세 배 정도의 힘이 있다고 봅니다. 사람에 비교하자면 다리의 힘이 팔의 힘보다 세 배 정도 강한 것과 같다고 하겠습니다. 이렇게 자신을 돕는 것의 힘과 자신을 약화시키는 것의 힘을 알아야 정확한 용신을 잡을 수 있을 것입니다.

인성이나 비겁이 네 개 이상이면 일간이 세력을 얻었다고 할 수 있습니다. 즉 득세했다고 보는 것입니다.

월령과 일지 둘을 모두 얻었다면 신강·신약의 판단을 비교적 쉽게 할 수 있습니다. 그러나 월령이나 일지 중 하나를 얻었을 때는 세력이 어느 정도의 힘으로 돕고 있는지를 판단하는 것이 매우 어렵습니다. 따라서 다음에 그 기준을 제시하고자 합니다. 일간·월지·일지를 제외한 나머지 다섯 개의 干·支는 각각 9퍼센트의 힘이 있다고 봅니다.

• 일지를 얻지 못하고 월령만 얻은 경우

일간을 제외한 나머지 일곱 개 干·支 중에서 득세에 영향을 끼칠 정도로 방해하는 한 가지 오행의 힘이 없을 때(동일 오행이 두 개 이하일 때)는, 일간·월지·일지를 제외한 나머지 다섯 개의 干·支 중에서 일간을 돕는 오행이 두 개 이상(일간을 제외한 일곱 개 干·支에서 볼 때는 세 개 이상)이면 득세를 얻어 신강하다고 봅니다〔33%+(9%×2)=51%〕.

일간을 제외한 나머지 일곱 개 干·支 중에서 득세에 영향을 끼칠 정도로 방해하는 한 가지 오행의 힘이 있을 때(동일 오행이 세 개 이상일 때)는, 일간·월지·일지를 제외한 나머지 다섯 개의 干·支 중에서 일간을 돕는 오행이 세 개 이상(일간을 제외한 일곱 개 干·支에서 볼 때는 네 개 이상) 있어야 득세를 얻어 신강하다고 봅니다. 반대 세력이 힘을 쓸 때는 51퍼센트만으로 감당하기 힘들기 때문입니다〔33%+(9%×3)=60%〕.

- 월령을 얻지 못하고 일지만 얻은 경우

일간을 제외한 나머지 일곱 개 干·支 중에서 득세에 영향을 끼칠 정도로 방해하는 한 가지 오행의 힘이 없을 때(동일 오행이 두 개 이하일 때)는, 일간·월지·일지를 제외한 나머지 다섯 개의 干·支 중에서 일간을 돕는 오행이 세 개 이상(일간을 제외한 일곱 개 干·支에서 볼 때는 네 개 이상)이어야 득세를 얻어 신강하다고 봅니다〔24%+(9%×3)=51%〕.

일간을 제외한 나머지 일곱 개 干·支 중에서 득세에 영향을 끼칠 정도로 방해하는 한 가지 오행의 힘이 있을 때(동일 오행이 세 개 이상일 때)는, 일간·월지·일지를 제외한 나머지 다섯 개의 干·支 중에서 일간을 돕는 오행이 네 개 이상(일간을 제외한 일곱 개 干·支에서 볼 때는 다섯 개 이상) 있어야 득세를 얻어 신강하다고 봅니다. 반대 세력이 힘을 쓸 때는 51퍼센트만으로 감당하기 힘들기 때문입니다〔24%+(9%×4)=60%〕.

③ 득지

일간이 일지를 얻었는가 그렇지 못한가로 판정합니다. 일지는 약 24퍼센트의 힘이 있다고 봅니다. 일지를 얻으면 득지(得地)가 되었다고 합니다. 일지를 얻었다 함은 일지가 일간을 왕하게 하는가 아니면 쇠하게 하는가를 살펴 결정합니다. 즉 일지가 인성이거나 비겁일 때 득지를 얻었다고 하고 그렇지 못한 경우 득지를 잃었다고 합니다.

이외에도 일간과 십이운성의 관계를 기준으로 보는 방법이 있습니다. 장생·녹·제왕·양인·비견·겁재 등이 있으면 득기(得己)하여 왕해지고, 병·사·절·묘 등을 만나면 실기(失氣)하여 약해진다고 보는 것입니다.

그러나 억부법의 판단기준으로는 앞에서 설명한 월령, 득세, 득지가 중요하며 판단의 전부라고 할 수 있습니다. 이 기준에 모두 해당하면 아주 강한 사주가 되고, 일부만 해당하면 일부만 강한 사주가 됩니다.

월지와 일지, 세력의 힘은 월지 즉 월령이 제일 강하고 다음이 세력이며 그 다음이 일지라고 할 수 있습니다. 그러나 제일 강한 월령이라도 다른 두 가지 힘의 합에는 이기지 못합니다.

1) 신강 사주일 때의 용신 잡는 법

앞에 언급한 방법을 통해 일단 사주가 강하다는 결론이 나오면 그 다음에는 관살이나 식상·재성을 찾아야 합니다. 관살이나 식상·재성 중 하나가 용신이기 때문입니다. 관살은 극을 해서 기운을 억누르는 방법이고, 식상이나 재성은 설기해서 기운을 빼는 방법입니다.

일반적인 방법으로는 다음의 몇 가지를 들 수 있습니다.

① 신강이면 우선 관성이 있는가를 보고 다음으로 재성이 있는가를 살펴봅니다. 즉 관성이 있고 財가 있어, 재가 관성을 돕고 있다면 관성을 용신으로 삼습니다.
② 신강하고 관살이 강하면 관성을 용신으로 삼습니다.
③ 신강하지만 오행이 두루 균등하여 중화된 사주일 때는 일간을 극하는 오행, 즉 관성이 용신인 경우가 많습니다.
④ 신강하고 관살이 輕한데 재가 있으면 재성을 용신으로 삼습니다.
⑤ 인성이 많아 신강해진 사주에서는 재성이 용신인 경우가 많습니다. 재성은 인성을 극하는데 관살은 인성을 생하여 더욱 강하게 하기 때문이고, 식신은 인성의 극을 받기 때문입니다.
⑥ 일간과 같은 오행이 많아 신강해진 사주에서는 일간의 기를 자연스럽게 누출시키는 오행, 즉 식상이 용신인 경우가 많습니다.
⑦ 신강한데 비겁이 많고 재성이 없거나 무력하면 식상이 용신인 경우가 많습니다.

그러므로 신강 사주에서 官이 보통이거나 강하면 관을 용신으로 삼습니다. 즉 관성 자체가 강하거나, 재성이 있어 관을 돕고 있으면 관이 용신이 되는 것입니다.
또는 관이나 식상, 재성의 힘이 보통일 때, 즉 오행이 두루 균등할 때도 관을 용신으로 삼습니다.
그러나 관이 없거나 있어도 관성의 힘이 약하여 용신으로 삼을 수 없을 때는 재성이나 식상을 용신으로 삼습니다. 즉 관살이 약한

데 재성이 있거나 인성이 많을 때는 재성을 용신으로 삼고, 비겁이 많을 때는 식상을 용신으로 삼습니다.

만약 사주가 신강한데 관살만 있고 식상이 없다면 전혀 갈등할 필요가 없습니다. 관살인 정관이나 편관을 용신으로 정하면 됩니다. 반대로 관살이 없고 식상만 있다고 해도 전혀 갈등할 필요가 없습니다. 그 사주는 식상인 식신이나 상관이 용신입니다.

문제가 되는 것은 관살도 있고 식신도 있어 둘 중 어느 것을 용신으로 삼을 것인가 하는 경우입니다. 이때는 둘 중 어느 것이 월지에 더 통근하는가를 따져 더 강하게 통근하는 쪽을 용신으로 잡습니다. 월지는 세력의 본부라고 합니다. 그러니 당연히 본부를 장악한 놈이 강할 수밖에 없습니다.

• 예 1)

年柱	月柱	日柱	時柱
甲	丁	甲	甲
子	卯	子	子

월령과 득세, 일지를 모두 얻었으므로 아주 신강한 사주입니다 [33%+24%+(9%×4)=93%]. 따라서 태왕한 갑목을 설기시키는 정화가 용신이 됩니다.

• 예 2)

年柱	月柱	日柱	時柱
庚	庚	辛	戊
午	辰	丑	子

월령과 득세, 일지를 모두 얻었으므로 아주 신강한 사주입니다. 시지에 자수가 있어 종왕(從旺)은 되지 않습니다〔33%＋24%＋(9% ×3)＝84%〕.

설기하는 시지의 자수는 자축지합으로 오히려 인성으로 변하고, 재성인 木은 보이지 않습니다. 따라서 이 사주는 억부법이나 조후법으로 볼 때 연지인 오화를 용신으로 삼습니다.

• 예3)

年柱	月柱	日柱	時柱
辛	甲	丙	癸
巳	午	未	戌

이 사주는 월령(33%)과 득세(9%×2＝18%)를 얻었으므로 51퍼센트입니다. 여기에 사오미방합화국(巳午未方合火局)을 이루어 득세를 돕고, 특별히 반대하는 세력이 보이지 않으므로 신강한 사주입니다.

관살인 시간의 계수는 있지만, 재성인 신금은 불에 둘러싸여 있으니 도저히 힘을 사용할 수가 없고, 설기하는 土는 보이지 않습니다. 따라서 시간의 계수가 용신이 됩니다.

2) 신약 사주일 때의 용신 잡는 법

일단 사주가 약하다는 결론이 나오면 그 다음에는 인성이나 비겁을 찾아야 합니다. 인성이나 비겁 중 하나가 용신이기 때문입니다. 인성은 생함으로써 기운을 올리는 방법이고, 비겁은 기운을 북돋우는 방법입니다.

만약 사주가 신약한데 인성만 있고 비겁이 없다면 전혀 갈등할 필요가 없습니다. 인성인 편인이나 인수를 용신으로 정하면 되기 때문입니다. 반대로 인성이 없고 비겁만 있어도 전혀 갈등할 필요가 없습니다. 그 사주는 비겁인 비견이나 겁재가 용신입니다.

문제가 되는 것은 인성도 있고 비겁도 있어 둘 중 어느 것을 용신으로 삼을 것인가 하는 경우입니다. 신약한 사주에서는 먼저 신약해진 원인을 살펴봐야 합니다. 만약 극하는 관살이 많아서 신약해진 사주라면 비겁은 용신이 되지 못합니다. 비겁은 이미 관살로부터 극을 받고 있기 때문입니다. 아이들 서너 명으로는 힘센 어른을 감당하지 못하는 것과 같습니다. 그러므로 일간의 기운을 생하면서 동시에 자신의 기운을 억압하는 관살의 힘을 설기하는 인성이 용신이 됩니다.

또 자신이 극하는 재성이 많아서 약해진 사주의 용신은 인성이 될 수 없습니다. 인성이 재성의 극을 받고 있기 때문입니다. 재성은 어머니를 못살게 구는 나쁜 사람이라고 할 수 있는데, 다시 어머니에게서 힘을 얻으려는 것과 같기 때문입니다. 어머니는 마음이 있어도 도와줄 수가 없습니다. 그러므로 일간의 기운을 돕는 동시에 자신의 힘을 빼앗는 정재를 극하는 비겁이 용신이 됩니다.

일반적인 방법으로는 다음의 몇 가지 정도를 들 수 있습니다.

① 일간을 극하는 관살이 지나치게 많은 신약 사주는 인성을 용신으로 삼습니다.
② 식상이 많은 신약 사주는 인성을 용신으로 삼습니다.
③ 재성이 많은 신약 사주는 비겁을 용신으로 삼습니다.

그러므로 관이 강한 경우, 예를 들어 관살이 많거나 관살과 재성의 힘이 비슷하여 재성이 관을 생하고 있는 경우는 인성을 용신으로 삼습니다. 또 식상이 많은 신약 사주의 경우도 인성을 용신으로 삼습니다. 그러나 재성이 많은 신약 사주는 비겁을 용신으로 삼습니다.

이렇게 용신을 찾았는데도 명식에 해당 용신이 없을 때는 땅속을 파헤쳐서라도 찾아야 합니다. 즉 지장간에서 찾아야 하는 것입니다.

• 예1)

年柱	月柱	日柱	時柱
乙	丁	丁	癸
酉	亥	酉	卯

정화가 해월에 태어나 월령을 얻지 못했고, 득세와 일지도 얻지 못했습니다. 金·水가 강하고 일주는 약하여 木의 생부(生扶)를 기뻐합니다. 다행히 을목이 시지에 통근해 있으므로 을목이 용신이 됩니다.

• 예2)

年柱	月柱	日柱	時柱
甲	乙	己	乙
子	亥	卯	亥

이 사주는 월령과 득세, 일지를 전혀 얻지 못했습니다. 더구나 일간인 기토를 생조하는 오행이 전혀 없고, 오히려 반대하는 세력[木]이 일간 기토를 극하고 있습니다. 여기에 해묘반합하여 목국을 이루고 있습니다. 따라서 이 사주는 아주 신약한 사주입니다.

관살이 강한 신약 사주이므로 관살의 힘을 설기하면서 일간을 돕는 인성[火]이 용신이 되는데, 명식 어디에도 인성이 보이지 않습니다. 심지어 땅속을 살펴보아도 인성이 없습니다. 겨우 亥 중에 비겁인 무토가 있을 뿐입니다. 따라서 이 사주는 土가 용신이 되고 火가 희신이 됩니다.

• 예3)

年柱	月柱	日柱	時柱
丁	丙	庚	己
卯	午	午	卯

월령과 일지를 얻지 못했고, 득세도 겨우 9퍼센트밖에 얻지 못했습니다. 더구나 강력한 관살의 힘[火]이 일간을 극하고 있으므로 아주 신약한 사주입니다.

관살이 강한 신약 사주이므로 관살의 힘을 설기하면서 일간을 돕는 인성[土]이 용신이 됩니다. 다행히 시간의 기토가 일간을 옆에서 돕고 있고, 오화의 지장간인 기토가 뿌리가 되고 있습니다.

2. 조후법

조후용신법(調候用神法)이라고 하는 조후법(調候法 · 中和法)은 명리에서 중요하게 생각하는 계절과 관련하여 용신을 정하는 법입니다.

천지의 변화가 봄 · 여름 · 가을 · 겨울의 사시(四時)가 바뀜에 따라 기후도 춥고 덥고 메마르고 습한 등 모두 다르게 나타납니다. 마찬가지로 사주를 구성하는 팔자에도 간지의 특성과 오행에 따라 한(寒) · 난(暖) · 조(燥) · 습(濕)이 있습니다.

팔자 가운데 木 · 火 · 土 · 金 · 水의 오행이 골고루 갖추어져 있다면 조후법이 필요하지 않겠으나, 경우에 따라서는 너무 한습(寒濕)하거나 너무 난조(暖燥)한 경우도 있습니다. 너무 한습하거나 너무 난조하면 만물이 생장하지 못하니 발전이 없고 재앙이 많습니다.

즉 한(寒)·냉(冷)·온(溫)·서(署) 중에서 어느 한쪽의 기운만으로 이루어진 사주가 있는데, 냉습(冷濕)한 사주는 이를 따뜻하게 하는 火·木이 용신이 되고, 건조(乾燥)한 사주는 한습(寒濕)한 오행인 水·金이 용신이 됩니다. 따라서 이러한 대운을 만나야 길하게 되는 것입니다.

예를 들어 어떤 일을 의논할 때에 대다수 사람들이 내 의견을 반대한다면, 내 의견을 포기하고 여러 사람의 의사에 따라야 마음도 편하고 또한 순리라고 할 수 있습니다. 모든 사람이 아니라고 하는데도 자신의 주장을 고집하는 것은 억견(臆見)에 불과한 것입니다.

천간에는 金·水가 차고 木·火는 덥습니다. 지지에는 申酉戌·亥子丑의 서북방이 차고 습하며, 寅卯辰·巳午未의 동남방은 덥고 건조합니다. 그러므로 사시 중 가을과 겨울은 차고 습하며, 봄과 여름은 덥고 건조합니다.

또 甲·乙·丙·丁·戊는 난조한 것에 가깝고, 己·庚·辛·壬·癸는 냉습한 것에 가깝습니다. 지지에도 寅·卯·辰·巳·午는 暖하고, 申·酉·戌·亥·子·丑은 冷하다고 봅니다. 진토는 동남방의 위치에 있어 난조한데 지장간이 乙·癸·戊로 계수를 간직한 습토이므로 난하나 습하다고 보고, 술토는 서북의 한습한 기후에 속하나 지장간이 辛·丁·戊이므로 戌 중에 정화가 있어 조토라고 봅니다.

• 조후의 성립 조건

월지는 33퍼센트의 힘이 있고, 일지는 24퍼센트의 힘이 있으며,

일간·월지·일지를 제외한 나머지 간지는 각각 9퍼센트의 힘이 있다고 했습니다.

삼합오행과 방합은 각각 33퍼센트의 힘이 있고, 간합과 반합은 각각 9퍼센트의 힘이 있습니다. 지합은 경우에 따라 9퍼센트 또는 18퍼센트의 힘이 있는데, 묘술지합과 사신지합은 18퍼센트의 힘이 있다고 봅니다.

일간을 제외한 나머지 간지가 세 개면 어느 정도 반대하는 세력으로 작용할 정도의 힘은 있다고 보지만 조후용신법과는 거리가 있으므로 제외합니다.

① 일간을 제외한 간지가 네 개면 어느 정도 힘이 작용하므로 조후가 가능합니다. 이 경우는 힘이 약하므로 세력을 최소한 93퍼센트 이상 얻어야 조후가 성립합니다. 이때의 세력은 한랭한 세력이나 온난한 세력을 뜻합니다.
② 일간을 제외한 간지가 다섯 개면 그 힘이 작용하므로 본격적인 조후가 성립됩니다. 이때는 힘이 강하므로 84퍼센트 이상의 세력을 얻으면 됩니다.
③ 일간을 제외한 간지가 여섯 개 이상이면 대부분의 경우에 조후가 성립합니다.

그러므로 일간을 제외한 간지가 네 개일 때는 조후를 돕는 힘이 93퍼센트 이상 되어야 조후가 성립하고, 일간을 제외한 간지가 다섯 개일 때는 조후를 돕는 힘이 84퍼센트 이상 되어야 합니다.

그런데 조후법을 공부하다 보면 조후법과 억부법의 경계가 모호할 때가 있습니다. 예를 들면 '신약 사주이므로 인성을 용신으로 삼을 것인가' 아니면 '한습한 사주이므로 무조건 불을 용신으로 할 것인가' 중에서 어느 쪽을 선택할지에 대한 판단이 모호할 때가 있습니다. 이 결정에 따라 용신의 성질이 완전히 뒤바뀌므로 더욱 신중해질 수밖에 없습니다.

이처럼 모호한 사주의 경우에는 조후보다 인성을 먼저 생각하는 것이 옳을 것 같습니다.『적천수』에 "추워도 일단 신약하면 인성을 먼저 찾고 인성이 있으면 인성이 용신이다"라고 기록되어 있기 때문입니다.

이 말은 무엇보다도 제일 급한 것이 억부법이라는 말입니다. 결국 억부법에 모든 용신이 달려 있다고 해도 크게 틀리지 않습니다. 그러므로 조후법은 억부법의 보조역할이라고 할 수 있습니다. 조후가 필요한 사주라고 해서 겨울에 무조건 불만 찾을 것이 아니라 억부법을 고려해야 하는 것입니다. 사주를 볼 때는 일단 기준을 억부법에 두어야 실수를 줄일 수 있다고 하겠습니다.

억부법과 조후법을 동시에 봐야 하는 경우도 있습니다. 즉 억부법으로 신강·신약을 판단한 다음, 용신을 정할 때 조후법으로 도움을 받는 경우입니다. 이렇게 판단하는 것이 가장 확실하게 용신을 정할 수 있는 방법이 될 수 있습니다.

그러나 실제의 경우는 火를 용신으로 할 것인지, 아니면 인성을 용신으로 할 것인지 모호한 경우가 많습니다. 따라서 이 사주에 불이 필요한지, 필요하다면 얼마나 필요한지, 그저 있으면 좋고 없으면 그만인 정도인지, 아주 급한지, 이미 얼어죽었는지 등을 자세히 살펴보아야 합니다.

또한 차가운 사주에서 불을 용신으로 삼아야 하는지, 아니면 차가움을 따라야만 살 수 있는지에 대한 판단도 결코 만만치가 않습니다. 드물지만 온기가 전혀 없이 완전히 차가운 한격(寒格)이라는 사주의 경우는 불로써 저항하려 해서는 안 되기 때문입니다.

이미 얼어죽었는데 조그만 불로 녹이려 했다가는 오히려 우환을 당하기 쉽습니다. 얼음 구덩이에 장작불을 하나 넣어봤자 꺼지기밖에 더하겠습니까. 그렇다고 더 센 불을 넣으면 동굴이 무너질 수도 있습니다. 그릇이 차다고 팔팔 끓는 물을 부으면 그릇이 깨지는 것과 같은 이치라고 할 수 있습니다.

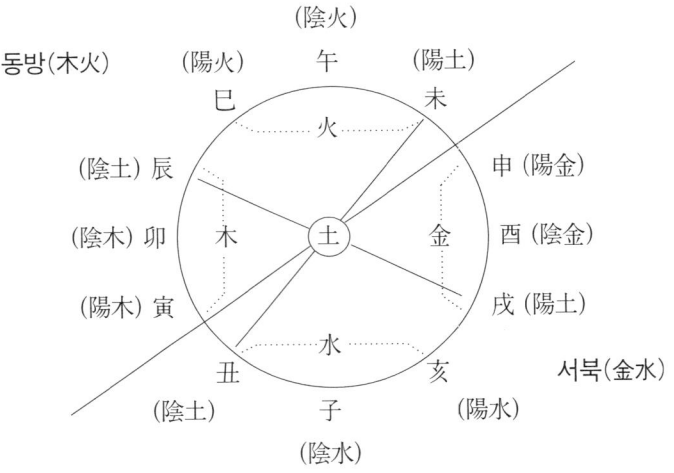

※ 진토(辰土) : 난조한데 지장간이 계수를 간직하여 난하나 습합니다. 土는 土라도 진창으로 질퍽질퍽하니 물창고입니다.
※ 술토(戌土) : 한습하나 지장간에 정화가 있어 조토(燥土)·온토(溫土)라고 합니다. 술(酒)이니 土라도 열(熱)을 갖고 있다고 봅니다.
※ 축토(丑土) : 지장간이 癸·辛·己입니다. 축축하니 음토(陰土)입니다.
※ 미토(未土) : 지장간이 丁·乙·己입니다. 丁9+생하는 乙3=40퍼센트가 불의 기운입니다. 그러므로 양토(陽土)입니다.

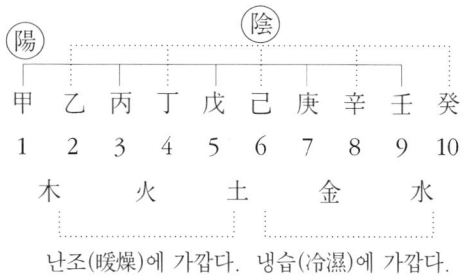

- 예 1)

사주는 가장 먼저 신강·신약을 봐야 하는데, 월령을 얻지 못했고 일지도 얻지 못했습니다. 관살이 많은 신약 사주입니다. 그러면 인성인 신금이 용신이 되어야 합니다. 그런데 이 사주의 경우는 더 급한 것이 있습니다.

이 사주는 온통 金·水와 물기 많은 축축한 흙으로 이루어진 냉습한 사주입니다. 따라서 한습한 기를 온난하게 하는 木·火를 용신으로 삼아야 합니다.

- 예 2)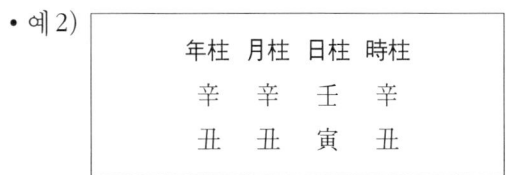

이 사주 역시 물기 많은 축축한 흙과 金·水로 이루어져 있는 냉습한 사주입니다. 다행히 일지 인목이 약간의 봄기운을 띠고 있습니다.

따라서 인목을 용신으로 삼습니다. 동남방의 木·火 대운을 만나야 대길할 수 있습니다.

• 예3)

年柱	月柱	日柱	時柱
辛	丁	癸	癸
丑	丑	丑	丑

이 사주 또한 물기 많은 축축한 흙과 金·水로 이루어져 있는 냉습한 사주입니다.

한습한 기를 온난하게 하는 월간 정화를 용신으로 삼습니다. 木은 희신이 됩니다. 따라서 동남방의 木·火 대운을 만나야 대길할 수 있습니다.

• 예4)

年柱	月柱	日柱	時柱
丁	丙	己	丙
巳	午	未	午

이 사주는 일간 기토가 일지 미토에 뿌리를 내리고 있지만, 명식의 나머지는 모두 火가 둘러싸고 있습니다. 이러한 사주를 건조 사주라고 합니다.

따라서 土·金·水를 용신으로 삼습니다. 서북방 대운을 만나야 발복할 수 있습니다.

• 예5)

年柱	月柱	日柱	時柱
乙	己	乙	乙
丑	丑	巳	酉

이 사주를 억부법으로 보면 일지(24%)를 얻었으나 월령과 득세(9%×2=18%)를 얻지 못했습니다. 재성이 강한 신약 사주라고 할 수 있습니다.

따라서 비겁을 용신으로 삼아야 합니다. 그러나 이보다 더 급한 것이 있습니다.

일주와 상반되는 오행이 많아 신약 사주인데다 엄동설한에 태어났으니 조후가 급합니다. 따뜻하게 녹여주는 불이 필요합니다.

따라서 용신은 火, 희신은 木, 기신은 水, 구신은 金, 한신은 土입니다.

• 예6)

年柱	月柱	日柱	時柱
甲	丙	庚	庚
寅	子	申	辰

이 사주를 억부법으로 보면 일지(24%)를 얻었으나 월령과 득세(9%×2=18%)를 얻지 못했고, 신자진삼합수국(申子辰三合水局)으로 식상이 강한 신약 사주라고 할 수 있습니다. 따라서 인성인 土를 용신으로 삼아야 합니다.

만약 일간인 경금이 많이 약하다면 위와 같은 방법으로 사주를 풀이해야 하지만, 이 경우는 일간인 경금이 일지에 뿌리를 내리고 있고, 시간인 경금이 옆에서 힘을 보태고 있으며, 시지인 진토가 경금을 생하고 있으니, 경금이 그렇게 심하게 약하지는 않습니다. 이런 경우에는 더 급한 것이 있습니다.

엄동설한에 태어났으니 조후가 급합니다. 따뜻하게 녹여주는 불이 필요합니다. 다행히 월간 병화가 있으니 이를 용신으로 삼습니다.

3. 병약법

크게 볼 때 병약법(病藥法)은 억부법의 일종입니다. 단지 억부법이 일간에 한하여 적용되는 데 비하여, 병약법은 일간이 아니라 병적이라고 할 정도로 강한 오행에 적용되는 것이 다른 점이라고 하겠습니다.

"용신을 깨뜨리는 기신의 힘이 너무 강한 것이 병이다"라고 할 수 있습니다.

억부법으로 용신을 잡는 방법 속에는 이미 병약법이 작용하고 있습니다. 즉 관이 강한 신약 사주는 인성을 용신으로 삼는데 이때 관을 병(病), 인성을 약(藥)이라고 할 수 있습니다. 재성이 강한 신약 사주는 비겁을 용신으로 삼는데 이때는 재를 병, 비겁을 약이라고 할 수 있는 것입니다.

사주의 일주를 생조해주는 육신을 극해하는 육신을 병이라고 합니다. 그리고 일주를 생조하는 육신을 파극하는 병을 다른 육신이 억제할 때 이를 약이라고 합니다.

다시 말해서 사주의 병이란 병통으로 강한 오행을 억제하거나 생조하거나 통관하거나 종하거나 조후용신할 때, 그 용신을 다른 오행이 극하여 방해를 놓는 것을 뜻합니다. 즉 용신을 깨뜨리는 기신의 힘이 병적으로 강한 것을 병이라고 합니다.

그러나 이 경우 기신과 병의 경계가 참으로 모호합니다. 일단은 억부 영역에서 해결을 보되, 상황이 다급하거나 분위기가 험악할 때에는 병의 영역에서 다루면 되겠지만, 역시 경계가 모호한 것은 어쩔 수 없습니다.

방해하는 자, 즉 병을 제거[剋]시키는 오행을 약(藥) 또는 약신(藥神)이라고 합니다.

"병이 있고 약이 있어야 비로소 귀하게 된다[有病有藥, 方爲貴]"는 기록이 있습니다. 또 병이 없는 사주는 평상인이라고 할 수 있고, 병이 있는데 약이 없으면 빈천하다고 했습니다.

그런데 이런 기록들에는 약간 어폐가 있는 것 같습니다. 아예 병에 걸리지 않는 사람보다, 몸에 병이 있어서 약을 먹고 치료한 사람의 사주가 더 귀하다는 뜻이 되기 때문입니다.

그러나 이 의미를 다시 반추해보면 옳은 말 같기도 합니다. 약이 작용하기 위해서는 운이 따라주어야 하기 때문입니다. 평상인의 사주에서 운이 오는 경우를 절반이라고 본다면, 약이 작동한 사주는 이미 운로가 길하다는 뜻이기 때문입니다.

재(財)가 용신일 때는 비겁과 양인이 병이고 관살이 약입니다. 관살이 용신일 때는 식상이 병이고 인수가 약입니다. 인수가 용신일 때는 재가 병이고 비겁이 약입니다. 비겁이 용신일 때는 관살이 병이고 식상이 약입니다. 식상이 용신일 때는 인수가 병이고 재가 약입니다.

재성이 많은 사주는 비겁이 약이고, 관살이 많으면 인수나 식상이 약이며, 인수가 많으면 재성이 약이고, 비겁이 많으면 관살이 약이며, 식상이 많으면 인수가 약입니다.

병이 월령을 잡고 있을 때가 가장 무서운 중병(重病)에 속합니다. 무엇이든 월령을 잡고 있으면 강하기 때문입니다. 이 이치는 용신이든 기신이든 한신이든 모두에 적용됩니다.

• 예 1)

年柱	月柱	日柱	時柱
戊	壬	乙	甲
午	戌	巳	申

이 사주는 월령과 일지, 득세를 모두 얻지 못했으니 아주 신약한 사주입니다. 월간 임수가 일간 을목을 생조해주려고 하나 연간 무토가 임수를 극하고 있습니다. 따라서 무토가 병이 됩니다. 그런데 다행히도 시간 갑목이 무토를 극해 주므로 이것이 약이 됩니다. 따라서 이 사주는 수목운(水木運)을 만나야 길해집니다.

• 예 2)

年柱	月柱	日柱	時柱
戊	丁	乙	甲
申	巳	未	申

이 사주 역시 월령과 일지, 득세를 모두 얻지 못했으니 아주 신약한 사주입니다. 火로 인해 기운이 설기당하고 있는 을목은 겨우 시간의 갑목에 의지하고 있습니다. 그런데 이러한 갑목을 연지와 시지의 신금이 극하고 있습니다. 따라서 신금이 병이 됩니다. 다행히 월간 정화와 월지 사화가 신금을 극해주므로 이것이 약이 됩니다.

4. 통관법

통관용신법(通關用神法)이라고도 하는 통관법(通關法)은, 평생 동안 한 번도 만날 기회가 없을 정도로, 용신을 잡는 법 가운데 사용빈도가 가장 적다고 할 수 있습니다.

사주가 오행끼리 싸우지 않고 중화를 이루면 더할 나위 없는 길명이지만, 어떤 경우에는 상극되는 두 가지 오행이 비등하게 세력 분포를 이루고 치열하게 싸움을 벌이는 경우가 있습니다. 어떤 형태의 싸움이든 한쪽에서 이기고 다른 한쪽에서 지면 끝이 납니다. 이때 한쪽이 우월하게 강하고 다른 한쪽이 약해야 싸움이 쉽게 끝납니다. 그러나 두 세력이 비등하다면 싸움은 끝없이 계속됩니다. 어느 한쪽이 좀 약해져서 싸움을 포기했다가도 원조자만 나타나면 그 힘을 빌려 다시 싸움을 벌입니다.

이럴 경우 중간에 제3자가 개입하여 두 세력을 이해로 달래고 서로 손해 없이 화해시켜야만 비로소 전쟁을 끝내고 우호관계를 맺게 되는데, 아무나 그 중재를 할 수 있는 게 아닙니다. 양쪽 모두와 친분이 두텁고 화해시킬 만한 능력이 있어야 합니다.

통관법이란 사주의 육신이 양대 세력을 이루어서 그 세력이 같을 때에 중간에서 화해시키는 육신이 용신이 되는 것입니다. 그러므로 통관법은 평화의 사절로서 화해와 화합의 명수입니다.

이 통관법으로 용신을 정하는 일은 그리 흔하지 않지만 그렇다고 무시해서는 곤란합니다. 사실 통관의 법은 명리학의 깊숙한 곳에서 매우 다양하게 활용되고 있습니다.

예를 들면 억부법으로 볼 때 일주가 木인데 金이 왕성할 때는 金의 기운을 설기시키고 木의 기운을 돕는 것이 용신이 되는 경우가 있습니다. 이처럼 간단한 내용에도 통관의 의미가 포함되어 있습니다.

일간과 재의 싸움에서는 식상이 통관신이고, 식상과 관살의 싸움에서는 재가 통관신이며, 재와 인성의 싸움에서는 관살이 통관신이고, 인성과 식상의 싸움에서는 비겁이 통관신이며, 일간과 관살의 싸움에서는 인성이 통관신이 됩니다. 통관신은 용신을 말합니다.

양대 세력 중 관살이 왕하고 일주가 약간 약할 때 인수가 있으면 왕한 관살의 기운을 유출시키고 일주를 생조해주므로 인수가 용신이 됩니다. 일주가 강하고 재성이 가벼울 때에는 식상으로 통관시켜야 하므로 식상이 용신이 됩니다.

예를 들어 일주가 甲인 사람이 경신금(庚辛金)의 관살이 왕성하고 일주도 왕성하면 관살과 일주가 싸움을 하고 있는 형상입니다. 이럴 때 둘 사이의 임계수(壬癸水)는 이 싸움을 말리는 통관신(중개인)이 됩니다.

• 예 1)

年柱	月柱	日柱	時柱
甲	甲	甲	甲
戌	戌	戌	戌

木과 土가 서로 싸우고 있으므로 火가 용신이 됩니다.

• 예 2)

年柱	月柱	日柱	時柱
甲	癸	乙	乙
寅	酉	酉	酉

木과 金이 서로 싸우고 있으므로 월간 계수가 용신이 됩니다.

• 예 3)

年柱	月柱	日柱	時柱
丁	丙	丁	己
酉	午	酉	酉

火와 金이 서로 싸우고 있으므로 시간인 기토가 용신이 됩니다.

일반적으로 군겁탈재(群劫奪財)라 하여 비겁과 재로 이루어진 명식의 배합은 문제가 되지만, 다행히 기토가 있어서 식신생재(食神生財)가 되어 도리어 부와 명성을 얻습니다.

5. 원류법

원류법(源流法)란 사주의 오행이 서로 상생하여 쉬지 않는, 즉 생화불식(生化不息)하여 오행이 주류무체(周流無滯 : 막히지 않음)한 것을 말합니다.

사주는 이렇게 막힘이 없어야 길합니다. 원류란 물이 흘러가듯 오행이 서로 막힘이 없는 것을 말하는데 이런 사주는 머리가 뛰어나고 평생에 수복이 무궁합니다.

• 예1)

年柱	月柱	日柱	時柱
甲	丙	己	甲
子	寅	丑	子

이 사주의 간지를 보면 수생목(水生木)·목생화(木生火)·화생토(火生土)로 상생되므로, 막힘 없이 순탄하게 흐른다고 할 수 있습니다. 이 사주의 일지인 丑(癸·辛·己)은 金·水를 간직하고 있으므로 금생수(金生水)·수생목(水生木)이 되기 때문에 어디나 막힘이 없습니다. 또한 대운도 수생목하여 왔다가 가면 다시 동남의 목화지(木火地)를 얻어 금생수·수생목하므로 대길한 사주가 됩니다.

일생을 태평한 시절에 재상으로 지낸 사주입니다. 이 사주는 관이 용신입니다.

• 예2)

年柱	月柱	日柱	時柱
乙	丁	庚	丁
卯	亥	申	丑

이 사주의 시간 정화는 시지 축토를 생하고, 시지 축토는 일지 신금을 생하며, 일지 신금은 월지 해수를 생하고, 월지 해수는 연지 묘목을 생하여 상생불식(相生不息)하는 원류의 사주입니다.

우리나라 경제계 최고의 자리에 오른 사람입니다. 용신은 木·火입니다.

6. 전왕법

전왕법(專旺法·旺從法)은 그리 흔한 방법은 아니지만, 종종 있는 것으로 억부법과는 차원이 다른 좀 특별한 방법이라고 할 수 있습니다. 그래서 세세히 살피지 않으면 종종 실수를 할 수도 있습니다.

전왕이란 사주의 육신 오행이 전부 또는 대부분 한 오행으로 편중되어 그 세력이 태왕(太旺)해서 억제할 수 없을 때, 그 세력을 따르는 육신이 용신이 되는 것을 말합니다. 즉 어느 오행이 전왕하여 그 세력을 도저히 억제할 수 없을 때는 차라리 그 오행에 고분고분 따라야지 억지로 제어하려 해서는 안 됩니다. 제어하려 했다가는 왕신(旺神)이 노발(怒發)하여 사고가 납니다. 이를 '전왕(專旺)에 從한다'고 합니다.

전왕이 되는 예는 대략 다음과 같습니다.

① 천간에 갑을목(甲乙木)이 있고 지지에 인묘진전(寅卯辰全), 해묘미삼합목국(亥卯未三合木局)의 방국을 이룬 것.

②천간에 병정화(丙丁火)가 있고 지지에 사오미전(巳午未全), 인오술삼합화국(寅午戌三合火局)의 방국을 이룬 것.
③천간에 무기토(戊己土)가 있고 지지에 진술축미전(辰戌丑未全)을 놓은 것.
④천간에 경신금(庚申金)이 있고 지지에 신유술전(申酉戌全), 사유축삼합목국(巳酉丑三合木局)의 방국을 이룬 것.
⑤천간에 임계수(壬癸水)가 있고 지지에 해자축전(亥子丑全), 신자진삼합수국(申子辰三合水局)의 방국을 놓은 것.

이렇게 되면 그 오행이 전왕이 되어 다른 오행의 힘으로는 도저히 억제하지 못합니다. 따라서 왕한 오행에 순종해야 하므로 용신도 그 전왕한 오행이 됩니다.

인성이 전왕하면 종강(從强)하여 인성이 용신이 되고 관살은 희신이 됩니다.

비겁이 많아서 일간이 전왕하면 일행득기격(一行得氣格) 또는 독상(獨象)이라고 하는데, 일간 및 비겁의 오행에 종하는 바 이를 종왕(從旺)이라 합니다. 비겁이 용신이 되고 인성이 희신이 됩니다.

식상이 전왕하면 종아(從兒)하여 식상이 용신이 되고 비겁이 희신이 됩니다.

재성이 전왕하면 종재(從財)하여 재성이 용신이 되고 식상이 희신이 됩니다.

관살이 전왕하면 종관(從官)하여 관살이 용신이 되고 재성이 희신이 됩니다.

전왕법에 관한 자세한 것은 격국편을 참고하시면 됩니다.

• 예 1)

年柱	月柱	日柱	時柱
丙	甲	丙	甲
午	午	午	午

이 사주는 대부분 비겁으로 구성된 종왕격으로, 비겁이 용신이고 인성이 희신입니다.

• 예 2)

年柱	月柱	日柱	時柱
壬	辛	庚	丁
子	亥	子	亥

이 사주는 대부분 식상으로 구성된 종아격으로, 식상이 용신이고 비겁이 희신입니다.

• 예 3)

年柱	月柱	日柱	時柱
丙	庚	壬	乙
寅	寅	午	巳

이 사주는 인오반합으로 火로 변했으니 대부분이 재성으로 구성된 종재격입니다. 따라서 재성이 용신이고 식상이 희신입니다.

• 예4)

年柱	月柱	日柱	時柱
庚	辛	甲	戊
申	酉	申	酉

이 사주는 대부분 관살로 구성된 종관살격으로, 관살이 용신이고 재성이 희신입니다.

격국

　격국(格局)이란 사물이 본래 지니고 있을 것이라고 추측·판단되는 형국(形局)을 의미합니다. 사물뿐만 아니라 사람도 제도, 관습, 법, 도덕 등 인위적인 요소로 일정한 틀을 만들어 그것을 응용하며 살고 있습니다. 그러한 구조가 형성되면, 즉 틀이 굳어져버리면 인간이 만든 인위적인 구조에 의해 거꾸로 인간이 제약을 받습니다. 따라서 인간에게 있어서 '구조'란 매우 중요한 사회적 사실이며 삶 자체입니다.

　인간의 운명도 사람마다 각기 다른 독특한 구조를 갖고 있습니다. 그것의 명리상 용어가 격국입니다. 격국과 용신은 반드시 일치하지 않으며 상황에 따라 달라질 수 있습니다. 결국 사주의 흐름과 구조를 잘 살펴서 격국이나 용신을 결정해야 합니다.

　우리가 흔히 하는 "사람이 격조가 있어야지!" 하는 말 속에는 격국의 의미가 포함되어 있습니다. 좋은 사주나 나쁜 사주나 각각 그 정도가 있다는 뜻입니다. 똑같이 음식을 먹더라도 조용한 음악이 흐르고 바다가 훤히 바라보이는 호텔의 스카이라운지에서 포도주를 곁들여 격조 있게 먹을 수도 있고, 걸인이 되어 남의 집 처마에서 깡통을 긁어가며 먹을 수도 있습니다.

똑같이 관성을 용신으로 삼는 사주의 경우에도, 용신이 강하면 검사나 판사가 될 가능성이 높지만, 용신이 약하면 경찰이나 집달관이 될 가능성이 높습니다. 즉 격의 차이가 나는 것입니다. 이것은 용신을 잡을 때 용신이나 희신이 강한가 아니면 약한가와 같은 의미라고 할 수 있습니다. 그리고 대부분의 경우는 이렇게 격을 정하는 것이 더 확실한 방법입니다.

그럼에도 불구하고 다시 격국을 말하는 것은, 명리를 공부했다면 한 번쯤 느껴보았을 '격국이란 과연 어떤 것인가?' 하는 궁금증을 간단하게나마 풀어보려는 의미입니다. 게다가 격국 중에서도 외격은 버릴 수 없는 중요한 부분입니다.

용신을 잡는 법은 크게 두 가지로 구분할 수 있습니다. 억부법이나 조후법·병약법·통관법 등으로 세세하게 풀이하여 용신을 잡는 법을 내격(內格) 또는 정격(正格)이라고 합니다. 이것이 사주의 대부분을 차지합니다. 그리고 전왕법이나 화기격 등 특이한 구조에 의해 용신을 잡는 법을 외격(外格) 또는 편격(偏格)이라고 합니다. 격국에서도 내격과 외격이란 단어가 다시 등장하므로 혼란을 줄 가능성이 있지만, 내격과 외격이라는 기본 의미에서는 동일하다고 할 수 있습니다.

내격과 외격을 간단히 정의해보겠습니다. 내적(內的)으로 하나하나 세세히 따져서 용신을 정하는 방법을 내격이라 하고, 명식에 구조적으로 나타나는 형태에 따라 용신을 정하는 방법을 외격이라고 합니다. 따라서 억부법·조후법·통관법·병약법·원류법은 내격,

전왕법이라고 할 수 있는 종격(從格)·화기격(化氣格)·일행득기격(一行得氣格)·양신성상격(兩神成象格)은 외격이라고 할 수 있습니다.

1. 내격

내격(內格·正格·正八格·內八格)이란 일상성(日常性)에 기초한 자연적·인위적 구조를 말합니다. 즉 상식적인 원칙에 의해서 결정되는 사주 구조를 뜻합니다. 기본적으로 일정한 원칙으로 이루어진 것이므로 대부분의 경우가 여기에 속합니다.

내격의 격국이란 오행의 태과나 불급을 따지지 않고, 계절의 뿌리가 되는 월지를 중심으로 가장 기세가 왕성한 오행에 따라 격을 정하는 것입니다. 월지를 중심으로 하는 것은 인간이 연·일·시보다는 계절의 영향을 더 강력하게 받고 있다는 동양의 우주론적인 인간관이라고 할 수 있습니다. 그래서 월지를 만물을 생하는 기본 구조적인 집이라는 뜻에서 모궁(母宮)이라고도 합니다.

내격의 격국은 월지 암장간(暗藏干), 즉 지장간 중에서 어떤 오행이 투간(透干)되어 있는가, 장간(藏干) 가운데에서 기세가 강한 오행은 무엇인가, 사주 오행 중 기세가 큰 오행은 무엇인가에 따라 정해집니다. 다음의 네 가지 방법에 의해 격국의 정도가 정해집니다.

① 월지의 정기(正氣)가 천간에 나타나 있으면 그것과 일주와의 관계를 보아 격을 정합니다. 가령 3월〔辰月〕 갑일생의 경우, 천간에 무토가 있으면 그 무토는 辰의 정기가 투간된 것으로 봅니다. 辰의 여기(餘氣)·중기(中氣)·정기(正氣)가 乙·癸·戊이기 때문입니다. 이런 경우 갑일에서 무토를 볼 때 편재(偏財)가 되므로 편재격이 됩니다.

② 월지의 정기가 투간되어 있지 않으면, 먼저 중기 다음은 여기를 살펴보아 투간된 오행으로 격국을 삼습니다. 월지에 뿌리를 두고 있는 오행은 강력한 기세를 지닌 육신으로 간주하고 그것에 따라 격국을 취하기 때문입니다. 순서는 중기, 여기 순이나 이 가운데 더 강력한 오행이 있으면 그것을 격국으로 삼습니다.
③ 월지의 지장간이 투출되어 있지 않거나, 또는 투간되어 있더라도 다른 육신에 의해 파극되어 쓸모없게 된 경우는, 월지의 정기가 표시하는 육신에 의해 격국이 정해집니다.
④ 사주 전체에서 가장 기세가 든든한 오행을 격국으로 삼습니다. 이것은 사주 구성의 골격적 흐름을 살피는 좀더 포괄적인 방법이라고 하겠습니다.

격국을 정하는 위의 네 가지 방법 중에서 ①, ②, ③은 대표적인 방법이라고 할 수 있고, ④는 좀더 합리적으로 격국을 정하려는 방법이라고 할 수 있습니다.

이러한 방법을 이용하여 격국을 정하는 것은 가장 적합한 사주 구조를 파악하여 가장 적확(的確)하게 운명의 암시를 읽어보려는 의도가 있습니다.

• 예1)

年柱	月柱	日柱	時柱
庚	戊	己	甲
午	寅	酉	子

월지 寅의 지장간은 戊·丙·甲입니다. 정기와 여기가 투간되어

있으나 정기가 우선이므로 갑목으로써 격을 삼습니다. 일간 기토의 입장에서 보면 정관(正官)이 되므로 정관격이 됩니다.

• 예2)

年柱	月柱	日柱	時柱
庚	丙	癸	丁
申	戌	亥	巳

월지 戌의 지장간은 辛·丁·戊입니다. 중기 정화가 투간되어 있습니다. 일간 계수의 입장에서 보면 편재가 되므로 편재격이 됩니다.

• 예3)

年柱	月柱	日柱	時柱
庚	己	丁	辛
申	卯	亥	丑

월지 卯의 지장간은 甲·乙인데, 천간에서는 甲·乙이 보이지 않습니다. 따라서 정기인 을목으로 격을 정합니다. 일간 丁에 대해 을목은 편인(偏印)이 됩니다. 따라서 투간되어 있지 않더라도 이를 잡아 편인격으로 삼습니다.

• 예4-1)

年柱	月柱	日柱	時柱
甲	甲	丁	壬
寅	戌	酉	寅

월지 戌의 지장간은 辛·丁·戊인데, 천간에 정화가 보이지 않습니다(일간은 자신이므로 해당되지 않습니다). 명식 중에서 가장 강한 오행은 연지에 뿌리를 두고 있는 갑목이므로 인수(印受)가 되어 인수격이 됩니다.

• 예 4-2)

年柱	月柱	日柱	時柱
己	庚	甲	己
巳	午	午	巳

이 사주는 월지 午의 지장간 기토가 투간되어 있어도 정재격으로 삼지 않습니다.

지지 전체가 사오화(巳午火)로 식상이 왕(旺)하기 때문에 상관격이 됩니다(물론 오월(午月)이므로 정화가 투간되지 않더라도 午(丁)火로써 격국을 삼는다는 원칙도 있습니다).

1) 편관격

사주에서 편관격(偏官格)이 되는 경우는 일간이 월지의 극을 받고 음양이 서로 같은 때로, 일간이 갑목일 때는 신월생(申月生), 일간이 을목일 때는 유월생(酉月生)일 때 편관격이 됩니다.

또는 내격의 일반원칙에 따라 일간과 월지의 암장간에 의해 결정됩니다. 즉 암장간 중에 편관이 있고, 그 편관이 천간에 투출되어야 편관격이라고 합니다. 본래 일간을 극하는 강렬한 칠살(七殺)이므로 일간의 신강함이 기본적으로 필요한 조건이 됩니다.

강렬한 편관이지만 적절하게 제어된다면 크게 성공할 수 있습니다. 물론 너무 강하게 제어하면 안 될 것입니다. 식신으로 관살을 제어하는 방법, 인수로 관살의 힘을 설기하는 방법, 관성을 생하는 재성을 겁재로써 극하는 방법 등이 제어의 방법입니다. 어떤 방법으로 제어할 것인가는 사주의 정황에 따라 정해집니다. 편관격일 때 용신의 경우는 다음과 같습니다.

① 편관용식상격(偏官用食傷格) : 신강 사주에 관살이 많으면 식신·상관을 용신으로 삼습니다. 일명 식상제살격(食傷制殺格)이라고 합니다.
② 편관용재격(偏官用財格) : 신강 사주에 인수가 많으면 재성을 용신으로 삼습니다.
③ 편관용살격(偏官用殺格) : 신강 사주에 비겁이 많으면 관살을 용신으로 삼습니다.
④ 편관용인격(偏官用印格) : 신약 사주에 관살이나 식신·상관이 많으면 인성을 용신으로 삼습니다.
⑤ 편관용겁격(偏官用劫格) : 신약 사주에 재성이 많으면 비겁을 용신으로 삼습니다. 일명 재다신약격(財多身弱格)이라고 합니다.

• 예)

年柱	月柱	日柱	時柱
己	庚	癸	癸
酉	午	丑	亥

이 사주는 월령과 일지를 얻지 못해 신약하게 보이지만, 득세를 얻었고 여기에 더해 유축반합금국(酉丑半合金局)이므로 약에서 강으로 변했습니다.

또한 午에 착근한 기토는 비록 경금에 의해 설기를 당하기는 하나, 午의 정기[丁火]의 도움을 받고 있습니다. 따라서 편관격이 되고, 편관을 생조하는 재성이 용신이 되는 편관용재격입니다.

2) 정관격

사주에서 정관격(正官格)이 되는 경우는 일간이 월지의 극을 받고 음양이 서로 다른 때로, 일간이 갑목일 때는 유월생(酉月生), 일간이 을목일 때는 신월생(申月生)일 때 정관격이 됩니다.

또는 내격의 일반원칙에 따라 일간과 월지의 암장간에 의해 결정됩니다. 즉 암장간 중에 정관이 있고, 그 정관이 천간에 투출되어야 정관격이라고 합니다.

그리고 다른 주(柱)에 다시 정관이나 편관이 있어서 혼잡(이를 관살혼잡이라 함)되지 말아야 합니다. 말하자면 정관은 오직 하나만 있어야 진격(眞格)입니다.

또한 신강에 형·충·파·해가 없어야 정관격이 성립됩니다. 만약 정관을 간직한 궁(宮)이 충파당한다면 결코 귀격이 될 수 없습니다. 어떤 격이라도 온전해야만 제 기능을 담당할 수 있는 것으로 판단합니다.

신강해야 하는 이유는 정관이 강한데 신약이라면 정관이 오히려 살(殺)로 변하기 때문입니다. 관성만 왕해 신약한 경우는 인수를 만나야 관을 인수로 변화시킬 수 있고 일간을 생조할 수 있게 되어 길하게 됩니다.

이러한 모든 조건이 성립하여 정관격이 온전하다면 정계(政界)에서 재상이 되는 운명입니다. 정관은 월령에 있는 것이 원칙입니다. 게다가 시상(時上)에 재(財)가 겸해 있으면 대귀격이 됩니다.

격국과 용신이 늘 일치하는 것은 아닙니다. 정관격일 때 용신의 경우는 다음과 같습니다.

① 정관용재격(正官用財格) : 격국은 정관격이고 용신은 재성입니다. 신강 사주에 식신이나 상관 또는 인수가 많으면 재성을 용신으로 삼습니다.
② 정관용관격(正官用官格) : 신강 사주에 비겁이 많으면 정관을 용신으로 삼습니다.
③ 정관용인격(正官用印格) : 신약 사주에 관살이나 식신·상관이 많으면 인수를 용신으로 삼습니다. 또 신약 사주에 재성이 많으면 비겁을 용신으로 삼지만, 비겁이 없을 때는 인수를 용신으로 삼습니다.
④ 정관용겁격(正官用劫格) : 신약 사주에 재성이 많으면 비겁을 용신으로 삼습니다.

• 예)

年柱	月柱	日柱	時柱
癸	甲	己	戊
丑	寅	未	辰

이 사주는 월령을 얻지 못했으나 일지(24%)와 득세(9%×3=27%)로 51퍼센트를 얻었고, 특별히 반대하는 세력이 보이지 않으므로 신강한 사주입니다.

월지 寅의 지장간 갑목이 월간에 투간되었고, 동시에 월간인 갑목은 시지 辰에 착근하고 있습니다. 따라서 정관격입니다.

관성이 재성의 생조를 받고 있으므로 관성을 용신으로 삼아 정관용관격이 되었습니다.

3) 편인격

사주에서 편인격(偏印格)이 되는 경우는 일간이 월지의 생을 받고 음양이 서로 같은 때로, 일간이 갑목일 때는 해월생(亥月生), 일간이 을목일 때는 자월생(子月生)일 때 편인격이 됩니다.

또는 내격의 일반원칙에 따라 일간과 월지의 암장간에 의해 결정됩니다. 즉 암장간 중에 편인이 있고, 그 편인이 천간에 투출되어야 편인격이라고 합니다. 편인과 정인은 같은 범주에 속하므로 정인격과 비슷하다고 볼 수 있습니다.

편인격일 때 용신의 경우는 다음과 같습니다.

① 편인용관살격(偏印用官殺格) : 신강 사주에 재성이나 비겁이 많으면 관성을 용신으로 삼습니다.
② 편인용재격(偏印用財格) : 신강 사주에 인수가 많으면 재성을 용신으로 삼습니다.
③ 편인용식상격(偏印用食傷格) : 신강 사주에 비겁이 많으면 관성을 용신으로 삼는데, 관성이 없으면 식신·상관을 용신으로 삼습니다.
④ 편인용겁격(偏印用劫格) : 신약 사주에 재성이 많으면 비겁을 용신으로 삼습니다.
⑤ 편인용인격(偏印用印格) : 신약 사주에 식신·상관이나 관성이 많으면 인수를 용신으로 삼습니다.

• 예)

年柱	月柱	日柱	時柱
乙	戊	丙	乙
卯	寅	申	未

이 사주는 월령(33%)과 득세(9%×3=27%)로 60퍼센트를 얻었으므로 신강한 사주입니다. 월지 寅의 지장간 무토가 월간에 투간되었고, 동시에 월간인 무토는 일지 신금에 착근하고 있습니다. 따라서 편인격입니다.

4) 정인격

사주에서 정인격(正印格)이 되는 경우는 일간이 월지의 생을 받고 음양이 서로 다른 때로, 일간이 갑목일 때는 자월생(子月生), 일간이 을목일 때는 해월생(亥月生)일 때 정인격이 됩니다.

또는 내격의 일반원칙에 따라 일간과 월지의 암장간에 의해 결정됩니다. 즉 암장간 중에 정인이 있고, 그 정인이 천간에 투출되어야 합니다.

정인격일 때 용신의 경우는 다음과 같습니다.

① 정인용관살격(正印用官殺格) : 신강 사주에 재성이나 비겁이 많으면 관성을 용신으로 삼습니다.
② 정인용재격(正印用財格) : 신강 사주에 인수가 많으면 재성을 용신으로 삼습니다.
③ 정인용식상격(正印用食傷格) : 신강 사주에 비겁이 많으면 관성을 용신으로 삼는데, 관성이 없으면 식신·상관을 용신으로 삼습니다.
④ 정인용겁격(正印用劫格) : 신약 사주에 재성이 많으면 비겁을 용신으로 삼습니다.
⑤ 정인용인격(正印用印格) : 신약 사주에 식신·상관이나 관살이 많으면 인수를 용신으로 삼습니다.

• 예)

年柱	月柱	日柱	時柱
己	丙	甲	乙
亥	子	子	亥

이 사주는 甲 일주가 자월(子月)에 태어났으므로 인수격이나, 일간을 생해주는 인성이 많아 외격인 종강격에 가깝습니다.

억부법으로 볼 때 강한 자는 어쨌든 火·土로 설기해야 합니다. 조후법으로 보아도 추운 겨울철에 태어나 물 위에 떠 있는 나무이므로 병화로 용신을 삼아야 합니다. 火·土 대운에 크게 발복한 장관의 사주입니다.

5) 건록격

건록격(建祿格)은 일간과 월지가 같은 오행이고, 음양도 같은 경우를 말합니다. 예를 들면 일간 갑목은 인월(寅月), 일간 을목은 묘월(卯月)과 같은 형태일 때 건록격이 성립합니다.

일주의 건록은 월지뿐 아니라 연·일·시에도 있을 수 있는데, 이런 경우에는 월의 건록과는 달리 외격을 이루고 있습니다. 일지의 건록을 전록격(專祿格), 시지의 건록을 귀록격(歸祿格)이라고 합니다.

월주는 부모 형제의 자리인데 재관(財官)이 들어서지 못하고 건록이 있어서 신강하게 되면 부모 형제운이 좋지 않습니다. 따라서 조상의 유산이 적고 혹 있더라도 털어먹게 되는 팔자로서, 외지에 나가 자수성가하는 운명입니다.

그러나 명식에 재관이 있고 그 역할이 적절한 경우는 부모 형제운이 좋습니다. 식상과 재성이 있으면 재물을 모을 수 있고, 관성이 있으면 반드시 재성이 있어 생해주어야 합니다.

만약 재관이나 식상이 지위를 얻지 못하면, 일주는 왕성하나 의지할 곳이 없는 형국이어서 평생 고생하게 됩니다. 재성만 있고 식상이 없으면 왕성한 비겁을 설기하지 못해 불길합니다. 관성과 식상이 없는데 재성만 있으면 재물(처)을 두고 비겁이 서로 싸우는 형국이므로 불길합니다.

• 예)

年柱	月柱	日柱	時柱
辛	己	壬	壬
丑	亥	子	寅

이 사주는 월령과 일지, 득세를 얻었으므로 아주 신강한 사주입니다. 일간 임수가 해월(亥月)에 태어났고, 음양이 같으므로 건록격입니다. 아주 신강한데다 지지에 해자축방합목국(亥子丑方合水局)을 형성하고 있으므로 더더욱 신강해졌습니다. 관성인 축토는 방합으로 그 성질이 변했고, 기토는 金·水로 둘러싸여 있으며 도와주는 이 없으니 힘을 쓸 수 없습니다. 재성도 보이지 않습니다. 그러므로 설기하는 시지의 인목을 용신으로 삼습니다.

6) 양인격

양인격(羊刃格)은 양 일간과 월지가 같은 오행이나, 음양이 다른 경우를 말합니다. 예를 들면 일간 갑목은 묘월(卯月), 일간 병화는 오월(午月), 일간 무토는 오월(午月), 일간 경금은 유월(酉月), 일간 임수는 자월(子月)과 같은 형태일 때 양인격이 성립합니다.

음 일간의 경우는 십이운성에서 양 일간과 生과 死의 위치가 서로 반대이고 나아가는 방향 또한 반대이므로 을목은 辰, 정화·기토는 未, 신금은 戌, 계수는 丑이 각각의 양인(羊刃)이 됩니다. 이 때문에 음 일간의 양인은 취용(取用)하지 않는 것을 원칙으로 합니다.

　양인이 월지에 있으면 월인격(月刃格)이고, 일지에 있으면 일인격(日刃格)이 됩니다. 양인은 의미가 강하기 때문에 때로 외격으로 취급하기도 하지만, 사주학의 기본원리에 일치하므로 여기서는 내격으로 취급합니다.

　양인격의 건명(乾命)은 처궁이 불길하고 곤명(坤命)은 남편궁이 불길하지만, 일지에 용신이 있는 경우라면 오히려 배우자궁이 좋습니다.

　양인은 칠살과의 합을 기뻐하며 권위 있는 직업에 진출하는 경향이 있으므로 법관이나 무관, 의사가 많습니다. 재물에 손재가 있어 파산하는 일이 많으나 칠살이 있으면 길하고, 양인이 왕(旺)한데 칠살이 약하면 재성이 필요합니다.

　강한 일주를 극하는 관살이 없거나 설기하는 식상이 없으면 양인이 왕생(旺生)한 운에 예측하지 못한 화를 당합니다. 반면 약한 일주가 양인의 도움을 받으면 길하나, 명식에서 양인을 충하고 운로(運路)에서 양인을 충하면 큰 화를 당하게 됩니다.

• 예)

年柱	月柱	日柱	時柱
甲	丁	甲	庚
子	卯	辰	午

　이 사주는 월령(33%)과 득세(9%×2=18%)로 51퍼센트를 얻었고, 특별히 반대하는 세력이 보이지 않으므로 신강한 사주입니다.

甲 일간에 묘월(卯月)이므로 양인격입니다. 시간에 관성이 보이고, 관성을 돕는 재성이 있으므로 시간의 경금을 용신으로 삼아 귀격이 됩니다.

7) 식신격

사주에서 식신격(食神格)이 되는 경우는 일간이 월지를 생하되 음양이 서로 같은 때로, 일간이 갑목일 때는 사월생(巳月生), 일간이 을목일 때는 오월생(午月生)일 때 식신격이 됩니다.

또는 내격의 일반원칙에 따라 일간과 월지의 암장간에 의해 결정됩니다. 즉 암장간 중에 식신이 있고, 그 식신이 천간에 투출되어야 합니다.

'밥의 신'인 식신은 자신이 생하는 것이므로 당연히 신강해야 합니다. 자식을 먹여살리기 위해서는 부모에게 어느 정도의 건강이나 재물이 있어야 하듯이 말입니다. 따라서 신약한데 설기가 많다면 도와야 할 것이고, 신강한데 설기가 적다면 어느 정도 기운을 빼내야 할 것입니다.

식신격일 때 용신의 경우는 다음과 같습니다.

① 식신용관격(食神用官殺格) : 신강 사주에 재성이 많으면 관성을 용신으로 삼습니다.
② 식신용식상격(食神用食傷格) : 신강 사주에 비겁이 많으면 식신·상관을 용신으로 삼습니다.
③ 식신용재격(食神用財格) : 신강 사주에 인수나 식신·상관이 많으면 재성을 용신으로 삼습니다.
④ 식신용인격(食神用印格) : 신약 사주에 식신·상관이나 관성이 많으면 인수를 용신으로 삼습니다.

⑤ 식신용겁격(食神用劫格) : 신약 사주에 재성이 많으면 비겁을 용신으로 삼습니다.

• 예)

年柱	月柱	日柱	時柱
庚	戊	戊	癸
戌	寅	申	亥

인월(寅月)의 지장간이 무토에 투간했으므로 식신격입니다.

이 사주는 월령과 득세, 일지를 얻지 못했으니 아주 신약한 사주입니다. 따라서 화토운(火土運)에 대발(大發)하게 되는 사주로 식신생재용겁격(食神生財用劫格)입니다. 중년 오미운(午未運)에 대발한 사람의 사주입니다.

8) 상관격

사주에서 상관격(傷官格)이 되는 경우는 일간이 월지를 생하되 음양이 서로 다른 때로, 일간이 갑목일 때는 오월생(午月生), 일간이 을목일 때는 사월생(巳月生)일 때 상관격이 됩니다.

또는 내격의 일반원칙에 따라 일간과 월지의 암장간에 의해 결정됩니다. 즉 암장간 중에 상관이 있고, 그 상관이 천간에 투출되어야 합니다. 상관과 식신은 같은 범주에 속하므로 식신격과 비슷한 면이 있습니다.

상관격은 내격에 속하지만 월령 장간(藏干)의 투간으로만 이루어지지는 않습니다. 상관격은 범위가 넓어서 연·일·시를 막론하고 구성될 수 있습니다. 그리고 그에 따른 변화도 천태만상이라고 할 수 있습니다.

상관은 '관을 상하게 한다'는 의미이므로 예로부터 흉이 많다고 보아왔습니다. 따라서 상관을 다루려면 신강해야 합니다. 또한 강한 상관은 재성으로 설기하거나 인수로 극해야 합니다.

상관격은 크게 진상관격(眞傷官格)과 가상관격(假傷官格)이 있는데, 보통 상관격이라고 하면 진상관격을 가리키고, 상관격의 특이한 형국을 가상관격이라고 합니다. 격으로만 따질 때는 상관격이 되지 않지만 조후나 지합, 방합, 삼합 등의 다른 이유로 인해 상관격이 될 때 이를 가상관격이라고 합니다.

상관격일 때 용신의 경우는 다음과 같습니다.

① 상관용재격(傷官用財格) : 신강 사주에 인수가 많으면 재성을 용신으로 삼습니다.
② 상관용관살격(傷官用官殺格) : 신강 사주에 비겁이 많으면 관성을 용신으로 삼습니다.
③ 상관용상관격(傷官用傷官格) : 신강 사주에 관성이 많거나, 관성이 뿌리가 없으면 상관을 용신으로 삼습니다(관살이 많은 경우는 신약 사주라도 상관을 용신으로 삼는 경우가 있습니다).
④ 상관용인격(傷官用印格) : 신약 사주에 식신·상관이나 관성이 많으면 인수를 용신으로 삼습니다.
⑤ 상관용겁격(傷官用劫格) : 신약 사주에 재성이 많으면 비겁을 용신으로 삼습니다.

• 예 1)

年柱	月柱	日柱	時柱
己	庚	甲	己
巳	午	午	巳

이 사주는 오월(午月)의 갑일(甲日)에 사오화국(巳午火局)을 이루므로 상관격이며, 진상관격입니다. 이렇게 왕성한 상관 火를 제어해야 하므로 인성인 水가 필요한데, 운로가 맞지 않아 초운 기사(己巳) 대운에 사망한 사람의 사주입니다.

이 사주를 억부법으로 풀이하면, 월령과 득세 그리고 일지를 얻지 못했으니 아주 신약한 사주입니다. 식상이 너무 강해 신약해진 사주이므로 인성〔水〕을 용신으로 삼아야 합니다.

• 예 2)

年柱	月柱	日柱	時柱
壬	辛	乙	丙
辰	亥	亥	子

이 사주는 해월(亥月)의 을일(乙日)이니 오히려 인수격입니다. 그러나 辰·亥·亥·子로 인수가 너무 태왕합니다. 다행히 시간에 상관〔丙火〕이 있어 귀하니, 이를 써서 격을 삼습니다. 따라서 상관운을 만나야 길하게 되는 사주인데, 임자(壬子)·계축(癸丑) 대운을 만나 사망했습니다. 가상관격입니다.

이 사주는 월령과 일지, 득세를 얻었으므로 신강한데 추운 겨울에 태어나 사수일금(四水一金)으로 사주가 물 천지입니다. 따라서 이 경우는 조후로써 용신을 삼습니다. 다행히 시간에 병화가 있으니 이를 용신으로 삼습니다.

9) 편재격

사주에서 편재격(偏財格)이 되는 경우는 일간이 월지를 극하되 음양이 서로 같은 때로, 일간이 갑목일 때는 진(辰)·술월생(戌月

生), 일간이 을목일 때는 축(丑)·미월생(未月生)일 때 편재격이 됩니다. 또는 내격의 일반원칙에 따라 일간과 월지의 암장간에 의해 결정됩니다. 즉 암장간 중에 편재가 있고, 그 편재가 천간에 투출되어야 합니다.

본래 일간이 극하는 수(囚)에 해당하므로 일간의 신강함이 기본적으로 필요한 조건입니다. 편재는 정재와 같은 범주에 속하므로 정재격과 비슷합니다. 편재격일 때 용신의 경우는 다음과 같습니다.

① 편재용재격(偏財用財格) : 신강 사주에 인수나 비겁이 많으면 재성을 용신으로 삼습니다.
② 편재용식상격(偏財用食傷格) : 신강 사주에 비겁이 많으면 식신·상관을 용신으로 삼습니다.
③ 편재용관살격(偏財用官殺格) : 신강 사주에 비겁이 많은데, 관 자체의 힘이 강하거나 관과 식상, 재성의 힘이 균등하면 관성을 용신으로 삼습니다.
④ 편재용인격(偏財用印格) : 신약 사주에 관살이 많거나 식신·상관이 많으면 인수를 용신으로 삼습니다.
⑤ 편재용겁격(偏財用劫格) : 신약 사주에 재성이 많으면 비겁을 용신으로 삼습니다.

- 예)

年柱	月柱	日柱	時柱
甲	甲	丁	壬
寅	戌	酉	寅

술월(戌月)의 정일(丁日)이지만 戌의 장간이 하나도 투간되어 있

지 않습니다. 이때는 명식 가운데에서 제일 강한 육신을 보는데, 갑목이 연·월·시에 왕성하므로 이에 해당합니다. 더구나 정임합화목(丁壬合化木)까지 되니 인수[木]가 태왕하게 됩니다. 이렇게 되면 신강하므로 편재용재격(偏財用財格)이 되어 재성을 용신으로 삼아야 합니다. 따라서 戌 중의 신금과 유금이 합세하니 금운(金運)에 크게 대발한 경우입니다.

이 사주를 억부법으로 풀이하면, 월령과 일지를 얻지 못했으나 사목일수(四木一水)와 정임합화목으로 세력이 워낙 강합니다. 인성이 강해 신강해졌으니 이를 극하는 재성으로 용신을 삼습니다.

10) 정재격

사주에서 정재격(正財格)이 되는 경우는 일간이 월지를 극하되 음양이 서로 다른 때로, 일간이 갑목일 때는 축(丑)·미월생(未月生), 일간이 을목일 때는 진(辰)·술월생(戌月生)일 때 정재격이 됩니다.

또는 내격의 일반원칙에 따라 일간과 월지의 암장간에 의해 결정됩니다. 즉 암장간 중에 정재가 있고, 그 정재가 천간에 투출되어야 합니다.

본래 일간이 극하는 囚에 해당하므로 일간의 신강함이 기본적으로 필요합니다. 신강(身强)·재약(財弱)의 경우는 이를 통관하는 식상이 필요합니다. 신왕하다는 것은 일할 수 있는 충분한 힘과 능력이 있다는 뜻이므로 마땅히 거기에 상응하는 일자리가 주어져야 하는데, 능력이 있는데도 불구하고 일자리가 없으면 엉뚱한 곳으로 빠질 수 있기 때문입니다. 즉 일간의 신강함을 재성으로 옮기는 통관의 지혜입니다.

반대로 신약(身弱)·재다(財多)의 경우는 병든 몸으로 일하는 격이므로 조만간 쓰러질 운이라고 할 수 있습니다.
　정재격일 때 용신의 경우는 다음과 같습니다.

① 정재용재격(正財用財格) : 신강 사주에 인수나 비겁이 많으면 재성을 용신으로 삼습니다.
② 정재용식상격(正財用食傷格) : 신강 사주에 비겁이 많으면 식신·상관을 용신으로 삼습니다.
③ 정재용관살격(正財用官殺格) : 신강 사주에 비겁이 많은데 관살의 힘이 강할 때는 관살을 용신으로 삼습니다.
④ 정재용인격(正財用印格) : 신약 사주에 관살이나 식신·상관이 많으면 인수를 용신으로 삼습니다.
⑤ 정재용겁격(正財用劫格) : 신약 사주에 재성이 많으면 비겁을 용신으로 삼습니다.

• 예)

年柱	月柱	日柱	時柱
乙	己	庚	庚
未	卯	申	辰

　묘월(卯月)의 경일(庚日)이고, 卯의 지장간 을목이 연간에 투간했으니 정재격이 성립합니다.
　이 사주는 월령을 잃었으나, 득세(9%×4=36%)와 일지(24%)로 60퍼센트를 얻었으니 신강한 사주입니다. 연간인 을목은 연지·월지·시지에 뿌리를 내리고 있어 재왕(財旺)하지만, 일간이 능히 이를 감당할 수 있습니다. 그러므로 을목을 용신으로 삼습니다. 정관용재격이 됩니다.

2. 외격

외격(外格·別格)은 내격에 대(對)한다는 뜻에서 붙여진 이름으로 내팔격(內八格) 이외의 격들을 말합니다. 내격이라고 해서 반드시 내격으로만 해석되는 것도 아니고, 외격이라고 해서 반드시 외격으로만 해석되는 것은 아닙니다. 흔하지는 않지만 사주 정황에 따라 내격이 외격으로 풀이될 수도 있고, 외격이 내격으로 풀이되는 경우도 있습니다.

사주 중에서 내격이 대략 80~85퍼센트를 차지한다면, 나머지 약 15~20퍼센트 정도는 외격으로 구성되어 있습니다. 따라서 외격의 비중도 무시할 수는 없습니다.

원칙이 있어야 예외가 있습니다. 사주의 격국용신법도 일정한 원리원칙이 있고 거기에 따르는 예외 조건들이 있습니다.

외격은 내격에 비해 종류와 형식이 매우 많고 까다롭습니다. 어떻게 보면 산만해 보이기도 하지만, 규칙 없는 나열은 결코 아닙니다. 외격도 내격 못지않은 일정한 구조를 갖습니다. 단지 그 구조가 약간 독특할 뿐입니다.

그리고 외격은 그 격에 맞추어 용신법이 대개 일치한다는 점이 중요합니다. 격국에 언급되는 내격의 경우에는 격과 용신법이 합치되지 않는 경우가 많지만, 외격은 격이 확실하면 용신을 별도로 정하지 않아도 되므로 아주 편리합니다.

종격이나 일행득기격, 화기격 등의 외격이 성립하려면 모두 각각 월지를 얻어야 하고 각각의 성립에 필요한 어느 정도의 세력을 얻어야 합니다. 화기격의 경우는 조금 다르지만, 종격과 일행득기격이 성립하려면 일간을 제외한 나머지 간지가 다섯 개 이상이어야 하고, 세력은 84퍼센트 이상이어야 합니다.

이러한 방법을 사용하면 90퍼센트 이상의 외격을 잡아낼 수 있습니다. 나머지 10퍼센트 내외는 명식을 세세히 살펴서 결정해야 합니다.

월지 자리는 33퍼센트의 힘이 있고, 일지 자리는 24퍼센트의 힘이 있습니다. 일간과 월지·일지를 제외한 간지는 각각 9퍼센트의 힘이 있습니다.

삼합오행과 방합은 그 힘이 월지와 동등하여 각각 33퍼센트의 힘이 있습니다. 지합은 9퍼센트 또는 18퍼센트의 힘이 있고, 간합과 반합은 각각 9퍼센트의 힘이 있습니다. 앞에서도 설명한 바 있는 이러한 기준으로 보았을 때, 최소한 84퍼센트 이상의 힘이 있어야 일반적인 외격이 성립할 수 있습니다.

또한 지지가 모두 같은 오행으로 이루어졌을 때는, 특별히 반대하는 세력이 없는 이상, 지지의 힘이 천간의 힘보다 강하므로 외격이 성립할 수 있습니다.

1) 종격

강약으로 나누어볼 때, 의지할 곳 없는 약한 일주라면 주변의 강한 자를 따르는 게 신상에 제일 이롭습니다.

그 강한 주변이 관살이면 종살격(從殺格)이 되고, 인성이면 종강격(從强格)이 되며, 비겁이면 종왕격(從旺格)이 되고, 식상이면 종아격(從兒格)이 되며, 재성이면 종재격(從財格)이 됩니다. 일간을 제외한 나머지 간지가 다섯 개 이상 되어야 종격(從格)이 성립할 수 있습니다.

① 종왕격

명식에 일간과 같은 오행이 굉장히 많은 것으로, 사주의 대부분을 일간과 같은 오행이 차지하고 있습니다. 종왕격(從旺格)은 식상

이 없어야 성립됩니다. 식상이 있으면 신왕해서 식상을 용(用)한 경우와 다를 것이 없기 때문입니다.³⁾

종왕격은 비겁이 용신, 인성이 희신, 관살이 기신, 재성이 구신이 됩니다. 간단히 종왕(從旺)이 되는 예를 들어보면 대략 다음과 같은 경우라고 할 수 있습니다.

① 干에 갑을목(甲乙木)이 있고 支에 인묘진전(寅卯辰全), 해묘미삼합목국(亥卯未三合木局)으로 이루어진 경우.
② 干에 병정화(丙丁火)가 있고 支에 사오미전(巳午未全), 인오술삼합화국(寅午戌三合火局)으로 이루어진 경우.
③ 干에 무기토(戊己土)가 있고 支에 술진축미전(戌辰丑未全)으로 이루어진 경우.
④ 干에 경신금(庚辛金)이 있고 支에 신유술전(申酉戌全), 사유축삼합목국(巳酉丑三合金局)으로 이루어진 경우.
⑤ 干에 임계수(壬癸水)가 있고 支에 해자축전(亥子丑全), 신자진삼합수국(申子辰三合水局)으로 이루어진 경우.

종왕격은 재성이나 관성을 싫어합니다. 마음대로 살고 싶어하는 것이 종왕이므로 법(국가)에 얽매이거나 재물(처)에 얽매이는 것을 싫어하기 때문입니다.

종왕격의 성질은 비견·겁재의 성질과 비슷하며 과단(果斷)하고 자존심이 강해 누구에게도 지지 않으려고 합니다. 요행을 바라고 투기를 즐기며 공평정대함을 기뻐합니다.

---

3) 종왕격 사주에 식상이 있으면 강한 일간의 기운을 표출할 수 있으므로 대단히 길합니다. 이런 경우는 식상을 용신으로 삼고, 식상을 극하는 인성을 기신으로 삼습니다.

• 예)

年柱	月柱	日柱	時柱
癸	乙	甲	乙
卯	卯	寅	亥

이 사주는 온통 水·木으로 구성되어 있으므로 도저히 흐름을 거역할 수 없습니다. 월지가 겁재이고, 설기하는 식상이 보이지 않습니다. 따라서 종왕격이 됩니다.
비겁[木]이 용신, 인성[水]이 희신, 관살[金]과 재성[土]이 기신이 됩니다.

② 종강격
명식에 일간을 생해주는 오행이 굉장히 많은 것으로, 자신을 생하여 강하게 해주는 오행을 좇아가는 것을 종강격(從强格)이라고 합니다.
종강격은 인성이 용신, 관살이 희신, 재성이 기신, 식상이 구신이 됩니다.
종강격과 종왕격은 모두 나를 생하거나 나와 같은 오행이므로 크게 구분하지 않습니다. 원래 종강격은 정인과 편인으로만 이루어진 사주를 말하지만 간혹 비겁이 섞여 있을 수도 있습니다. 비겁이 있더라도 상황을 봐서 인성이 월을 장악하고 강하면 종강격이라고 하고, 비겁이 월을 장악하고 강하면 종왕격이라고 합니다.
종강격은 식상과 재성을 싫어합니다. 어머니를 따르려고 하는데 재물(처)이나 자식이 있으면 어머니를 따르기가 쉽지 않기 때문입니다. 벌써 자신의 가정이 생겼으니 말입니다.
종강격은 인성의 생조를 받으므로 관성운이 좋습니다. 종강격의 성질은 용두사미 격으로 시작은 잘하지만 끝을 맺지 못하는 경향이 있습니다. 자아의식이 강하고 아부를 싫어하며 깨끗함을 좋아합니다. 예능과 학술을 좋아하고 게으른 편이나 철두철미합니다.

• 예 1)

年柱	月柱	日柱	時柱
壬	癸	甲	甲
子	卯	子	子

이 사주는 월령과 일지, 득세를 얻었으므로 아주 신강한 사주입니다. 억부법으로 따진다면 관살이나 식상, 그리고 재성으로 용신을 삼아야 하지만, 아무것도 보이지 않습니다.

이 경우는 억부보다 더 급한 것이 있습니다. 이 명식은 온통 오수삼목(五水三木)으로 이루어져 거스르기에는 그 힘이 너무나 강합니다. 따라서 종강격입니다.

종강격은 인성[水]이 용신, 관살[金]이 희신, 재성[土]이 기신, 식상[火]이 구신이 됩니다.

• 예 2)

年柱	月柱	日柱	時柱
壬	壬	甲	乙
子	寅	子	亥

이 사주 또한 월령과 일지, 득세를 얻었으므로 아주 신강한 사주입니다. 그리고 오수삼목(五水三木)으로 이루어져 있으므로 종강격입니다.

③ 종아격(從兒格)

일간이 생해주는 오행이 굉장히 많은 것으로, 자신이 낳은 아이〔食傷〕를 좇아가는 것을 종아격(從兒格)이라고 합니다. 늙어서 힘이 없으면 자식에게 의존하는 것과 같다고 할 수 있습니다.

종아격은 식상이 용신, 비겁이 희신, 인성이 기신, 관살이 구신이 됩니다.

종아격 사주는 재성이 있는가 없는가에 따라 격국의 높낮이가 달라지므로 재성의 유무가 아주 중요합니다. 종아격에 재성이 있으면 아이가 또 아이를 낳았다고 하여 아우생아(兒又生兒)라고 합니다. 종아격에는 재성이 있어야 좋습니다. 용신을 극하는 기신인 인성을 재성이 극하므로 기신을 더 이상 두려워하지 않아도 되기 때문입니다. 종아격은 인성과 관살을 싫어합니다.

종아격이 운로의 도움을 받으면 결혼운이 좋고, 재계(財界)에 진출하여 성공합니다. 종아격은 예능방면 등 특수한 기능에 소질이 있습니다. 신경이 예민하고 날카로우며 남에게는 좋으나 가족에게는 불평불만이 많은 편입니다. 때로 교만·거만하고 남에게 지기 싫어하지만, 일 처리만은 믿을 수 있게 틀림없이 처리하는 편입니다.

• 예1)

年柱	月柱	日柱	時柱
壬	辛	辛	辛
子	亥	卯	卯

이 사주는 삼금삼수(三金三水)를 이루고, 상관이 월을 장악하고 있으므로 종아격입니다. 종아격에 재성이 있으니 기신이 와도 두렵지 않습니다.

따라서 식상이 용신, 비겁이 희신, 인성이 기신, 관살이 구신이 됩니다.

• 예 2)

年柱	月柱	日柱	時柱
戊	乙	壬	甲
辰	卯	寅	辰

이 사주는 사목(四木)에 인묘진방합목국(寅卯辰方合木局)을 이루고 있으므로 종아격입니다. 종아격에 재성이 보이지 않으니 예1)의 사주보다는 격이 떨어져 기신을 두려워합니다.

④ 종재격
일간이 매우 약한 상황에서 일간이 극하는 오행[財星]이 굉장히 많은 상황으로, 자신의 재성을 좇아가는 것을 종재격(從財格)이라고 합니다.

종재격은 재성이 용신, 식상이 희신, 비겁이 기신, 인성이 구신이 됩니다.

재성은 음양에 따라서 편재와 정재로 나누기도 하지만, 한두 개라면 모를까 아주 많이 있을 때에는 나눌 필요가 없습니다. 그냥 그대로 재물덩어리로 봅니다.

재성이 아주 많을 경우, 일간은 자존심을 버리고 재물(처)을 따라서 함께 행동해야 합니다. 그렇지 않고 어설프게 대항하다가는 재산을 다 빼앗기고 쫓겨나기 십상입니다.

종재격일 때는 비겁과 인성 그리고 식상의 태도를 눈여겨 살펴야 합니다. 재물(처)을 따라갈 때에 가장 강하게 반대할 수 있는 것이 형제에 해당하는 비겁이고, 그 다음이 부모에 해당하는 인성입니다. 약함을 알고 있는 일간은 아예 금선탈각(金蟬脫殼)해야 하는데, 비겁과 인성은 아직 자신의 힘이 있으니 변하지 말라고 말리는 형상이기 때문입니다.

종재격에는 비겁이나 인성이 있는지 없는지, 있다면 어떤 형태로 존재하는지에 따라서 격국의 높낮이가 판가름납니다.

종재격에 비겁이나 인성이 있으면 격이 떨어집니다. 예를 들어 봅시다. 가난한 집의 아들이 돈 많은 과부와 결혼하려고 하면, 먼저 형제들이 반대할 것입니다. 형제들 중에서도 비견보다는 겁재가 더 난리를 칩니다. 부모님도 반대하겠지요. 그러나 아들은 지긋지긋한 가난으로부터 탈출하고 싶었는지도 모릅니다. 또 어쩌면 그 여자를 진심으로 사랑하고 있는지도 모릅니다. 아들이 결혼하겠다고 하는 데에는 어떤 이유가 있을 것입니다.

반면에 식상이 있으면 아주 부드럽게 종재할 수 있을 것입니다. 식상은 양쪽을 통관하는 입장이기 때문입니다. 따라서 종재격에 식상이 있으면 격이 높아집니다.

예를 들어 봅시다. 가난한 집의 아들이 돈 많은 과부와 결혼하겠다고 하여 부모님이 반대하는 상황에서 두 사람 사이에 이미 자식이 생긴 경우와 흡사합니다. 자식이 없더라도 이미 마음을 굳혔는데 자식까지 있다면 더 말해 무엇 하겠습니까? 이것이 바로 식상이 있어서 격이 더욱 높아진 경우입니다.

종재격이 운로의 도움을 받으면 결혼운이 좋으며, 재계에 진출하여 성공합니다. 종재격은 남달리 의리를 중히 여기는 정의파입니다. 재물에는 인색하나 경제수완이 좋고, 처도 재물에 해당하므로 처를 사랑하는 편입니다.

• 예 1)

年柱	月柱	日柱	時柱
癸	辛	丁	辛
酉	酉	酉	丑

이 사주는 월령과 일지, 득세를 전혀 얻지 못했으니 아주 신약한 사주입니다. 억부법으로 풀이하면 인성과 비겁으로 용신을 삼아야 하는데 전혀 보이지 않습니다.

이 경우는 억부법보다도 더 급한 것이 있습니다. 바로 재성의 힘이 오금(五金)으로 너무 강하다는 것입니다. 일간 정화가 뿌리가 없고 의지처가 보이지 않으므로 강한 세력을 따를 수밖에 없습니다. 시지의 축토가 종재로 연결하는 안내자입니다. 따라서 종재격이 됩니다.

재성[金]이 용신, 식상[土]이 희신, 비겁[火]이 기신, 인성[木]이 구신입니다.

• 예 2)

年柱	月柱	日柱	時柱
辛	丁	丙	戊
酉	酉	申	戌

이 사주 또한 월령과 일지, 득세를 얻지 못했으니 아주 신약한 사주입니다. 일간 병화가 의지할 곳이라고는 월간의 정화뿐인데, 정화는 재성으로 둘러싸여 있어 힘을 쓸 수 없고, 사주 전체를 봐도 사금이토(四金二土)로 재성이 너무 강합니다. 따라서 종재격이 됩니다. 시간과 시지에 식상이 있으니 종재하는 데 부드럽습니다.

⑤ 종살격

일간을 극하는 오행이 굉장히 많은 것으로 자신의 관살을 좇아가는 것을 종살격(從殺格)이라고 합니다.

종살격은 관살이 용신, 재성이 희신, 식상이 기신, 비겁이 구신이 됩니다.

종살격은 진종(眞從)과 가종(假從)으로 분류합니다. 진종은 완전한 종살격으로서 진짜로 따르는 것을 뜻하고, 가종은 불완전한 종살격으로서 가짜로 따르는 것을 뜻합니다. 즉 마지못해 따르는 척하지만 기회만 있으면 등을 돌릴 준비를 하고 있는 것이라고 할 수 있습니다.

종살격은 관성을 생조하는 재성을 좋아하는 반면 비겁과 식상을 싫어합니다. 국가의 법은 반드시 지켜야 하는데, 비겁은 법에 얽매이지 않으려 하고, 식상은 오히려 법을 어기려 들기 때문입니다.

종살격이 운로의 도움을 받으면 결혼운이 좋고 관계(官界)에 진출하여 성공합니다. 종살격은 온화하고 유순하며 누구든지 자기 명령에 복종해주기를 좋아합니다. 이러한 심리로 인해 실패하는 경우도 많습니다.

• 예1)

年柱	月柱	日柱	時柱
戊	辛	乙	乙
戌	酉	酉	酉

이 사주는 월령과 일지, 득세를 얻지 못했으므로 아주 신약합니다. 인성은 아예 보이지 않고, 시간에 비견인 을목이 있으나 관살의 공격을 견디지 못합니다. 이 경우 일간 을목은 의지할 데가 없으므

로 할 수 없이 관살을 좇아갈 수밖에 없습니다.

따라서 이 사주는 종살격이 되고, 좋아서 하는 것이 아니라 할 수 없이 따르는 것이므로 가종이 됩니다. 관살〔金〕이 용신, 재성〔土〕이 희신, 식상〔火〕이 기신, 비겁〔木〕이 구신이 됩니다.

• 예2)

年柱	月柱	日柱	時柱
丁	丙	辛	甲
未	午	卯	午

이 사주 또한 월령과 일지, 득세를 얻지 못했으므로 아주 신약합니다. 억부법으로 보면 인성이나 비겁으로 용신을 삼아야 하지만, 비견은 전혀 보이지 않고 인성인 연지 미토는 오미합화(午未合火)하여 오히려 관살로 변했습니다.

일간 신금의 입장에서 보면 의지할 곳이 전혀 보이지 않아 어찌할 바를 모르고 있는데, 다행히 월간 병화가 있어 도망칠 길이 열린 셈입니다. 미련 없이 丙·辛이 합해 水로 변합니다.

따라서 이 사주는 종살격이 되고, 좋아서 완전히 변했으니 진종이 됩니다. 관살〔火〕이 용신, 재성〔木〕이 희신, 식상〔水〕이 기신, 비겁〔金〕이 구신이 됩니다.

2) 일행득기격

일행(一行)이니 글자 그대로 한 가지 오행으로 이루어진 사주를 말합니다. 이것을 일행득기격(一行得氣格) 또는 독상(獨象)이라고 합니다. 오행이 서로 섞여 있지 않은 사주는 있을 수 없다고 할 정도로 거의 없습니다. 일행득기격에 해당하는 격국이 절대로 없다고는 장담하지 못하지만, 완벽한 일행득기격 사주는 거의 없고 어쩌다 엉성한 일행득기격이 있을 뿐입니다.

일간을 제외한 나머지 간지가 다섯 개 이상 되어야 일행득기격의 성립이 가능합니다. 왕성한 오행 자체가 용신이고, 왕성한 오행을 극하는 것이 기신입니다.

단순화시킨다면 일행득기격은 한 가지 오행으로 이루어져 있고, 종왕격은 비겁이나 인성 두 가지 오행으로 이루어졌다고 할 수 있습니다. 그러나 일행득기격을 넓은 의미로 볼 때 종왕격과 별로 다르지 않아 같이 분류해놓은 책도 있습니다.

① 곡직격

곡직격(曲直格)은 일간 木에, 사주 전체가 木으로만 이루어진 사주를 말합니다. 곡직(曲直)이란 나무의 곧은 부분과 구부러진 마디 부분의 형상을 따서 붙여진 이름입니다. 곧은 것과 구부러진 것이 함께 있는 나무의 형상을 따서 곡직격 혹은 곡직인수격(曲直仁壽格)이라고 합니다. 木이 인자함을 뜻하므로 곡직격의 소유자는 도량이 넓고 도덕심이 강하며 남을 도울 줄 아는 사람입니다.

곡직격이 성립하려면 甲·乙 일간이 인묘월(寅卯月)에 태어나 인묘진방합(寅卯辰方合)이나 해묘미삼합목국(亥卯未三合木局)을 이루고, 사주 내에 金에 해당하는 오행이 없어야 합니다.

용신은 木, 희신은 水·木·火, 기신은 金이 됩니다.

• 예)

年柱	月柱	日柱	時柱
壬	丁	甲	乙
卯	寅	寅	亥

이 사주는 정임합목(丁壬合木)이고 인해합목(寅亥合木)이므로 사주 전부가 木으로 이루어져 있습니다. 따라서 곡직격입니다.

② 염상격
  염상격(炎上格)은 일간 火에, 사주 전체가 火로만 이루어진 사주를 말합니다. 순전히 불로만 이루어져 이글이글 타는 형상이므로 염상격이라고 합니다.
  염상격이 성립하려면 丙·丁 일간이 지지에서 사오미방합(巳午未方合)이나 인오술삼합화국(寅午戌三合火局)을 이루고, 사주 내에 水에 해당하는 오행이 없어야 합니다.
  염상격은 불이 타오르는 형상이므로 예도(禮道)와 형(刑)을 집행하는 관직의 귀인이 됩니다. 그러나 마음이 들뜨기 쉽고 변화가 심하여 경망스러운 면도 있습니다.
  용신은 火, 희신은 木·火·土, 기신은 水가 됩니다.

• 예)

年柱	月柱	日柱	時柱
己	庚	丙	甲
巳	午	午	午

이 사주는 불 위에 불이 앉아 있으니 염상격입니다.

③ 가색격
  가색격(稼穡格)은 일간 土에, 사주 전체가 土로만 이루어진 사주를 말합니다. 가색격이란 '농사를 짓는다'는 의미입니다. 농사는 흙이 있어야 하므로 土로써 격이 됨을 뜻합니다.

가색격이 성립하려면 戊·己 일간이 지지에서 진술축미(辰戌丑未)를 이루고, 사주 내에 木에 해당하는 오행이 없어야 합니다.

가색격은 충효(忠孝)를 아는 믿음직한 인품으로 천부의 풍족한 부귀를 누리며 오래도록 장수합니다. 침착하고 엉큼한 일면도 있어 남에게 표현하기를 싫어하지만 어떻게든 자기 주장을 내세우는 경향이 있습니다.

용신은 土, 희신은 火·土·金, 기신은 木이 됩니다.

- 예)

年柱	月柱	日柱	時柱
戊	己	戊	癸
戌	未	辰	丑

이 사주는 온통 흙으로 구성되어 있고 木은 보이지 않습니다. 유일하게 거스르는 시간의 계수는 무계합화화(戊癸合化火)로 그 성질이 변했습니다. 따라서 가색격이 성립합니다.

④ 종혁격

종혁격(從革格)은 일간 金에, 사주 전체가 金으로만 이루어진 사주를 말합니다.

혁은 '벗겨내다' '다시 고치다' 라는 의미에서 '갱신(更新)하다'의 뜻으로 볼 수 있습니다. 갱신의 발음은 경신(庚辛)과 비슷합니다. 따라서 '혁을 좇아간다'는 종혁은 '경신금(庚辛金)을 따른다'는 뜻이라고 생각할 수도 있겠습니다.

종혁격이 성립하려면 庚·辛 일간이 지지에서 신유술(申酉戌)이나 사유축(巳酉丑)을 이루고, 사주 내에 火에 해당하는 오행이 없어야 합니다.

종혁격은 의리와 정의감이 있어 무관이나 형을 집행하는 사법관 등이 어울립니다. 마음이 굳세고 혁명적인 심리를 갖고 있으며 무엇이든지 겁이 없습니다. 이재(理財)에 밝은 편입니다.

용신은 金, 희신은 土·金·水, 기신은 火가 됩니다.

- 예)

年柱	月柱	日柱	時柱
庚	甲	庚	乙
子	申	申	酉

이 사주는 일간 경금에 신월생(申月生)이고, 庚·申·酉를 이루고 있어 종혁격이 성립합니다.

⑤ 윤하격

윤하격(潤下格)은 일간 水에, 사주 전체가 水로만 이루어진 사주를 말합니다.

윤하격이 성립하려면 壬·癸 일간이 지지에서 해자축(亥子丑)이나 신자진(申子辰)을 이루고, 사주 내에 土에 해당하는 오행이 없어야 합니다.

윤하격은 지혜가 뛰어나고 용감하며 의(義)와 인(仁)을 중히 여기는 단아한 성품입니다. 평상시에는 차분하고 온순하나 남을 비방하는 일면도 있습니다.

용신은 水, 희신은 金·水·木, 기신은 土가 됩니다.

• 예)

年柱	月柱	日柱	時柱
壬	壬	壬	庚
子	子	申	辰

이 사주는 일간 임수에 자월생(子月生)이고, 명식이 水로 이루어져 있으므로 윤하격이 성립합니다.

3) 화기격

화기격(化氣格)은 천간의 오합 중에서 특히 일간의 합에 대해서만 따지는 것으로, 글자 그대로 화(化)하는 기운으로 이루어진 격이라는 뜻입니다.

일간이 간합하여 화하는 것을 화기격이라고 하므로, 화기격이 성립하려면 당연히 일간이 간합하여 화해야 합니다. 그리고 이렇게 화한 오행을 세력이 받쳐주어야 하므로 월지가 화하는 오행이어야 하고, 화하는 오행의 기운이 천간에 투출되어 있을 뿐만 아니라 어느 정도 세력을 갖고 있어야 합니다.

이러한 전제 조건이 충족되면 화기격이 되고 부족하면 화기격이 되지 못합니다. 만약 이 조건이 반 정도만 충족된다면 반만 화기격이라고 할 수 있습니다. 이것을 가화격(假化格)이라고 합니다. 즉 화기격이 성립되기는 했지만, 화기(化氣)와 불화(不和)하는 기운이 사주 중에 있는 경우를 가화격이라고 하는 것입니다. 화기하는 오행의 기운이 전국(全局)에 넘쳐야 합니다. 화기하는 오행이 부족하면 화기부족(化氣不足)이라고 합니다.

대개 화기격은 종격에 속한다고 볼 수 있는데, 사주 정황에 따라 내격이나 다른 격으로도 변할 수 있습니다. 화기격과 종격을 비교해보면 종격은 어쩔 수 없이 좇아가는 것인 반면, 화기격은 자기가 좋아서 좇아가는 것이라고 할 수 있습니다. 따라서 화기격은 종격보다 더 견고한 결합으로, 어려움이 닥쳤을 때 종격보다 더 잘 견뎌냅니다.

같은 일을 하더라도 종격은 월급받고 하는 일인 반면 화기격은 자신의 일을 자신이 직접 하는 것이라고 할 수 있습니다. 남의 일을 하는 사람은 힘이 강해지면 다니던 직장을 떠나 다른 일을 할 수도 있지만, 자신의 일을 하는 사람은 사업을 더욱 확장할 것입니다. 종격은 유혹이 있으면 흔들릴 수 있지만, 화기격은 웬만한 유혹에도 흔들리지 않는다고 할 수 있습니다.

① 화토격
일간이 갑기합(甲己合)에 土가 굉장히 많은 것으로, 火·土·金이 희신, 木이 기신입니다.

화토격(化土格)은 맡은 바 책임을 다하고 타협을 잘하므로 여러 사람의 존경을 받습니다. 부부간에 행복하게 살아가는 격입니다.

• 예)

年柱	月柱	日柱	時柱
丁	甲	己	辛
丑	辰	未	未

일간이 갑기합으로 합이 되었고, 월지가 화기하는 오행인 토월이며, 지지가 온통 土로 이루어져 있습니다. 또한 명식에 화기하는 오행을 극하는 木이 보이지 않습니다. 따라서 완벽한 화토격이 성립됩니다.

② 화금격

일간이 을경합(乙庚合)에 金이 굉장히 많은 것으로, 土·金·水가 희신, 火가 기신입니다.

화금격(化金格)은 성질이 용감하고 남에게 유혹당하지 않으며 옳고 그름을 잘 분별하고 매사에 철두철미합니다. 부부간에 다정하고 서로를 존경하면서 선행을 베푸는 격입니다.

- 예)

年柱	月柱	日柱	時柱
癸	辛	庚	乙
丑	酉	申	酉

일간이 을경합으로 합이 되었고, 월지가 화기하는 오행인 금월이며, 지지가 金으로 이루어져 있습니다. 또한 명식에 화기하는 오행을 거스르는 火가 보이지 않습니다. 따라서 화금격이 성립됩니다.

③ 화수격

일간이 병신합(丙辛合)에 水가 굉장히 많은 것으로, 金·水·木이 희신, 土는 기신입니다.

화수격(化水格)은 주색을 즐기나 유달리 위엄이 있고 강인한 편입니다. 이기적인 마음이 있어 남에게 받기를 좋아합니다.

- 예)

年柱	月柱	日柱	時柱
壬	辛	丙	壬
子	亥	申	辰

일간이 병신합으로 합이 되었고, 월지가 화기하는 오행인 수월이며, 지지가 온통 水로 이루어져 있습니다. 또한 명식에 화기하는 오행을 극하는 土가 보이지 않습니다. 시지의 진토는 신자진삼합수국(申子辰三合水局)으로 그 성질이 변했습니다. 따라서 화수격이 성립됩니다.

④ 화목격

일간이 정임합(丁壬合)에 木이 굉장히 많은 것으로, 水·木·火가 희신, 金이 기신입니다.

화목격(化木格)은 총명·고상하고 예민하며 깨끗함을 좋아합니다. 자신을 높이 평가하고 남을 업신여기는 성향이 있습니다. 하지만 남을 잘 도와주므로 사회에 필요한 인물이 될 수 있습니다.

• 예)

年柱	月柱	日柱	時柱
壬	壬	丁	丙
辰	寅	卯	午

일간이 정임합으로 합이 되었고, 월지가 화기하는 오행인 목월이며, 지지가 인묘진방합목국(寅卯辰方合木局)이므로 木으로 이루어져 있습니다. 또한 명식에 화기하는 오행을 극하는 金이 보이지 않습니다. 따라서 화목격이 성립됩니다.

⑤ 화화격

일간이 무계합(戊癸合)에 火가 굉장히 많은 것으로, 木·火·土가 희신, 水가 기신입니다.

화화격(化火格)은 아름다운 것을 좋아하나 냉정하여 애정이 결핍되는 수가 많습니다. 꽤 박정한 편이며 얼굴이 붉은 사람이 많습니다. 결혼할 때에 장애물로 지장을 받을 수 있습니다.

- 예)

年柱	月柱	日柱	時柱
丙	癸	戊	丁
戌	巳	午	巳

일간이 무계합으로 합이 되었고, 월지가 화기하는 오행인 화월이며, 지지가 火로 이루어져 있습니다. 또한 명식에 화기하는 오행을 극하는 水가 보이지 않습니다. 따라서 화화격이 성립됩니다.

4) 양신성상격

양신성상격(兩神成象格)은 木·火, 火·土, 土·金, 金·水, 水·木과 같이 서로 상생하는 간지가 두 개씩 있는 것을 의미합니다. 대체로 토금상생격(土金相生格)이면 토금운은 길하나 수목운은 흉하다고 봅니다.

木·土, 土·水, 水·火, 火·金, 金·木과 같이 상극하는 두 개의 오행으로 구성된 경우는 내격의 사주해석 방법에 따르는 것을 원칙으로 합니다.

木과 火로 이루어진 격을 목화상생격(木火相生格) 혹은 청적부자(靑赤父子)라고 합니다. 火와 土로 이루어진 격을 화토상생격(火土相生格) 혹은 화토협잡(火土夾雜)이라고 합니다. 土와 金으로 이루어진 격을 토금상생격(土金相生格)이라고 하며, 金과 水로 이루어진 격을 금수상생격(金水相生格) 혹은 금백수청(金白水淸)이라고 합니다. 水와 木으로 이루어진 격을 수목상생격(水木相生格) 혹은 수목청기(水木淸奇)라고 합니다.

- 예 1)

年柱	月柱	日柱	時柱
丁	丁	丁	丁
未	丑	未	丑

이 사주는 火·土로 구성된 양신성상격입니다.

- 예 2)

年柱	月柱	日柱	時柱
癸	乙	癸	乙
亥	卯	亥	卯

이 사주는 水·木으로 구성된 양신성상격입니다.

희용기구한

사주를 볼 때는 용신(用神)과 기신(忌神)을 먼저 가려둔 후에 육신(六神)을 대입하는 것이 기본입니다. 그런 다음 용신에 해당하는 육신과 기신에 해당하는 육신을 구별합니다. 물론 희신(喜神)이나 구신(仇神), 한신(閑神)까지 구별한다면 더욱 좋습니다.

용신이 일간과 가까이 있어 효용이 강한 것을 유정(有情)하다고 하고, 용신이 일간과 떨어져 있어 효용이 약한 것을 무정(無情)하다고 합니다. 위치는 대단히 중요한데, 특히 가까이 있는 것이 멀리 떨어진 것보다 일간에 미치는 영향력이 큽니다. 따라서 용신은 일간과 유정해야 좋고 기신은 일간과 무정해야 좋습니다.

1. 용신과 희신

희신(喜神)은 용신(用神)을 돕는 동시에 일간을 돕습니다. 그러므로 용신과 일간이 함께 만족하는 오행을 희신이라고 합니다. 희신을 적절히 표현한다면 "빵만으로는 살 수 없다"는 말에 비유할 수 있겠습니다. 빵이 용신인 것은 분명하지만 빵만으로는 살 수 없는 것이 인생살이입니다. 그래서 희신이 필요한 것입니다. 희신은 생활을 좀더 윤택하게 하는 작용을 한다고 하겠습니다. 희신은 일간에게 도움을 주는 신입니다.

희신은 용신이 되지는 못했지만 용신의 자격이 있는, 즉 일간이 싫어하지 않는 오행 중에서 찾습니다. 예를 들면 신강 사주는 관살·식상·재성 중에서 희신을 찾아야 하고, 신약 사주는 인성이나 비겁 중에서 희신을 찾아야 합니다. 그러므로 용신의 자격이 있는 오행 중에서 '용신을 생하는 오행'이 있다면 그 오행을 희신으로 삼습니다. 이 조건을 충족하는 오행을 찾을 수 없을 때는 '용신을 극하는 것을 다시 극하는 오행'을 희신으로 삼습니다.

대개는 이렇게 희신을 정하지만, 이러한 방법으로는 찾을 수 없는 특별한 경우도 있습니다. 이런 경우에는 명식 전체를 일일이 살펴서 용신과 일간의 마음에 부합되는 글자를 희신으로 정합니다.

• 예1)

年柱	月柱	日柱	時柱
丙	甲	丙	壬
寅	午	申	辰

이 사주는 월령(33%)와 득세(27%)를 얻었고, 인오반합화국(寅午半合火局)으로 신강한 사주입니다. 따라서 재성이 생조하고 있는 관성(水)을 용신으로 삼습니다.

'용신을 생하는 것이 희신'이므로 희신은 재성인 金이 됩니다. 재성은 강한 일간의 힘을 설기하므로 일간도 싫어하지 않습니다.

따라서 희신은 金이 됩니다.

그러므로 이 사주의 희신은 金, 용신은 水, 기신은 土, 구신은 火, 한신은 木이 됩니다.

• 예2)

年柱	月柱	日柱	時柱
戊	丙	戊	辛
午	辰	辰	酉

이 사주는 월령(33%)과 일지(24%), 득세(27%)로 84퍼센트를 얻었으므로 아주 신강한 사주입니다. 명식에 관살과 재성이 보이지 않으므로 설기하는 식상〔金〕을 용신으로 삼습니다.

'용신을 생하는 것이 희신'이므로 희신은 비겁인 土가 되어야 합니다. 그러나 이 경우의 비겁은 강한 일간을 더욱 강하게 하는 오행이므로 일간이 싫어합니다. 따라서 희신이 되지 못합니다. 희신은 용신과 일간이 함께 만족해야 하기 때문입니다.

이럴 경우 '용신을 극하는 것〔火〕을 다시 극하는 것이 희신'이므로 희신은 재성인 水가 됩니다. 재성이 강한 일간의 힘을 설기하므로 일간도 만족합니다. 따라서 재성을 희신으로 삼습니다.

그러므로 이 사주의 희신은 水, 용신은 金, 기신은 火, 구신은 土, 한신은 木이 됩니다.

• 예3)

年柱	月柱	日柱	時柱
戊	壬	甲	庚
子	戌	寅	午

이 사주는 일지(24%)와 득세(18%)로 42퍼센트밖에 얻지 못했고, 인오술삼합화국(寅午戌三合火局)으로 인해 신약한 사주입니다. 식상의 힘이 강해 신약해진 사주이므로 인성인 水를 용신으로 삼습니다.

먼저 '용신을 생하는 것이 희신'이므로 희신은 관살인 金이 되어야 합니다. 그러나 이 경우의 관살은 약한 일간을 더욱 약하게 하는 오행이므로 일간이 싫어합니다. 따라서 희신이 되지 못합니다. 희신은 용신과 일간이 함께 만족해야 하기 때문입니다.

'용신을 극하는 것[土]을 다시 극하는 것이 희신'이므로 희신은 비겁인 木이 됩니다. 비겁이 약한 일간의 힘을 돕고 있으므로 일간도 만족합니다. 따라서 비겁을 희신으로 삼습니다.

그러므로 이 사주의 희신은 木, 용신은 水, 기신은 土, 구신은 金, 한신은 火가 됩니다.

• 예4)

年柱	月柱	日柱	時柱
庚	壬	甲	丙
辰	午	午	寅

이 사주는 득세 18퍼센트밖에 얻지 못했고 인오반합화국(寅午半合火局)으로 아주 신약한 사주입니다. 이 역시 식상의 힘이 강해 신약해진 사주이므로 인성인 水를 용신으로 삼습니다.

먼저 '용신을 생하는 것이 희신'이므로 희신은 관살인 金이 되어야 합니다. 그러나 이 경우의 관살은 약한 일간을 더욱 약하게 하므로 희신이 되지 못합니다.

다음으로 '용신을 극하는 것[土]을 다시 극하는 것'을 찾아보면,

희신은 비겁인 木이 됩니다. 비견인 인목이 약한 일간의 힘을 돕고 있는 것처럼 보입니다. 그러나 이 명식의 경우 희신인 인목은 인오반합화국(寅午半合火局)으로 그 성질이 이미 변했으니, 오히려 약한 일간의 힘을 설기하고 있습니다. 따라서 인목 또한 희신이 되지 못합니다.

그러므로 사주 전체를 일일이 살펴서 용신과 일간의 마음에 부합되는 글자를 찾아 희신으로 정해야 합니다. 연간의 경금은 약하기는 하지만, 연간·월간·일간은 순서대로 상생하여 약한 일간의 힘을 강화시키고 있습니다. 또한 '용신을 생하는 것이 희신'이라는 말에도 일치합니다. 따라서 경금을 희신으로 삼습니다.

그러므로 이 사주의 희신은 金, 용신은 水, 기신은 土, 구신은 火, 한신은 木이 됩니다.

2. 기신과 구신

기신(忌神)이나 구신(仇神)은 도움이 되지 않는다는 점에서 같으므로 주의해야 하는 글자입니다. 일단 용신과 희신이 정해지면 기신과 구신을 정하는 것은 쉽습니다. 즉 용신을 극하는 오행이 기신이고, 희신을 극하는 오행이 구신이 됩니다.

사주에서 가장 필요한 기운이 용신과 희신이므로 용신이 극을 받거나 희신이 극을 받으면 모든 일이 잘 풀리지 않고 꼬이게 됩니다. 그러므로 기신의 운에 해당한다면 용신의 보호에 각별히 신경을 써야 할 것입니다. 이것은 인간관계에서도 마찬가지입니다. 육신이 기신에 해당한다면 자신의 일이 방해를 받을 수 있다는 점에 항상 유의해야 할 것입니다.

만약 남편이 기신에 해당한다면 남편으로부터 도움을 받을 생각은 아예 하지 않는 것이 낫습니다. 어쩌면 매맞는 아내가 될 수도 있습니다. 그러므로 이런 사주를 갖고 있는 여성이라면 남편을 선택할 때에 아주 신중해야 할 것입니다.

3. 한신

사람들은 삶에 필요한 경제력을 확보하기 위해 직업을 갖고 열심히 일합니다. 그런데 음양이 상대적인 개념인 것과 같이 직업도 상대적입니다.

직업에도 양지에서 활동하는 직업과 음지에서 활동하는 직업이 있습니다. 양지에서의 직업은 우리가 일반적으로 말하는 직업입니다. 경찰관이 도둑을 잡는 것, 철공소에서 땀 흘려 일하는 것, 회사에서 열심히 일하는 것, 교사가 교단에서 학생들을 가르치는 것 등이 있습니다. 자신의 치부에만 급급한 우리나라 정치인들은 음지에 넣었으면 딱 좋겠지만, 할 수 없이 양지에 넣어야겠지요?

이렇게 양지에서 열심히 일하는 사람은 희·용·기·구·한 중 용신이나 희신에 해당합니다.

음지에서의 직업은 우리가 일반적으로 반사회적이라고 말하는 직업들입니다. 밤에만 활동하는 도둑, 남을 속이기만 하는 사기꾼, 온몸에 문신을 한 조직폭력배 등이 있습니다. 이들은 영역을 확장하기 위해 같은 음지의 사람들과 싸우는 것도 마다하지 않습니다.

이렇게 음지에서 일하는 사람은 희·용·기·구·한 중 기신이나 구신에 해당합니다.

세상에는 이렇게 양지와 음지가 함께 존재합니다. 그런데 이익을 주는 양지에도 속하지 않고, 손해를 끼치는 음지에도 속하지 않는 또 하나의 부류가 있습니다. 즉 '가진 것은 시간밖에 없다'고 주장하는 일명 백수입니다. 특별히 하는 일도 없고 굳이 하고자 하지도 않으며, 빈둥거리면서 밥을 축내는 사람들 말입니다. 이렇게 양지도 음지도 아닌 곳에서 열심히 놀고 있는 사람을 한신(閑神)이라고 합니다.

이 한신은 힘을 발휘하여 생활에 도움이 되는 경우도 있고, 잦은 사고로 집안의 힘을 설기하는 경우도 있습니다. 예를 들면 집에 잔치가 벌어졌다거나 이사를 한다거나 교통사고의 뒤처리를 할 때에는 도움이 되지만, 술 먹고 동네 사람과 다투거나 외상 술값을 갚아 줘야 하는 등 집안의 우환이 되기도 합니다.

사주에서도 마찬가지입니다. 한신은 전국(全局)의 상황에 따라 기신이 될 수도 있고 용신이 될 수도 있습니다. 즉 용신 대운을 한신이 합충하여 제거해버리거나, 심한 경우에는 기신운으로 변하게 할 수도 있습니다. 또한 기신 대운을 한신이 합충하여 용신운으로 바꿀 수도 있습니다. 따라서 한신은 소홀히 할 수 없는 부분으로, 한신의 정황을 살피는 데 주의를 게을리해서는 안 됩니다.

• 예)

年柱	月柱	日柱	時柱
乙	丙	丁	丙
未	戌	巳	午

이 사주는 일지(24%)와 득세(9%×4=36%)로 60퍼센트를 얻었고, 지지에 사오미방합(巳午未方合, 33%)과 오술반합화국(午戌半合火局, 9%), 오미합화(午未合火, 9%)로 51퍼센트를 얻어 총 111퍼센트를 얻었으므로 아주 신강한 사주입니다.

비겁이 많은 신강 사주에 관성이나 재성이 보이지 않으므로 식상[土]을 용신으로 삼습니다.

또 '용신을 생하는 것이 희신'이므로 희신은 비겁인 火가 되어야 합니다. 그러나 이 경우의 비겁은 강한 일간을 더욱 강하게 하는 오행이므로 일간이 싫어합니다. 따라서 희신이 되지 못합니다.

그러므로 '용신을 극하는 것[木]을 다시 극하는 것'을 찾아보면 희신은 재성인 金이 됩니다. 재성이 강한 일간의 힘을 설기하므로 일간도 만족합니다. 따라서 재성을 희신으로 삼습니다. 그러나 이 사주에는 재성이 없으니 그림의 떡이라고 할 수 있습니다. 운로를 기다리는 수밖에 없습니다.

그러므로 이 사주의 희신은 金, 용신은 土, 기신은 木, 구신은 火, 한신은 水가 됩니다.

한신인 관살은 좋을 수도 있고 나쁠 수도 있습니다. 불이 많은 사주를 조후해준다는 의미에서는 좋지만, 기신인 木을 돕는다는 의미에서는 좋지 않습니다.

사주에 따른 질병과 체질

　사주는 인체의 기본 설계도라고 할 수 있습니다. 사주에는 삶에 드리워져 있는 성격이나 육친간의 인연 그리고 성공이나 실패 등 인간 생활의 문제가 모두 포함되어 있습니다. 사주에 보이는 좋지 않은 기운은 대체로 생활에서 나타나지만 그렇지 않을 때에는 건강으로 나타납니다. 물론 그 기운이 매우 강하다면 동시에 나타나기도 합니다.

　사주의 기본이론이 음양오행이고, 한의학에서 인체를 보는 기본이론인 오장육부도 음양오행에 다름아니므로, 명리에도 역시 오장육부의 대(大)·소(小)·장(長)·단(短)이 포함되어 있다고 할 수 있을 것입니다. 체질 역시 오장육부의 대·소에서 크게 벗어나지 않으므로, 이 역시 명리에서 감별할 수 있습니다.

　오장육부의 기능 정도에 따라 태어나면서부터 체질이 정해지고, 체질이 정해짐에 따라 질병이 생길 확률이 높은 장부(臟腑)가 나타납니다. 그러므로 체질이나 질병은 대부분의 경우 유사성을 지닌다고 할 수 있습니다.

체질은 태음인(太陰人)·소음인(少陰人)·소양인(少陽人)·태양인(太陽人)으로 구분할 수 있는데, 같은 체질이라도 나타나는 병증이 서로 다른 경우를 흔히 볼 수 있습니다. 예를 들면 같은 태음인이라도 전형적인 태음인의 성향을 나타내는 사람, 한성(寒性) 체질인 사람, 열성(熱性) 체질인 사람이 있습니다. 이것은 다른 체질도 마찬가지입니다.

명식으로부터 용신과 기신·희신과 구신·한신이 정해지고, 이에 따라 필요한 기운과 피해야 할 기운들이 정해지듯이, 같은 체질이면서도 서로 다르게 나타나는 차갑거나 뜨거운 성향은 매우 중요하게 다뤄져야 합니다.

사주풀이는 그대로 각 체질의 특성을 나타낸다고 할 수 있으므로, 명리에 따라 한방치료를 한다면 그 특성을 치료하는 것이 타당하다고 하겠습니다. 명리는 간지(干支)에 의해 성립되고 풀이되는 학문인데, 애초부터 간지에 오장육부가 배속되어 있다는 것은 사주 그대로가 바로 오장육부의 풀이라고 할 수 있기 때문입니다.

질병 감정법은 매우 어려우며, 干의 관계와 오행의 강약을 슬기롭게 살펴보지 않으면 안 됩니다. 일반적으로 신강 사주는 평소에 활달하며 건강해 보이고, 신약 사주는 신경이 예민하고 병약하여 잔병치레를 하는 편입니다. 각각의 오행이 너무 왕(旺)하면 실한 증세가 나타나고, 너무 약하면 허한 증세가 나타납니다.

이제 명식에 나타나는 질병의 성립 조건과 각 체질에 대해 알아보겠습니다. 다음의 다섯 가지 조건 중에서 두 가지 이상이 일치하면 해당하는 장부에 병이 생깁니다. 물론 다섯 가지 조건 중 어느 한 가지라도 힘이 태강하면 질병이 발생합니다.

• 질병의 성립 조건

① 용신이 약하면 그에 해당하는 장부가 병들게 됩니다. 예를 들어 용신이 전혀 통근하지 못하는 등 파헤쳐져 공중에 떠 있는 상태라면 이에 해당하는 장부가 병드는 것입니다.
② 기신에 해당하는 오행의 힘이 강하면 그에 해당하는 장부가 병들게 됩니다.
③ 명식 자체에 보이지 않는 오행은 그에 해당하는 장부에 병이 있거나, 해당 오행이 없기 때문에 생조를 받지 못하는 장부에 병이 생기게 됩니다.
④ 명식 자체에 한 가지 오행의 힘이 너무 강할 때는 그에 해당하는 장부에 병이 있거나, 그 오행의 극을 받는 장부에 병이 생깁니다.
⑤ 명식을 일일이 살펴서 병들어 있는 오행을 찾습니다.

천간과 인체

	木		火		土		金		水	
천간	甲木	乙木	丙火	丁火	戊土	己土	庚金	辛金	壬水	癸水
장부	담	간	소장	심	위장	비	대장	폐	방광	신
오관	눈〔目〕		설〔舌〕		입술〔脣〕		코〔鼻〕		귀〔耳〕	
기능	신경과 분비		순환과 조혈		소화		호흡과 대사		생식과 비뇨	

※『황제내경』에는 火가 설(舌), 土가 순(脣)으로 되어 있으나, 포여명 선생은 이것을 서로 바꾸어야 실제로 잘 맞는다고 주장하고 있습니다.

지지와 인체

지지	子水	丑土	寅木	卯木	辰土	巳火	午火	未土	辛金	酉金	戌土	亥水
장부	신	비	담	간	위장	소장	심	비	대장	폐	위장	방광

• 오행에 따른 질병론

① 木

명식에 木이 세 개 이상 있을 때는 신경이 예민하고, 강력한 목기(木氣)가 土(위장)를 자극하므로 위장이 나빠집니다. 그러므로 잘 때는 서쪽으로 머리를 놓고, 책상도 서쪽으로 향하게 하는 것이 좋습니다. 이렇게 하면 강력한 목기를 조절할 수 있어 신경이 안정되고 위장도 좋아집니다.

색깔은 金에 해당하는 흰색이 좋고, 木에 해당하는 청색이나 녹색은 좋지 않습니다.

② 火

명식에 火가 세 개 이상 있을 때는 강력한 화기(火氣)가 金(폐)을 자극하고 火가 위쪽으로 몰리므로 상초(上焦)에 해당하는 심장이나 폐가 나빠집니다. 그러므로 잘 때는 북쪽으로 머리를 두고, 책상도 북쪽으로 놓고 공부하는 것이 좋습니다. 이렇게 하면 강력한 화기를 조절할 수 있어 심장이 튼튼해지고 소장도 좋아집니다.

색깔은 水에 해당하는 검은색이 좋고, 火에 해당하는 붉은색은 좋지 않습니다.

③ 土
명식에 土가 세 개 이상 있을 때는 위장이 나빠집니다. 그러므로 잘 때는 동쪽으로 머리를 두고, 책상도 동쪽으로 놓고 공부하는 것이 좋습니다. 이렇게 하면 강력한 토기(土氣)를 조절할 수 있어 신경이 안정되고 위장이 좋아집니다.
색깔은 木에 해당하는 청색이나 녹색이 좋고, 土에 해당하는 황색이나 노란색은 좋지 않습니다.

④ 金
명식에 金이 세 개 이상 있을 때는 폐와 대장이 나빠지고 신경이 예민해집니다. 그러므로 잘 때는 남쪽으로 머리를 두고, 책상도 남쪽으로 놓는 것이 좋습니다. 이렇게 하면 강력한 금기(金氣)를 조절할 수 있어 심장이 튼튼해지고 폐와 대장도 좋아집니다.
색깔은 火에 해당하는 붉은색이 좋고, 金에 해당하는 흰색은 좋지 않습니다.

⑤ 水
명식에 水가 세 개 이상 있을 때는 신장·방광·자궁이 나빠집니다. 그러므로 잘 때는 남쪽으로 머리를 두고, 책상도 남쪽으로 놓고 하는 것이 좋습니다. 이렇게 하면 강력한 수기(水氣)를 건조하게 조절할 수 있어 신장과 방광, 자궁이 좋아집니다.
색깔은 火에 해당하는 붉은색이 좋고, 水에 해당하는 검은색은 좋지 않습니다.

1. 네 가지 체질
명리와 연관하여 체질이나 건강·질병의 상호관계를 연구하기 위해서는 기본적인 지식이 필요합니다. 다음은 이제마 선생의 『동의수세보원』을 바탕으로 한 저자의 책 『체질의학원론』 중 체질 부분에 대하여 발췌한 것입니다.

1) 태양인

태양인(肺大 · 肝小 · 辛酉大 · 乙卯小)의 모습은 감별하기 그다지 어렵지 않으나 그 수가 매우 적어 찾아보기 어렵습니다. 머리와 목은 실하지만 허리와 다리는 유독 약합니다. 태양인 여자는 장실(壯實)하여 건강해 보여도 간이 작고 옆구리가 협소해 자궁이 허약하기 때문에 임신을 못하거나 자녀를 많이 낳지 못하는 경우가 많습니다.

태양인은 항상 서두르는 경향이 있는데 이것이 조용히 가라앉아야 간혈(肝血)이 조화를 이루게 됩니다. 늘 앞으로 나아가려고만 하고 물러서지 않으며, 남성적으로 행세하고 여성적인 것을 하지 않습니다. 거침없이 통하는 성격으로 사람과 잘 사귀는 재주가 있습니다. 성정(性情)이 불 같아서 화를 잘 내지만 돌아서면 곧 애처로워하는 마음이 깊고 과단성이 있습니다.

태양인은 소변이 맑고 양이 많으면 건강하고 병이 없습니다. 대변은 8~9일 동안 통하지 않아도 위태로운 병이 아니므로 조금도 걱정할 필요가 없습니다. 하지만 그렇다고 약을 쓰지 않을 수도 없으니 일반적으로 미후등오가피탕을 사용합니다.

목구멍과 명치가 막혀 물은 넘길 수 있어도 음식물은 토하는 열격증(噎膈證)이나 음식물이 위 속으로 들어가 있다가 얼마 후에 도로 토출하는 반위증(反胃症), 상체는 튼튼한데 하체가 허약하고 종아리가 저리는 해역증(懈休症)이 있어서 감별하기는 크게 어렵지 않으나, 그 병이 중증이 되기 전에는 증세가 그다지 나타나지 않아 평소에는 병이 없는 건강한 사람과 같으므로 알기 어렵습니다. 소음인에게도 이러한 열격증이 있으므로, 무조건 태양인으로 알고 잘 못 치료해서는 안 됩니다. 소변이 잘 통하면 병이 없다고 볼 수 있 습니다. 요통은 중병의 전조(前兆)이고, 입 안에 침이 많으면 큰 병 입니다.

뜨겁거나 열성(熱性) 음식을 싫어하며, 냉랭하거나 담백한 음식을 좋아합니다. 불 같은 성격과 도벽을 경계해야 합니다.

2) 소양인

소양인(脾大·腎小·己丑未大·癸子小)은 흔하기 때문에 감별하기가 쉽습니다. 머리는 앞뒤로 돌출한 형이 많고, 입술이 두툼하며 다른 사람에 비해 눈을 자주 깜박거리는 편입니다. 흉곽이 발달하여 상체는 크고 힘이 있으나, 허리 이하가 약해 왜소하고 허약합니다. 가슴이 실하게 발달하여 쑥 나와 있고 통통한 편입니다. 손은 체격에 비해 큰 사람이 많으나, 다리는 종아리 뼈가 가늘고 작은 편이며 발이 작고 가볍게 생긴 사람이 많습니다. 몸의 위쪽은 실한데 아래쪽은 약하고, 동작이 빠르며 기상이 용맹합니다. 용모는 입술이 얇고 턱이 뾰족하며, 음성이 낭랑합니다.

대체로 부지런한 성격이어서 저녁에 일찍 자고 아침에 일찍 일어나는 호사가라고 할 수 있습니다. 행동이 강하고 급하며, 매우 가벼워 날쌔며 재빠르고, 용기 내기를 좋아하므로 언제나 움직이며, 무엇이든 해야지 가만히 있지 못합니다. 그러므로 바깥일에 분주히 힘을 씀으로써 사무에 능하게 되어 영민하게 됩니다.

성정은 갑자기 슬퍼하고 심하게 화를 내며, 말과 행동이 일치합니다. 바깥일에는 희생적으로 봉사하지만 자기 자신의 일이나 가정에는 소홀합니다. 자신의 잘못을 알게 되면 몹시 괴로워하고, 꾸미기를 좋아하며, 남의 장단시비를 잘 가립니다. 사상인(四像人) 중에 가장 욕심이 적고, 성질이 급합니다.

　소양인은 늘 두려워하는 마음이 있는데, 그렇게 두려워하고 깜짝 놀라는 마음이 가라앉아야 삶이 안정되고, 비로소 하늘에서 받은 성품을 깊이 간직하여 도(道)로 나아갈 수 있게 됩니다. 그렇지 않고 두려워하는 마음이 더욱 깊어지면 내친 마음이 얽매여서 변화해 버립니다. 만약 이러한 마음이 더욱 심해 공포심에까지 이르면 건망증이 됩니다.

　비장에 열이 많으면 화토동포(火土同胞)에 의해 심장도 열이 많아지는데, 여기에 신허(腎虛)해 火를 제어하지 못하므로 심화(心火)가 더해져서 나타나는 마음의 변화가 두려움입니다. 수기(水氣, 신장의 기능)가 약함으로 인해 공포심에까지 이르러 생기는 건망증은 소양인에게는 매우 위험한 증세입니다.

　소양인 중에는 간혹 키가 작고 조용하며 단정해 소음인과 비슷한 사람이 있으므로 그 병세를 잘 관찰해야 합니다. 같은 복통이라도 한(寒)·열(熱) 등의 병인을 상세히 진찰하여 올바르게 치료해야 합니다.

　예를 들면 소양인은 열성 체질이므로 소양인의 변비는 반드시 불이 일어나는 것같이 가슴이 답답하고 뜨거워지는 증세로 나타납니다. 이것은 소양인에게 있어 변비는 큰 병이라는 의미인 동시에 대변이 잘 통하면 병이 없음을 의미하는 것입니다. 같은 설사라 해도 소양인은 열로 인한 설사가 많으므로 활석이나 석고를 자주 이용하게 됩니다.

　또한 열병을 앓을 때에 머리를 씻거나 손을 씻으면 생명이 위급해지는 때가 종종 있는데, 이 또한 소양인이 열성 체질이기 때문입니다. 소양인은 맵고 뜨거운 열성 음식보다 청량한 음식을 좋아하는데 이것도 역시 열성 체질임을 반영하는 것입니다. 소양인은 눈이 유난히 빛나고 시력이 좋은 편이나, 인삼이나 부자 같은 열약을 복용하면 시력을 잃을 수도 있습니다.

두려움과 건망이 오면 위험한 증상입니다. 내부를 살펴서 두려움을 진정시켜야 합니다. 항상 슬픔과 노여움, 뽐내는 마음을 경계해야 합니다.

찬 것이나 날것을 좋아하며, 비위(脾胃)에 열이 많아 겨울에도 찬물을 즐겨 마시게 됩니다. 열성 체질이므로 열성 음식이나 자극성이 강한 음식은 해롭습니다.

3) 태음인

태음인(肝大 · 肺小 · 乙卯大 · 辛酉小)은 전체적으로 볼 때 몸이 수정정대(修整正大)하고 어깨가 넓지만 머리와 목은 약합니다. 허리는 실하고, 엉덩이는 크며 살이 많습니다. 근육이 견실하지만 동작이 느리고, 피부가 약하므로 땀을 잘 흘립니다. 머리는 원형이고 턱이 크고 중후하며, 머리의 피부가 두터운 것처럼 보이나 만져보면 연한 사람이 많습니다.

태음인은 생각이 깊으며 항상 정숙한 것을 좋아합니다. 여성적인 일을 선호하며 남성적인 것을 싫어합니다. 일을 시작하는 것은 느리지만 끈질긴 지구력이 있어 성취하는 데 뛰어나므로 사업에 대성하는 경우가 많습니다. 이기적인 면이 강해 가정이나 처자는 잘 다스리나 남들에게는 관심이 없습니다.

항상 조용히 있으려고 하며 잘 움직이려 하지 않습니다. 우직한 면이 있어서 소의 성격에 비유될 만큼 과묵하여 겉으로는 점잖은 것같이 보이나 음흉하며 욕심이 많고, 좀처럼 속마음을 겉으로 드러내지 않으며 귀추를 본 다음 행동합니다. 입이 무거워 발표력이 좋지 않은 편이지만 자기 주장을 할 때는 남들이 좋아하거나 말거나 끝까지 소신을 굽히지 않습니다.

태음인에게는 늘 겁을 내는 마음이 있는데, 이는 천성이라고 할 수 있습니다. 잘못된 물욕에 빠져 양심을 버리고 과한 욕심을 내면, 겉으로는 원하는 바를 이루어 만족하겠지만, 속으로는 감옥에 가게 되는 것은 아닌지, 손해를 본 누군가가 자신을 해치지는 않을지 전전긍긍하며 무서워하게 되고〔怕心〕심지어는 심장이 울렁거리고 두근두근하면서 겁을 내는 정충증(怔忡症)이 발생합니다.

정충증은 태음인의 중증입니다. 만약 정충증에 의해서 심장에 기질적인 변화가 생긴다면 이것은 중대위증(重大危證)이 됩니다. 그러나 물욕이 과하지 않고 겁을 내는 마음이 가라앉으면 생활이 안정되어 하늘에서 받은 성품을 간직할 수 있으므로 도(道)의 길에 들어설 수 있습니다.

태음인은 땀이 나는 것이 정상이므로 땀이 나면 기분이 좋아지고, 눈언저리가 당기는 증상 및 안정(眼睛) 내에 동통이 있습니다. 변비·소변 과다·갈증은 큰 병입니다. 태음인의 설사는 대장에서 생기는 것으로 온기가 냉기를 쫓아내는 설사이므로 일반적인 증세입니다. 그러나 이질에 걸리면 소장의 중초(中焦)가 꽉 막혀서 마치 안개가 낀 것 같은 증세가 나타납니다.

밖을 살펴 두려움을 진정시키고 지나친 기쁨, 즐거움, 교만, 사치를 경계해야 합니다. 비교적 식성이 좋고 대식가가 많습니다. 주색, 도박 같은 유흥에 취해 낭패를 보는 경우가 많으므로 경계해야 합니다.

4) 소음인

소음인(腎大·脾小·癸子大·己丑未小)은 체격에 비해 엉덩이가 큰 사람이 많습니다. 키는 작은 사람이 많으나 간혹 유달리 큰 사람도 있습니다. 또 키가 유난히 큰 사람 중에는 소음인이 제일 많다고 할 수 있습니다. 소음인은 머리 피부가 얇으므로 겉으로 보기에는 연한 것 같으나 실제로 만져보면 단단한 사람이 많습니다. 하체(엉덩이)가 발달하고 상체가 약한 편이어서 전체적으로 균형 있고 용모가 짜임새 있습니다. 걸음걸이가 자연스럽고 얌전합니다. 여자는 말할 때 눈웃음을 짓고 오밀조밀하여 예쁘며 애교가 많습니다. 가끔 자신의 약한 기(氣)로 인해 한숨쉬는 일이 있어서 근심하는 사람으로 오해받기가 쉽습니다.

집안에만 있으려 하고 밖으로 나가려 하지 않는 성격에서 생기(生氣)를 구분할 수 있으며, 가사에 힘쓰고 바깥일에 무관심한 성격에서 정기(情氣)를 구분할 수 있습니다. 성질은 단정하고 침착하며 사교적이어서 좋은 인상을 줍니다. 동료들과 더불어 일을 조직하는 재능이 있습니다. 그러나 이익을 위해서는 수단과 방법을 가리지 않습니다.

세심하고 조리 있으나 항상 마음이 안정되지 못해 불안하므로 신경질을 자주 내게 됩니다. 자기 일에 다른 사람이 간섭하는 것을 매우 싫어합니다. 성정(性情)은 기뻐하고 즐거워하는 마음이 유별나며, 집에 있기를 좋아하고 외출을 싫어합니다. 안정을 이루지 못하는 마음이 가라앉아야 약한 비장이 생기를 얻게 됩니다.

비위(脾胃)가 약해 소화가 잘 안 되고, 수족이 냉한 편입니다. 땀이 흐르면 기운이 빠지고 기분이 나빠지므로, 소음인에게 땀이 계속 흐르는 망양증(亡陽證)은 생명이 왔다갔다하는 진실로 무서운 병이라고 할 수 있습니다.

소음인에게는 인후병(咽喉病), 후두병(喉頭病), 갑상선종(甲狀腺腫) 등의 병증이 있는데, 증상이 완만하지만 매우 태중(太重)한 병이므로 소홀히 취급해서는 안 됩니다. 삼계팔물탕(蔘桂八物湯)이나 노루간〔獐肝〕, 금사주(金蛇酒)를 써야 합니다. 음식물은 따뜻한 신향성(辛香性) 물질을 즐기고, 비린 것과 지방이 많은 어류나 육물 또는 생냉물을 싫어합니다.

인삼이나 부자가 적합한 냉성 체질이라고 하겠습니다. 중초(中焦) 비위가 약하고, 신·방광이 실합니다. 소변이 원활하고, 대변이 굳고 잘 통하면 건강하다고 할 수 있습니다. 수족이 떨리고 힘이 없으며 발한(發汗)이 있으면 병입니다. 설사가 멎지 않으면 배꼽 아래가 얼음장처럼 차가워집니다.

좀더 적극적으로 활동하고, 불안정한 마음을 가라앉혀야 합니다. 항상 기쁜 마음과 즐거운 마음, 자긍심과 탐욕심을 경계해야 합니다. 음식은 따뜻한 것이 좋습니다.

• 예1)

年柱	月柱	日柱	時柱
戊	乙	辛	己
戌	卯	卯	丑

득세를 얻었으나 월령과 일지를 얻지 못한 신약한 사주입니다. 명식의 변두리가 土이고 그 속에 木이 있는 형상으로, 온통 土·木으로 이루어져 있어 무엇보다 통관이 필요합니다. 따라서 火를 용신으로 삼습니다.

명식을 보면 水에 해당하는 오행이 보이지 않습니다. 겨우 시지 축토 속에 계수가 있지만, 그나마 강한 인성의 힘에 억눌려 전혀 힘을 쓸 수 없는 상황입니다. 한마디로 土가 너무 넘쳐 水를 극하고 있는 형상입니다.

따라서 土는 너무 넘쳐서 병이 되고, 水는 너무나 약한데다 왕성한 土의 극을 받고 있으니 병이 됩니다. 土가 넘치므로 土 자체에 병이 생겨 비위가 약하고, 너무나 약한 水를 또다시 목기(木氣)가 설기시키고 있으니 비뇨생식기에 병이 생기게 됩니다. 물이 말라 있는 사주로 물 자체가 기신에 해당합니다.

　전국에 유명하다고 알려진 병원은 모두 다녀보았고 좋다는 방법은 모두 사용했지만 조금의 차도도 없었습니다. 신경이 예민하고 소화기능이 약하며 요통과 좌골신경통으로 수년간 고통을 받고 있어 약이 떨어질 날이 없습니다. 만성위긴장증을 앓고 있는 전형적인 소음인 체질 여자의 사주입니다.

• 예2)

年柱	月柱	日柱	時柱
癸	丙	庚	己
巳	辰	寅	卯

　월령을 얻었으나 일지와 득세를 잃었으므로 신약한 사주입니다. 재성이 많은 신약 사주이므로 비겁[金]을 용신으로 삼아야 하는데, 명식에 金이 보이지 않으므로 할 수 없이 땅속을 파헤쳐야 합니다. 연지 사화 속에 경금이 있으니 이를 용신으로 삼습니다.

　용신을 생하는 것이 희신이므로 희신은 土가 됩니다. 따라서 희신은 土, 용신은 金, 기신은 火, 구신은 木, 한신은 水가 됩니다.

　월지 진토는 방합으로 그 성질이 변했고, 시간의 기토는 관살 위에 앉아 있으며 옆의 경금으로부터 설기당하고 있으므로 전혀 힘을 쓸 수 없다고 하겠습니다. 연간의 계수 역시 불과 흙으로 둘러싸여 있으니 무력합니다. 소화기능은 약하고 내성적이며 신경이 예민한 소음인 체질 여자의 사주입니다.

• 예3)

	年柱	月柱	日柱	時柱
	乙	丙	丁	丙
	未	戌	巳	午

　월령을 잃었지만 일지(24%)와 득세(9%×4=36%)로 60퍼센트를 얻어 신강한 사주입니다. 더구나 사오미방합(巳午未方合 : 33%)과 오미합화(午未合火 : 9%), 그리고 오술반합화국(午戌半合火局 : 9%)을 얻었으므로 총 111퍼센트로 아주 신강합니다. 땅속에도 곳곳에 불기운이 도사리고 있고 물은 전혀 보이지 않습니다. 사주가 온통 불바다가 되었습니다.

　이렇게 물이 없는 사주는 인체에도 그대로 적용되어 물에 해당하는 하초(下焦)의 기능에 문제가 생깁니다. 물이 없다는 것은 정(精)이 없다는 뜻이고, 정이 없다는 것은 혈(血)이 부족하다는 뜻이며, 혈이 부족하다는 것은 진액(津液)이 모자란다는 뜻입니다. 정이 부족하면 뼈가 약해지고, 뼈가 약해지면 관절이 약해집니다. 특히 뼈와 관절의 집합체라고 할 수 있는 척추가 약해지므로 요통으로 고생할 가능성이 높습니다. 월사(月事)를 해도 나갈 것이 없으므로 생리가 불순하게 되고, 자궁의 힘이 약해 발생하는 혈도지증(血道之證)도 심하게 나타날 가능성이 있습니다. 물론 하초에 해당하는 신장·방광·자궁 등 비뇨생식기의 기능에도 문제가 생깁니다.

　불은 위로 올라가고 물은 아래로 내려갑니다. 따라서 맹렬한 火는 인체의 위쪽으로 올라가 심장과 폐에 부담을 줍니다. 심리적으로 불안정하므로 예민하고 신경질적이 됩니다. 이런 사주는 불임증일 가능성이 높지만, 운로가 水로 연결되면 구사(求嗣)할 수도 있습니다.

• 예4)

年柱	月柱	日柱	時柱
甲	丙	甲	丙
戌	戌	寅	申

　일지(24%)를 얻었으나 월령과 득세(9%)를 얻지 못했으므로 33퍼센트로 신약한 사주입니다.
　인술반합화국(寅戌半合火局)으로 식상이 강해 신약해진 사주이므로 인성을 용신으로 삼아야 하지만, 명식에 인성이 보이지 않습니다. 따라서 비겁[木]을 용신으로 삼을 수밖에 없습니다. 일간의 인목은 신금과 충하고 인술반합에 걸려 있어 용신으로 삼을 수 없습니다. 하는 수 없이 연간의 갑목이 용신이 됩니다.
　그런데 연간의 갑목에 문제가 있습니다. 일지에 뿌리를 내리고 있는 것같이 보이지만, 일지 인목은 충과 반합으로 인해 그 성질이 변해버렸습니다. 또한 불과 흙으로 둘러싸여 있고, 힘을 설기하는 병화는 이지(二支)에 근(根)을 갖고 있어 강하므로 도무지 힘을 쓸 수 없습니다.
　태어나면서부터 앙상한 몸매에 심리적으로 불안하여 항상 신경이 곤두서 있는 여자의 사주입니다.

• 예5)

年柱	月柱	日柱	時柱
庚	己	癸	丙
辰	丑	亥	辰

　일간 계수가 겨울철에 태어났고 모든 지지 속에는 水가 암장되어

뿌리를 내리고 있습니다. 따라서 시간의 병화는 물 위에 뜬 외로운 불꽃으로 전혀 뿌리를 내리지 못하고 있습니다. 재성〔火〕이 많은 관살을 먹여살리느라 힘이 부족한데 재를 돕는 식상〔木〕은 보이지 않습니다.

인체에서 불은 위로 올라가고 물은 아래로 내려갑니다. 물과 불을 서로 순환하게 하려면 물은 불을 끌어내리고, 불은 물을 끌어올려야 합니다. 따라서 물과 불은 그 힘이 서로 비슷해야 하는데 이 사주는 너무 한쪽으로 치우쳐 있습니다.

병화에 결함이 있는 명식으로 선천적으로 심장판막증을 타고난 남자의 사주입니다.

• 예 6)

年柱	月柱	日柱	時柱
甲	壬	己	甲
申	申	未	戌

일지를 얻었으나 월령과 득세를 얻지 못했으니 신약한 사주입니다. 인성이 보이지 않으므로 비겁을 용신으로 삼습니다. 따라서 인성〔火〕이 희신, 비겁〔土〕이 용신, 관살〔木〕이 기신, 재성〔水〕이 구신, 식상〔金〕이 한신입니다. 명식에서 심장에 해당하는 火를 전혀 찾아볼 수 없습니다. 겨우 시지 술토 속에 정화가 있을 뿐입니다.

선척적으로 약한 심장을 타고나 심한 부정맥을 앓고 있는 남자의 사주입니다.

• 예 7)

年柱	月柱	日柱	時柱
丁	辛	庚	己
丑	亥	申	卯

庚 己 戊 丁 丙 乙
戌 酉 申 未 午 巳
7　17　27　37　47　57

　　일지(24%)와 득세(9%×3=27%)로 51퍼센트를 얻어 신강한 사주입니다. 희신은 木, 용신은 火, 기신은 水, 구신은 金, 한신은 土가 됩니다.
　　시지 묘목은 쇠도끼와 쇠톱으로 둘러싸여 있고, 또 나무 위에 흙이 있으니 도저히 힘을 발휘하지 못합니다.
　　이 사주의 주인은 을대운(乙大運)의 갑술년(甲戌年) 신미월(辛未月) 을미일(乙未日)에 사망했습니다. 을대운과 을미일은 을경합(乙庚合)을 이루고, 갑술년은 갑기합(甲己合)을 이루어 일간을 강하게 합니다. 반면에 신미월과 을미일은 해묘미목국(亥卯未木局)을 이루고 있습니다. 마치 하늘과 땅이 서로 힘을 겨루는 듯이 보입니다.
　　그런데 명식의 축토와 연의 술토, 그리고 월·일의 미토가 이중으로 축술미(丑戌未) 삼형살(三刑殺)을 이루고 있습니다. 일간에 투간하지 못한 묘목이 가장 심한 타격을 받습니다. 간암으로 사망한 남자의 사주입니다.

• 예8)

年柱	月柱	日柱	時柱
壬	癸	戊	癸
寅	卯	戌	丑

이 사주는 재다신약(財多身弱)한 사주로 비겁이 용신입니다. 물을 이고 있는 土가 너무 습해 土에 결함이 있는 명식으로 수차에 걸쳐 위출혈을 일으킨 남자의 사주입니다.

• 예9)

年柱	月柱	日柱	時柱
丙	庚	丙	甲
午	子	午	午

월령을 잃었으나 일지(24%)와 득세(9%×4=36%)로 60퍼센트를 얻었으므로 신강한 사주입니다. 관성이 자오소음군화(子午少陰君火)로 충을 이루고, 식상이 보이지 않으므로 재성[金]을 용신으로 삼습니다.

그런데 명식에서 보면 金은 온통 불에 둘러싸여 있으니 이미 녹아버렸다고 볼 수 있겠습니다. 쇠를 식혀주던 자수는 충충(沖沖)해 사라져버렸습니다. 따라서 이 사주는 金에 결함이 있는 명식입니다. 폐암으로 사망한 여자의 사주입니다.

• 예 10)

年柱	月柱	日柱	時柱
丙	庚	戊	丙
戌	子	辰	辰

辛　壬　癸　甲　乙
丑　寅　卯　辰　巳
6　16　26　36　46

　월령을 잃었으나 일지(24%)와 득세(9%×4=36%)로 60퍼센트를 얻었으니 신강한 사주입니다. 관성은 보이지 않고, 재성인 자수는 자진반합수국(子辰半合水局)으로 성질이 변했으므로 식상〔金〕을 용신으로 삼습니다. 조후도 생각해볼 수 있겠지만 연간과 시간에 병화가 있고 지지에 따뜻한 술토가 있으니 어렵다고 봅니다.
　子·戌은 암합하고 子·辰은 반합수국(半合水局, 재성)을 이루는데, 이것을 다시 진술태양한수(辰戌太陽寒水)로 충하고 있으니 여자관계가 매우 복잡합니다.
　월간 경금은 매우 불안합니다. 연간 병화로부터 극을 당하고 있는데다가 월지 자수와 자진반합수국의 위에 있어 물에 빠질 지경입니다. 갑진운(甲辰運)에 진술태양한수로 다시 충하니 경금이 완전히 물에 잠겨 양쪽 폐를 대부분 절단하는 대수술을 받은 남자의 사주입니다.

• 예 11)

年柱	月柱	日柱	時柱
壬	戊	庚	己
申	申	戌	卯

```
己 庚 辛 壬 癸 甲
酉 戌 亥 子 丑 寅
7  17  27  37  47  57
```

　월령(33%)과 일지(24%), 득세(9%×3=27%)로 84퍼센트를 얻었으므로 아주 신강한 사주입니다. 관성이 보이지 않고 인성이 강하므로 재성을 용신으로 삼아야 하는데 재성도 보이지 않습니다. 따라서 식상[水]을 용신으로 삼습니다.

　소화기에 해당하는 土가 기신이므로 소화장애가 평생을 따라다닙니다. 더구나 木에 해당하는 시지의 묘목은 온통 극하고 극을 당하는 입장에 처해 있습니다. 따라서 간기능에 이상이 있겠습니다. 간의 기능이 떨어지므로 그렇지 않아도 강한 金으로 인해 예민한 대장이 그 부담을 고스란히 떠안게 됩니다.

　31세 해대운(亥大運)과 임자대운(壬子大運)은 용신운이라 처음으로 삶의 주름이 펴지게 됩니다.

　51세 축대운(丑大運)은 기신운이라 50평생 과민성장질환으로 고통받던 끝에 사망한 남자의 사주입니다.

• 예12)

年柱	月柱	日柱	時柱
辛	丁	辛	癸
巳	酉	巳	巳

　월령을 얻었으나 일지와 득세를 얻지 못해 신약한 사주입니다.
　시간의 계수를 제외하곤 천간도 火·金이고 지지도 火·金으로만 이루어져 있습니다. 강한 火·金의 기운에 비해 계수의 힘은 너무 약해 보입니다. 따라서 水에 해당하는 비뇨생식기에 질환이 생기기 쉽습니다. 만성적인 부인병으로 고통받은 여자의 사주입니다.

• 예 13)

年柱	月柱	日柱	時柱
戊	壬	壬	丁
子	戌	辰	未

월령과 일지, 득세를 얻지 못했으므로 신약한 사주입니다. 온통 물과 흙으로 이루어져 있어 조후가 시급합니다. 따라서 시간 정화가 필요한데, 시간의 정화는 자신을 해치는 오행으로 둘러싸여 있으니 외롭기 그지없습니다. 따라서 소음인으로 차가운 체질의 사람입니다. 심장이 약해 신경이 예민하고 항상 질병이 따라다니는 명식이라고 할 수 있겠습니다.

일간은 정임합목(丁壬合木)으로 약한 일간의 힘을 더욱 설기하고, 일지는 진술충(辰戌冲)을 이루고 있으므로 일주 자체가 불안합니다. 기미대운(己未大運)은 불안한 일간을 극하고 조후를 거스르는 형상이므로 이롭지 못합니다. 土에 해당하는 소화기나 水에 해당하는 하초(下焦)의 병을 조심해야 하는 여자의 사주입니다.

• 예 14)

年柱	月柱	日柱	時柱
戊	戊	癸	戊
寅	午	巳	午

월령과 일지, 득세를 얻지 못했으므로 아주 신약한 사주입니다.

명식이 온통 火·土로 이루어져 있습니다. 유일하게 다른 연지 인목도 역시 인오반합화국(寅午半合火局)으로 변했습니다. 따라서 심장과 소화기의 기능이 지나치게 발달했습니다.

예로부터 火·土는 동포(同胞)라 하여 같은 동네로 취급했습니다. 열이 많은 체질로 위쪽으로 열이 몰리는 반면 아래쪽은 허한 상실하허(上實下虛)의 형상이므로 전형적인 소양인 체질의 명식이라고 할 수 있습니다.

일간 계수가 무계합화(戊癸合化)하여 火로 변하므로 병이 발생한다면 하초에서부터 시작하여 먼저 아래가 약해지고, 이로 인해 상부의 열을 제어하지 못해 발병하겠습니다.

고혈압이나 당뇨병, 비뇨생식기의 병이나 요통 등 하초의 병을 조심해야 합니다.

• 예 15)

年柱	月柱	日柱	時柱
癸	甲	戊	庚
未	寅	戌	申

이 사주는『적천수징의』의 질병론에서 '오행이 조화로운 사람은 일생 동안 병이 없다〔五行和者, 一世無災〕'라는 말을 설명하기 위해 예로 든 명식의 하나입니다.

무토가 인월에 생하니 木은 왕하고 土는 허합니다. 기쁜 것은 앉은 자리의 술토에 통근(通根)한 것입니다. 그래서 족히 金을 용해서 살(殺)을 제(制)합니다. 하물며 경금이 록〔比肩〕에 앉아 있으니 그 힘이 능히 木을 칠 만합니다.

소위 태과하지 않은 자는 극하는 것이 마땅합니다〔所謂不太過者,

宜剋也]. 비록 연간에 계수가 살을 생하고 있으나, 미토가 계수를 극하고 있어 제하니 계수는 木을 생하기가 불가능합니다.

기쁜 것은 도와주고 미운 것은 제거시키니 오행이 화목(和睦)한 형상입니다. 또 운세가 서남으로 흐르니 일주나 용신에 부합됩니다. 수명이 90세가 되었으며 귀와 눈이 총명하고 오고 가는 것도 마음대로였습니다. 자손도 왕성하고 많았으며 일생 동안 아무 병이 없었습니다.

- 예 16)

年柱	月柱	日柱	時柱
丙	乙	丁	庚
申	未	未	戌

이 사주 또한 『적천수징의』의 질병론에서 '혈기가 어지러운 사람은 일생에 많은 병이 생긴다[血氣亂者, 生平多疾]'라는 말을 설명하기 위해 예로 든 명식의 하나입니다.

정화가 여름철에 태어났습니다. 未·戌은 조열한 土이므로 火를 어둡게 하고 金을 생하기가 불가능합니다. 연간의 병화는 을목의 생을 받아 기세가 더욱 왕성하니 木을 불사르고 金을 녹이기에 충분합니다.

따라서 土는 더욱 건조하여 설기가 되지 않고, 申 중의 임수는 말라버리니 정(精)이 메마르게 됩니다. 그러므로 처음에는 담화(痰火)의 병으로 고생을 하더니, 해운(亥運)이 되어도 약한 물이 불을 대적할 수가 없어 도리어 木을 생해서 불을 도와주는 형상입니다. 이것은 한잔의 물로 수레의 짚에 난 불을 끄는 형상이어서 오히려 불길만 더욱 강하게 할 뿐입니다. 결국 피를 토하고 죽었습니다.

• 예 17)

年柱	月柱	日柱	時柱
庚	己	丙	乙
寅	丑	子	未

이 사주 역시 앞의 책에서 '기신이 오장에 들어오면 그 병이 흉하다〔忌神入五臟, 而病凶〕'라는 말을 설명하기 위해 예로 든 명식의 하나입니다.

병화가 겨울철에 태어났습니다. 앉은 자리가 자수니 허약한 불이 타오를 수 없습니다. 용신은 木에 있는데, 木도 말라 있으니 아직 새싹이 나오기 전입니다.

기신인 경금이 투출했으나 인목에 올라 있어 절지에 임하니 병은 심히 얕다고 할 수 있습니다〔爲病甚淺〕.

싫어하는 것은 월지의 축토입니다. 뿌리 없는 경금에게 통근을 시켜주기 때문입니다. 더구나 축토에는 신금이 내장(內藏)되어 있어 기신이 오장으로 깊이 들어가게 됩니다. 또한 기토는 경금의 적모(嫡母)로 火를 어둡게 하고 金을 생하므로, 경금은 충분히 인목을 극할 수 있게 됩니다.

그리고 자수는 신(腎)을 나타내는데 자축지합(子丑支合)하여 土로 변하니 나무를 생하기에 불가능할 뿐만 아니라 도리어 기신인 金을 생하는 작용을 하게 됩니다.

축토의 병은 金을 생할 뿐만 아니라 자수까지도 얽어매어 간과 신장이 모두 일그러지는 원인이 됩니다.

을대운에 을경합화금(乙庚合化金)과 사축반합금국(巳丑半合金局)으로 인해 허손지증을 치료하지 못해 사망했습니다.

• 예 18)

年柱	月柱	日柱	時柱
乙	庚	丙	庚
亥	辰	子	寅

己 戊 丁 丙 乙 甲 癸 壬
卯 寅 丑 子 亥 戌 酉 申

이 사주도 앞의 책에서 '객신이 육경을 떠돌면 그 재앙이 크지 않다〔客神遊六經, 而災小〕'라는 말을 설명하기 위해 예로 든 명식의 하나입니다.

월령과 일지, 득세를 얻지 못했으므로 신약한 사주입니다. 관살의 세력으로 인해 신약해진 사주이므로 인성〔木〕을 용신으로 삼습니다.

병자 일원(日元)이 봄철에 태어났습니다. 습토가 당령을 하고 물기를 머금고 목을 생조해주니 용신은 木이 됩니다.

을목이 비록 경신과 합하지만 해수의 생(生)함과 진토의 남은 힘〔辰之餘〕, 그리고 인목의 도움을 얻었으므로 化하지는 못합니다. 따라서 남은 경금〔忌神〕은 닭 쫓던 개 지붕 쳐다보는 격으로 하늘에 뜬 이슬 같은 객신(客神)이 되었습니다. 그러므로 장부(臟腑)에 깊이 들어가지 못하고 육경(六經)을 떠돌게 됩니다.

水는 정(精)으로 亥·子가 양쪽으로 보이고 그 사이에 축축한 흙인 진토가 끼여 水를 기르고 있습니다. 木은 기(氣)로 춘령(春令)이고, 인해지합목(寅亥支合木)을 이루므로 유여(有餘)합니다. 火는 신(神)으로 계절이 이미 화기(火氣)가 왕성해지는 때이므로 진월인 오양(五陽)의 진기를 받아서 통근합니다.

따라서 정(精)·기(氣)·신(神)이 모두 충족하여 사기(邪氣)가 들어오지 못하고 행운 또한 등을 돌리지 않으므로 일생 동안 질병이 없었으며, 명리가 넉넉했습니다.

다만 土의 기운이 허습(虛濕)한데 여기에 오히려 金이 설하고 있습니다. 따라서 비위허한(脾胃虛寒)으로 인한 설사병을 면하지 못했습니다.

사주와 직업

　직업을 선택할 때 고려해야 하는 것으로는 적성이나 경제력 또는 사회적 흐름에 따른 중요도 등 여러 요소가 있겠지만, 적성이 가장 중요하다고 할 수 있을 것입니다. 그런데 그 적성이라는 것을 쉽게 발견할 수 없다는 데 문제가 있습니다.
　자신의 적성을 판단하려면 사전에 다양한 경험을 해보아야 하지만 우리의 현실은 그렇지 못합니다. 사실 우리의 교육은 모두를 일정한 틀 속에 가두어놓는 역할을 훌륭히 수행하고 있다고 생각됩니다. 그래서 적성을 알기는 더욱더 어렵습니다.
　그렇지만 방법이 전혀 없는 것도 아닙니다. 즉 사주를 통한다면 개개인의 적성을 어느 정도 정확하게 짚어낼 수 있기 때문입니다. 한순간에 종이 몇 장으로 간단히 치러지는 적성 테스트의 결과로 모든 것이 결정된다면 그야말로 아이러니가 아닐 수 없습니다.
　인생에서 만나게 되는 모든 선택은 어쩌면 적성과 관련되어 있을

지도 모르기 때문에 적성을 안다는 것은 매우 중요합니다. 현대처럼 선택의 폭이 다양한 사회에서는 더더욱 그렇습니다.

자신의 적성을 알아야 고등학교 때 이과와 문과를 선택할 수 있습니다. 기술계통의 고등학교라면 전자계통을 선택할 것인지, 기계계통을 선택할 것인지, 재료공학을 선택할 것인지, 영농 쪽을 선택할 것인지를 결정할 수 있습니다. 또한 대학에 진학한다면 어느 대학을 선택할 것인지, 수많은 학과 중에서 어떤 과를 선택할 것인지, 어떤 과목을 청강할 것인지를 판단할 수 있습니다. 그리고 사회에 나와서 어떤 직업을 선택할 것인지를 결정할 때에도 적성의 판단이 중요합니다.

직업인들의 사주를 보면 특별한 직업을 제외하고는 자신의 적성에 맞는 직업보다 맞지 않는 직업을 갖고 있는 경우가 더 많습니다. 그래서 "마음에 들어서 다니는 직장이 어디 있어!"라는 말이 우리 사회에서 통용되고 있나 봅니다. 사주를 통한 적성과 자신의 직업이 일치한다면 이 사람은 행운을 잡은 사람이라고 할 수 있습니다.

성정이 곧은 사람은 검찰이나 경찰, 군인이 어울립니다. 부패한 공무원이나 경찰, 검찰로부터 제재를 받는 직업은 당연히 어울리지 않겠지요.

가만히 있기보다는 돌아다녀야 스트레스도 풀리고 기분이 좋아지는 사람이라면 영업이나 차를 타고 돌아다니는 직업이 어울릴 것입니다. 반대로 안에서 업무를 보는 것이 더 편안하다면 사무직이나 공무원이 어울리겠지요.

혼자서 연구하고 궁리하는 것이 즐거운 사람은 연구직이나 전문직이 어울릴 것이고, 여러 사람과 어울리기를 좋아하는 사람은 탤런트나 배우, 보험설계사 등의 직업이 어울리겠습니다.

선이 굵은 사람이라면 세세하게 신경 써야 하는 서비스업은 어울리지 않겠고, 섬세한 사람이라면 거친 직업은 어울리지 않습니다. 땀이 나면 피곤해하는 사람이라면 땀을 흘려야 하는 용접이나 무거운 쇠를 들어야 하는 조선소 직공 같은 직업은 어울리지 않겠고, 평소 땀을 좀 흘려야 몸이 개운해지는 체질이라면 근육을 사용하는 직업이 어울릴 것입니다.

직업 선택의 다양한 폭만큼이나 사주의 해석도 다양해졌습니다. 노비, 상놈, 양반, 백정 등으로 신분이 정해져 있었던 옛날에는 직업의 변동이 거의 없었습니다.

그 시대에는 그나마 출세하려면 관으로 진출하는 길밖에 없었습니다. 그래서 사주에서도 관성을 중히 여겼고, 관성을 극하는 상관은 좋지 않게 여겼습니다.

불과 얼마 전까지만 해도 이러한 영향이 남아 있었습니다. 탤런트나 배우를 '딴따라'라고 천시했고, 돈이 없는 사람이 운동을 한다고 했습니다.

하지만 요즈음에는 상황이 많이 바뀌었습니다. 배우, 탤런트, 가수, 스포츠맨 등은 최고의 인기 직업이 되었습니다. 그리고 관을 상한다던 상관의 의미도 아이디어를 상징하는 의미로 완전히 바뀌었습니다.

사업을 하는 사주는 맑기만 해서는 곤란하겠지만, 학문을 하는 사주는 맑아야 할 것입니다. 수행자의 사주는 청정하고 용맹정진할 수 있는 정진력이 있어야 하고, 여자가 없이 혼자 사는 팔자라야 할 것입니다.

무당은 불의 기운이 강하다고 보아야 합니다. 사실 강신(降神)이 되어 펄펄 뛰는 모습이나 울긋불긋한 치장을 보면 영락없는 불꽃 그 자체라고 할 수 있습니다. 신약한 을목과 정화는 접신(接神)이 될 가능성이 높다고 볼 수 있습니다.

1. 오행에 따른 직업

1) 목용신(木用神)

사무직이나 공무원, 회계, 토목, 건축에 관련된 업종이 적성에 맞습니다. 木과 형상이 비슷한 양복점·의상실 등 의류와 관련된 업종이나, 나무나 종이에 직접 관계되는 목재상이나 가구점·산림업·식물원·곡물상·화원·한약·야채청과물·서점·신문사·문방구·방직업 등의 직업이 어울립니다. 목용신에 괴강과 장성이 있으면 정치학과, 법학과, 행정학과 등으로 진학하는 것이 좋습니다. (이하 진학 부분은 『사주를 알면 인생이 보인다』(이선종) 참고)

2) 화용신(火用神)

불의 특성이 나타나는 예능계통의 직업이나, 불이나 전기와 직접적으로 관련 있는 업종이 적성에 맞습니다. 따라서 연극영화과, 전자계산학과, 정보처리학과, 전산통계학과, 전자과, 정보공학과, 정보관리학과 등으로 진학하는 것이 좋습니다.

컴퓨터 설계나 프로그래머, 시스템 엔지니어, 시스템 분석가, 컴퓨터 그래픽 디자이너, 조명기구·보일러·통신·전기 전자제품을 취급하는 직업이 어울립니다. 또한 불의 특성을 갖고 있는 극장업, 광고업, 사진관, 아나운서, 언론인, 정치인, 군인, 연예인 등의 직업이 적합합니다. 군대를 가도 장교나 하사관이 어울립니다.

3) 토용신(土用神)

흙과 관련된 농업이 적성에 맞습니다. 조경, 원예, 낙농업, 과수원, 목축업, 화훼업, 부동산중개업, 도예가, 골동품점 등의 업종이 좋습니다.

4) 금용신(金用神)

쇠의 특성을 나타내는 보석세공업이나, 직접 쇠와 관련된 기계를 다루는 직업이 적성에 맞습니다. 따라서 기계공학과, 금속공학과, 섬유공학과, 산업공학과, 항공공학과, 재료공학과 등으로 진학하는 것이 좋습니다.

직업은 자동차나 중장비, 기계부품, 만물상회, 금속기술자, 기계기술자, 공학계통, 총포류, 철공소, 철도와 관련된 직업이 어울립니다.

금용신에 귀인, 도화, 화개, 문창성이 있으면 산업미술이나 컴퓨터 그래픽 디자이너, 과학자 등이 적성에 맞습니다.

5) 수용신(水用神)

물의 특성을 나타내는 판매·경영 등의 상업이나 직접 물과 관련된 직업이 적성에 맞습니다. 따라서 경제학과, 경영학과, 회계학과, 무역학과, 호텔경영학과 등으로 진학하는 것이 좋습니다.

직업은 공인회계사, 경영지도사, 회사원, 은행원, 전문경영인 등이 좋습니다. 또한 직접 물과 관련된 해운업이나 선박업, 요식업, 레스토랑, 커피숍, 화장품점, 목욕탕, 축양장, 양어장, 수산업 등이 좋습니다.

2. 십성에 따른 직업

일반적으로 대별해 보면 신강 사주는 자영업이 적당하고, 신약 사주는 풍파에 시달림이 없고 부침이 적은 공무원이나 사무직이 적당합니다. 사업에 성공하려면 자기 용신에 해당하는 해(年) 또는 천을귀인이 드는 해나 달에 시작하면 잘 풀립니다.

1) 편인용신

편인(偏印)은 두뇌성에 해당하고, 한쪽으로 치우친 어머니 즉 계모에 해당합니다. 따라서 정도의 차이는 있지만 육체적·정신적인 양면에서 자극을 주어 고쳐주는 직업이 적당합니다.

육체를 고쳐주는 의사·한의사·약사·침구사·제약회사·건강식품업·이발사·요리업·여관업 등의 직업과, 정신을 고쳐주는 스님·신부님·철학자·역술인·종교용품 취급점·출판업·인쇄업·문필가·배우·유흥업 등의 직업이 어울립니다.

또한 편(偏) 자는 혼자 하는 일에 강하고, 두뇌성은 독창성과 아이디어가 뛰어나므로 디자이너·기획·설계 및 공예가·예술가 등의 직업이 적합합니다.

2) 정인용신

정인(正印)는 학업의 성에 해당하고 나와 성질이 다른 어머니 즉 친어머니에 해당합니다. 따라서 정도의 차이는 있지만, 육체적·정신적인 양면에서 길러주는 직업이 적당합니다.

정신을 길러주는 글을 쓰는 작가나 교육자(교사)·학원 경영 등의 직업과, 육체를 길러주는 영양사·식당업 등의 직업이 어울립니다. 어학에 재질이 있으므로 통역, 번역을 위주로 하는 직업도 좋습니다.

3) 비견용신

비겁(比劫)이 많으면 독립적인 자유업종인 장사나 사업 등의 직업이 적합합니다. 예를 들면 회사 경영, 자영업, 분소(分所), 출장소(出張所), 지부(支部), 지점(支店), 지회(支會), 대리점 운영 등의 직업이 어울립니다. 동업은 좋지 않습니다.

4) 겁재용신

독립적인 자유직종이면서 투기성이 있는 사업이 적당합니다. 예를 들면 투기업, 증권업, 부동산업, 수금업이 적당합니다. 또한 투기성이 있는 사업이라는 면에서 유흥업, 요식업 등의 업종에서 성공하는 경우가 많으나 동업은 좋지 않습니다.

5) 식신용신

식신(食神)은 손[手]이나 구성(口星) 또는 한 곳에 깊이 몰두하는 내면적인 총명함입니다. 따라서 연구원이나 전문기술인, 생산가공업, 서비스업, 농업 등의 직업이 어울립니다. 식신격은 또한 자기와의 승부를 중요시하여 자신의 내면으로 파고드는 경향이 있으므로 종교계통의 직업도 어울립니다.

6) 상관용신

상관(傷官)은 손(手)이나 구성(口星) 또는 한 곳에 깊이 몰두하지 못하고 여러 군데로 분산되는 외향적 총명함입니다. 여기에 더하여 다른 사람과의 승부를 중시하므로 입으로 먹고사는 직업이 어울립니다. 따라서 변호사, 언론인, 정치인, 영업사원, 성악가, 가수, 아나운서, 탤런트, 스포츠맨 등의 직업이 적합합니다. 또 말로 먹고 산다는 의미에서 교사 같은 직업이나, 여러 종류의 물건을 다루는 고물상이나 골동품상이 어울립니다.

상관이 왕성하면 성격이 괴곽하고 뛰어난 기술을 갖고 있습니다. 겁재에 비해 동업은 길한 경우가 많습니다.

7) 편재용신

편재(偏財)는 물질의 특성을 잘 파악하므로 건축업, 토목업, 자재업, 건축·토목 설계사, 물리학자 등의 직업이 어울립니다. 또한 재물을 경시하여 많이 쓰고 많이 버는 경향이 있으므로 무역업, 운수업, 상업 등의 직업도 적당합니다.

8) 정재용신

정재(正財)는 재물을 중시하여 물질에 대해서 민감하고 강하게 집착하므로 금융계통의 직업이 어울립니다. 따라서 경제인, 경영인, 세무사, 회계사, 샐러리맨, 물품관리, 창고관리, 경리 등의 직업이 적당합니다.

9) 편관용신

편관(偏官)은 법을 지키되 강제적이고 억압적인 방법으로 지키고자 합니다. 관살(官殺)은 질서가 있어야 비로소 편안함을 느끼므로 군인, 경찰, 문관(文官), 관리책임자, 변호사 등의 직업이 적당합니다.

10) 정관용신

정관은 법을 지키되 합리적이고 이성적인 방법으로 지키고자 합니다. 정관은 합리적이어야 편안함을 느끼므로 판사, 검사, 행정직 공무원, 비서, 총무, 문관(文官), 군인, 경찰, 지배인 등의 직업이 어울립니다.

• 예1)

年柱	月柱	日柱	時柱
乙	庚	丙	辛
卯	辰	午	卯

辛	壬	癸	甲	乙	丙	丁	戊
巳	午	未	申	酉	戌	亥	子
2	12	22	32	42	52	62	72

일지(24%)와 득세(3%×9=27%)로 51퍼센트를 얻었고, 반대하는 세력이 없으므로 신강한 사주입니다. 관성이 보이지 않으므로 재성으로 용신을 삼습니다.

따라서 희신은 土이고, 용신은 金이며, 기신은 火이고, 구신은 木이며, 한신은 水입니다.

명식에 관성이 보이지 않고 겨우 辰 속에 계수가 있습니다. 남편 자리는 기신에 해당하고 남편성은 한신에 해당합니다.

인생의 초반이 기신에 해당하므로 고통스러웠으나 괴로움은 거의 끝나갑니다. 30세가 지나 금운(金運)이 들어오면 운로가 점차 풀리고 인생에서 처음으로 맞이하는 햇살을 보게 됩니다. 노후도 안정될 것입니다.

26세에는 타인의 도움이 있겠고, 27세에는 돼지띠 남녀를 조심해야 합니다. 28세에는 가까운 사람과 건강을 조심해야 합니다. 31세에는 운로가 풀리기 위한 준비를 하겠습니다. 32세에는 심리적으로 불안할 수 있고, 가까운 이가 등을 돌리겠습니다.

룸살롱에 근무하는 어떤 여자의 사주입니다.

• 예2)

年柱	月柱	日柱	時柱
戊	己	壬	丁
戌	未	子	未

일지는 얻었지만 월령과 득세를 얻지 못한 신약한 사주입니다. 관살이 월지(33%)와 득세(9%×5=45%)로 78퍼센트를 얻었으나 종살(從殺)하기에는 약합니다.

관살이 강해 신약해진 사주이므로 인성으로 용신을 삼아야 하는데, 인성이 보이지 않으므로 일지의 자수로써 용신을 삼습니다. 남편성인 관살은 자연히 기신이 되어 남편궁에 정확하게 자리하게 되었습니다.

용신 자수는 천하에 오로지 자기 혼자밖에 없으므로 도저히 힘을 쓸 수 없는데, 남편에 해당하는 관살이 워낙 강해 관살혼잡(官殺混雜)을 이루고 있으므로 많은 남자를 겪게 되는 윤락여성의 사주입니다.

• 예3)

年柱	月柱	日柱	時柱
甲	壬	己	甲
申	申	未	戌

일지를 얻었으나 월령과 득세를 얻지 못했으니 신약한 사주입니다. 인성이 보이지 않으므로 비겁을 용신으로 삼습니다. 따라서 인성[火]이 희신, 비겁[土]이 용신, 관살[木]이 기신, 재성[水]이 구신, 식상[金]이 한신입니다.

연간의 갑목은 신금의 극을 당해 전혀 힘을 쓸 수 없으므로 화토(化土)하려고 하지만, 재성인 월간 임수가 신금에 뿌리를 내려 갑이 토로 변하는 것을 방해하고 있습니다. 시간인 갑목도 술토 위에 자리하고 있어 결코 편안한 자리는 아니므로 갑기합(甲己合)하여 화(化)하려고 합니다.

그러나 일간 기토가 미토에 자리하고 있어 강한 것처럼 보이지만 미신암합(未申暗合)으로 정임합목(丁壬合木)과 을경합금(乙庚合金)으로 변하니 뿌리가 흔들리는 격입니다. 따라서 화하기는 하되 어정쩡한 화라고 볼 수 있습니다.

이 모든 변화의 근간은 한신에 해당하는 신금과 임수의 작용이라고 할 수 있습니다. 신약한 사주에 자신의 힘이 될 수 있는 오행은 모두 제약을 받고 있는 형상입니다. 되는 일이 하나도 없으니 짜증스럽기만 합니다.

유복한 집안의 늦둥이로 태어나 60세 가까운 평생 동안 한 번도 돈을 벌어본 적이 없는 전형적인 한량의 사주입니다.

• 예4)

年柱	月柱	日柱	時柱
壬	辛	丁	辛
寅	亥	丑	亥

壬	癸	甲	乙	丙	丁	戊	己
子	丑	寅	卯	辰	巳	午	未
1	11	21	31	41	51	61	71

월령과 일지, 득세를 얻지 못했으니 아주 신약한 사주입니다.『적천수』에 "추워도 일단 신약하면 인성을 먼저 찾고 인성이 있으면 인성이 용신이다"라고 했으므로 병화를 장간하고 있는 연지 인수를 용신으로 삼습니다. 따라서 희신은 火, 용신은 木, 기신은 金, 구신은 水, 한신은 土입니다. 대운이 용신·희신으로 흘러 발복하는 사주입니다.

편인용신은 고쳐주는 직업이 적합하고, 인수용신은 길러주는 직업이 적당합니다. 따라서 교육계통의 직업이 어울리겠지만, 인성이라는 테두리에서 보면 의사도 어울리는 직업이라고 할 수 있습니다. 남자 치과의사의 사주입니다.

• 예5)

年柱	月柱	日柱	時柱
壬	壬	戊	庚
寅	寅	寅	申

癸	甲	乙	丙	丁	戊	己	庚
卯	辰	巳	午	未	申	酉	戌
9	19	29	39	49	59	69	79

월령과 일지, 득세를 얻지 못했으니 아주 신약한 사주입니다. 천지사방을 둘러보아도 의지처가 될 만한 힘이 보이지 않습니다. 그래서 일간인 무토는 아예 木을 좇아가는 형상입니다. 따라서 이 사주는 종살격이 되고 가종이 됩니다.

관살은 월령(33%)와 일지(24%), 득세(9%×3=27%)로 84퍼센트를 얻었으니 약하지만 종살이 성립합니다. 따라서 재성[水]이 희신, 관살[木]이 용신, 비겁[土]과 식상[金]은 기신이 됩니다.

인신충(寅申沖)에 대운이 火·金으로 흐르니 풍파가 그치지 않겠습니다. 몇 차례의 사기 전과가 있는 남자의 사주입니다.

• 예6)

年柱	月柱	日柱	時柱
庚	乙	丁	辛
子	酉	卯	亥

丙	丁	戊	己	庚	辛	壬	癸
戌	亥	子	丑	寅	卯	辰	巳
1	11	21	31	41	51	61	71

이 사주는 재다신약(財多身弱)한 사주입니다. 따라서 비겁을 용신으로 삼아야 하는데 명식에는 물론이고 땅속을 아무리 뒤져보아도 비겁이 보이지 않습니다. 하는 수 없이 인성을 용신으로 삼아야 하는데, 재성으로부터 극을 당하고 있으므로 용신이 약합니다.

41세 운로부터 천간은 기신으로 흐르지만, 천간의 힘보다 세 배 강한 지지는 용신으로 흐릅니다. 따라서 전반적인 운로가 전보다 좋습니다.

관공서에서 차를 운전하는 남자의 사주입니다.

사주와 궁합

　천지간의 만물 중에서 사람이 가장 귀하다고 한 어느 책의 구절을 굳이 인용하지 않더라도, 사람은 참으로 소중한 존재입니다. 이처럼 소중한 인간들이 서로의 인연을 만들고 또 허물어가면서 살아가는 것이 인생입니다. 이렇게 사람과의 관계를 맺음에 있어서, 어떻게 하면 나를 좀더 깊이 알고 상대의 선악을 미리 알아서 유리한 방향으로 대처할 것인가 하는 것은 인간의 역사와 더불어서 함께해 온 숙제가 아닐까 싶습니다.
　전통사회에서는 일정한 나이가 되면 본인의 의사와는 상관없이 부모가 결정한 배우자와 혼인했습니다. 그 시절에는 대체로 혼인할 양가가 자녀들의 사주단자(四柱單子)를 서로 주고받으면서 궁합을 보는 과정을 먼저 거쳤습니다. 궁합에 이상이 있으면 그 혼사는 없었던 것이 되었고, 궁합에 이상이 없거나 좋으면 혼사가 쉽게 성사되었습니다. 이처럼 그 당시에는 궁합이 결혼의 성사 여부에 매우 중요한 역할을 했습니다.

　서구문명이 많이 유입된 오늘날은 젊은이들 사이의 남녀교제가 자유로울 뿐 아니라, 궁합 같은 것은 흘러간 시대의 미신으로 생각하는 경향이 짙어졌습니다. 하지만 기성세대는 여전히 궁합을 중요시하여 널리 활용하고 있을 뿐 아니라 결혼의 성사 여부에도 어느 정도는 중요하게 반영하고 있습니다.

　한 사람이 일생을 살아가면서 만나게 되는 사람은 그 수를 헤아릴 수 없을 정도로 많습니다. 직업의 종류에 따라서 다소 차이가 있겠지만, 어떠한 경우이든 혼자서만 살아가는 방법은 거의 없다고 해도 무방합니다. 또 어떤 직업에 종사하든 반드시 만나게 되는 사람들이 있습니다. 태어나면서부터 어머니·아버지·형제자매처럼 필연적으로 만나야 하는 사람들이 있는 것입니다. 좀더 자라서 성인이 되면 또 배우자를 만나게 됩니다.

　이러한 만남은 각자의 인연에 따라 차이가 있겠지만, 일반적으로는 자기 자신으로 인해 반드시 만날 수밖에 없는 인연들이라고 하겠습니다. 그리고 그것은 기쁜 만남이 되기도 하고, 슬픈 만남이 되기도 하며, 더러는 증오스러운 만남이 되기도 합니다.

　그 중에서도 전반부의 반평생을 담당하는 부모님의 영향이나, 후반부의 반평생을 차지하는 배우자와의 관계는 일생을 살아갈 때에 매우 큰 영향을 끼친다고 할 수 있습니다. 이 둘은 서로 다른 것처럼 보이지만 실제로는 밀접한 관계가 있습니다.

　서로 다른 환경에서 20~30년을 떨어져 살던 두 남녀가 결혼하여 같이 살게 될 때 가장 크게 문제 되는 것이 성격의 차이입니다. 사람의 성격은 어느 날 갑자기 형성되는 것이 아니라 그가 자라온 환경의 결과로 형성된 것입니다. 성장 과정의 환경은 말할 것도 없이 부모가 만듭니다.

이처럼 부모가 키워낸 자신의 성격이 결혼생활을 조절하게 되므로 부모와 관계 있는 월주가 중요합니다. 그렇지만 둘 중 더 중요한 것을 고르라면 아무래도 배우자가 될 것입니다.

부모가 중요하기는 하지만 일단 슬하를 떠나면 그만입니다. 이것이 자연스러운 흐름입니다. 모태에서 출생하여 부모 슬하에서 성장하다가 때가 되면 자신의 인생 행로를 개척하기 위해 배우자를 찾게 되는 것은 동물이나 식물이나 사람이나 모두 공통된 것입니다. 생존경쟁에서 볼 때 제2의 출발인 동시에, 또 다른 좋은 열매를 알차게 맺기 위한 접목(接木)이고, 또한 두 사람에게 합당하며 장애물 없이 영원히 함께하기를 계획하는 데 곤란이 없도록 미리 살펴 서로 짝을 맞추는 것입니다. 인간도 30년 정도 부모 슬하에서 자라면 알아서 자신의 길을 찾아가는 것이 가장 자연스러운 것입니다.

부모 슬하의 30년 중에서도 전반부의 20년 정도는 자신의 환경이 어떻다는 것을 그다지 민감하게 느끼지 못하고 넘어가는 시기라고 할 수 있습니다. 즉 주체의식이 부족한 시기입니다. 그저 책가방 들고 학교에서 집으로 오락가락하는 시기에 불과합니다. 그래서 특별한 사항이 추가되지 않는다면 대개는 자신의 삶이라는 느낌이 들지 않을 수도 있습니다.

그렇게 보면 스스로의 운명을 실감하는 시기는 20대라고 하겠는데, 우리나라의 남자는 또 그 중의 전반부를 군대에서 보내야 합니다. 그래서 결국 서른 전에는 자신의 의지대로 살아가는 사람이 드물지 않나 싶습니다.

따라서 중요한 것은 나머지의 반평생입니다. 서른을 넘기면 나름대로 가정을 가꾸고 자신의 세계를 꾸밀 연구를 해야 되고, 스스로의 얼굴에 책임을 져야 하기 때문입니다. 설령 스스로는 그럴 생각이 없다고 하더라도 주변에서 그렇게 강요하므로 선택의 여지가 좁은 편이라고 할 수 있습니다.

이러한 나머지 반평생을 같이하는 것이 배우자입니다. 따라서 인생살이에서 배우자가 가장 중요하다고 말하게 되고, 또 실제로도 가장 중요한 위치에 있게 됩니다. 따라서 배우자를 고를 때는 매우 신중해야 합니다. 그러나 아무리 신중하게 고른다고 해도 그 사람의 실체를 모두 알기는 어려울 것입니다.

궁합을 감정할 때에 남녀의 생년만을 보고 길흉을 판단하는 속칭 겉궁합이나 신살로 궁합을 판단하는 것은 아주 부적당한 방법입니다. 당연히 희·용·기·구·한이 정해지고 이에 따른 남녀의 궁(宮)과 성(性)이 정해져야 올바른 감정이 가능해집니다.

평생의 길동무라고 할 수 있는 배우자는 정말 소중합니다. 그래서 모두 매우 깊은 관심을 가질 수밖에 없습니다. 사실 팔자를 감정할 때에도 제1순위로 보는 것이 배우자입니다. 다음으로 중요한 것이 자식이고, 그 다음으로 중요한 것이 부모와 형제입니다.

- 결혼하는 시기 : 남자의 경우는 대운에서 아내에 해당하는 재성(財星)이 들어오는 해에 결혼하게 됩니다. 여자의 경우는 대운에서 남편에 해당하는 관성(官星)이 들어오는 해에 결혼하게 됩니다.
- 이혼하는 시기 : 남자의 경우는 대운에서 아내에 해당하는 재성(財星)을 충(沖)하면 사별하거나 이혼하게 됩니다. 여자의 경우는 남편에 해당하는 관성을 충하거나, 관성을 상(傷)하는 상관년(傷官年)일 때 사별하거나 이혼하게 됩니다. 남자나 여자 중에서 한 사람에게만 이혼할 운이 있을 때는 이혼이 안 되는 경우가 많지만, 두 사람 모두의 사주에 이혼할 운이 있으면 거의 이혼하게 됩니다.

1. 남자의 사주

처가 용신이면 길하고, 기신이면 당연히 흉합니다. 그러나 용신에 해당하는 경우에도 정도가 제각각 다르고, 기신에 해당하는 경우에도 정도 차이가 있을 것입니다. 즉 좋은 것에도, 나쁜 것에도 정도의 차이가 있는 것입니다.

먼저 용신을 정한 후 정재나 편재의 동향을 살펴야 합니다. 남자의 경우는 재성(처·재물)의 강약을 살펴보는 것이 중요합니다. 재성이 희신이고 운로에서 적절히 생조를 받고 있다면 처운이 대단히 좋은 사람입니다. 재성이 허약하거나 형충(刑沖)을 당하거나 사주상의 기신에 해당하면 처운이 불길합니다.

명식에 정재나 편재가 두 개 있으면 아내가 두 사람이고 세 개 있으면 아내가 세 명이라고 곧이곧대로 풀이하기보다는, 재성이 많으면 많을수록 바람기가 많은 편이라고 해석하는 것이 적절합니다. 즉 재성이 많으면 한 여자에게만 전적으로 마음을 기울이지 못합니다. 그러나 원칙적으로 볼 때 첫 번째 부인을 제외하고는 모두 재물로 취급해도 별 무리가 없습니다. 첫 번째 부인은 형편이 좋든 나쁘든 함께 길을 가지만, 나머지 여자들은 돈이 없으면 저절로 떨어져 나갈 터이기 때문입니다.

처성(妻星)은 명식에서 재성을 찾아보면 됩니다. 명식에 처성이 보이지 않을 때는 지장간에서 찾습니다. 그러나 명식에는 물론 지장간에도 아내에 해당하는 재성, 즉 처성이 없는 경우가 있습니다. 이런 때에는 희신을 처성으로 삼습니다. 희신이 부인이 되는 상황이니 사주에 재성이 아예 없는 편이 오히려 더 좋은 상황이 될 가능성도 있습니다.

정관이 길신(吉神)이면 아름다운 처를 맞이합니다. 비겁이 많아 재성이 무력한데 대운에서 거듭 비겁을 만나는 기혼자는 부부관계에 각별히 주의해야 합니다.

일지에 식상이 있으면 배우자가 비대하고 관대하며, 정관이 있으면 근엄하고 현숙합니다. 인수가 있으면 인자하고 현명하며, 비겁이 있으면 다재다능합니다. 또 편관이 있으면 성질이 까다롭습니다. 양인이 많고 목욕살(沐浴殺)이 있으면 본인이 외도(外道)를 합니다. 재성이 암합하면 처가 외정(外情)이 있다고 봅니다.

1) 처성

사주 중에서 정재를 처성이라고 합니다. 다만 정재가 없을 경우에는 편재도 처성으로 봅니다. 하지만 정·편재를 구분하지 않고 모두 다 처성으로 보기도 합니다. 아주 드문 경우지만 정재도 편재도 없는 경우에는 희신이 처성의 역할을 대신합니다. 희신의 동태에 따라서 아내의 상황을 살피게 되는 것입니다. 처성의 암시는 협조력으로 나타납니다.

사주에서 재성이 용신이 되면 처성이 용신이 됩니다. 이 경우에는 아내가 나에게 협조를 잘합니다. 만약 처가 기신에 해당한다면 여간해서는 내 뜻에 따라주지 않을 가능성이 높습니다. 즉 처성이 희·용신이면 협조력이 우수하고, 기신이면 불량하며, 한신이면 그저 그렇다고 할 수 있습니다.

2) 처궁

처가 머무르는 집을 처궁(妻宮)이라고 합니다. 아내는 안방에 나와 같이 있는 사람이므로 일간에 가장 밀접해 있는 일지가 처궁이 됩니다. 처궁에서는 아내의 품질을 봅니다. 여기서의 품질이란 교육의 정도나 가정환경, 품성이나 재산의 많고 적음 등 사회적으로 객관화시킬 수 있는 정도를 말합니다. 궁이 희신이면 품질이 좋고,

기신이면 불량하고, 한신이면 그저 그렇다고 할 수 있습니다.

처궁의 품질은 일간의 품질을 기준으로 삽습니다. 기준이 되는 자신의 품질과 아내를 비교해서 나보다 나은가 못한가를 보아 품질이 좋다 나쁘다라고 표현하는 것입니다.

가령 내가 서울대학교를 나왔는데 처궁이 희·용신이라면 아내는 서울대학교 대학원을 나왔을 가능성이 있다는 뜻입니다. 반대로 처궁이 기신이라면 아내는 시골에서 겨우 초등학교를 나왔거나 말았거나 할 수도 있겠습니다.

年	月	日	時
남녀 : 부궁 (父宮)		일간궁 (日干宮)	
남녀 : 모궁 (母宮)	여 : 남편궁 (男便宮)	남 : 처궁 (妻宮)	남녀 : 자식궁 (子息宮)

※ 사주의 위치에 따라서 위와 같이 나눠볼 수 있습니다. 형제궁(兄弟宮)은 일간궁을 응용해서 봅니다.

2. 여자의 사주

여성의 입장에서 남자에 대한 여러 가지를 살펴보도록 하겠습니다. 아마도 남성에 대한 여성의 역할보다는 여성에 대한 남성의 역할이 더욱 중요하다고 할 수 있을 것입니다. 오죽하면 "여자 팔자는 뒤웅박 팔자"라는 말이 있겠습니까? 여자에게 영향력이 큰 남자를 자신의 팔자에서 읽어낼 수 있다면 일평생을 설계하는 데 큰 도움이 될 것입니다.

아내성과 마찬가지로 남편성도 그 수가 많으면 남편에 대한 여성의 집착력이 견고하지 못합니다. 이 남자 저 남자 옮겨다니면서 저

울질할 수 있습니다. 그렇지만 사주 전체의 격국 상황에 따라서 남편성이 많아도 정숙한 여성이 있다는 것을 간과하면 안 됩니다.

남자의 사주에도 재성이 전혀 없는 사주가 있으니, 당연히 여자 사주에도 관살(官殺)이 전혀 없는 사주가 있습니다. 가장 기본적으로 생각해볼 것이 곤명(坤命)[4]에서 관살이 전혀 없다면 사주의 용신이 남편이 됩니다. 기본적으로 관살이 없는 곤명에서는 용신이 남편이므로 남편 인연이 보통 이상이라고 할 수 있습니다.

지장간에 미약한 관살이라도 있다면 그것을 남편이라고 봐야 합니다. 실제로 사주를 풀이하면서 느끼는 점은, 아무리 미약한 관성이라도 있기만 하다면 그것을 남편으로 취해야 한다는 생각을 하게 됩니다.

남자의 사주에서는 희신이 아내를 의미하고, 여자의 사주에서는 용신이 남편을 의미합니다. 따라서 용신이 남편이라는 주장은 일리가 있습니다. 사주에서 만약 남편을 나타내는 정관이나 편관이 한 자도 없을 경우에는 용신을 남편으로 봐야 하는 경우가 있을 수 있습니다.

1) 남편성

사주 중에서 정관을 남편성(男便星 · 夫星)으로 봅니다. 다만 정관이 전혀 없고 편관이 있다면 편관을 남편으로 봅니다. 그리고 흔하지는 않지만, 정관도 편관도 없는 경우에는 용신을 남편으로 봅니다. 그러니까 사주에 관살이 전혀 없어도 남편이 없다는 말은 할 수 없는 것입니다.

---

4) 곤명(坤命)은 '땅의 운명'이라고 풀이할 수 있습니다. 여자의 사주를 일러 하는 말입니다. 반면에 건명(乾命)은 남자의 사주를 말합니다.

2) 남편궁

월지를 일러 남편궁(男便宮 · 夫宮)이라고 합니다. 남편은 월지에 머무르기 때문입니다. 여자에게 남편은 모든 환경의 열쇠이기 때문에 사주에서 환경을 나타내는 월지를 남편궁으로 삼은 것입니다. 직업을 갖고 결혼하지 않는 여성의 경우에는 직업을 남편 대신의 환경으로 정하게 됩니다.

• 예 1)

年柱	月柱	日柱	時柱
己	丁	丁	庚
巳	卯	巳	子

丙 乙 甲 癸 壬 辛 庚 己
寅 丑 子 亥 戌 酉 申 未
3　13　23　33　43　53　63　73

월령 · 일지 · 득세를 얻었으므로 아주 신강한 사주입니다. 관살이 있고 이를 생하는 재성이 있으므로 관살(水)을 용신으로 삼습니다. 따라서 희신은 金, 용신은 水, 기신은 土, 구신은 火, 한신은 木이 됩니다.

처궁은 구신이고 처성은 희신이므로 아내의 사회적인 위치는 그리 높지 않겠으나 남편을 돕고자 하는 협조력이 있습니다. 전국(全局)에 비겁이 중첩하고 재(財)가 약하므로 처를 극한다고 풀이하는 것은 잘못된 해석입니다. 실제로 이 부부는 건강할 뿐만 아니라 사이가 아주 좋습니다.

젊었을 때 木 · 火 대운을 만났으므로 생활이 곤궁했으나, 결혼한 후 부부가 협력하여 조그맣게 정육점을 차렸습니다. 지금은 사업에 성공하여 상당한 실업가가 되었으며 재산 또한 수억을 헤아리는 남자의 사주입니다.

• 예2)

年柱	月柱	日柱	時柱
辛	戊	己	戊
卯	戌	酉	辰

己 庚 辛 壬 癸 甲 乙 丙
亥 子 丑 寅 卯 辰 巳 午
1　11　21　31　41　51　61　71

　이 사주는 월령(33%)과 득세(9%×3=27%)로 60퍼센트를 얻었으므로 신강한 사주입니다. 관살인 연지의 묘목은 묘술지합(卯戌支合)하여 火로 성질이 바뀌었고, 재성도 보이지 않습니다. 따라서 식상[金]을 용신으로 삼습니다. 희신은 水, 용신은 金, 기신은 火, 구신은 土, 한신은 木이 됩니다.
　일간 기토의 양쪽을 土가 호위하고 있는 형국이므로 비겁이 상당히 강한 사주입니다. 따라서 성정이 결코 만만치 않을 것이고 상당히 강한 비위기능을 가졌을 것으로 추측됩니다. 명식에서 물이라고는 시지의 진토 속에 겨우 계수가 있을 뿐입니다. 이러한 상황으로 볼 때 위쪽에 위치한 심장과 폐로는 열이 몰려 있고, 아래쪽에 위치한 자궁과 방광은 약한 소양인 체질입니다.
　13년 전에 지금의 남편과 재혼하여 전처 소생의 자녀들과 살고 있습니다. 재혼 후의 생활은 그런대로 괜찮은 편이지만, 1년 정도 지나서 사소한 시비로 다투고 난 후 지금에 이르기까지 12년 동안 부부관계를 하지 못하고 사는 여성의 사주입니다. 하초기능이 약하지 않았거나 명식에 수기(水氣)가 조금만 더 있었다면 아마도 견디지 못했을 것입니다.

남편궁은 구신, 남편성은 있거나 말거나 하는 한신입니다. 남편에 해당하는 연지의 묘목이 술토와 합해 기신인 火로 변했으니, 남편 덕은 아예 바라지 말아야 합니다.

남편은 유복한 집의 막내로 태어나서 일생 동안 돈을 벌어본 적이 없는 한량입니다.

• 예3)

年柱	月柱	日柱	時柱
戊	甲	壬	丁
申	寅	寅	未

癸 壬 辛 庚 己 戊 丁 丙
丑 子 亥 戌 酉 申 未 午

이 사주는 『적천수징의』에 나오는 명식으로 관성이 남편에 해당하는 사주입니다. 월령과 일지, 득세를 얻지 못했으니 아주 신약한 사주입니다. 식상이 많아서 신약해진 사주이므로 인성〔金〕을 용신으로 삼습니다. 따라서 희신은 水, 용신은 金, 기신은 火, 구신은 土, 한신은 木이 됩니다. 남편궁은 한신, 남편성은 구신에 해당합니다.

임수가 초봄에 태어나 土는 허하고 木은 성합니다. 연간 무토(관성)의 입장에서 보면 제살(制殺)이 태과한 가운데 인신이 충을 만났습니다. 金은 木을 극하지만 木이 왕하면 도리어 金이 이지러집니다. 이 경우는 木이 왕함으로 인해 金이 오히려 상처를 입었으므로 무토는 의탁하여 뿌리를 내릴 곳을 잃었습니다. 더구나 일간 임수는 木의 생을 받아 세를 떨치는 시간의 재성을 보고 자연히 종재

(從財)하게 됩니다.

남편을 상해하고 자식을 버리고 정부와 도망간 여자의 사주입니다.

• 예 4)

年柱	月柱	日柱	時柱
丁	乙	甲	丁
未	巳	午	卯

丙	丁	戊	己	庚	辛	壬	癸
子	未	申	酉	戌	亥	子	丑

이 또한 『적천수징의』에 나오는 명식으로 관성이 남편에 해당하는 사주입니다. 월령과 일지, 득세를 얻지 못했으므로 아주 신약한 사주입니다. 식상이 많아서 신약해진 사주이므로 인성을 용신으로 삼아야 하는데, 명식에서는 땅속까지 뒤져보아도 인성이 보이지 않습니다. 하는 수 없이 비겁을 용신으로 삼을 수밖에 없습니다. 따라서 희신은 水, 용신은 木, 기신은 金, 구신은 土, 한신은 火입니다. 남편궁은 한신이고, 남편성은 기신에 해당합니다.

갑오 일원(日元)이 사월(巳月)에 태어났습니다. 사오미방합(巳午未方合)을 이루어 연간과 시간의 정화에 투간하고 있으므로 火의 세력이 맹렬합니다. 따라서 일간의 설기가 태과합니다. 명식 중에 水가 보이지 않으므로 단지 비겁을 용할 따름입니다.

초운 또한 화지(火地)로 달려 관성을 극하므로 일찍이 남편을 형장의 이슬로 잃었습니다. 아름답고 총명하나 경박하고 변덕이 심해 수절할 수 없었습니다. 무신대운(戊申大運)에는 木·火가 전쟁을 하는 형상이니 더 이상 무슨 말을 하겠습니까.

명식에 영향을 미치는 요소들

　같은 나무에 열리는 과실은 같은 조건과 같은 기후 풍토에서 자랐지만, 한 나무에서 같은 날 수확한 과실이라도 그 맛과 향에는 차이가 있습니다. 품질에 차이가 있다는 말입니다. 출생지는 출산지(出産地)라고 할 수 있고, 탄생 일시는 수확 일시와 같다고 할 수 있습니다.
　품질의 좋고 나쁨은 어떻게 결정합니까? 일반적으로 모양이나 색을 살펴보거나 향기를 맡아보거나 혹은 두들겨보아 소리로 결정하게 됩니다. 같은 시기에 수확한 과일이라도 이와 같이 여러 가지 방법으로 판별하는 것처럼, 한 개인의 명운(命運)을 판단할 때에도 사주 외에 영향을 미치는 요인들이 있을 것이라고 추측해볼 수 있습니다. 그것이 관상이든 족상이든 수상이든지를 막론하고 말입니다. 그러나 이 책은 사주를 공부하는 것이므로 사주를 위주로 설명해 보겠습니다.

명운은 천시(天時 : 천문과 기후), 지리〔地利 : 지리(地理)와 환경〕, 인사(人事 : 자신의 업과 현세의 덕행)에 따라 조금씩 달라질 수 있습니다.

천시(天時)는 부모의 영향이나 출생 당시의 시대 배경, 출생시 하늘에서 마침 큰비가 내렸다는 등의 환경이 포함됩니다.

지리(地利)를 보는 것은 출생지에 따라 명식이 영향을 받을 수 있다는 뜻입니다. 예를 들어 나무가 많은 곳에서 태어났다면 갑목(甲木)의 힘을 강하게 받고 태어났다는 것을 의미합니다. 또 벼·보리·고구마·잡초 등이 많은 곳에서 태어났다면 을목(乙木)의 힘을 강하게 받고 태어났다는 것을 의미합니다.

더운 지방에서 태어났다면 병화(丙火)의 힘을 강하게 받고 태어났다는 것을 의미하고, 불 같지 않은 불인 쇠가마나 대장간이 있는 곳에서 태어났다면 정화(丁火)의 힘을 강하게 받고 태어났다는 것을 의미합니다.

높은 산이나 구릉에서 태어났다면 무토(戊土)의 힘을 강하게 받고 태어났다는 것을 의미하며, 들판이나 논밭 등 전답이 많은 곳에서 태어났다면 기토(己土)의 힘을 강하게 받고 태어났다는 것을 의미합니다.

자연석인 바위나 대나무가 많은 곳에서 태어났다면 경금(庚金)의 힘을 강하게 받고 태어났다는 것을 의미하고, 가공석이 많은 곳이나 의리가 강한 곳에서 태어났다면 신금(辛金)의 힘을 강하게 받고 태어났다는 것을 의미합니다.

큰 강·호수·바다에 인접한 곳이나 배 안에서 태어났다면 임수(壬水)의 힘을 강하게 받고 태어났다는 것을 의미하며, 계곡 물이나 옹달샘 근처에서 태어났다면 계수(癸水)의 힘을 강하게 받고 태어났다는 것을 의미합니다.

주제에서 약간 벗어난 이야기가 되지만, 외국인의 경우도 지리의 다름으로 볼 수 있지 않을까 생각해봅니다. 시차를 무시할 수는 없지만 그래도 아침에 태어난 사람과 저녁에 태어난 사람은 다른데 이것을 시차 때문에 달리할 수는 없으므로, 날짜는 시차로 계산하고 태어난 시간은 그대로 하는 것이 올바른 방법이라고 할 수 있겠습니다.

인사(人事)는 선천적 또는 후천적인 요인에 의해 형성된 마음자리입니다. 즉 성실하고 진실되게 삶을 살아가는가 그렇지 않은가에 따라 명운이 영향을 받는 것을 의미합니다.

명식에 영향을 미치는 요소는 같은 명식을 갖고 있는 사주를 살펴봄으로써, 역으로 어떠한 요소가 명식에 영향을 미치는지를 추측해볼 수 있습니다.

같은 명식이 나타나는 경우는 다음의 세 가지 경우입니다.

첫째, 같은 연·월·일·시에 태어난 다른 사람의 사주.

둘째, 한 갑자가 지난 후 똑같은 연·월·일·시에 태어난 다른 사람의 사주.

셋째, 쌍둥이의 사주입니다.

1. 같은 연·월·일·시에 태어난 다른 사람의 사주

생시가 두 시간 단위로 달라지므로, 같은 출생지에서 거의 같은 시각에 태어나는 사람이 적지 않을 것이란 점은 쉽게 추측해볼 수 있습니다. 생시를 살필 때에는 서머타임이나 일제 침략으로 일본 동경 시구를 기준으로 사용했던 적이 있다면 당연히 올바른 시간으로 환산한 다음 명식을 뽑아야 오차가 없을 것입니다.

『중국명운학』에 같은 사주의 여설홍(余雪鴻)과 다른 한 사람의 명운을 비교한 실례가 있어 소개해봅니다.

• 예)

年柱	月柱	日柱	時柱
辛	丁	壬	丙
卯	酉	子	午

丙 乙 甲 癸 壬 辛 庚 己
申 未 午 巳 辰 卯 寅 丑
1　11　21　31　41　51　61　71

　이 사주를 갖고 있는 두 사람은 모두 타이베이에서 민국(民國) 49년 9월 9일 오시(午時)에 출생했습니다. 지지가 묘유(卯酉)·자오(子午)의 육충(六沖)으로 그 작용을 잃고, 월간의 정화가 일주에 바짝 붙어 있으므로 합해서 화하게 됩니다.

　여설홍은 타이베이에서 태어나 출생지가 아열대 기후에 속하므로 겨우 신약(身弱)이 되어, 金·水를 기뻐하고 木·火·土를 꺼리는 편인격(偏印格)이 되었습니다.

　여설홍은 가냘픈 얼굴에 여윈 몸매이고 체중은 50킬로그램 전후, 신장은 170센티미터입니다. 부친은 공무원이며 가정환경은 빡빡하고 생활은 넉넉하지 못했습니다. 26세, 오운(午運) 중 丙辰, 丁巳, 戊午, 己未의 4년 간은 火·土가 왕(旺)했는데, 이는 그의 명식에서 매우 꺼리는 것이기 때문에 어떤 일도 순조롭지 않아 금전상의 고민이 있었고 이직했으며 건강도 나빴습니다.

　명식이 같은 다른 한 사람은 근육질 체격으로서 우람하고, 체중은 90킬로그램이 넘었으며, 신장은 185센티미터나 되었습니다. 가정은 부유하여 어릴 때부터 고생을 해본 적이 없습니다. 26세, 오운

중 丙辰, 丁巳, 戊午, 己未의 4년 간은 사업이 가장 발전했던 시기여서 상당한 재산을 모을 수 있었습니다.

여설홍의 말에 의하면 두 사람은 얼굴 모습이나 신체, 기호, 생각 등 모두가 정반대라고 할 만큼 판이했으며, 동일 사주이면서도 한쪽은 金·水를 기뻐하고, 또 한쪽은 金·水를 꺼리는 등 희(喜)·기(忌)가 정반대였습니다.

여설홍의 명식은, 가령 중국 대만의 타이베이가 아니고 훨씬 북쪽 지방에서 태어났다면 金·水가 강해져서 木·火·土를 기뻐할 만큼, 출생지 기후 풍토의 영향을 받기 쉬운 미묘한 팔자라고 할 수 있습니다. 따라서 어떤 조건이 첨가된 경우에 그 희·기가 역전해 버릴 수 있습니다.

이와 같은 사주를 변격(變格)이라고 합니다. 이것을 판단할 때에는 세심한 주의를 기울일 필요가 있습니다.

2. 한 갑자 후 똑같은 연·월·일·시에 태어난 사람의 사주

고경염(高景炎)의 『명리학정의』에 같은 팔자를 지닌 두 사람의 명운을 비교한 실례가 있어 소개해봅니다. ①번은 청(淸)의 동치(同治) 4년 음력 10월 6일 인시(寅時)에 태어난 중화민국의 국부 손문(孫文) 선생의 것이고, ②번 명식은 꼭 60년 후인 민국 14년 음력 9월 23일 인시에 태어난 다른 사람의 것입니다.

• 예)

年柱	月柱	日柱	時柱
乙	丁	丁	壬
丑	亥	酉	寅

① 손문 선생

丙	乙	甲	癸	壬	辛	庚	己
戌	酉	申	未	午	巳	辰	卯
5	15	25	35	45	55	65	75

② 60년 후의 다른 사람

丙	乙	甲	癸	壬	辛	庚	己
戌	酉	申	未	午	巳	辰	卯
1	11	21	31	41	51	61	71

일간 정화가 월령·득세·일지를 모두 얻지 못했으므로, 木·火를 기뻐하고 土·金·水를 꺼리는 신약 사주입니다. 다만, 겨울의 약한 정화에는 갑목이 반드시 필요하므로, 이 명식은 지지가 습해지기 때문에 을목습초(乙木濕草)로 일주를 생해주려 하고 있습니다. 이와 같은 명식은 괴로움과 근심이 끊이지 않습니다.

손문 선생이 유운(酉運)인 23세는 정해년(丁亥年)에 寅·亥가 합해 木이 되어 희신운(喜神運)이 되었습니다. 홍콩의 서의서원(西醫書院)에 재학 중 혁명을 잊었습니다.

갑운(甲運)인 28세는 임진년(壬辰年)에 희신의 정화를 임수가 합거(合去),[5] 辰·酉의 합으로 기신인 유금(酉金)을 합거해서 길흉이 반반입니다. 마카오 광주(廣州)에서 개업하여 반청(反淸)운동에 돌입했습니다.

30세 갑오년(甲午年)은 대운(大運)·유년(流年)이 모두 길해 연

---

5) 합거(合去)는 에너지가 사라진다는 뜻입니다.

지의 午와 명 중의 寅으로 반국(半局)을 이루는 해입니다. 미주 하와이에서 흥중회(興中會)를 조직하여 화교(華僑)·회당(會黨)과 함께 청일전쟁에 호응하여 청조타도의 기치를 올렸습니다.

다음해 을미년(乙未年), 신운(申運)에 들어 희신인 寅이 충거(沖去)되어, 未·丑의 충이 본명(本命)이 되므로 용신 을목은 허부(虛浮)하게 됩니다. 10월에 광주에서 최초의 거병을 시도했으나 실패하고 일본으로 망명했습니다.

32세 병신년(丙申年), 길·흉 반반입니다. 하와이를 거쳐 런던으로 갔다가 중국 공사관에 붙잡혔으나, 서의학원 재학시 가르침을 받았던 스승의 도움을 받아 『런던 피난기』를 저술, 세상에 알려지게 되었으니 화가 복으로 바뀌었습니다. 또한 영국 체재 중에 연구를 거듭하여 삼민주의(三民主義)를 착상했습니다.

33세 정유년(丁酉年), 시련을 당한 해입니다. 미국을 거쳐 일본으로 가서 교우를 가졌으며, 강유위(康有爲) 등과 제휴하여 필리핀의 독립운동을 기도했으나 모두 이루지 못했습니다.

36세 경자년(庚子年), 계운(癸運)에 기신인 金·水가 다시금 고개를 들어 제2의 거병[6]도 실패합니다. 여기에서의 을유(乙酉), 갑신(甲申)의 20년 간은 위난이 거듭되는 일이 많았습니다. 그렇지만 손문 선생의 혁명에 대한 열정은 약해지지 않고 분류(奔流)의 물살처럼 다시금 온 세계를 내닫게 되었습니다.

일본에 유학 온 학생들이 증가하자 혁명화의 길도 열려, 미운(未運)인 41세 을사년(乙巳年)에 러일전쟁을 맞아 도쿄에서 혁명의 여러 파벌을 합쳐 '중국혁명동맹회'를 결성, 그후에도 반청 무장봉기를 되풀이했습니다.

---

[6] 혜주(惠州) 사건을 가리킵니다.

47세, 임운(壬運)에 들어 양정(兩丁) 양임(兩壬), 천작(天作)의 합을 이룬 해입니다. 신해년(辛亥年) 군자금 모집을 위해 미국에 있을 때 신해혁명 발발 소식을 듣고, 열강 각국의 원조를 받느라 구미를 돌다 마침내 귀국하여 임시 대총통에 추대되어 다음해 1월 1일에 중화민국을 개국하나, 마침내는 남북이 타협하여 정권을 원세개(袁世凱)에게 넘겨주었습니다.

뒤이어 사회개혁을 지향했으며, 송교인(宋敎仁)의 암살을 계기로 하는 제2차 혁명에 패퇴하여 일본으로 망명해 목숨을 건지게 되었습니다(49세, 癸丑年).

53세 오운(午運) 정사년(丁巳年), 대운 午와 명 중의 寅이 반국(半局)을 이루어 일주를 강하게 한 희신운입니다. 중화민국 군정부의 해·육군 대원수로 취임하여 내란을 평정, 임시 헌법의 회복을 호소했습니다.

57세 신운(辛運) 신유년(辛酉年), 대운과 유년이 모두 기신운입니다. 북방의 서세창(徐世昌)이 가(假)총통의 명의를 사용, 직권을 남용해 내외로부터 차관을 받아 대항해왔으므로, 국회비상회의에서 선거에 의해 비상 대총통에 취임, 지방자치·화평통일·개방문호·발전실업의 네 가지 항목을 발표했습니다.

61세 사운(巳運) 을축년(乙丑年), 사유축삼합금국(巳酉丑三合金局)을 이루어 용신인 을목인성(乙木印星)에 해를 주어, 간장암으로 "혁명이 아직도 멀다"는 유언을 남기고 북경에서 서거했습니다.

국부 손중산(孫中山)이 사망한 후 장중정(蔣中正) 사령관의 지휘하에, 손문 선생 명식의 행운(行運)이 인묘진동방목운(寅卯辰東方木運 : 용신운)으로 돌아와 북벌과의 항전은 모두 성공으로 끝났습니다. 그야말로 몸은 갔으나 정신은 살아 있었던 것입니다.

꼭 60년 후인 민국 14년 음력 9월 23일 인시에 태어난 ②의 예를 보겠습니다.

11세 전의 병술운, 가정환경은 건전하고 즐거웠습니다. 11세 후에는 국정이 변화하여 정보기관에 몸을 담게 되었습니다. 을유, 갑신의 20년간은 간간이 위난에 조우해 고통을 받았습니다. 계미·임오운, 31~51세까지는 대만으로 옮겨 군의 관리직을 역임했습니다 (육해공 3군 중 어느 부대인지 또는 어느 부서인지는 명확하지 않습니다). 이 사람은 술을 즐기며 간장이 나빴고, 한 번 이혼하고 재혼했으며, 슬하에 아들을 하나 두었습니다.

①번과 ②번을 비교해볼 때, 성별이나 얼굴 모습·신장·체중·질병·혼인·자식은 닮았습니다. 다른 점은 출생지와 부모, 출생 당시의 시대 배경 등입니다. 손문 선생은 상원(上元)의 60년 간에 탄생한 반면 또 한 사람은 중원(中元)의 60년 간에 탄생했으므로, 한 사람은 5가 세운(歲運) 또 한 사람은 1이 세운으로 대운의 시점이 다릅니다. 확실하지 않은 점으로는 수태일이 모두 미상이라는 점을 들 수 있겠습니다.

3. 같은 연·월·일·시에 태어난 쌍둥이의 사주

쌍둥이는 같은 직업을 갖게 된 경우, 생각이 같은 경우, 같은 시기에 같은 병을 앓고 같은 때에 나은 경우 등 상식적으로는 상상할 수 없는 기묘한 사항이 많이 있습니다.

① 미국 네브래스카에 아이운과 프레라는 쌍둥이 형제가 있었습니다. 두 사람은 어릴 때 헤어져 서로 다른 지방에서 자랐고 어른이 되어서도 왕래가 없어 서로 모르고 살았습니다. 그러

나 나중에 알고 보니 두 사람의 아내는 동일한 체중, 동일한 키, 동일한 피부색이었으며, 심지어 같은 동네에서 태어난 아가씨들이었습니다. 또한 그들은 같은 해에 아이를 낳았고 직업도 똑같이 전기기사였습니다. 훗날 우연한 기회에 만나게 된 두 사람은 형제로서의 애정을 두터이 할 수 있었습니다. 그런데 놀랍게도 두 사람은 각각 기르고 있던 개에게 테리시라는 같은 이름을 붙이고 있었습니다.

② 매사추세츠에 있는 어느 의사의 이야기입니다. 어느 날 그 의사의 병원에 진찰을 받으러 온 70세의 목수가 있었습니다. 복부에 중병을 앓고 있었고, 코는 부러져 있었으며, 탈장까지 되어 있었습니다. 그런데 얼마 뒤에 70세 가량의 직업이 목수라는 또 다른 사람이 진찰을 받으러 왔습니다. 그런데 놀랍게도 이 노인의 코도 부러져 있었으며 지병도 거의 비슷했습니다. 알고 보니 두 사람의 노목수는 쌍둥이 형제였습니다.

③ 미국에 마리안 윌과 마리 윌이라는 쌍둥이 자매 가수가 있었습니다. 두 사람은 각각 일기를 쓰고 있었는데, 후에 확인해보니 마치 같은 사람이 쓴 것처럼 내용이 거의 똑같았습니다. 그래서 그녀들은 수고를 덜고자 한 권의 일기장을 공용으로 정해 서로 일자를 분담하여 일기를 쓰기로 했습니다.

④ 화제가 된 바 있는 쌍둥이 케니시 자매인 마서와 마더는 언제나 같은 병에 걸렸고 치료를 받으면 동시에 나았습니다.

범죄심리학에서도 쌍둥이의 심리는 같은 경향을 보이는 것으로 보고 있습니다. 가령 죄를 지었을 경우 두 사람에게는 똑같은 불량 행위가 있을 수 있다고 보는 것입니다. 미국 경찰의 기록에 의하면 소매치기, 강도, 혹은 기타의 범죄를 불문하고 쌍둥이는 항상 한 쌍의 콤비라고 합니다. 한 사람이 나빠지면 아주 쉽게 또 한 사람을 끌어들여 똑같은 나쁜 짓을 저지르기 때문입니다.

쌍둥이의 사주를 연구해보면 많은 공통점을 발견할 수 있습니다. 천간이나 지지에 같은 글자가 쌍으로 나와 있거나 혹은 합을 이루고 있는 것을 볼 수 있습니다. 포태법(胞胎法)으로 보면 월지(월은 형제궁)에 태(胎)·양(養)·생(生)·사(死)·장(葬) 등이 있거나, 巳〔쌍녀궁(雙女宮)〕·亥〔쌍어궁(雙魚宮)〕가 쌍으로 있는 것을 볼 수 있습니다.

• 예1)

年柱	月柱	日柱	時柱
壬	戊	乙	丁
申	申	丑	丑

己	庚	辛	壬	癸	甲	乙	丙
酉	戌	亥	子	丑	寅	卯	辰
7	17	27	37	47	57	67	77

쌍둥이는 태반에서 서로 대칭을 이루며 자랍니다. 그러므로 합사주를 보아야 합니다.

⇓

年柱	月柱	日柱	時柱
丁	癸	庚	壬
巳	巳	子	子

```
壬 辛 庚 己 戊 丁 丙 乙
辰 卯 寅 丑 子 亥 戌 酉
7  17 27 37 47 57 67 77
```

• 예2)

年柱	月柱	日柱	時柱
戊	甲	辛	庚
午	寅	丑	寅

```
乙 丙 丁 戊 己 庚
卯 辰 巳 午 未 申
9  19 29 39 49 59
```

이 사주는 『계의신결』에 있는 무년(戊年) 정월 2일 인시에 태어난 남자 세 쌍둥이의 명식입니다.

신금 일주가 월지 寅에 태(胎)가 되며 시지 인목과 월상(月上) 갑목이 합해 세 개의 목기(木氣)를 이루고 있습니다(월령은 형제궁이므로 참고해볼 필요가 있습니다). 또 일주 신금은 시상(時上) 경금과 丑 중 신금이 합해 역시 세 개의 금기(金氣)를 이루고 있는 것을 볼 수 있습니다.

• 예3)

年柱	月柱	日柱	時柱
甲	乙	癸	己
寅	亥	亥	未

丙	丁	戊	己	庚	辛
子	丑	寅	卯	辰	巳
6	16	26	36	46	56

이 사주 역시 『계의신결』에 있는 남자 쌍둥이의 명식인데 태어나면서 어머니가 사망했습니다. 오월(午月)과 日·時의 지지가 다 합을 이루고 있으며 亥(쌍어궁)가 쌍으로 나와 있습니다. 사주 중에 일점의 금기(金氣 : 인성)를 찾아볼 수 없고, 목기(木氣)만 태강(太强)하므로 언뜻 봐도 어머니와의 인연이 박함을 알 수 있습니다.

신살

　용신을 모른다면 신살(神殺)은 의미가 없습니다. 용신은 사주의 처음이자 끝이라고 할 수 있기 때문입니다.
　사주를 볼 때에 가장 기본이 되는 것이 용신이고, 또 가장 정확한 것도 용신입니다. 용신과 오행으로 사주를 보는 것은 사주의 필요충분조건이라고 할 수 있으므로 사실 신살은 필요 없다고도 할 수 있습니다.
　그럼에도 불구하고 신살을 설명하는 것은 알아두어 손해볼 것이 없다는 일반론적인 입장과 함께, 그 중 몇 개의 살은 아주 정확하기 때문입니다. 좋은 살도 용신이나 운과 맞지 않을 때는 반대로 작용하고, 나쁜 살도 용신이나 운이 좋다면 역시 반대로 작용하기도 합니다.
　항간에 떠도는 살을 모아보면 대략 250개가 넘지 않나 합니다. 그 중에서 비교적 자주 거론되는 것은 약 50개라고 할 수 있습니다.

1. 흉신

흉신(凶神)이란 인생의 파란과 형벌, 또는 부상과 인화파재(人禍破財) 등의 흉사를 가져오는 운명의 별을 뜻합니다.

신살이라고 하면 보통 나쁜 작용만 한다고 생각하기 쉬운데 모두가 그런 것은 아닙니다. 신살은 좋은 작용을 하는 것도 있고, 나쁜 작용을 하는 것도 있습니다. 다만, 나쁜 작용을 하는 신살이 많은 것은 사실입니다.

1) 백호살

백호살(白虎殺·白虎大殺)은 여러 살(殺) 가운데에서 가장 무서운 것으로, 길바닥에 피를 뿌리는 피비린내 나는 살이라고 할 수 있습니다. 지금이야 우리나라에 호랑이가 없지만, 옛날에는 호랑이에게 물려죽는 일이 종종 있어서 이를 횡사의 으뜸으로 꼽았다고 합니다.

산중의 밤길에, 아니 낮이라도 호랑이와 마주쳤다고 상상해보십시오. 얼마나 끔찍한 일입니까. 손에 총이라도 들고 있다면 또 모르지만, 그 시대에 총이 어디 있었겠습니까. 그러나 요즈음에는 호랑이에게 물릴 일이 거의 없으니까 안심해도 되지 않을까요? 그런데 사실은 요즈음이 오히려 호랑이 천국입니다. 날마다 수많은 사람이 자동차사고로 호랑이밥이 되고 있습니다.

백호대살은 피를 흘리면 죽는다〔見血光, 災殃死〕또는 혈광지신(血光之神)이라고 해서 피를 보는 살이므로, 그 해당하는 육친이 흉을 당해 편안히 종명(終命)하지 못하고 돌발적인 사고로 급사하거나 병원사·횡사함을 뜻합니다. 또는 전쟁에서 산화하거나 익사하거나 추락사하는 등의 비명횡사 등도 포함됩니다.

사주 속에 있는 모든 간지 중에 갑진(甲辰)·병술(丙戌)·임술(壬

戌)·무진(戊辰)·정축(丁丑)·계축(癸丑)·을미(乙未)의 일곱 개 간지가 있다면 백호살에 해당합니다. 특히 일주에 있다면 정통 백호살에 해당합니다. 이 밖에도 지장간을 보아서 변통하기도 합니다.

예를 들면 계축 백호가 일주인 여성은 남편이 사고로 죽거나 큰 사고를 당하게 되며, 혹은 부부가 이별하게 됩니다. 정미 백호는 남녀간의 부부운이 불길합니다. 백호살은 주로 일주로 보지만, 때에 따라서는 연주·월주·시주 등을 보아, 연주에 백호살이 있으면 부모나 조상 중에 흉함이 있다고 봅니다. 사주의 육신 중 부모에게 백호살이 있는 경우 그 해당하는 육신이 대개 중풍으로 와병중이거나 이미 병으로 돌아가신 경우가 대부분이었습니다. 그리고 병을 앓고 있던 사람도 몇 년 후에 병사하는 경우가 많았습니다.

주변에서 살펴보면 사주 때문에 결혼을 못하고 홀로 사는 여자들도 있습니다. 그런 사람들의 사주를 보면 백호살이 상대방이나 그 부모님에게 있음을 볼 수 있습니다. 남자 쪽에서 결혼 직전에 사주를 보고 파혼하는 경우가 많습니다. 그런 일이 몇 번 반복되다 보니 결혼을 못하고 혼자 살게 되는 것입니다. 이것은 사주의 부작용이라고 할 수 있겠지요. 안타깝게도 심상이 최고라는 것을 모르는 것 같습니다.

• 예1)

年柱	月柱	日柱	時柱
乙	戊	甲	乙
未	寅	辰	亥

남성의 사주로, 일주가 갑진 백호살이므로 편재에 해당하는 아버지가 횡사했습니다.

• 예2)

年柱	月柱	日柱	時柱
壬	辛	甲	乙
寅	亥	戌	丑

남성의 사주로, 일주가 갑술 백호살이므로 편재에 해당하는 아버지가 횡사했습니다.

• 예3)

年柱	月柱	日柱	時柱
庚	丁	癸	壬
辰	亥	酉	戌

여성의 사주로, 임술 백호살입니다. 여자는 관성이 남편에 해당하므로 이에 해당하는 남편이 횡사했습니다.

• 예4)

年柱	月柱	日柱	時柱
戊	丁	丙	戊
申	巳	戌	子

丙	乙	甲	癸	壬	辛	庚	己
辰	卯	寅	丑	子	亥	戌	酉
4	14	24	34	44	54	64	74

이 사주의 여성을 처음 보았을 때 순간적으로 붉은 광채가 번쩍하는 살기를 느꼈습니다. 처음으로 경험했지만 직감적으로 이것이

백호살이구나 하는 느낌을 받았습니다.
그래서 우여곡절 끝에 구한 그 여성의 사주입니다. 역시 백호살이 있었습니다.

2) 괴강살
괴(魁)는 하괴(河魁)요, 강(罡)은 천강(天罡)입니다. 천강·하괴를 합해 괴강이라고 합니다.
괴강살(魁罡殺)은 출생할 때 하늘의 괴강이라는 별이 비쳤다고 해서 붙여진 이름이라는 말이 있습니다. 그렇다면 이 살은 천문과 관계가 있다고 할 수 있겠습니다. 辰을 천강, 戌을 하괴라 하니 辰과 戌이 괴강입니다. 육십갑자 중 辰·戌이 지지에 들어 있는 모든 간지가 괴강에 해당하나, 그 중에서 작용력이 가장 강한 네 개의 간지만을 괴강으로 취급합니다.
괴강살은 모든 사람을 제압하는 강력한 살로서 극단을 달리는 황포(荒暴), 과감(果敢), 극빈, 대부귀, 총명, 괴걸 등의 암시가 강한 별입니다. 이 살이 사주에 있는 경우 길격이면 대길하나, 흉격이면 극흉한 것으로서 길함과 흉함이 극과 극으로 달립니다. 즉 경우에 따라서는 크게 되기도 하지만 고생이 막심한 경우도 있으니, 역시 격국에 따라서 작용이 달라진다고 보아야 할 것입니다.
사주에 있는 모든 간지 중에서 경진(庚辰)·경술(庚戌)·임진(壬辰)·임술(壬戌)의 네 개 간지가 있으면 괴강살이라고 합니다. 특히 일주나 시주에 있는 것을 아주 꺼립니다. 괴강살은 신강한 사주에 대운이 도와주어야 그 뜻을 크게 펼칠 수 있습니다. 반면 같은 괴강살이라 해도 신약 사주일 때는 하는 일마다 풀리지 않고 꼬이게 됩니다.
사주에 이 별이 있으면 남녀 모두 용모는 좋은 편이나 고집과 이론이 강합니다. 무인이나 경찰에게 많은 살로서, 남자 사주에 괴강이 있으면 이론을 좋아하고 성질이 결벽합니다. 여자 사주에 괴강이 있으면 용모는 아름다우나 고집이 세서 부부간의 사이가 좋지 않으며 이혼·질병의 액을 당합니다. 특히 괴강살이 관성에 해당하면 남편이 가산을 탕진하며 가사에 무책임하므로 남편을 부양하는 경우가 많습니다. 또한 여명의 관성이 이 살과 형·충되어도 남편으로 인해 고생하며 불만스럽게 살게 됩니다.

• 예)

年柱	月柱	日柱	時柱
庚	庚	丙	壬
辰	辰	午	辰

괴강이 세 개라 대귀(大貴)한 사주로 볼 수 있을지 모르나, 괴강 사주는 신강을 요하는데 신강이 아니기 때문에 하는 일마다 꼬였던 남자의 사주입니다.

3) 양인살

양인(羊刃)은 고집스러운 동물인 염소를 뜻하는 羊과 살상을 뜻하는 칼날 刃으로 구성되어 있습니다. 양인살(羊刃殺)은 칼과 같은 것으로서 강렬·난폭·성급을 뜻하며, 극부(剋父)·극처(剋妻)·극재(剋財)·극부(剋夫)하여 불행을 당하게 되는 흉살이라고 할 수 있습니다.

사주에 양인살이 있으면 재물을 파하고 부부운도 파탄되기 쉽습니다. 상관과 양인이 같이 있으면 흉사를 당하는 일이 많습니다. 여자 사주에 양인이 많으면 남편을 해치고 음란해지기 쉽습니다. 양양인살은 십이운성의 제왕(帝旺)에 해당합니다. 연주나 월주에 있으면 조업(祖業)을 파하고 고향을 떠나 자수성가합니다. 또 일주와 시주에 있으면 배우자와 자신이 횡액을 당하며 자식운이 박합니다.

그러나 격이 좋은 사주에 양인살이 있다면 괴걸·열사·군인 등의 큰 인물이 되기도 합니다.

양인살

日干	甲	丙	戊	庚	壬
羊刃	卯	午	午	酉	子

※음 일간의 양인살은 적용하는 일이 적으므로 무시합니다.

4) 십악대패살

십악대패살(十惡大敗殺)은 일주를 기준하는데, 남녀 모두 이 살의 일주를 가지면 재물과 부부간에 크게 실패합니다. 일간을 기준으로 하여 을사(乙巳)·기축(己丑)·경진(庚辰)·신사(辛巳)·갑진(甲辰)·병신(丙申)·정해(丁亥)·무술(戊戌)·임신(壬申)·계해(癸亥)의 열 개 간지가 있으면 십악대패살이라고 합니다.

이것은 일주가 녹(祿)의 공망(空亡)이 되는 것으로, 육갑(六甲) 열 개 순중(旬中)에 일주가 들어 있어서 그 녹이 공망되는 것입니다. 예를 들어 을사는 육갑 순중에서 갑진 순중에 들어 있고, 갑진 순중에는 인묘가 공인데 乙의 녹이 卯로서 공망이 된 것입니다. 따라서 乙의 녹이 공된 것이 대패살이 됩니다.

5) 삼재살

인간은 누구나 12년마다 3년 간의 겨울철을 맞이하는데 이때를 삼재(三災)라고 합니다. 1년에 4계절이 있듯이 12년을 3년씩 나누어 춘하추동에 연결한다면 삼재의 시기는 겨울철에 해당합니다. 즉 인생의 겨울철로 천재지변이나 액운을 당해 발전이 저해되는 침체 기간이라고 할 수 있습니다.

사주의 대운이 흉한데 삼재가 끼면 일이 제대로 되지 않아 크게 파산하거나 실패합니다. 세간에서는 3재 8난(三災八難)이라 하여 대흉살을 가리킵니다. 그러나 겨울철은 쉬는 철이 아니라 봄을 준비하는 가장 좋은 시기이기 때문에 전화위복이 될 수도 있습니다.

삼재살(三災殺)은 항해하는 돛단배에 몰아닥친 풍랑과 같습니다. 기왕이면 순풍에 출항하는 것이 항해하는 데 순조롭듯이 인생을 경영하는 데도 그 파장을 알아서 대처하는 것이 좋을 것입니다. 풍랑이 인다고 반드시 항해하지 못하는 것은 아니지만 출항하는 자가 일기예보를 주시하듯이, 인생을 순조롭게 경영하려면 인생의 파장을 충분히 이해해야 보탬이 될 수 있을 것입니다.

삼재살

年支	寅	午	戌	巳	酉	丑	申	子	辰	亥	卯	未
三災殺	申酉戌(金)			亥子丑(水)			寅卯辰(木)			巳午未(火)		

호랑이띠·말띠·개띠는 원숭이해·닭해·개해에 삼재가 들고, 뱀띠·닭띠·소띠는 돼지해·쥐해·소해에 삼재가 들고, 돼지띠·토끼띠·양띠는 뱀해·말해·양해에 삼재가 들고, 원숭이띠·쥐띠·용띠는 호랑이해·토끼해·용해에 삼재가 듭니다.

6) 원진살

원진(怨嗔)이란 서로 만나면 몹시 싫어하고 못마땅해하는 관계를 말합니다. 세간에서는 남녀의 띠가 원진에 걸리면 금실이 나쁘고 이별수가 있다고 하여 혼인하기를 꺼립니다. 그러나 그런 경우를 확률로 따지면 12분의 1 정도입니다. 쥐의 해에 태어난 모든 남자와 양의 해에 태어난 모든 여자가 결혼하면 모두 불행하다는 것은 말이 안 되는 논리입니다. 그러므로 원진살은 사주의 분위기에 따라 참고하는 정도로 활용하는 것이 좋습니다.

쥐〔子〕는 양〔未〕이 뿔난 것을 꺼리고〔鼠忌羊頭角〕, 소〔丑〕는 말〔午〕이 밭 갈지 않고 놀기만 하는 것을 미워하며〔牛憎馬不耕〕, 호랑이〔寅〕는 닭〔酉〕의 주둥이 짧음을 미워하고〔虎憎鷄嘴短〕, 토끼〔卯〕는 원숭이〔申〕의 불평 있음을 싫어하며〔兎怨猴不平〕, 용〔辰〕은 돼지〔亥〕의 얼굴이 검은 것을 혐오하고〔龍嫌猪面黑〕, 뱀〔巳〕은 개〔戌〕 짖는 소리에 놀라게 됩니다〔蛇驚犬吠聲〕.

궁합을 볼 때 태어난 달을 맞추어봄으로써 예측이 가능합니다. 음력 1월은 호랑이달입니다. 호랑이와 사이가 나쁜 동물은 닭인데, 해당하는 달은 음력 8월입니다. 그러므로 원진살이 성립된다고 볼 수 있습니다. 따라서 음력 1월과 음력 8월에 각각 태어난 남녀는 혼인을 피하는 것이 좋다고 말할 수 있습니다. 인간의 본성을 상징하는 십이지가 서로 충돌하기 때문입니다.

호랑이는 반사회적이며, 인간과 어울려 살 수 없는 고독하고 외로운 본성을 지녔습니다. 호랑이달에 태어난 이들의 사춘기는 반항과 우울로 점철되었을 것이고, 필시 문학소년이나 문학소녀였을 것입니다. 부모 또한 자식의 고독을 이해하거나 방조했을 것입니다.

그런데 음력 8월, 개와 더불어 가장 인간 가까이 머물러 있는 동물인 닭의 본성은 호랑이와는 아주 대조적입니다. 닭은 인간의 품 안에 있기는 하지만 개처럼 인간과 친구가 되지는 못했습니다. 이들은 어쩐지 도시의 모더니스트 같습니다. 닭의 이러한 점은 호랑이와 닮았을 수도 있겠습니다.

음력 8월에 태어난 이들은 무척 예민한 사춘기를 보냈을 가능성이 높습니다. 반에서 반장을 하는 등 총명하고 빈틈이 없었겠지만 친구가 적습니다. 마음을 읽는 눈을 가졌기 때문입니다. 언제나 교실 뒷자리에서 교과서에 몰래 다른 책을 끼어 읽던 호랑이달 청춘과는 같은 반일 뿐, 서로 말을 건네지는 않습니다.

이처럼 다른 기질의 남녀가 대학에 들어와서 연애를 하고 결혼까지 했더라도 그 이후에는 서로 안에 잠자고 있던 본성이 드러나 "으르렁"거리고 "꼬끼오"하게 됩니다.

일요일, 호랑이달 남편은 모처럼 혼자만의 시간을 갖고 싶어합니다. 비디오를 보고 그동안 읽지 못했던 책을 보거나 아니면 혼자서 동네라도 산책하며 하루를 보내고 싶어합니다. 그러나 닭의 달에 태어난 아내는 그런 남편이 못마땅합니다. 아이들을 데리고 교외에 나갔다가 전시회라도 가고 싶어합니다. 아내의 등쌀에 못 이긴 남편은 잔뜩 찡그린 얼굴로 아이들의 손을 잡고 나가지만 아내는 마지못해 나가는 남편의 속내가 더 밉습니다.

이렇게 서로 다른 본성이 빚어낼 조그마한 비극을 피해보자는 것이 원진살의 의미라고 할 수 있습니다.

7) 형충파해살

① 형

형(刑)은 충(沖)처럼 강력한 충돌이 아니라 서로 상극(相剋)하는 것입니다. 형은 형벌이란 뜻으로 '서로 못살게 군다' '서로 죽인다'는 의미를 내포하고 있으며, 지형(支刑)이라고도 합니다. 대운이나 연·월·일과 합해 형을 이루면 감금·돌발사고·부상·납치·사망 등을 당합니다. 특히 삼형살은 강력한 의미가 있습니다.

가령 교통사고를 당할 수 있는 확률은 역마(驛馬)나 지살(地殺)이 일지를 형(刑)하거나, 역마·지살이 재살국(財殺局)을 이루거나, 역마지살이 상관태왕(傷官太旺)을 이룰 때 높아집니다.

- 寅－巳－申, 寅－巳, 巳－申, 申－寅
- 丑－戌－未, 丑－戌, 戌－未, 未－丑
- 子－卯
- 辰－午－酉－亥, 辰－辰, 午－午, 酉－酉, 亥－亥

寅－巳－申 삼형(三刑)은 寅이 巳를 형하고, 巳는 申을 형하며, 申은 寅을 형합니다.

丑－戌－未 삼형은 丑은 戌을 형하고, 戌은 未를 형하며, 未는 丑을 형합니다.

子－卯 상형(相刑)은 子는 卯를 형하고, 卯는 子를 형합니다.

辰－午－酉－亥 자형(自刑)은 각각 같은 지(支)끼리 형합니다. 辰은 辰을 형하고, 午는 午를 형하며, 酉는 酉를 형하고, 亥는 亥를 형하는 것입니다.

- 예1)

年柱	月柱	日柱	時柱
辛	辛	丙	庚
亥	卯	申	寅

이 사주는 申이 지살이고 寅은 역마입니다. 그런데 인신으로 일지가 형하고 있습니다. 교통사고로 죽은 사람의 사주입니다.

• 예2)

年柱	月柱	日柱	時柱
壬	壬	庚	丙
午	寅	子	戌

이 사주는 寅이 지살이고 寅午戌(火)殺局을 이루었습니다. 게다가 병화가 투간되어 교통사고로 사망했습니다.

• 예3)

年柱	月柱	日柱	時柱
戊	庚	戊	丙
申	申	申	辰

이 사주는 申 지살이 태왕하고 상관이 태왕하여 네 번이나 교통사고의 횡액이 있었던 사람의 것입니다.

② 충

충(沖)은 서로 '찌른다' '충돌하다'는 뜻이기 때문에 이 충살이 있으면 사주가 흉해집니다.

오행이 서로 상극하는 것들 중에는 형(刑)·충(沖)·파(破)·해(害)가 있는데 이 중에서 충은 정면충돌로 그 힘이 제일 강하다고 할 수 있습니다.

월지와 연지가 서로 상충하면 가정이 화목하지 못해 타향살이를 하거나 질병이 있습니다. 일지와 시지가 서로 충하면 부부간에 이별수가 있습니다. 예를 들면 용신이 오화(午火)인데 대운에 子가 오면 서로 상충하므로 子 대운인 해에 큰 화를 당합니다.

子 · 午가 충이고, 卯 · 酉가 충이고, 丑 · 未가 충이고, 辰 · 戌이 충이고, 寅 · 申이 충이고, 巳 · 亥가 충입니다(십이지의 지충을 참고하십시오).

③ 파
파(破)는 '깨뜨린다' '파괴한다' '깨뜨려 없앤다'는 뜻으로 지파(支破), 육파(六破), 또는 상파(相破)라고도 합니다. 寅 · 亥가 파이고, 丑 · 辰이 파이고, 子 · 酉가 파이고, 卯 · 午가 파이고, 巳 · 申이 파이고, 戌 · 未가 파입니다.
파는 형이나 충보다 작용력이 약하며 경우에 따라서는 무시해도 좋습니다.

④ 해
해(害)는 서로 만나면 해치는 성질이 있습니다. 따라서 이 살에 해당하는 육신은 해롭게 됩니다. 지해(支害) 또는 육해(六害)라고도 합니다. 子 · 未가 해이고, 丑 · 午가 해이고, 寅 · 巳가 해이고, 卯 · 辰이 해이고, 申 · 亥가 해이고, 酉 · 戌이 해입니다.

8) 도화살
도화살(桃花殺 · 年殺 · 咸池殺 · 敗神殺)은 호색과 음란을 주재하는 살로서 간단히 말해 색(色)과 관계 있는 살입니다. 일상생활에서 색에 얽힌 사건이 발생하면 '복숭아꽃이 피었구먼' '도화살이 낀 모양이구먼' 하고 말합니다. 도화살은 주색잡기에 빠지거나 색난(色難)이 있을 가능성을 말합니다.
도화는 일지를 기준해서 보기도 하지만 옛날에는 연지를 중히 여겼습니다. 사실 모든 신살은 연지를 기준해서 보게 되어 있었는데,

자평명리학이 발전하여 일지를 중히 여기게 되자 신살도 일지를 기준하여 대입시켜보게 되었고, 적중률이 높아지자 이제는 아예 일지를 기준으로 하고 연지를 참고하게 된 것입니다.

도화살은 모두 子·午·卯·酉(四旺地)에 해당합니다. 그러므로 사주에 子·午·卯·酉가 없는 사람은 도화가 전혀 없다고 볼 수 있습니다. 따라서 그런 경우는 아예 따질 필요도 없습니다. 子·午·卯·酉는 이미 왕성할 대로 왕성하기 때문에 관심은 자손의 번창에만 있습니다. 그래서 음심이 동하게 되고 그러다 보니 색정사건이 발생하게 되는 것입니다.

도화살이 일지나 시지에 있으면 더욱 강력하게 작용합니다. 또 월지에 있으면 대개 어머니가 개가해 왔거나 소실인 경우가 많습니다. 연·월에 있는 도화를 장외도화(牆外桃花 : 담장 밖에 있다는 뜻)라 하고, 일·시에 있는 도화를 장내도화(牆內桃花 : 담장 안에 있다는 뜻)라고 합니다.

도화가 서너 개 있으면 편야도화(遍野桃花 : 들판에 좍 깔렸다는 뜻)라 하고, 도화가 서너 개 합이 되면 풍류도화(風流桃花 : 실제로 복숭아꽃이 피었다는 뜻)라고 합니다.

남자든 여자든 도화가 있으면 성적인 매력이 있으므로 이성친구들이 줄줄이 따라다닙니다. 첫눈에 매력이 있는 사람은 도화살이 있을 가능성이 높습니다. 도화가 하나 정도 있는 것은 좋을 수도 있습니다.

그러나 도화가 많으면 음천한 명이라 남자는 주색에 방탕하게 되고 여자는 화류계 등으로 빠질 수 있습니다. 즉 이런 성향이 좋지 않게 작용하면 음란하게 된다는 말입니다. 여자 사주에서 정관이 도화면 남편이 미남이고 바람기가 있습니다. 바람을 피우려면 생김새도 어느 정도 받쳐주어야 하지 않겠습니까.

도화살

年支 · 日支	寅	午	戌	巳	酉	丑	申	子	辰	亥	卯	未
挑花殺		卯			午			酉			子	

   도화살은 연지나 일지를 삼합하여 제일 앞 지지와 같은 오행이되 음양이 다른 것입니다. 예를 들면 해묘미삼합(亥卯未三合)하여 제일 앞 지지인 亥와 같은 오행이되 음양이 다른 것[子]이 도화에 해당됩니다.

   도화가 어느 별과 동주하느냐에 따라 여러 가지의 운명이 전개됩니다. 대체로 도화·양인(羊刃) 동주가 일주나 시주에 있다면 예능·문학에 능하나 신체가 허약하여 신병으로 고생합니다. 도화·목욕(沐浴) 동주는 호색하고 음란하며 미모를 타고납니다. 도화·역마(驛馬) 동주는 음란하여 정부와 함께 타향으로 도망갑니다.

   대체로 도화가 십이운성의 장생(長生)·건록(建祿)·제왕(帝旺) 등 왕성한 별과 동주이면, 미모에 호색다음(好色多淫)합니다. 그리고 사(死)·절(絶) 등의 쇠약한 별과 동주이면 아주 교활하고 방탕합니다.

• 예1)

年柱	月柱	日柱	時柱
戊	丁	丙	丁
申	巳	午	酉

   이 사주는 일지가 午입니다. 午의 삼합은 寅午戌이고, 그 첫 자인 寅과 오행이 같고 음양이 다른 것은 卯입니다. 그런데 이 사주의 지지에는 卯가 없으므로 도화가 없다고 할 수 있습니다.

이번에는 연지 申을 중심으로 보겠습니다. 申의 삼합은 申子辰이고, 그 첫 자인 申과 오행이 같고 음양이 다른 것은 酉입니다. 酉가 시지에 있으므로 이 사주는 연지를 중심으로 할 때 시지가 도화살에 해당됩니다.

여자가 비견·겁재로 태강하면 상대적으로 관성인 남편이 들어설 자리가 없으므로 성욕이 치성을 부리게 됩니다. 이 사주는 사신합수(巳申合水)하여 관성을 이루는데 여기에 다시 도화살을 이루었습니다. 생활이 음란했던 여성의 사주입니다.

• 예2)

年柱	月柱	日柱	時柱
庚	戊	乙	乙
午	子	巳	酉

일지를 중심으로 할 때 연지가 도화살인데, 여기에 자오충(子午沖)입니다. 음란하여 정부와 함께 도망간 여성의 사주입니다.

9) 역마살

역마살(驛馬殺)은 여행이나 이동을 관장하는 살로, 사주에 역마가 있으면 식소사번(食少事燔)하여 하는 일 없이 항상 분주합니다. 옛날에는 몹시 꺼렸던 살이지만 오늘날에는 오히려 필요한 살이 아닌가 생각됩니다. 타향이나 외국에 출행하는 일이 잦고 나들이, 변동, 동분서주 등의 암시가 있기 때문입니다.

나름대로 경험한 바에 의하면 역마살이 있어서 떠돌아다니기보다는 사주가 불안정해 떠돌아다닌다고 보는 게 더 타당하다고 생각합니다. 역마가 없는 사람도 돌아다니기는 하지만, 역마가 있는 사람은 대부분 돌아다닌다고 하겠습니다.

길신에 이 살이 있으면 비약적으로 발전하지만, 흉신이면 아무 이득 없이 분주하기만 합니다. 예를 들면 정관이 용신일 때 정관에 역마가 있다면 관찰사가 될 수도 있겠지만, 정관이 기신일 경우는 떠돌이 약장수밖에 될 수 없습니다.

역마살

年支·日支	寅	午	戌	巳	酉	丑	申	子	辰	亥	卯	未
驛馬殺	申			亥			寅			巳		

삼합의 첫 자를 충하는 것이 역마에 해당합니다. 예를 들면 일지나 연지가 亥卯未라면 亥와 충이 되는 巳가 역마살이 됩니다. 도화살의 子·午·卯·酉는 사왕지(四旺地)에 해당하지만, 역마살의 寅·申·巳·亥는 사생지(四生地)에 해당합니다.

사생지인 寅·申·巳·亥는 어린아이에 비유할 수 있습니다. 어린아이들은 잠시도 가만히 있지를 못합니다. 항상 빨빨거리고 돌아다닙니다. 그러니까 역마가 있으면 돌아다니게 됩니다. 여기에 벌써 충(沖)한다는 말이 등장합니다. 충돌은 무슨 뜻입니까? 불안정하여 돌아다닌다는 의미가 있습니다.

• 예)

年柱	月柱	日柱	時柱
己	己	甲	戊
亥	巳	辰	辰

이 사주는 지살과 역마가 연·월에 있어 매우 바쁜 생활을 합니

다. 특히 역마와 지살이 서로 충(沖)하고 있으니 고향을 떠나 타향에서 성공하게 됩니다. 남성의 사주입니다.

10) 공망살

보통은 그냥 공망(空亡)이라고 하지만 살에 해당시킬 때는 공망살(空亡殺)이나 천중살(天中殺), 또는 유체무연(有體無緣)이라고 합니다.

60갑자 중 각각의 순(旬)은 열 개의 천간과 열 개의 지지가 짝을 맺습니다. 그런데 지지는 열두 개이므로 두 개의 지지가 천간을 얻지 못하게 됩니다. 이것을 공망이라고 합니다. 남편을 못 만났으니 독수공방한다는 뜻인가 봅니다. 항간에 공망을 공방살(空房殺)이라고 해서 남편 없이 혼자 빈방을 지킨다는 말이 있는데 이 역시 같은 뜻입니다.

사주에 공망이 하나뿐인 경우는 대개 그다지 효력을 나타내지 못하지만, 두 개 이상 있으면 이상하게도 박행(薄幸)한 사람이 많습니다. 어떠한 사회적 지위에 있든지 그들은 각고(刻苦)한 고생을 하게 됩니다.

육십갑자 공망조건표

六旬	해당되는 干支										空亡
甲子旬	甲子	乙丑	丙寅	丁卯	戊辰	己巳	庚午	辛未	壬申	癸酉	戌·亥
甲戌旬	甲戌	乙亥	丙子	丁丑	戊寅	己卯	庚辰	辛巳	壬午	癸未	申·酉
甲申旬	甲申	乙酉	丙戌	丁亥	戊子	己丑	庚寅	辛卯	壬辰	癸巳	午·未
甲午旬	甲午	乙未	丙申	丁酉	戊戌	己亥	庚子	辛丑	壬寅	癸卯	辰·巳
甲辰旬	甲辰	乙巳	丙午	丁未	戊申	己酉	庚戌	辛亥	壬子	癸丑	寅·卯
甲寅旬	甲寅	乙卯	丙辰	丁巳	戊午	己未	庚申	辛酉	壬戌	癸亥	子·丑

공망 역시 연주나 일주를 기준으로 합니다. 예를 들어 생일이 정묘(丁卯)인 사람은 그 순내(旬內)에서는 戌·亥가 공망입니다. 그러므로 다른 주의 지지에 戌이나 亥가 있는 경우 그 주를 공망이라 하여 무력하다고 봅니다.

연주는 유소년기나 부모, 월주는 청년기나 남편, 일주는 중년기, 시주는 만년이나 자식으로 보는 것이 사주의 원칙입니다. 그러므로 연주가 공망인 사람은 유소년기에 고생을 하고, 시주가 공망인 사람은 만년에 부진하다는 식으로 판단합니다.

11) 겁살

겁살(劫殺)은 십이운성이 가장 쇠한 절지(絶地)에 놓인 것으로, 평생 사람에 시달리고 돈에 속는 일이 많은 재기불능한 흉살입니다. 사주에 겁살이 있는 사람은 재물을 겁탈당할 확률이 높습니다. 특히 사주에 비견·겁재가 많은 사람은 95퍼센트 이상 재물을 잃게 되거나 몸을 망치게 됩니다. 비견·겁재의 속성이 '나누어먹기·빼앗아갖기'이기 때문입니다. 이 외에도 도난·부상 등이 있을 수 있습니다.

겁살

年支·日支	寅	午	戌	巳	酉	丑	申	子	辰	亥	卯	未
劫殺	亥			寅			巳			申		

• 예1)

年柱	月柱	日柱	時柱
癸	甲	壬	辛
巳	子	寅	丑

이 사주는 연지를 기준으로 할 때 일지가 겁살입니다. 게다가 비견·겁재가 중첩했습니다. 만사가 항상 속성속패한 남자의 사주입니다.

• 예2)

年柱	月柱	日柱	時柱
己	癸	壬	丁
亥	酉	寅	未

이 사주는 일지를 기준으로 할 때 연지가 겁살에 해당하고, 비겁이 많습니다. 따라서 항상 남을 위해 죽어라 일해주고도 욕만 얻어먹을 뿐 보람이 없습니다. 역시 만사에 속성속패한 남자의 사주입니다.

12) 재살

재살(災殺)은 수옥살(囚獄殺)이라고도 합니다. 수옥이란 감옥에 갇히게 된다는 뜻이므로 적어도 한 번 이상 유치장이나 감옥에 가게 됩니다. 또는 감금·납치·포로가 되는 경험을 하게 됩니다. 독립투사라든가 운동권 인사들, 양심수들에게도 있을 수 있는 감금살입니다. 사주에 상관이나 재살(財殺) 등이 태왕할 때에는 이러한 의미가 더욱 강해집니다.

그러나 이 살이 있는 사람이 경찰관·군인(직업군인)·형무관·검찰관 또는 형사·수사기관원이 되면 흉한 의미가 도리어 길해진다고 하겠습니다.

재살

年支·日支	寅	午	戌	巳	酉	丑	申	子	辰	亥	卯	未
災殺	子			卯			午			酉		

• 예 1)

年柱	月柱	日柱	時柱
癸	丁	乙	己
巳	巳	亥	卯

이 사주는 연지를 기준으로 할 때 시지가 재살이고, 여기에 더해 상관인 사화가 태왕합니다. 민주투사로서 일하다 감금된 적이 있는 남자의 사주입니다.

• 예 2)

年柱	月柱	日柱	時柱
庚	戊	乙	乙
午	子	巳	酉

이 사주는 연지를 기준으로 할 때 월지가 재살인 여성의 사주입니다.

13) 망신살

　망신살(亡身殺)은 파군살(破軍殺) 또는 색정별(色情憋)이라고도 합니다. 주로 주색잡기 등에 의해 망신·실패한다는 뜻으로, 이 살이 붙은 해는 패가망신, 또는 부부 외의 남녀관계에 흉한 작용이 있게 됩니다.

망신살은 매혹적인 색정별이지만, 도화살과는 달리 이성에게 신사적으로 대하는 자제력이 있는 별이기 때문에, 언제나 상대 이성 쪽에서 적극적으로 나오는 경우가 많습니다.

  유명한 인물일수록 여색과 정치를 분리할 수 없는 경우가 많습니다. 망신살은 화려한 색과 칼날 같은 혁명성을 동시에 지닌 정치살입니다. 따라서 사주에 나타나는 망신살은 여난(女難)과 정치적 암투에서 속성속패한다는 암시를 지니게 됩니다.

  대개 월주에 있는 망신살은 어머니가 후실이라는 뜻이고, 인수와 망신의 동주는 정치적인 실천가임을 뜻합니다. 일반인에게 망신살이 있으면 이성에게 예의범절이 깍듯하고 섬세합니다.

망신살

年支·日支	寅	午	戌	巳	酉	丑	申	子	辰	亥	卯	未
亡身殺	巳			申			亥			寅		

• 예1)

年柱	月柱	日柱	時柱
丙	丙	丁	己
申	申	丑	酉

  이 명식은 일지를 기준으로 볼 때 연·월이 망신살이고, 연지를 기준으로 하면 시지가 도화요 연·월이 지살입니다. 항상 바삐 돌아다니며, 도화 酉가 일지와 합신되므로 색정이 매우 강합니다. 연·월의 망신살은 이성에게 예의가 바르므로 여성이 줄줄이 따릅니다. 망신살과 지살이 동주하므로 사방에 여성 편력이 있는 남성의 사주입니다.

• 예2)

年柱	月柱	日柱	時柱
丙	癸	甲	丁
申	巳	戌	卯

이 사주는 예의범절이 매우 깍듯하여 많은 여성이 좋아하는 형상입니다. 가는 곳마다(연지 지살) 여성의 인기(시지 도화)를 한 몸에 받으니(월지 망신), 이것도 팔자의 소관이라고 하겠습니다. 그러나 월지의 겁살 때문에 자신에게 맞는 진짜 여인은 만나지 못하는 남성의 사주입니다.

14) 화개살

화개살(華蓋殺)은 명예·예술·문학·고독·학문·종교를 뜻하는 별입니다. 따라서 화개살이 있으면 문장이 좋고 예술에 능하며 총명하고 지혜가 있습니다.

명성은 있으나 고독한 연예인이나 인기직종, 의사·역술인·수도승 등에게서 나타나는 별입니다. 따라서 학문이나 기예에는 밝으나 심적으로는 고독함이 있는 경우가 많습니다.

화개살이 많거나 공망이 되거나 고신과 화개가 동주하면 입산수도하는 경우가 있습니다. 연주에 상관과 화개가 동주하는 경우에는 할머니가 종교 신자요, 월주에 인수와 화개가 동주하면 어머니가 종교 신자요, 연이나 일에 화개가 있으면 자신이 종교와 인연이 깊은 경우가 많습니다.

화개살

年支 · 日支	寅	午	戌	巳	酉	丑	申	子	辰	亥	卯	未
華蓋殺	戌			丑			辰			未		

15) 고신 · 과숙살

고신살(孤神殺)은 '부인을 잃고 홀아비가 된다'고 하여 상처살(喪妻殺)이라고 하고, 과숙살(寡宿殺)은 '남편이 죽어 과부가 된다'고 하여 과부살(寡婦殺)이라고 합니다.

사주에 고신살이나 과숙살이 있으면 부부궁이 좋지 않습니다. 이 둘은 작용력이 같기 때문에 남녀를 불문하고 이 살이 있으면 부부운이 평탄치 못합니다. 거의 이별이나 독수공방하게 됩니다.

고신살은 방합(方合)한 지지의 다음 지지가 해당되고, 과숙살은 방합한 지지의 전 지지가 해당됩니다.

고신 · 과숙살

年支 · 日支	亥	子	丑	寅	卯	辰	巳	午	未	申	酉	戌
孤神殺		寅			巳			申			亥	
寡宿殺		戌			丑			辰			未	

16) 고란살

고란살(孤鸞殺 · 呻吟殺)은 고독한 부부의 인연을 뜻합니다. 부부의 정이 고독하니 항상 신음하게 마련이요 나오느니 한숨입니다. 주로 여자의 경우를 보는데, 남편 때문에 고생하거나 남편이 첩을 두어 독수공방하는 날이 많습니다.

고란살

日柱	甲寅	乙巳	丁巳	戊申	辛亥

甲 일주의 寅은 비견이자 건록이므로 재성을 극하고, 乙 일주의 巳는 목욕이며 함지패살이므로 부부 인연이 좋지 않습니다. 丁 일주의 巳는 제왕·양인이므로 재물인 金을 서로 다투게 됩니다. 戊 일주의 申은 병(病)이니 배우자가 건전하지 못하고, 辛 일주의 亥는 목욕이므로 부부 인연이 바뀝니다.

17) 음양차착살

음양차착살(陰陽差錯殺·陰陽錯殺)은 음과 양이 서로 어긋나게 섞여 있어 부부간에 파란·불화됨을 뜻하는 살입니다. 한마디로 고독하게 지내는 별입니다.

음양차착살은 일주와 시주를 보는데, 특히 일주를 중시합니다. 일주에 음양차착살이 있으면 부부궁이 불리하여 남녀간에 이별하기 쉽고, 특히 여자의 일주에 이 살이 있으면 남편을 망치기 쉽고 자신은 과부가 되기 쉽습니다.

음양차착살

日柱·時柱	戊寅	戊申	丙子	丙午	壬辰	壬戌	丁丑	丁未	辛卯	辛酉	癸巳	癸亥

남자의 경우, 일주에 음양차착살이 있으면 외삼촌이 없거나 고독하고, 시주에 있으면 처남이 고독합니다.

여자의 경우, 일주나 시주에 음양차착살이 있으면 남편의 집안이 몰락하거나 남편이 바람을 피워 속을 썩입니다. 그래서 달 밝은 밤 잠 못 이루며 눈물로 베개를 적시는 일이 많습니다.

18) 효신살

효(梟)는 '목을 베어 매단다'는 뜻이 있으며 동시에 올빼미를 뜻하기도 하는 글자입니다. 올빼미는 부엉이와 비슷한 맹금으로, 예로부터 어미를 잡아먹는다고 오신(誤信)하여 불효조(不孝鳥)라고 알려져 왔습니다.

따라서 남녀 모두 일주에 효신살(梟神殺)이 있으면 생모를 여의고 편모를 모시게 된다는 뜻으로 풀이합니다.

효신살은 일주로 보는데, 일지는 본래 배우자궁이므로 효신살이 있는 것은 배우자궁에 계모가 앉아 있는 격이어서 여자는 산액(産厄)이 있고 남자는 결혼운이 나쁘다고 봅니다. 경우에 따라서는 시주에서도 참고로 볼 수 있습니다. 효신살이 시주에 있으면 자식운이 박합니다.

효신살

日柱·時柱	甲子	乙亥	丙寅	丁卯	戊午	己巳	庚辰	庚戌	辛丑	辛未	壬申	癸酉

19) 부벽살

부벽(斧劈)이란 '도끼로 쪼갠다'는 뜻이니 부벽살(斧劈殺)은 만사가 쪼개져서 망가진다는 흉살입니다. 사람으로 인해 고생하게 되고, 재물로 인해 파산하게 됩니다. 따라서 사주에 부벽살이 있으면 만사가 뜻대로 되지 않습니다.

부벽살

月支	寅	申	巳	亥	子	午	卯	酉	辰	戌	丑	未
斧劈殺	酉				巳				丑			

20) 홍염살

홍염살(紅艶殺)은 도화살과 마찬가지로 낭만부정(浪漫不正)·호색다음(好色多淫)하여 음욕 때문에 외도(外道)가 심하고 첩을 두거나 부정한 짓을 하게 되는 별입니다.

그러나 시대가 변하고 있으니 오늘날에는 오히려 홍염살이 필요할지도 모르겠습니다. 여자의 경우 요염하고 애교가 있으며 섹시한 매력을 지닌 살이기 때문입니다. 혹 미모가 없더라도 남성을 끄는 어떤 힘을 갖고 있습니다.

주로 예능·기술업에 종사하며 부부생활이 순탄하지 못합니다. 연예인·기생 등 인기를 모으는 화려한 직종의 주인공에게서 많이 볼 수 있습니다.

홍염살

日干	甲	乙	丙	丁	戊	己	庚	辛	壬	癸
紅艶殺	午	午	寅	未	辰	辰	戌	酉	申	申

21) 장성살

장성살(將星殺)은 강한 힘을 지닌 살로 승진·번영을 뜻합니다. 장성살이 남자에게 있으면 길하지만, 여자에게 있으면 활동력은 있으나 가정운은 좋지 않습니다. 연지·일지를 기준으로 봅니다.

사주에서 재성과 동주하면 강한 재정권을 쥐게 되고, 관성과 동주하면 높은 관직에 오릅니다.

장성살

年支 · 日支	寅	午	戌	巳	酉	丑	申	子	辰	亥	卯	未
將星殺	午			酉			子			卯		

22) 낙정관살

낙정(落井)이란 우물이나 맨홀 등에 빠지는 경험을 말하는데, 구조상의 강약에 따라 익사(溺死)를 할 수도 있으므로 조심해야 합니다. 낙정관살(落井關殺)은 주로 일주와 시주로 봅니다.

낙정관살

日干	甲 · 己	乙 · 庚	丙 · 辛	丁 · 壬	戊 · 癸
落井關殺	巳	子	申	戌	卯

23) 급각살

급각(急脚)이란 다리를 전다는 의미이므로 적게는 신경통, 크게는 다리를 저는 일이 있습니다. 어느 육신에 급각살(急脚殺)이 있느냐에 따라 그 해당 육신이 해를 당하게 됩니다.

급각살

月支	亥	子	丑	寅	卯	辰	巳	午	未	申	酉	戌
急脚殺	丑 · 辰			亥 · 子			卯 · 未			寅 · 戌		

24) 단교관살

단교관살(斷橋關殺)도 급각살처럼 넘어지거나 떨어져서 팔다리가 상한다는 의미의 살입니다. 여기에 형살(刑殺)이 더해지면 신경통 또는 소아마비까지 있게 됩니다.

단교관살

月支	寅	卯	辰	巳	午	未	申	酉	戌	亥	子	丑
斷橋關殺	寅	卯	申	丑	戌	酉	辰	巳	午	未	亥	子

25) 탕화살

탕화살(湯火殺)은 몸에 흉터나 부상을 입게 되는 살입니다. 불이나 끓는 물에 데거나 총탄이나 화살·파편 등으로 몸을 상하게 됩니다. 음독하는 경우도 포함합니다.

탕화살은 다음과 같이 형식화할 수 있습니다.
① 인일생(寅日生)이 다시 巳·申을 만난 경우.
② 오일생(午日生)이 다시 辰·午·丑을 만난 경우.
③ 축일생(丑日生)이 다시 午·未·戌을 만난 경우.
④ 무인일생(戊寅日生)이 많은 寅을 만난 경우.
⑤ 무자일생(戊子日生)이 다시 寅·巳·申을 만난 경우.

26) 귀문관살

귀문관살(鬼門關殺)은 신경쇠약이나 정신이상에 걸린다는 살입니다. 가령 배우자궁에 귀문관살이 있으면 그 배우자가 변태적 발작을 할 가능성이 있습니다. 귀문관살은 주로 일주와 시주에 있을 때 강렬합니다.

귀문관살

年支	寅	卯	辰	巳	午	未	申	酉	戌	亥	子	丑
鬼門關殺	未	申	亥	戌	丑	寅	卯	子	巳	辰	酉	午

27) 천지전살

천전살(天轉殺)이나 지전살(地轉殺)은 모두 지나치게 왕성하여 오히려 쇠하는 경향이 있습니다. 하는 일이 막히거나 허송세월, 도중 파산 등의 신고(辛苦)를 의미합니다.

겉은 화려하나 속은 실속이 없는 빛 좋은 개살구 격의 살입니다. 따라서 사주에 이 살이 있으면 사회생활에 파란이 많게 됩니다.

천지전살

月支	亥	子	丑	寅	卯	辰	巳	午	未	申	酉	戌
天轉殺		壬子			乙卯			丙午			辛酉	
地轉殺		丙子			辛卯			戊午			癸酉	

2. 길신

보통 신살은 나쁜 작용만 한다고 생각하기 쉬운데 모든 신살이 다 그런 것은 아닙니다. 신살은 좋은 작용을 하는 것도 있고, 나쁜 작용을 하는 것도 있습니다. 나쁜 작용을 하는 신살이 많기는 하지만 좋은 작용을 하는 길신(吉神)도 분명이 있습니다.

귀인(貴人)이 사주에 있으면 길함이 많고 흉성이 감해집니다. 그러므로 형벌을 받지 않고 타인의 귀여움이나 존경을 받게 됩니다. 귀인은 수호신을 가리킵니다. 하늘과 땅 사이에 존재하는 인간은 항상 고독하며 무력합니다. 그래서 자신에게 무엇인가 초자연력의 비호가 있다고 생각하고 싶어하는 것이 동서고금을 통한 인간의 바람이며 수호신 사상의 발단입니다.

세상에는 귀인이 전혀 붙어 있지 않은 사람도 있습니다. 그런 사람은 완전한 무신론자로서, 종교에 대해 전혀 관심이 없습니다. 운세가 좋고 나쁜 것은 별도로 하고, '보이지 않는 것'은 절대로 믿지 않는 사람입니다. 이런 점을 고려하면 수호신(귀인)을 어느 정도 중시해야 하는 이유를 찾을 수 있습니다.

귀인은 일간에서 사주의 지지를 보아 각각의 주(柱)에 붙입니다. 주의할 점은 천을귀인은 연주와 월주에만 붙고 다른 주에는 붙지 않으며, 태극귀인은 연주에만 붙는다는 것입니다.

1) 천을귀인

천을귀인(天乙貴人)은 좋은 작용을 하는 모든 신살 중에서 왕의 자리를 차지하는 길신의 왕입니다. 천을은 귀인 중 최고의 귀인이고, 모든 기신(氣神)을 주재하는 가장 존귀한 별입니다. 천을귀인은 협력의 신이라고 합니다. 그냥 협력 정도가 아니라 아주 높은 어르신으로부터 협력을 받게 된다는 뜻입니다. 그러므로 모든 나쁜 암시와 흉살을 제거하거나 무력하게 하여 평생을 아무 탈없이 지내게 하는 길성입니다. 그저 반가운 살이라고 할 수 있습니다.

뭇사람들이 도우므로 성공하기 쉽고, 인품이 유덕(有德)하며 학문도 잘하는 길신입니다. 양천을귀인(陽天乙貴人)은 드러내놓고 도움을 주는 귀인이고, 음천을귀인(陰天乙貴人)은 숨어서 도움을 주는 귀인입니다.

고서(古書)에 "명중(命中)도 하려니와 이 귀인이 붙으면 반드시 고관이 된다"고 했습니다. 천을귀인이 붙어 있는 사람은 출세운이 있으며 사회의 어떤 분야에서든 윗자리에 오르게 됩니다. 게다가 재화(災禍)를 만나지 않고 평화안태(平和安泰)한 생애를 보내게 됩니다. 천을귀인을 만나면 발전운이 되므로 이런 해에 시험을 보면 대개는 합격합니다.

사주에 천을귀인이 있다고 해도 해당하는 글자가 희·용신과 관계가 없다면 있으나마나입니다. 그리고 기신이 천을귀인이라면 반대로 작용해 더욱 나빠지거나 흉작용으로 변하지는 않겠지만 좋은 작용은 못하게 되므로 의미가 없어집니다. 공망과 형·충·파·해 됨도 아주 꺼립니다. 그러므로 천을귀인이 제대로 힘을 발휘하기 위해서는 용신이 이에 해당하는 경우라고 하겠습니다. 이런 경우라면 생각보다 그 귀품이 더욱 높게 될 것입니다.

천을귀인

日干		甲·戊·庚	乙·己	丙·丁	辛	壬·癸
貴人	陽天乙貴人	丑	子	亥	午	巳
	陰天乙貴人	未	申	酉	寅	卯

※연주·월주만 해당됩니다.

예를 들면 갑목 일주가 미월에 태어났다면 월지가 천을이고, 양띠라면 연지가 천을입니다.

정재가 천을이면 아내의 원조가 많겠고, 정인이 천을이면 어머니의 은혜가 하늘과 같다고 하겠습니다. 정관이 천을이면 당연히 남편의 덕이 많겠습니다. 그런데 여기에서 문제가 발생합니다. 정재가 천을이면 아내 덕이 많다고 했는데, 사주에서 재성이 기신에 해당한다면 어떻게 보아야 할까요? 이 문제를 풀기 위해서는 오행의 원리를 우선적으로 적용해야 합니다. 명리학은 오행학이므로 당연히 오행의 구조가 우선합니다. 그러므로 재성이 천을이라도 재성이 기신에 해당한다면 천을의 작용이 없어집니다.

• 천을과 공협

어느 사주에서 지지가 辰·丑·巳·未일 때 午가 공협(拱挾)이 됩니다. 즉 순서를 따라가다가 그 중의 하나가 사이에서 빠져 있을 경우에 그것이 공협이 됩니다. 양쪽의 지지가 빠진 글자를 함께 끌어당겨서 없어도 있는 것으로 간주한다는 것입니다. 위의 예에서 일주가 신미(辛未)라면 午가 귀인이 되는 셈입니다. 그래서 이 사주는 "귀인이 공협이 되었다"고 합니다. 또 다른 말로는 공귀(拱貴)라고도 합니다. 이렇게 적용한다면 신살을 올바르게 활용할 수 있을 것입니다.

2) 태극귀인

고서(古書)에 의하면 "태극귀인(太極貴人)이 붙으면 복기(福氣)에 귀격(貴格)을 띠고 후(侯)는 만호(萬戶)에 봉해지며 삼공(三公)의 반열에 선다"라고 했습니다. 그 중에서도 지지 寅에 붙는 태극귀인은 대부호가 되며, 巳나 申에 태극귀인이 있으면 큰 저택에서 살게 된다고 되어 있으나 확인되지는 않았습니다. 그리고 寅에 태극귀인이 붙어 있어서 큰 부호가 된다고 하는 것도 크게 믿을 바는 못된다고 생각합니다. 명식 및 행운(行運)을 종합적으로 판단하는 것이 중요하며 귀인은 그저 판단의 한 자료에 지나지 않다는 것을 잊어서는 안 되겠습니다.

태극귀인

日干	甲·乙	丙·丁	戊·己	庚·辛	壬·癸
太極貴人	子·午	卯·酉	辰·戌·丑·未	寅·亥	巳·申

3) 복성귀인

복성귀인(福星貴人)은 글자 그대로 복성을 주관하는 수호신입니다. 이 귀인이 연주에 있는 사람은 조상 전래의 자산가로 태어나고, 월주에 있는 사람은 부모의 유산을 계승합니다. 일주에 있는 사람은 자수성가하여 재산을 모으고, 시주에 있는 사람은 만년에 복운이 풍요롭습니다.

복성귀인

日干	甲	乙	丙	丁	戊	己	庚	辛	壬	癸
福星貴人	寅	丑·亥	子·戌	酉	申	未	午	巳	辰	卯

4) 천주귀인

천주귀인(天廚貴人)은 통변성(通變星)의 식신과 비슷한 작용을 합니다.

하늘의 부엌이니 이 귀인이 있는 사람은 음식을 좋아하고, 음식을 먹을 기회가 많습니다. 이른바 미식가이자 식도락가입니다. 남녀 공히 요리를 잘하고 그 방면에 재능이 있습니다.

음식과 인연이 깊은 식도락가나 미식가가 되기 위해서는 일단 경제적으로 풍부해야 합니다. 그러므로 운명도 크게 좋습니다.

천주귀인

日干	甲	乙	丙	丁	戊	己	庚	辛	壬	癸
天廚貴人	巳	午	巳	午	申	酉	亥	子	寅	卯

5) 천관귀인

천관귀인(天官貴人)은 사법의 신입니다. 신기하게도 이 귀인이 있는 사람은 형벌법규에 저촉되는 행위를 하더라도 법망에 걸리는 일이 없습니다.

이 귀인이 있는 사람은 형사관계는 말할 것도 없고 민사관계의 소송도 평생 없습니다.

천관귀인

日干	甲	乙	丙	丁	戊	己	庚	辛	壬	癸
天官貴人	酉	申	子	亥	卯	寅	午	巳	丑·未	辰·戌

6) 천복귀인

천복귀인(天福貴人)은 복성귀인과 비슷한데, 복성귀인이 전반적인 복운의 수호신이라면 천복귀인은 봉급관계 복운의 수호신이라는 의미가 있습니다. 따라서 천복귀인이 있는 사람은 근로자, 봉급생활자로서 출세하고 고소득자가 됩니다. 봉급생활자에게는 더없이 고마운 수호신입니다. 이 귀인이 있는 사람 중에는 수재(秀才)가 많습니다.

천복귀인

日干	甲	乙	丙	丁	戊	己	庚	辛	壬	癸
天福貴人	未	辰	巳	酉	戌	卯	亥	申	寅	午

7) 문성귀인

문성귀인(文星貴人·文昌貴人)은 문재(文才)가 있는 성(星)입니다. 문재는 독특한 재능이라고 할 수 있습니다. 사람들 중에는 머리는 아주 우수하지만 문장은 제대로 못 짓는 사람이 있는가 하면, 머리는 그다지 좋지 않은데 훌륭한 문장을 써내는 사람이 있습니다. 이 귀인이 있는 사람은 반드시 문재가 있습니다.

학교 성적은 별로 신통치 않은데 작문만은 잘하는 학생이 있습니다. 이런 학생은 '반드시'라고 해도 좋을 정도로 문성귀인이 있습니다. 그러므로 문성귀인은 공부를 잘하고 못하고를 불문하고 문재가 있음을 뜻합니다.

문성귀인

日干	甲	乙	丙	丁	戊	己	庚	辛	壬	癸
文星貴人	巳	午	申	酉	申	酉	亥	子	寅	卯

8) 절도귀인

절도귀인(節度貴人)은 글자 그대로 행동하는 데 절도가 있습니다. 그러므로 절도귀인이 있는 사람은 겸양의 미덕을 갖추었으며 성격이 원만하다고 할 수 있습니다.

교만한 자는 오래가지 못하고 최후의 승리는 겸양한 자에게 주어지는 것이 운명의 법칙이라고 한다면, 절도귀인이 있는 사람은 최후의 승리를 거둘 수 있는 사람이라고 할 수 있습니다. 이 귀인이 있는 사람은 삶 가운데 다소 고생이 있더라도 결국에는 반드시 행복하게 됩니다.

특히 절도귀인과 정관이나 기타 길신이 같은 주(柱)인 여성은 훌륭한 주부가 되며 결혼생활이 행복합니다.

절도귀인

日干	甲·丙·戊	乙·丁·己	庚·壬	辛·癸
節度貴人	巳	未	亥	丑

9) 십간록

녹(祿)이란 나라의 작록(爵祿), 즉 벼슬을 함으로써 받는 부귀를 말합니다. 따라서 사주에 십간록(十干祿·正祿)이 있으면 공부를 해서 입신출세할 수 있습니다. 입신출세하므로 풍족한 의식(衣食)과 사회적인 지위를 얻을 수 있습니다.

또는 녹(祿)을 복록(福祿)으로 볼 수도 있습니다. 녹에 길신이 붙을 때는 재물 면에서 풍요로워집니다. 십간록은 다른 길성과 동주하면 복락(福樂)이 더욱 왕성해지지만, 형·충·파·해 등 흉성을 만나면 흉하게 변합니다.

십간록

日干	甲	乙	丙	丁	戊	己	庚	辛	壬	癸
十干祿	寅	卯	巳	午	巳	午	申	酉	亥	子

10) 암록

암록(暗祿)이란 평생 금전이나 의식주에 대한 걱정 없이 복덕 있게 지낸다는 별입니다. 암록은 정록(正祿)과 합이 됩니다. 암(暗)이라는 의미가 있는 만큼 보이지 않는 인덕과 운명의 가호가 있는 것으로 추리할 수 있습니다.

암록

日干	甲	乙	丙	丁	戊	己	庚	辛	壬	癸
暗祿	亥	戌	申	未	申	未	巳	辰	寅	丑

11) 천·월덕귀인

사주에 천덕귀인(天德貴人)이나 월덕귀인(月德貴人)이 있으면 길상(吉祥)을 나타내며, 주위에 항상 도와주는 사람이 많고 흥성이 감해집니다. 천덕은 하늘이 은총을 베푼다는 뜻이요, 월덕은 땅이 보호해준다는 뜻입니다.

따라서 사주에 천덕과 월덕이 있으면 평생에 흉한 것도 길하게 바뀔 정도로 천우신조가 많고 만사가 뜻대로 잘 되어갑니다. 그래서 이사나 개업, 결혼 날짜의 택일에 제일 먼저 꼽는 귀인날이기도 합니다. 표출법은 주로 월지를 기준으로 합니다.

이 별들이 사주에 있으면 대체로 선조의 유덕(遺德)이 많아 세상을 살아가는 데 큰 어려움 없이 복덕스럽게 지내게 됩니다. 천·월덕귀인은 형·충·파·해됨을 아주 싫어하는데, 그렇게 되면 평생 형벌이나 도난, 파재(破財) 등이 뒤따르기 때문입니다.

천·월덕귀인

月支	寅	卯	辰	巳	午	未	申	酉	戌	亥	子	丑
貴人 天德貴人	丁	申	壬	辛	亥	甲	癸	寅	酉	乙	巳	庚
月德貴人	丙	甲	壬	庚	丙	甲	壬	庚	丙	甲	壬	庚

12) 금여록

금여(金輿)란 '금상여'이므로 황금가마를 뜻합니다. 사람이 일생을 살다 세상을 떠날 때 금상여를 타고 갈 수 있는 처지라면 생애 중에 그만한 공덕이 있어야 합니다.

금여록(金輿祿)이 있으면 남녀 모두 좋은 배우자를 만나 행복하게 살게 됩니다. 남자는 아내 덕이 있고 여자는 귀인을 만나 날로 발전합니다. 금여록은 무력하게 하는 형·충·파·해를 꺼립니다.

금여록

日干	甲	乙	丙	丁	戊	己	庚	辛	壬	癸
金輿祿	辰	巳	未	申	未	申	戌	亥	丑	寅

금여록의 양 일간은 십이운성으로 쇠(衰)가 되고, 음 일간으로는 목욕(沐浴)이 됩니다.

금여록은 일주나 시주에 있음을 기뻐합니다. 일주나 시주가 배우자궁이기 때문입니다.

13) 문곡·학당귀인

문곡귀인(文曲貴人)이나 학당귀인(學堂貴人)은 모두 학문출세의 별로서, 글재주가 있고 총명해서 널리 이름을 떨치게 됩니다.

문곡 · 학당귀인

日干	甲	乙	丙	丁	戊	己	庚	辛	壬	癸
文曲貴人	亥	子	寅	卯	寅	卯	巳	午	申	酉
學堂貴人	亥	午	寅	酉	寅	酉	巳	子	申	卯

학당귀인은 십이운성의 장생에 해당합니다. 문곡귀인의 양 일간은 학당귀인과 같으나 음 일간은 학당귀인과 충이 됩니다. 문곡귀인의 음 일간은 십이운성의 병(病)에 해당합니다.

14) 관귀학관

관귀학관(官貴學館)은 벼슬길에 들어서면 빠른 속도로 승진 · 출세하게 된다는 길성입니다

관귀학관

日干	甲 · 乙	丙 · 丁	戊 · 己	庚 · 辛	壬 · 癸
官貴學館	巳	申	亥	寅	申

15) 진신

진신(進神)이란 계획을 세우거나 도모하는 모든 일이 아무런 장애 없이 진행되고 풀린다는 길성입니다.

진신

月支	寅	午	戌	巳	酉	丑	申	子	辰	亥	卯	未
進神	甲子			甲午			己卯			己酉		

16) 천사성

천사(天赦)란 하늘이 인간의 큰 재난이나 질병을 용서하여 탕감해 준다는 뜻입니다. 따라서 사주에 천사성(天赦星)이 있으면 평생 복락이 끊이지 않습니다.

천사성

月支	寅	午	戌	巳	酉	丑	申	子	辰	亥	卯	未
天赦星	戊寅			甲午			戊申			甲子		

제3부 실제편

사주를 해석하는 데에는 여러 가지 논리가 있을 수 있습니다. 또 같은 논리라고 하더라도 보는 사람의 주관에 따라서, 당사자의 상황과 심리상태에 따라서 많은 부분이 달라질 수도 있습니다. 따라서 객관적이고 합리적인 사주 감정을 위해서는 풍부한 경험과 꾸준한 연구만이 필요할 뿐입니다.

사주 해석의 실제

• 예1)

年柱	月柱	日柱	時柱
乙	丁	己	甲
亥	亥	未	子

丙	乙	甲	癸	壬	辛	庚	己
戌	酉	申	未	午	巳	辰	卯
2	12	22	32	42	52	62	72

조선을 건국한 태조 이성계의 사주라고 알려진 명식입니다. 일지(24%)를 얻었지만 월령과 득세(9%)를 얻지 못했으니 신약한 사주입니다. 재성이 강해 신약한 사주이므로 비겁을 용신으로 삼습니다. 따라서 희신은 火, 용신은 土, 기신은 木, 구신은 水, 한신은 金입니다.

일간 기토는 미토에 앉아 있고 亥 중에 무토가 있으니 더욱 길합니다. 또한 일간 기토는 연간 을목과 시간 갑목의 도움을 받은 월간 정화의 생조를 받고 있습니다. 이러한 정황으로 볼 때 하늘의 힘이 모두 용신을 돕고 있으며, 그 뿌리 또한 튼튼하기 그지없습니다. 용신의 힘이 태강합니다. 더구나 연지·월지의 해수가 연간 을목을 생하고, 을목은 월간 정화를 생하고, 정화는 일간 기토를 생하고 있어 원류의 의미가 있으니, 태강한 용신의 힘을 사용함에 거침이 없습니다. 따라서 대귀격이 되었습니다.

이렇게 튼튼한 명식의 배에 바다마저 잔잔하여 파도가 없으니 어찌 항해에 어려움이 있겠습니까. 대운이 희·용신운으로 흐르고 있으니 하는 일에 거침이 없고 이루지 못할 일이 없습니다. 시간 갑목은 자수 위에 좌(坐)하고 있어 그 힘이 유력하고 유정하므로 높은 벼슬에 오르나, 워낙 비겁의 힘이 강하므로 화(化)해 용신을 따르게 됩니다.

• 예 2)

年柱	月柱	日柱	時柱
壬	己	癸	己
子	酉	酉	未

庚　辛　壬　癸　甲　乙
戌　亥　子　丑　寅　卯
9　19　29　39　49　59

망국의 한을 남긴 고종 황제의 사주라고 알려진 명식입니다. 월령(33%)과 일지(24%), 득세(9%×2=18%)로 75퍼센트를 얻었으므로 신강한 사주입니다. 명식에 관살은 힘이 강한 반면 식상이나 재성이 보이지 않습니다. 따라서 관성인 土를 용신으로 삼습니다. 희신은 火, 용신은 土, 기신은 木, 구신은 水, 한신은 金이 됩니다.

　신강 사주에 관을 용할 때는 관을 생조하는 재성을 귀하게 취급하므로, 관의 힘이 강하기는 하나 재성의 생조가 없는 이 사주는 대귀격이 되지는 못합니다. 더구나 운로가 구신과 기신으로 흐르니 이러한 의미는 더욱 강해진다고 할 수 있습니다.

　용신이 관성이므로 법에 따라 순리대로 살아가는 사람의 명식이라고 할 수 있습니다. 순탄한 세상을 살아가는 데에는 어울리는 사주이지만, 정도(正道)를 잃은 세상은 감당해내기 힘든 사주입니다.

　12세에 철종으로부터 왕위를 계승하여, 56세 정미년에 헤이그 밀사사건을 구실로 퇴위당했다가, 1919(기미)년 1월 21일 새벽에 승하했습니다. 당시 총독부 기관지였던 《매일신보》나 이미 창간되었던 다른 언론매체는 총독부에서 주장하는 1월 22일을 승하일로 옮겼지만, 1년 1개월 뒤에 발표된 《동아일보》 제 2 호(1920년 4월 2일자)의 특집 기사에는 1월 21일이 옳다고 발표했습니다.

• 예3)

年柱	月柱	日柱	時柱
乙	己	丁	庚
亥	卯	亥	子

戊	丁	丙	乙	甲	癸	壬	辛	庚
寅	丑	子	亥	戌	酉	申	未	午
6	16	26	36	46	56	66	76	86

　대한민국의 초대 대통령 이승만의 사주라고 알려진 명식입니다. 일지(24%)를 얻지 못했지만 월령(33%)과 득세(9%), 해묘반합목

국(9%×2=18%)으로 60퍼센트를 얻었으므로 신강한 사주입니다. 인성이 강해 신강해진 사주이므로 재성을 용신으로 삼습니다. 따라서 희신은 土, 용신은 金, 기신은 火, 구신은 木, 한신은 水입니다.

시간의 경금이 자수 위에 좌(坐)하고 있으며, 땅속에 전혀 뿌리를 내리지 못하고 있습니다. 일국의 대통령감으로는 어울리지 않는 명식입니다.

관상이나 사주의 관점에서 볼 때 분수에 어울리지 않는 사람이 그 직책을 수행하면, 대개의 경우 암살당하거나 쫓겨나고 여러 사람들에게 해를 끼치는 경우가 발생할 수 있습니다. 재임 기간을 다행히 넘겼다 해도 감옥에 가는 등 뒤탈이 있게 됩니다.

• 예4)

年柱	月柱	日柱	時柱
丙	辛	庚	庚
申	丑	辰	辰

壬	癸	甲	乙	丙	丁	戊
寅	卯	辰	巳	午	未	申
4	14	24	34	44	54	64

이승만 대통령 밑에서 국회의장을 지낸 이기붕의 사주라고 알려진 명식입니다. 월령(33%)과 일지(24%), 득세(9%×4=36%)로 93퍼센트를 얻었으므로 아주 신강한 사주입니다.

그러나 이 명식에는 무엇보다 화급하게 조후가 필요합니다. 즉 사주 전체가 사금삼토(四金三土)로 이루어져 너무 한습(寒濕)합니다. 더구나 같은 흙이라도 축토는 축축하고 얼어붙은 땅인 데 반해 진토는 질퍽질퍽한 물창고를 뜻하므로 더욱 한습해졌습니다. 이런 경우에 필요한 것은 따사로운 햇볕입니다. 따라서 木·火를 용신으로 삼습니다.

명조가 한습하니 권모술수가 뛰어나겠습니다. 또한 신강 사주에 일주가 괴강이니 고집과 이론이 강하고, 흉함과 길함이 극과 극을 달립니다.

이 두 가지를 조합해보면 권모술수에 뛰어나 권력과 부귀영화를 누릴 수 있지만, 단번에 추락할 가능성을 항상 가지고 있는 명식이라고 보아야 할 것입니다. 용신운을 벗어나는 64세 무신대운에 자식으로부터 죽임을 당합니다.

• 예5)

年柱	月柱	日柱	時柱
丁	戊	壬	癸
酉	申	寅	卯

丁	丙	乙	甲	癸	壬	辛	庚	己	戊
未	午	巳	辰	卯	寅	丑	子	亥	戌
2	12	22	32	42	52	62	72	82	92

4·19 직후 제2공화국의 대통령을 지낸 윤보선의 사주라고 알려진 명식입니다. 일지를 얻지 못했지만 월령(33%)과 득세(9%× 2=18%)로 51퍼센트를 얻었고 특별히 방해하는 오행이 보이지 않으니 신강한 사주입니다. 관이 있고 재성이 이를 돕고 있으므로 관성을 용신으로 삼습니다. 따라서 희신은 火, 용신은 土, 기신은 木, 구신은 水, 한신은 金이 됩니다.

용신인 월간 무토는 연간의 생조를 받고 있으며 월지와 일지에 통근하고 있어 좋아보이지만, 인신소양상화로 충을 이루므로 그 의미가 퇴색하여 오히려 흉하게 되었습니다. 따라서 귀격은 되지 못합니다.

• 예6)

年柱	月柱	日柱	時柱
丁	辛	庚	戊
巳	亥	申	寅

庚 己 戊 丁 丙 乙 甲
戌 酉 申 未 午 巳 辰
2 12 22 32 42 52 62

　5·16 군사쿠데타를 일으킨 제3공화국 박정희 대통령의 사주라고 알려진 명식입니다. 참고로 말씀드리면 『내 무덤에 침을 뱉어라』에는 1917년 11월 14일(음력 9월 30일) 오전 11시경에 태어났다고 기록되어 있습니다.
　얼핏 보면 월령을 얻지 못했고, 일지(24%)와 득세(9%×2=18%)로 42퍼센트를 얻었으므로 신약한 사주처럼 보입니다. 그러나 득세를 이루는 인비(印比)가 모두 유정하여 마치 일간을 호위하듯이 위치하고 있습니다. 또한 일간 자체도 모든 지지에 뿌리를 내리고 있으므로 오히려 신강하게 되었습니다. 지지의 인신소양상화와 사해궐음풍목은 정확히 십자를 이루고 있으며, 인해지합목국과 사신지합수국이 서로 엇갈려 있습니다.
　명식에 관성이 있고 관성을 생조하는 재성이 있으며, 특별히 강한 세력이 보이지 않으므로 관성을 용신으로 삼습니다. 억부법뿐만 아니라 조후법으로 따져보아도 관성이 용신이 됩니다. 연지의 사화는 충을 이루고 있으므로 연간의 정화가 용신이 됩니다. 따라서 희신은 木, 용신은 火, 기신은 水, 구신은 金, 한신은 土가 됩니다.

용신인 연간의 정화는 사화 위에 좌(坐)하고 있으며 인목의 지장간인 병화에 뿌리를 내리고 있습니다. 또한 월지 해수의 장간인 갑목의 생을 받아 아주 강한 용신이 되었으므로 대귀격이라고 할 수 있습니다. 더욱이 지지의 인신소양상화와 사해궐음풍목과 같이 정확히 십자를 이루는 것을 사생지(四生地)라고 합니다. 寅·申·巳·亥의 사생지는 무슨 일을 시작하여 처음 개척하는 귀한 인물에 해당합니다. 여기에 더해 대운도 화목운으로 흐르므로 운로에 거칠 것이 없겠습니다. 과히 일국의 대통령다운 사주입니다.

경상북도 선산군 구미면 상모리의 금오산 자락 맨끝에 자리한 허름한 초가집에서 태어났습니다. 만 62세인 1979년 10월 26일(음력 9월 6일, 甲辰大運, 己未年 甲戌月 丙寅日 戊戌時)에 김재규가 쏜 총탄에 서거했습니다. 신강 사주에 간지가 거의 土로 이루어져 일간을 더욱 강하게 하므로 흉합니다. 병신합화수는 기신에 해당하고, 갑기합화토는 한신에 해당합니다. 또한 사생지는 원래 충을 싫어하는데 인신충에 의해 사생지가 깨어집니다.

10·26 사건 당일 삽교천 방조제 준공식을 마치고 전용 헬기편으로 도고호텔에 도착할 때, 그곳 호텔 측에서 우리에 가둬 키우던 노루 한 마리가 헬기 굉음에 놀라 뛰다 철책에 머리를 부딪혀 즉사했고, 헬기 세 대 중 2호기가 고장나는 불상사가 있었다는 말도 있습니다. 그리고 사건 당일 저녁에 궁정동에서 첫 총소리가 나기 5~6분쯤 전에는 본관 지붕에 두세 살 난 어린애만한 커다란 새 한 마리가 지붕 꼭대기에 앉아 꾸르륵 꾸르륵 울었다는 말도 있습니다.

또는 삽교천의 담수비(湛水碑)를 제막할 때, 비를 감싼 흰 천이 세찬 바람에 휘감겨 있어 줄을 잡아당겨도 벗겨지지 않아 수행 경호원들이 그 위로 올라가 벗겨내렸다는 말도 있습니다. 담수비는 물개 세 마리가 하늘을 향해 서 있는 모양인데 물개는 물을 상징하므로 기신에 해당한다는 말도 있고, 또는 물개가 水 자 형상을 하고 있다는 등 많은 뒷이야기가 전해집니다.

• 예 7)

年柱	月柱	日柱	時柱
己	辛	己	庚
未	未	巳	午

庚 己 戊 丁 丙 乙 甲 癸
午 巳 辰 卯 寅 丑 子 亥
3　13　23　33　43　53　63　73

　1979년에 발생한 10·26 사건으로 헌법에 의해서 자동적으로 대통령직을 계승했다가 다음해에 물러난 최규하 대통령의 사주라고 알려진 명식입니다. 월령(33%)과 일지(24%), 득세(9%×3=27%)와 오미합화(9%×2=18%)로 102퍼센트를 얻었으므로 아주 신강한 사주입니다.
　얼핏 보면 신강 사주에 관살과 재성이 보이지 않고 경금과 신금이 있어 그 힘을 설기하므로 金을 용신으로 삼아야 할 것처럼 보입니다. 시원하게 적셔주는 물이 있거나 일간의 힘이 조금만 약했어도 그렇게 보아야 할 것입니다. 그러나 84퍼센트 이상이면 외격의 성립이 가능하다고 보는데, 이 경우는 비겁의 힘이 102퍼센트로 워낙 강하므로 火·土로 종해야 합니다. 따라서 종왕격이 성립합니다. 비겁(土)이 용신, 인성(火)이 희신, 관살(木)과 재성(水)이 기신입니다.
　명식에서 땅속을 파헤쳐도 관이 보이지 않고 관을 생하는 재성도 미약하므로 벼슬과는 거리가 있습니다. 그리고 명식이 대부분 사토이화(四土二火)의 인비(印比)로 구성되어 있으므로 주체성이 강하고 교육자적인 성향이 강하다고 할 수 있습니다.

• 예8)

年柱	月柱	日柱	時柱
辛	辛	癸	戊
未	丑	酉	午

庚	己	戊	丁	丙	乙	甲	癸
子	亥	戌	酉	申	未	午	巳
2	12	22	32	42	52	62	72

제5공화국을 대표하는 인물의 사주라고 알려진 명식입니다. 월령을 얻지 못했지만 일지(24%)와 득세(9%×2=18%), 유축반합금국(9%)으로 51퍼센트를 얻었습니다. 일간 계수는 월지에 뿌리를 내리고 있으며, 월간 신금과 일지 유금이 유정합니다.

명식을 살펴보면 삼금삼토(三金三土)로 土·金이 많습니다. 金의 입장에서 보면 월령(33%)과 일지(24%), 득세(9%×4=36%)와 유축반합금국(9%)으로 102퍼센트를 얻었으므로 종강격이 성립합니다. 따라서 희신은 관살[土], 용신은 인성[金], 기신은 재성[火]과 식상[木]이 됩니다.

• 예9)

年柱	月柱	日柱	時柱
壬	戊	庚	乙
申	申	戌	酉

己	庚	辛	壬	癸	甲	乙
酉	戌	亥	子	丑	寅	卯
7	17	27	37	47	57	67

제6공화국을 대표하는 인물의 사주라고 알려진 명식입니다. 월령과 일지, 득세를 얻었으므로 아주 신강한 사주입니다. 관성이 보이지 않고 재성은 을경합으로 인해 그 성질이 바뀌었습니다. 비겁이 많아서 신강해진 사주이므로 식상을 용신으로 삼습니다. 따라서 희신은 木, 용신은 水, 기신은 土, 구신은 金, 한신은 火가 됩니다. 금용신인 사람으로부터 도움을 받음과 동시에 그 기운을 설기하고 있습니다.

• 예10)

年柱	月柱	日柱	時柱
戊	乙	己	甲
辰	丑	未	戌

丙	丁	戊	己	庚	辛	壬
寅	卯	辰	巳	午	未	申
7	17	27	37	47	57	67

문민정부를 대표하는 인물의 사주라고 알려진 명식입니다. 지지가 모두 土로 이루어져 있습니다. 천간도 일간과 시간이 갑기합화하여 土로 변하므로 월간 을목을 제외하곤 모두 土로 이루어져 있습니다.

명식 전체가 온통 土로 이루어진 가색격(稼穡格)입니다. 용신은 土이고, 희신은 火·土·金이며, 기신은 木입니다.

월간 을목은 가색을 방해하고 있으며 기신에 해당하므로 을목의 동태가 중요합니다. 따라서 을목의 힘이 약해지는 운로에는 행운이 있겠으나, 을목의 힘이 강해지는 운로에는 그렇지 못하겠습니다.

• 예 11-1)

```
       年柱 月柱 日柱 時柱
        乙   己   丙   壬
        丑   丑   申   辰
```

戊 丁 丙 乙 甲 癸 壬 辛 庚
子 亥 戌 酉 申 未 午 巳 辰
1 11 21 31 41 51 61 71 81

『팔자』와 『신사주완결』에 김종필 국무총리의 사주라고 기록되어 있는 명식입니다. 그러나 널리 알려진 분의 사주는 입수된 경로에 따라 약간씩 차이가 나는 경우가 있으니 유의해서 보아야 합니다.

월령과 일지, 득세를 얻지 못했으므로 아주 신약한 사주입니다. 이 경우는 무엇보다 급한 것이 조후입니다. 불기운이 있으면 반갑겠지만 땅속을 뒤져보아도 불은 보이지 않습니다. 억부로 보거나 조후로 보거나 연간 을목이 용신입니다. 운로가 용신운으로 흐르지 못함이 아쉽습니다.

• 예 11-2)

```
       年柱 月柱 日柱 時柱
        丙   庚   己   辛
        寅   寅   卯   未
```

```
辛 壬 癸 甲 乙 丙 丁 戊
卯 辰 巳 午 未 申 酉 戌
5  15 25 35 45 55 65 75
```

　『사주를 알면 인생이 보인다』에 김종필 국무총리의 사주라고 기록되어 있는 명식입니다. 월령과 일지, 득세를 얻지 못했으므로 아주 신약한 사주입니다. 관성이 강해 신약해진 명식이므로 인성을 용신으로 삼습니다. 따라서 희신은 土, 용신은 火, 기신은 水, 구신은 木, 한신은 金이 됩니다. 용신 연간의 병화는 지지에 기반이 충분하고, 초반 용신운으로 출세합니다.

• 예12)

年柱	月柱	日柱	時柱
乙	辛	己	戊
亥	巳	酉	辰

```
庚 己 戊 丁 丙 乙 甲 癸
辰 卯 寅 丑 子 亥 戌 酉
9  19 29 39 49 59 69 79
```

　『사주를 알면 인생이 보인다』에 이회창 한나라당 총재의 사주라고 기록되어 있는 명식입니다. 참고로 『신사주완결』에서는 1935년 음력 5월 2일 사시생이라고 기록하고 있어 출생시에 차이가 있음을 알 수 있습니다.

　얼핏 보면, 일지를 얻지 못했지만 월령(33%)과 득세(9%×2=18%)로 51퍼센트를 얻었으므로 신강하게 보일 수도 있습니다. 그러나 진유지합하여 金으로 변하고, 사유는 반합을 통해 금국으로 바뀌니 설기하는 힘이 강해졌습니다.

　이렇게 반대하는 세력이 강하니 51퍼센트로는 지탱하기 버겁습니다. 따라서 신약 사주가 됩니다. 식상이 많아서 신약해진 사주이므로 인성을 용신으로 삼습니다. 따라서 희신은 土, 용신은 火, 기신은 水, 구신은 木, 한신은 金이 됩니다.

　편관이 연지 해수 위에 좌(坐)하고 있어 생조를 받고 있는 것처럼 보이지만, 해수는 사해궐음풍목으로 충하니 그 의미가 없어졌습니다. 그리고 지지가 온통 金으로 편관을 극하고 있고 월간 또한 편관을 극하고 있으니 편관도 어찌할 수가 없습니다. 편관의 소질은 희신에 해당하나 일간에 대한 협조력은 구신에 해당합니다.

• 예13)

年柱	月柱	日柱	時柱
庚	戊	戊	壬
戌	寅	申	戌

己	庚	辛	壬	癸	甲	乙	丙
卯	辰	巳	午	未	申	酉	戌
8	18	28	38	48	58	68	78

　삼성그룹 이병철 회장의 사주라고 알려진 명식입니다. 참고로 『사주핵심강의』에는 해시생이라고 기록되어 있습니다.

　월령과 일지를 얻지 못했으므로 신약한 사주입니다. 명식에 인성이 보이지 않으므로 비겁을 용신으로 삼습니다. 따라서 희신은 火, 용신은 土, 기신은 木, 구신은 水, 한신은 金입니다. 용신인 월간의 무토는 모든 지지에 뿌리를 내리고 있어 태강합니다.

　또한 연·시지의 술토 속에 정화가 있고, 월지 인목 속에 병화가 있으며, 연·월지가 인술반합으로 인해 그 성질이 火로 변하므로 희신의 힘도 약하지 않습니다. 식신인 연간의 경금은 편재인 시간 임수를 생조하고 있고, 편재는 일지 신금에 통근하고 있으므로 재성의 힘이 강력해졌습니다.

 대운의 흐름을 보면 젊을 때는 희·용신운이고 말년은 한신에 해당하므로, 뜻을 이룬 후 편안한 노후를 즐길 수 있는 흐름을 보이고 있습니다. 식신생재용겁격(食神生財用劫格)으로 대귀격의 사주입니다.

 중년인 午대운부터 대발하여 38세에 무역회사인 삼성상회를 설립합니다. 44세에 제일제당을 설립하고 이듬해인 45세에 제일모직을 설립합니다. 52세에는 5·16 군사쿠데타 후 부정축재자로 지목되어 곤욕을 치릅니다.

- 예14)

年柱	月柱	日柱	時柱
乙	丁	庚	丁
卯	亥	申	丑

丙	乙	甲	癸	壬	辛	庚	己	戊	丁
戌	酉	申	未	午	巳	辰	卯	寅	丑
6	16	26	36	46	56	66	76	86	96

 현대그룹 정주영 회장의 사주라고 알려진 명식입니다. 참고로 『운명은 외상을 사절한다』에는 병술시라고 기록되어 있습니다.

 시간 정화는 시지 축토를 생하고, 축토는 일지 신금을 생하고, 신금은 월지 해수를 생하고, 해수는 연지 묘목과 연간 을목을 생하고, 이들은 월간 정화를 생하고 있어 물이 흘러가듯이 막힘이 없는 주류무체(周流無滯)한 원류격의 사주입니다.

원류는 사주 중에서도 재·관·인수·식상·비겁을 논하지 않는 최고의 왕신(旺神)으로, 영의정이나 명군(明君)의 사주이므로 평생에 걸쳐 수복이 무궁하다고 합니다. 일간 경금은 신금에 통근하고 있고 시지 축토의 생을 받고 있으므로 능히 대재(大財)를 감당할 수 있습니다. 용신은 관이고 희신은 재가 됩니다.

• 예15)

年柱	月柱	日柱	時柱
癸	甲	甲	戊
未	寅	寅	辰

乙	丙	丁	戊	己	庚	辛	壬
卯	辰	巳	午	未	申	酉	戌
3	13	23	33	43	53	63	73

『도계실관』에 수록된 여성의 명식입니다. 월령(33%)과 일지(24%), 득세(9%×2=18%)로 75퍼센트를 얻었으므로 신강한 사주입니다. 명식에 관살과 식상이 보이지 않으므로 재성을 용신으로 삼습니다. 따라서 희신은 火, 용신은 土, 기신은 木, 구신은 水, 한신은 金이 됩니다. 대운의 흐름이 결혼 전에는 기신이고 결혼 후에는 희신이므로, 친가는 번영치 못하나 시가는 흥합니다. 따라서 출가 이후에 집안이 대체로 일어납니다.

38세부터 42세 사이의 午대운은 인오반합화로 관을 치는 형국입니다. 38세(신유년)에는 인오반합화, 오미지합화로 관을 상하게 하므로 부부 사이에 불화가 생깁니다. 39세(임술년)에는 인오술삼합화국을 이루어 부부관계가 불안합니다. 곁에 있는 사람이 송사를 일으켜 어렵게 하니 이해를 가릴 수 없습니다. 경술월인 9월과 신해월인 10월에 점차 정리됩니다.

40세(계해년)에는 인해지합목, 해미삼합목에 해당하므로 큰 것을 잃고, 무계합화화로 작은 것을 얻습니다. 41세(갑자년)에는 자진반합수로 인해 점입가경입니다. 신자진의 완전한 삼합이 이루어지지 않도록 원숭이띠 남녀를 믿지 말아야 합니다. 42세(을축년)에는 축미충이 있으니 오로지 삼가 근신함이 이롭습니다.

43세(병인년) 생일부터 52세까지의 기미대운은 태어난 이후로 처음 만나는 왕기(旺氣)입니다. 재를 만났으니 봄부터 가을에 이르기까지 재산상에 공이 있고, 갑기합화토도 때를 만나 시작하니 사람이 서로 도와 길합니다. 44세(정묘년)에 운이 완전히 길지로 들어가므로 앞과 뒤에서 함께 힘써주고, 원근이 호응하므로 가을이 가장 좋고 서남쪽에 공이 있습니다. 45세(무진년)에는 무계합하여 희신인 火로 변하니, 운이 더욱 길해 슬하에는 학문을 이룹니다. 부군이 나아가는 길에도 막힘이 없습니다. 밖의 일을 안에서 도우니 이 또한 반드시 기이함을 이룹니다.

46세(기사년)에 승승장구하여 남쪽에서 경영해도 북쪽에서 이루어지고, 동쪽에서 계획해도 서쪽에서 진취가 있으니, 몸수도 길하고 재운도 있으나 방법은 좋은데 뜻은 낮습니다. 47세(경오년)는 인오반합하여 火로 변하고, 오미가 합하여 火로 변하니 희신이 됩니다만, 미토는 재성이니 범위를 확장함은 부당합니다. 욕심을 버리고 분수를 지켜야만 완벽한 성사를 이룹니다.

48세(신미년)에는 하늘은 맑고 밝으니 곳곳이 유순하고, 3월 이후는 길하고 여름과 가을에는 더욱 좋아지지만, 입동 이후에는 자숙해야만 오묘한 이치를 깨닫게 됩니다. 49세(임신년)에는 신진반합수(구신)로 변하고, 인신소양상화로 충이 있으니 급히 서두르지 말고 서서히 추진해야 합니다. 용도가 비록 많다고 하나 자녀를 위함이니 어찌 즐겁지 않겠습니까. 신상이 편안함이 다행이며, 집안 또한 흠이 없습니다. 50세(계유년)에 집을 새로 짓지 말 것이며, 특히 남쪽을 수리하면 좋지 않습니다. 남쪽을 수리하면 휴신인 진유금이 힘을 쓰게 되기 때문입니다. 동요하면 이로움은 적고 손해만 크게 될 것이니 분수를 지켜야 합니다.

51세(갑술년)는 인술반합화로 희신입니다. 부군이 편안해지고 범사 모두 순탄하니 남방 사람의 도움으로 여름과 가을 두 계절이 길합니다. 52세(을해년)에는 인해지합목이요, 해미반합목으로 기신에 해당합니다. 일을 꾀하면 형통하고, 일부 이동수가 있으나 길할 징조입니다. 정남은 불리하나 그 외에는 무방합니다.

53세(병자년)는 매우 길해 이제부터 만년에 이르기까지 흥왕하니, 슬하에는 학문에 진전이 있음이 당연합니다. 밖에 있어도 해롭지 않습니다. 54세(정축년)에는 몸수도 건강하고 부군 역시 재운이 좋아지나, 연중에 부동산에 관여함은 좋지 않습니다. 이 외에는 모든 일이 유순하게 풀립니다. 55세(무인년)에 일시 음산한 구름이 끼지만, 나아갈 줄도 물러날 줄도 알며 욕심을 내지 않음이 어찌 허물이 되겠습니까. 신수도 길하고 집안도 편안함은 근본이 길하기 때문입니다. 56세(기묘년) 운에는 집안에 경사가 있으니 슬하에 광채가 있을 것입니다. 3~4월이 길하고, 9~10월 역시 형통하겠습니다. 57세(경진년) 운은 춥지도 덥지도 않으나 각각 본분을 지키면 정상을 잃지 않습니다.

58세(신사년) 운은 신수도 건강하고 비용도 적지 않으며 자손의 영광이 계속해서 빛납니다. 59세(임오년)에는 인오반합화, 오미합화, 신진수, 인신충이 있어 일시적으로 괴로움이 있으니 보건하는 것이 좋습니다. 동남이 길하고 재앙은 자연히 소멸될 것입니다. 60세

(계미년) 운은 다시 편안해져 구름이 흩어지고, 태양이 솟아나는 형세입니다. 61세(갑신년) 회갑에는 잔치를 베풀지 않는 것이 좋습니다. 62세(을유년) 진갑에는 잔치를 베풀어도 좋습니다.

63~64세도 건강하며, 65~66세도 편안하고 형통하여 70세에 이르도록 번성합니다. 그러나 그 이후부터는 수련해야 연년익수할 것입니다.

• 예16)

年柱	月柱	日柱	時柱
壬	己	辛	癸
辰	酉	丑	巳

戊 丁 丙 乙 甲 癸 壬 辛
申 未 午 巳 辰 卯 寅 丑

여성의 사주입니다. 월령(33%)과 일지(24%)를 얻었고, 득세(9%×2=18%)와 진유지합금(9%), 사유축삼합금국(33%)으로 총 117퍼센트를 얻었으며 지지가 온통 金으로 이루어져 있습니다. 종왕격이 성립하고도 남을 만큼 태강하지만, 지지에 통근하고 있는 연간의 임수와 시간의 계수가 태강한 일간의 힘을 설기하고 있으므로 종왕격은 성립되지 못합니다. 따라서 용신은 식상〔水〕이 됩니다. 희신은 木, 기신은 土, 구신은 金, 한신은 火가 됩니다.

이 사주의 여성은 총명·단정하고 근면하며, 시예(詩禮)를 알았습니다. 그러나 애석하게도 19세의 정미대운이 남방으로 흐르므로 왕성한 火가 土를 생하고 土는 水를 핍박하고 있습니다. 유년(流年) 경술년은 모든 지지가 水를 극했으므로 자식도 두지 못하고 요절했습니다.

• 예 17)

	年柱	月柱	日柱	時柱
	甲	壬	乙	丙
	寅	申	亥	戌

辛 庚 己 戊 丁 丙 乙 甲
未 午 巳 辰 卯 寅 丑 子
3　13　23　33　43　53　63　73

여성의 사주입니다. 월령을 잃었으나 일지(24%)와 득세(9%×3=27%), 인해지합목(9%)으로 60퍼센트를 얻었으니 신강한 사주입니다.

인성이 많아 신강해진 사주이므로 재성[土]을 용신으로 삼습니다. 따라서 희신은 火, 기신은 木, 구신은 水, 한신은 金이 됩니다.

시지의 재(술토)용신은 상관(병화)으로부터 생조를 받으려 하나 일지 해수가 이를 방해하고 있습니다. 시주가 백호살(혈광지살)이므로 자식이나 재물에 나쁜 의미가 있습니다.

남편궁에 해당하는 월지 신금은 강력한 인목으로부터 충을 당하고, 남편성이 한신에 해당하므로 아내를 도우려는 협조력은 기대하지 않는 것이 좋겠습니다.

• 예 18)

	年柱	月柱	日柱	時柱
	丁	辛	戊	丙
	未	亥	戌	辰

庚 己 戊 丁 丙 乙 甲 癸
戌 酉 申 未 午 巳 辰 卯
8 18 28 38 48 58 68 78

　남자의 사주입니다. 월령을 잃었으나 일지(24%)와 득세(9%×4=36%)로 60퍼센트를 얻었으므로 신강한 사주입니다. 관성이 보이지 않고 월지 해수는 해미반합목으로 그 성질이 변해 용신으로 삼기 어렵습니다.
　따라서 식상인 월간의 신금을 용신으로 삼습니다. 희신은 水, 기신은 火, 구신은 土, 한신은 木이 됩니다.
　신금은 미토로부터 도움을 받으려 하나 미토는 편재인 해수와 합해 목국으로 변하므로 방해받고, 일지 술토(비겁)에 뿌리를 내리려 하지만 이 또한 진술충으로 이루어지지 않습니다. 따라서 용신이 의지할 곳 없이 뿌리가 파인 형상입니다.
　아버지에 해당하는 편재는 해미반합목국과 암합이 걸려 있어 이미 다른 부인에게 마음을 빼앗기고 있습니다. 게다가 겁살(劫殺)이 편재에 붙어 있습니다. 비겁이 많은 사람에게 겁살은 산재(散財)나 상신(傷身)으로 작용하는 경우가 많습니다.
　재성은 하나뿐인데 비겁이 많으니 밥그릇은 하나인데 사람은 여럿인 형국과 같습니다. 따라서 비록 형제는 많아도 정작 도움이 되지는 못할 것입니다. 연간 정화 역시 뿌리를 내리지 못하고 백호살이 걸려 있으니 어머니에게 횡액이 있거나 사이가 나쁠 가능성이 높습니다.
　처궁은 구신에 해당하고 처성은 희신에 해당합니다. 따라서 처가 남편을 도우려 하지만 도움을 줄 수 있는 바탕이 모자라는 형상입니다. 또한 고신살이 있으므로 부부관계가 평탄치 못하겠습니다.

• 예 19)

年柱	月柱	日柱	時柱
丁	癸	乙	庚
巳	丑	丑	辰

甲	乙	丙	丁	戊	己	庚	辛
寅	卯	辰	巳	午	未	申	酉
6	16	26	36	46	56	66	76

  네 번이나 결혼한 여성의 사주입니다. 월령과 일지, 득세를 모두 얻지 못했으므로 아주 신약한 사주입니다. 재성이 강해 신약해진 사주이므로 비겁을 용신으로 삼습니다. 명식에 비겁이 보이지 않으므로 하는 수 없이 땅속을 뒤져보아야 합니다. 다행히 시지 진토 속에 을목이 있어 이를 용신으로 삼습니다. 따라서 희신은 水, 기신은 金, 구신은 土, 한신은 火가 됩니다.

  용신이 정해지면 우선 월지에 뿌리를 내리고 있는지를 살펴야 합니다. 목용신이 도움을 받을 곳은 미약하나마 축토 속의 계수와 월간 계수가 있을 뿐입니다. 그런데 지지의 土는 사축반합금국으로 변해 오히려 용신을 치고 있습니다. 또한 월간의 계수는 월지 축토의 극을 받고 있고 유정하지 못하니 전혀 도움이 되지 않습니다. 상황이 이러하므로 그렇지 않아도 약한 용신이 기댈 언덕이 전혀 없습니다.

  남편궁은 한신이고 남편성은 기신에 해당하므로 남편으로부터의 도움은 애초에 바라지 않는 것이 좋습니다. 남편에 해당하는 시간의 경금(정관)은 축토와 진토의 생을 강하게 받고 있어 을목을 끌어당겨 을경합을 이루므로 오히려 극하는 기신이 되었습니다.

  일반적으로 관살이 약한 경우는 재성을 반기지만, 재성과 관살이 함께 강한 경우는 재성이 강한 관살을 더욱 강하게 하므로 좋지 않습니다. 나를 괴롭히는 사람에게 돈을 주는 격이라고 할 수 있습니다. 더구나 이 경우는 합하여 다른 성질로 변하니 남편이 다른 여자와 눈이 맞아 떠나는 형상입니다.

또한 시모(媤母)를 뜻하는 축토가 반합으로 인해 기신인 金으로 변하니 구박이 극심하겠습니다.

• 예 20)

年柱	月柱	日柱	時柱
壬	癸	甲	己
子	卯	子	巳

壬	辛	庚	己	戊	丁	丙	乙
寅	丑	子	亥	戌	酉	申	未
10	20	30	40	50	60	70	80

여성의 사주입니다. 월령(33%)과 일지(24%), 득세(9%×3=27%)로 84퍼센트를 얻었으므로 신강한 사주입니다. 인성이 강해 신강해진 사주이므로 재성인 시간의 기토를 용신으로 삼습니다. 따라서 희신은 火, 기신은 木, 구신은 水, 한신은 金이 됩니다.

시간의 기토가 사화의 생을 받고 있어 강하지만, 일간 갑목도 월지에 통근하고 있으며 자수로부터 생조를 받고 있어 더욱 강합니다. 따라서 갑기는 합(合)은 하지만 화(化)하지는 못합니다. 재미있는 것은 용신의 힘이 강해질수록 시부모에 해당하는 오행의 힘도 강해진다는 것입니다. 서로 힘겨루기를 하고 있는 형상이 마치 고부간의 갈등을 보는 듯합니다.

남편에 해당하는 관성은 시지 사화의 장간으로 경금이 있습니다.

남편궁은 기신, 남편성은 한신에 해당합니다. 따라서 남편에게서 행복을 찾겠다는 생각은 하지 않는 것이 좋겠습니다. 사주 전체에 수기가 넘치는데 관성인 경금은 이를 지탱하지 못해 물에 빠진 형국이므로 부부관계에 불만이 있겠습니다.

• 예21)

年柱	月柱	日柱	時柱
癸	辛	庚	丙
丑	酉	戌	戌

庚	己	戊	丁	丙	乙	甲	癸
申	未	午	巳	辰	卯	寅	丑
6	16	26	36	46	56	66	76

월령과 일지, 득세를 얻었으므로 신강한 사주입니다.

인비가 강한 사주에 관성과 식상이 있어 어느 쪽을 용신으로 삼아야 할지 쉽지 않습니다. 이런 경우에 생각할 수 있는 것이 조후입니다.

따라서 시간 병화를 용신으로 삼습니다. 희신은 木, 용신은 火, 기신은 水, 구신은 金, 한신은 土가 됩니다.

시간의 병화는 일·시지 술토의 생조를 받고 있으며, 술토의 장간인 정화에 뿌리를 내리고 있으므로 강한 용신이 되었습니다. 대운도 화목운으로 흐르고 있으므로 인생을 헤쳐나가는 걸음걸음이 가뿐하겠습니다.

인성이 강하니 무언가를 고쳐서 길러주는 직업이 어울리고, 비겁이 강하니 혼자서 주체적으로 할 수 있는 직업이 또한 어울립니다. 그리고 관용신이므로 규칙이 있는 직업이 어울립니다.

이를 종합해볼 때 격이 높으면 의사, 교육자, 변호사 등의 직업을 갖게 될 것이고, 격이 낮으면 학원을 경영하거나 식당업 등의 직업을 갖겠습니다.

이 사주는 격이 높아 의학박사로 크게 이름을 날린 남성의 사주입니다.

• 예 22)

年柱	月柱	日柱	時柱
辛	庚	甲	丙
卯	寅	辰	寅

己 戊 丁 丙 乙 甲 癸 壬
丑 子 亥 戌 酉 申 未 午

남성의 사주입니다. 월령을 얻었는데 여기에 더해 인묘진방합을 이루고 있습니다. 따라서 지지가 모두 木으로 이루어진 태강한 사주입니다.

이와 같이 지지의 세력이 통일되어 막강할 경우, 천도(天道)는 필히 그 기세에 순종하는 것이 이치이지만 그렇다고 무조건 따라야 하는 것은 아닙니다.

즉 왕신(旺神)이 가장 강력한 월지에 위치하고 있을 때는 그 힘이 태강하므로, 천도는 그 기세를 필히 따라야 하고 그 기세를 설기하는 것이 가능합니다.

이 경우 기세를 극하는 오행이 반드시 절지(絶地)에 있어야 합니다. 그러나 왕신(旺神)이 다른 지지에 위치하고 있어 천간이 기세를 극하는 것이 유력할 경우는 기세를 극하는 것도 가능하게 됩니다.

이 사주의 경우는 전자의 경우를 충분히 만족시키고 있습니다.

절지에 처한 연·월간의 신금과 경금은 도저히 목오행을 극할 수 없습니다. 더구나 병화가 시간에 투출해 있어 金을 극하므로 더욱 그러합니다. 木·火는 같은 마음입니다.

경신이 전혀 없어야 세력이 힘을 쓸 수 있는데, 초반의 운로는 토운으로 흘러 金을 생하고 있으므로 병술운에 송사로 인해 부서지고 어지럽게 됩니다.

• 예 23)

年柱	月柱	日柱	時柱
庚	庚	甲	丁
寅	辰	寅	卯

辛 壬 癸 甲 乙 丙 丁 戊
巳 午 未 申 酉 戌 亥 子

남성의 사주입니다. 월령을 얻었는데 여기에 더해 인묘진방합을 이루고 있습니다. 따라서 지지가 모두 木으로 이루어진 태강한 사주입니다.

예 22)와 다른 점은 왕신이 월지를 장악하지 못함으로써 진토 본래의 속성이 다시 살아나 경금을 생하고 있다는 것입니다. 그러므로 경금은 족히 木을 극할 수 있게 되었습니다. 정화가 비록 투출되어 있으나 경금의 적은 되지 못합니다. 그러므로 이 사주는 관살을 용신으로 삼습니다.

갑신운에 경금이 녹왕(祿旺)하고 묘신암합과 인신충으로 인해 木의 힘이 약해졌으므로 관직에 진출하여 군수가 됩니다. 병운에는 관살이 극을 당하는 형상이므로 관직을 떠나게 됩니다.

• 예 24)

年柱	月柱	日柱	時柱
甲	甲	甲	甲
申	戌	寅	戌

乙 丙 丁 戊 己 庚 辛 壬
亥 子 丑 寅 卯 辰 巳 午

　이 사주는 천간이 완전히 한 가지 오행으로 이루어져 있지만, 그렇더라도 지지가 떠받쳐주지 않으면 지덕(地德)을 부리지 못합니다. 지지와 천간 사이에 생화(生化)의 관계가 없을 때는 지지가 천간을 거부할 수도 있습니다.
　지지의 기운은 상승해야 하고, 천간의 기운은 하강하여 유통(流通)해야 생화하게 됩니다. 그렇지 못하면 기운이 한쪽으로 치우쳐 마르게〔偏枯〕됩니다.
　지지가 천간을 떠받들지 않는 것은 단순히 사갑(四甲)이나 사을(四乙)이 신유를 만나는 경우만을 뜻하는 것은 아닙니다. 천간이 지지로부터 극함을 받는 경우나, 지지가 천간으로부터 극함을 받는 경우, 혹은 천간이 지지를 돌보아주지 않는 경우나, 반대로 지지가 천간을 돌보아주지 않는 등의 모든 경우가 해당됩니다.
　예를 들면 천간이 사을(四乙)인데 지지에 유금이 있어 지지로부터 극을 받거나, 천간이 사신(四辛)인데 지지에 묘목이 있어 반대로 지지를 극하는 등의 경우를 말합니다.
　이 사주는 연지 신금이 일주인 인목을 충거(沖去)하고, 이에 중중(重重)해진 술토가 권도를 얻어 신금을 생조하고 있습니다. 얼핏 보면 사갑일인(四甲一寅)으로 그 기세가 아주 왕성해 보이지만, 인목은 가을철의 나무로 휴(休)·수(囚)에 해당하고 충은 녹신(祿神)

을 제거하므로 이미 그 뿌리가 뽑혀버렸습니다. 따라서 지지가 천간을 돌보아주지 않는 경우에 속합니다.

인묘·해자대운 중에는 의식(衣食)이 자못 넉넉했으나, 경진대운에는 관살이 투출하여 가정이 깨어지고 행복은 끝이 났습니다.

• 예25)

年柱	月柱	日柱	時柱
戊	戊	戊	戊
子	午	戌	午

己 庚 辛 壬 癸 甲 乙 丙
未 申 酉 戌 亥 子 丑 寅

이 사주는 온통 火·土로 이루어져 있습니다. 자수는 쇠약한 반면 오화는 왕성하므로 자오소음군화로 충하면 오화는 더욱더 맹렬하게 일어나 물방울을 볶고 말리게 됩니다. 이것을 '천간이 무너지지 않는다〔天干不覆〕'라고 합니다.

초반의 기미대운은 고아로 고통받습니다. 경신·신유대운에 이르러 무토의 인정으로 때를 만나 크게 이득을 얻고 장가가서 자식을 낳으며 가업을 일으켜세웁니다. 임술대운에는 물이 뿌리로 통하지 못하므로 흉사를 당하게 됩니다.

• 예26)

年柱	月柱	日柱	時柱
戊	戊	戊	戊
申	午	子	午

己 庚 辛 壬 癸 甲 乙 丙
未 申 酉 戌 亥 子 丑 寅

이 사주는 천간의 기운이 하강하고 지지의 물은 수원을 갖고 있습니다. 즉 천간의 기운이 월지 신금을 생하고 신금은 일지 자수를 생하고 있습니다. 그러므로 오화가 비록 맹렬하나 신금을 상하지 못합니다. 더구나 자수는 병을 없애는 희신이므로 더욱 그러합니다. 따라서 金을 용신으로 삼습니다.

신대운인 무진년은 태세(太歲) 진자(辰字)를 얻어 신자진수국을 이루므로 4월에 배움을 시작하여 9월에 등과(登科)합니다. 그러나 애석하게도 임술운은 천간이 군비쟁재(群比爭財)를 이루고 지지는 오술반합하여 기신인 火로 변하므로 그 길함을 볼 수 없게 되었습니다.

• 예 27)

年柱	月柱	日柱	時柱
壬	庚	乙	丙
寅	戌	酉	戌

辛 壬 癸 甲 乙 丙 丁 戊
亥 子 丑 寅 卯 辰 巳 午
9　19　29　39　49　59　69　79

월령과 일지, 득세를 얻지 못한 신약한 사주입니다. 희신은 木, 용신은 水, 기신은 土, 구신은 金, 한신은 火가 됩니다.

용신인 연간의 임수는 월지에 통근하지 못하고 다른 지지에도 전혀 뿌리를 내리지 못하고 있습니다. 하는 수 없이 월간인 경금의 도움을 받아야 하는데, 경금은 술토 위에 좌(坐)해 술토로부터 생조를 받고 있는 것처럼 보이나 술토가 인술반합화국을 이루므로 오히려 극을 당하는 입장으로 변했습니다. 을목은 유금 위에 좌(坐)하고 있어 약하므로 하는 수 없이 경금을 좇아 을경합을 이루려고 하지만 경금 자체가 약하니 문제가 되는 형상입니다.

　재성인 술토는 인목과 반합하여 신약한 일간을 설기하는 식상으로 변하고, 용신에 대해 수(囚)가 되므로 말띠 남녀를 꺼리게 됩니다. 월주가 괴강하나 신약 사주이므로 힘을 잃게 되겠고, 이에 해당하는 육친의 성정이 괴강하겠습니다. 더구나 시주에 백호살이 있으니 재성과는 사이가 좋지 않습니다. 신약 사주에 수용신이므로 자신에게 힘이 될 수 있는 바다를 접한 곳이나 고향이 도움이 됩니다.

　초등학교를 다닐 때까지 집안일을 돕느라고 힘들었으나, 고등학교에 진학하면서부터 대학교와 군대를 제대할 때까지는 부친과 떨어져 객지에서 생활했으므로 좋았습니다. 사회생활을 시작한 30세부터는 매사가 뜻한 대로 이루어지지 않았습니다. 35세에 관세사 시험에 합격했습니다.

- 예28)

年柱	月柱	日柱	時柱
壬	辛	庚	丙
戌	亥	子	子

庚　己　戊　丁　丙　乙　甲　癸
戌　酉　申　未　午　巳　辰　卯
7　17　27　37　47　57　67　77

　월령과 일지, 득세를 얻지 못했으므로 신약한 사주입니다. 명식이 사수이금(四水二金)으로 이루어져 한습(寒濕)하므로 조후가 필요합니다. 따라서 木·火가 용신이 됩니다. 재치가 있고 권모술수에 뛰어나겠습니다.

남편에 해당하는 편관은 월지에 뿌리를 내리지 못함은 물론 물 위에 뜬 외로운 불이므로, 월간 신금을 따라서 기신으로 합화(合化)합니다. 상황이 이러한데 자술암합이 걸려 있고 식상이 태과합니다. 이쯤이면 이미 기생의 사주라는 것을 쉽게 알 수 있을 것입니다. 다행인 것은 월지 장간의 재성이 식상으로부터 생조를 받고 있으며 또한 대운이 용신운으로 흘러 발복하게 됩니다.

• 예 29)

年柱	月柱	日柱	時柱
乙	乙	庚	戊
巳	酉	申	寅

甲 癸 壬 辛 庚 己 戊 丁
申 未 午 巳 辰 卯 寅 丑
4 14 24 34 44 54 64 74

남성의 사주입니다. 득세(9%)를 잃었지만 월령(33%)과 일지(24%), 사유반합금국(9%)으로 75퍼센트를 얻었으므로 신강한 사주입니다. 신강 사주에 식상이 보이지 않고, 연지에 관살인 사화가 있지만 사유반합하여 성질이 변하므로 용신으로 삼기 어렵습니다. 따라서 재성(木)을 용신으로 삼습니다. 희신은 水, 기신은 金, 구신은 土, 한신은 火가 됩니다.

용신이 정해지면 먼저 월지에 통근하고 있는지를 보아야 합니다. 그런데 월지 유금은 자신의 힘만으로는 모자라는지 사유반합금국의 힘을 더해 정관을 극하고 있습니다. 앉은 곳도 불 위라 좌불안석인데 이래서는 견딜 수 없습니다.

간신히 월간에게 구원을 청하지만, 월간은 월간 나름대로 유금 위에 좌(坐)하여 언제 베일지 모르는 상황이어서 을경합을 이루어 도망가는 형국입니다. 따라서 전혀 도움을 줄 수 없는 입장입니다. 도와주기는커녕 도리어 죽이려고 달려듭니다. 아내가 남편에게 도움을 청하는데 남편은 다른 여자와 연애한다고 등을 돌리는 격입니다.

또한 인신이 충함에 있어 신금의 힘이 강하므로 인목이 베어지는 형국입니다. 부부 사이가 원만하지 못합니다. 자식에 해당화는 편관 사화는 사유반합에 寅巳申 삼형살을 이루고 있으므로 좋지 않습니다.

• 예30)

年柱	月柱	日柱	時柱
庚	戊	甲	乙
午	子	午	亥

丁	丙	乙	甲	癸	壬	辛	庚
亥	戌	酉	申	未	午	巳	辰
1	11	21	31	41	51	61	71

일지를 잃었지만 월령(33%)과 득세(9%×2=18%)로 51퍼센트를 얻었고 특별히 반대하는 세력이 보이지 않으므로 신강한 사주입니다. 관이 있고 이를 생조하는 재성이 있으므로 관살을 용신으로 삼습니다. 따라서 희신은 土, 용신은 金, 기신은 火, 구신은 木, 한신은 水가 됩니다. 대운이 용신에서 기신으로 흐르므로 전반적인 운

로가 좋지 않습니다.

 인성에 해당하는 자수는 오화와 충돌하고, 대운에 오술반합화국으로 더욱 강렬해진 불에 의해 자수가 마르게 되므로 모친을 일찍 여의게 됩니다.

 남편에 해당하는 용신 경금은 오화 위에 좌(坐)하여 좌불안석인데, 월지를 비롯한 모든 지지에 전혀 뿌리를 내리지 못하고 있습니다. 따라서 남편과 일찍 사별하고 재혼하게 됩니다.

 재성인 무토는 자수 위에 좌하여 수(囚)에 해당하나 오화에 뿌리를 내리고 있고, 자수는 자오충을 이루므로 재물은 넉넉하겠습니다.

참고서적

『왕초보 사주학』 입문편, 박주현 저, 동학사
『왕초보 사주학』 연구편, 박주현 저, 동학사
『마음을 읽는 사주학』, 박주현 저, 동학사
『알기 쉬운 합충변화』, 박주현 저, 동학사
『팔자』, 윤태현 저, 행림출판
『팔자 2』, 윤태현 저, 행림출판
『우주변화의 원리』, 한동석 저, 행림출판사
『적천수징의』, 유백온 저, 서낙오 편주, 무릉출판유한공사
『적천수보주』, 유백온 저, 서낙오 보주, 무릉출판유한공사
『궁통보감평주』, 여춘태 저, 서낙오 평주, 화성서국
『앞서가는 중국명운학』, 포여명 저, 예예원
『완전풀이 십간론』, 포여명 저, 예예원
『완전풀이 적천수』, 포여명 저, 예예원
『교정 명리사전』, 박재완 저, 너른터
『도계실관』, 박재완 저, 너른터
『연해자평정해』, 심재열 강술, 명문당
『기학정설』, 이기목 저, 명문당
『자미승수』, 한중수 저, 명문당
『주역신수비전』, 허충 저, 신한출판사

『신비의 운명학』, 정현우 저, 어문각
『운명학 사전』, 한중수 저, 동반인
『사주를 알면 건강이 보인다』, 백승헌 저, 출판시대
『사주핵심 강의』, 진열 저, 우리출판사
『명리신해』, 홍정 저, 가교
『가정작명법』, 김백만 저, 명문당
『한국 작명학 비결』, 남궁상 저, 역학사
『피타고라스 대점술』, 조성우 저, 문학예술사
『한국인의 사주팔자』, 김성진 저, 무궁화출판사
『정통사주신해』, 不二龍彦 저, 김효순 역, 열린책들
『사주를 알면 인생이 보인다』, 이선종 저, 신지평
『좋은 사주 나쁜 사주』, 정도명 저, 좋은글
『신궁합정해』, 정도명 저, 좋은글
『신사주완결』, 이세진 저, 좋은글
『오늘의 사주학』, 정현근 저, 동학사
『사주팔자』, 이준용 저, 좋은글
『인생십이진법』, 정다운 편저, 밀알
『인생운명처방학』, 서경보 저, 신원문화사
『역학 바로 알기』, 오상익 저, 동학사
『운명은 외상을 사절한다』, 남덕 저, 미디어서울
『음양오행으로 가는 길』, 전창선·어윤형 저, 세기
『황제내경』, 성보사
『체질의학원론』, 서민욱 저, 성보사
『동양의학개론』, 강효신 저, 고문사
『장부변증론치』, 김완희 공편, 최달영
『장경』, 오상익 주해, 동학사

쉽게 하는 사주공부

글쓴이 | 서민욱
펴낸이 | 유재영
펴낸곳 | 동학사

1판 1쇄 | 1999년 11월 20일
1판 8쇄 | 2014년 10월 20일
출판등록 | 1987년 11월 27일 제10-149

주소 | 121-884 서울 마포구 토정로 53(합정동)
전화 | 324-6130, 324-6131 · 팩스 | 324-6135
E-메일 | dhsbook@hanmail.net
홈페이지 | www.donghaksa.co.kr
　　　　　www.green-home.co.kr

ⓒ 서민욱, 1999

ISBN 89-7190-060-1 03150
* 잘못된 책은 바꾸어 드립니다.
* 저자와의 협의에 의해 인지를 생략합니다.